KB024812

경성 상계史

이룩어버린 반세기의 기록

오백년 도읍 한성에서 근대 도시 경성으로,
한국 상업 발달의 시초를 열다

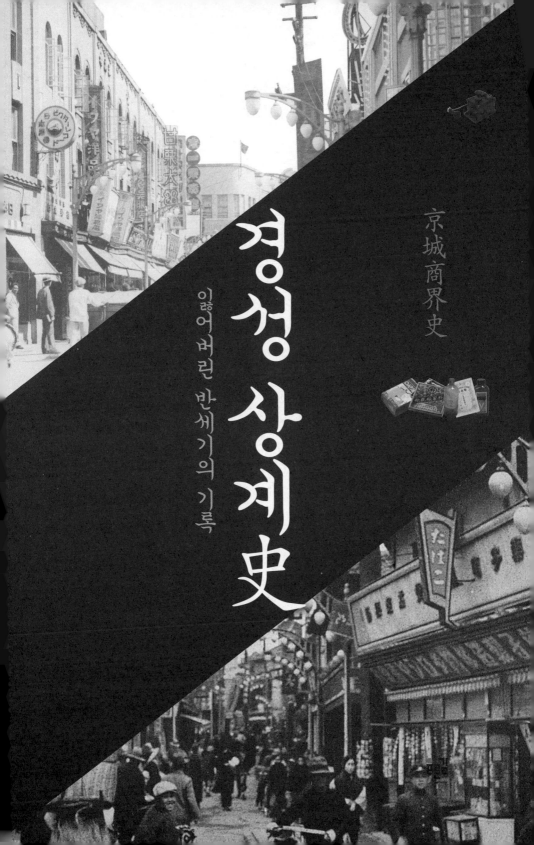

京城商界史

경성 상계史

잃어버린 반세기의 기록

사람은 누구나 어차피
그 무언가를 팔면서 살아간다

　오래전 나는 어느 경영 전문지에 매월 다큐멘터리 원고를 연재하고 있었다. 수년 전부터 자료를 찾아내고 준비한 끝에 비로소 착수한, 우리나라 최초의 근대 기업가 박승직(1864~1950)을 조명한 작업이었다.

　그 이듬해부터는 그를 모델로 한 대하소설도 쓰기 시작했다. 물론 그가 살았던 혼란스러운 왕조의 말기와 함께 근대의 시끌벅적한 시대 풍경을 대하소설이라는 유장한 얼개 속에 본격적으로 담아 나가기 시작하면서, 내 딴에는 아직 누구도 가 보지 못한 근대 경제사經濟史의 테두리까지 접근할 수 있겠다고 생각했다.

　하지만 그때부터 꼭 2년 뒤, 나는 그만 중도에서 원고를 중단하지 않으면 안 되었다. 애당초 목표로 한 전 7권 분량의 4권째에서 예상치 못한 깊은 고민에 빠져들고 만 것이다. 아직 누구도 가 보지 못한 우리의 근대 경제경영사經濟經營史의 테두리까지 접근할 수 있을 거라는, 그러나 거기까지 도달하기 위해서는 그보다 먼저 넘어야 할 장벽들이 도처에 적지 않았다. 처음 작업을 시작하였을 때만 하여도 그런 의문의 장벽은 조금도 생각지 못한 부분이었다.

　결국 속절없이 나는 원점으로 다시 돌아와야만 했다. 그리곤 처음으로 겪게 되는 좌절의 내면을 돌아볼 겨를도 없이, 서둘러 그 같은 의문의 장벽들을 통과하기 위한 다음 작업에 몰입해야 했다. 그것이 바로 우리 근대 자본주의의 첫 좌판이며, 그 같은 날들의 학습과 단련이 지금에도 여전히 맞닿아 있는 『경성 상계史』가 마침내 이 세상에 빛을 보게 된 배경이다.

* * *

우리의 경제경영사에서는 지난 1945년을 매우 중요하게 여긴다. 이 시기를 기점으로 8·15 해방 이전을 선사 시대로, 8·15 해방 이후를 역사 시대로 구분 짓는다. 다시 말해 1945년 8·15 해방 이전의 경제경영사는 '문자가 없다'는 것이다. 바꾸어 말하면 그 이전의 시대는 우리의 경제경영사에 편입될 수 없다는 얘기와 같다.

솔직히 나는 여기에 동조하지 않는다. 도대체 어느 인정머리 없는 경영학자가 그처럼 작대기를 긋듯이 구분 짓기 시작하였는지는 알 수 없으나, 그런 주장에 나는 결코 손을 들어 줄 수 없다.

그렇다. 그 어떤 구분 짓기에도 으레 경계란 존재하기 마련이다. 그리고 그 같은 경계는 또 다른 일출을 기대케 하는 웅숭깊은 여명이라는 점에서 때로는 남다른 의미를 갖기도 한다.

더욱이 애써 찾으려 들지 않아서일 뿐, 그러한 경계의 시대에도 뭇사람들은 마르지 않는 눈동자로 어기차게 살아왔다. 또 뭇사람이라면 누구나 어차피 어떤 무언가를 팔면서 살아가는 것과 같이 그 같은 경계의 시대에도 엄연한 경제경영계의 흥망성쇠가, 그리고 그들 나름의 문법이 존재하고 있었다는 사실이다.

따라서 '경성 상계史'는 어떤 황당무계한 신화가 결코 아니다. 지금이라도 우리가 애써 찾아야 하는 유효한 역사이다.

이 책은 바로 그러한 우리 경제경영사의 선사 시대와 역사 시대의 경계, 그러나 경제경영도 문법도 엄연히 존재했던 근대치의 정점이라고 일컬을 수 있는 '잃어버린 반세기 동안의 기록'이다. 5백 년 왕조의 허무한 몰락에 이은 일제의 가혹한 식민 지배와 함께 우리가 굳이 요청하지 않았음에도 물밀 듯이 밀려 들어온 근대화의 경이, 그리고 1945년 도둑같이 찾아온 8·15 해방 전후까지의 격동기를 숨 가쁘게 관통하게 될 것이다. 아직 누구도 가 보지 못한 우리 경제경영사의 테두리까지 도달하는 데 맨 먼저 통과해야만 할 텍스트와 이야기라고 단언할 수 있다.

박상하

차 례

제3부   경성의 젊은 상인들, 종로 거리로 돌아오다

제7부 　8·15 해방, 명멸하는 상계의 새 판도

일러두기

1) 이 책의 주요 시대 배경이 되는 1930년대 식민지 조선에서 통용되던 조선은행권의 단위는 '푼(分), 전(錢), 원(圓)'이었다. 그러나 당시 '조선은행'은 식민지 조선에서 형식적인 중앙은행의 기능을 하고 있었을 뿐, 실제로는 일본의 중앙은행인 '일본은행'의 지점에 지나지 않았다. 따라서 조선의 화폐 '원(圓)'과 일본의 화폐 '엔(圓, 흔히 속자 '円'으로 씀)'은 조선인과 일본인이 서로 발음만 다르게 했을 뿐 똑같은 한자를 썼고, 동일한 가치를 지니고 있었다.

2) 1930년대 당시 1원의 법정 평가는 화폐법(명치 30년 3월) 법률 제16호 2조에 의거 금 0.2돈(0.75g)이었다. 예컨대 10원이 금 2돈(7.5g)이었던 것이다. 하지만 당시는 오늘날과 달리 물가와 소득 수준이 형편없이 낮았고, 경제 규모 또한 매우 작았기 때문에 오늘날의 돈의 가치와 직접적으로 비교하는 것은 불가능한 일이다. 따라서 이 책에서는 독자의 이해를 돕기 위해 위의 화폐 법정 평가에 의거 일괄적으로 당시 '1원'은 지금 돈 '약 11만 원'으로 환산하여 표기했다.

3) 경성 인구의 시대별 변화표

연도	1914	1920	1924	1928	1932	1935	1936	1938	1939	1941	1943
인구	241,085	250,208	297,465	321,848	374,909	443,876	677,241	737,214	774,286	974,933	1,078,178

(출처: 손정목, 1990, 『일제강점기 도시계획연구』, 一志社)

4) 본문에 게재한 사진 가운데 미처 저작권자를 찾지 못해 게재 허락을 받지 못한 사진은 저작권자를 확인하는 대로 게재 허락을 받겠음을 명시함.

제1부

개항,
조선 상계 '종로 육의전'의 붕괴

1백여 년 전
서울의 풍경

불과 1백여 년 전만 하여도 서울은 지금과 사뭇 다른 도시였다. 아니 오늘날은 상상조차 하기 어려운, 그저 지금의 여의도 2배 크기에 불과한 아주 작은 도읍이었다.

홍인지문(동대문)·돈의문(서대문)·숭례문(남대문)·숙정문(북대문) 등의 사대문 안에서도 비교적 조밀하게 건축되어 있는 종루鍾樓(지금의 종각) 네거리를 제외하고 보면, 도성 안 어디를 둘러보아도 한길에서 조금만 벗어나면 이러저러한 과수원이며 배추밭 따위가 흔히 눈에 띌 정도였다. 그리하여 지금의 서울역 앞 숭례문에서 까치발을 하고 서서 도성 안을 바라보면, 둥그스름한 노오란 초가지붕들이 바다를 이루는 가운데 홍인지문 쪽이 한눈에 빤히 건너다보이곤 했다.

그리고 그런 노오란 초가지붕들이 바다를 이루고 있는 한복판으로, 다시 말해 홍인지문에서부터 돈의문 앞까지 일직선으로 곧게 뚫린 폭 56척(1척은

약 30.3cm)의 너비에 길이 15리(1리는 약 400m)길인 종루 대로(지금의 종로 거리)
와 다시 종루 대로로부터 숭례문을 향해 뻗어 있는 대로(지금의 태평로)가 시원
스레 뚫려 있었다.

그런가 하면 다시금 이 두 대로가 교차하는 지점으로부터 정궁인 경복궁을
향해 뻗은, 폭 190척(약 55m)에 달하는 육조六曹 거리(지금의 광화문광장)가 훤히
뚫려 있었다. 도성 안에서 가장 넓은 대로이기도 한 이 육조 거리는, 사시사철
언제나 깨끗하게 정비되고 단장되어 있는 거의 유일한 도로이기도 하였다.

촌락은 그런대로 사이사이에 웅크리고 앉아 있었다. 종루 대로를 중심으로
서로 실핏줄처럼 연결되어 있는 좁다란 도로와 개천(지금의 청계천)을 사이에
두고서 소위 북촌과 남촌의 크고 작은 촌락들이 옹기종기 들어앉아 있는 형
태였다.

또 그 같은 촌락이 대략 20여 호쯤 모여 있으면 무슨무슨 동洞으로, 그보다
좀 더 커서 40여 호 정도이면 무슨무슨 계溪로, 그보다도 더 커서 60여 호쯤
되면 무슨무슨 방坊이라고 일컬었는데, 도성 안에는 모두 49방 288계 775동
으로 나누어져 있었다.[1]

더구나 도성 안의 주거 구역은 대부분 세습적이었다. 외국인은 물론이요,
지방 사람 한 명일지라도 함부로 침투할 길이라곤 없었다.

따라서 1백여 년 전 서울의 풍경은 1394년 태조 이성계가 개경(지금의 개성)
에서 한성으로 새 도읍을 천도한 이래로 거의 한결같은 모습이었다. 무려 5백
여 년 동안이나 서울은 별다른 변동 없이 고스란히 유지되어 오고 있었다.

그 같은 서울은 마치 동화처럼 아름답고 평온했다. 비단 우리만이 아닌 이
방인의 눈에도 별반 다르지 않았다. 비록 다시 30여 년이란 시간적 상거가 없
지 않으나, 1870년경에 켄니, 보니, 호올 등의 미국인들이 쓴 기록에도 당시
서울의 거리는 아름다움으로 가득한 도읍이었다.[2]

… 우리 일행은 이층집 우리의 숙사로 향하여 즐거운 거리를 걸어갔다. 종각이 너무 가까워서 창으로 내다볼 수 있었다. 이 유명한 벽돌집(종각)은 사각형이었고, 청홍색으로 칠해져 있었다. 높이는 서른 척(약 9m)가량이고, 저녁 아홉 시와 새벽 한 시에 무거운 통나무로 치는 종이 매달려 있었다.

날이 저물어서 밥 짓는 연기가 집집에서 새어 나오고, 그런 연기가 길거리에 서리어서 마치 인상파 화가들의 그림 모양으로 그 윤곽을 부드럽게 해 주었다.

종루 거리 위에 펼쳐지는 끊임없이 변하는 풍경에 눈길이 팔려서 창가에 하염없이 앉아 있는데 그만 어둠이 슬몃슬몃 깃들어 왔다.

어두운 거리에는 거의 불이 켜 있지 않았다. 그러나 일흔두 명의 야경꾼들이 어두워진 거리에 순라를 돌고 있어 거리는 매우 안전하였다.

한데도 해 진 다음의 종루 거리는 인적이 거의 드물었다. 늙은이는 담뱃대를 들고 집 안으로 들어갔다. 장사치는 가게 문을 닫았다. 행상들은 과일 목판을 들고 사라져 버렸다. 애들도 집 안으로 모여들었다.

해가 져서 성문을 닫은 뒤에는 부녀자들만 집 바깥으로 나다니게 된 것이 법규로 되어 있었다. 물론 관리들은 예외였다.

어둠이 깊어 오자 하인이 나가서 우리의 숙사 앞에 등불을 켰다. 등은 공들여서 만든 것으로 우리의 숙사가 관사라는 것을 표시하여 주었다. 두 척 길이의 얇은 비단 주머니 같은 것이 청홍색으로 물들여져 있고, 그것이 쇳대 위로 펴져 내려온 것인데, 문 옆 고리에 걸어 두었다. 그 속에는 불을 켠 초가 꽂혀 있었다.

우리 일행은 20만 명이나 되는 사람들이 저녁 준비를 하고 있는 조용한 거리를 내다보면서 창가에 오랫동안 앉아 있었다. 너무나 고요하고 아름다운 풍경이기 때문에, 더구나 서울이 터를 잡고 앉은, 둔지를 둘러싸고 있는 산봉

우리 위로 둥근달이 둥실 떠올라 올 적에는 시간이 얼마나 빨리 지나가는지를 미처 깨닫지 못할 정도였다.

이윽고 종각에서 새벽 한 시를 알리는 종소리를 듣고 나서야 밤이 깊어진 줄을 깨달을 수 있었다. 우리 일행은 비로소 종이창문을 닫고서 서울에서의 첫날 밤을 잠들기 위해 저마다 잠자리에 몸을 눕혔다….

불과 1백여 년 전 서울의 풍경이 이렇듯 아름다웠다면, 성 밖의 풍경은 또 어떠했을지 궁금하다. 흥인지문, 돈의문, 숭례문, 숙정문으로 일컬어지는 사대문 바깥의 풍경 말이다.

한성의 서쪽 대문인 돈의문을 나서면 저 멀리 한강까지는 곧바로 도성의 바깥이었다. 그리고 그 도성 바깥은 흔히 사람들 입에 큰고개라고 불리는 만리재를 중심으로 왼쪽은 용산방坊(지금의 용산구)이, 오른쪽으로는 마포방(지금의 마포구)이 자리하고 있었다.

그러나 이 두 방은 도성 안의 풍경과는 사뭇 다른 모습이었다. 무엇보다 무·배추 밭이며, 파·마늘·미나리·수박 밭이 주거 지역보다 더 넓은 면적을 차지하고 있었다. 수백 년에 걸쳐 한성이 도읍으로 성장해 옴에 따라 상업적 근린 농업이 크게 번성해 있는 풍경이었다.

이는 말할 것도 없이 전통적인 미곡 농사보다 훨씬 더 많은 이익을 가져다주기 때문이었다. 그리하여 심지어는 도성 안의 벼슬아치들마저 이 같은 상업적 근린 농업에 뛰어들고 있었다.

다산 정약용도 이 점을 우려했다. 자신이 쓴 『경세유표經世遺表』라는 책에서 도성의 안팎에 즐비한 파밭·배추밭·마늘밭·오이밭은 고작 논 네 마지기(약 2,640m²)의 땅에서 수백 냥의 이익을 얻고 있다며, 상업적 근린 농업의 이익이 상지상답上之上畓의 벼농사보다도 열 배 이상의 이익을 내고 있음을 지적하고 있을 정도였다.

용산방에는 이 같은 상업적 근린 농업만이 있었던 것은 아니다. 용산방의 주성리와 수철리는 마을의 이름에서 벌써 짐작할 수 있듯이 무쇠를 제련하여 각종 쇠붙이를 만들거나, 도성 안 종루 거리의 상인들에게 납품할 유기 놋그릇 따위를 제조해 내기도 했다. 용산방의 옹리 또한 옹기나 기와 따위를 구워 내는 장인들이 집단으로 거주하면서 매일같이 매캐한 잿빛 연기가 자우룩했다.

그런가 하면 한강 연안 쪽의 여러 나루터와 더불어서 얼음 창고가 늘어서 있는 서빙고 나루와 동빙고 나루 지역에도 늘 많은 사람들로 바글거리곤 했다. 해마다 겨울철이면 한강의 상류 지역까지 멀리 올라가 두꺼운 얼음을 채취하여 저장해 놓았다가 여름철에 내다 파는 경강京江(한강을 일컬어 부름) 상인들이 자리를 잡으면서, 얼음을 채취하는 제빙공과 채취한 얼음을 창고에 저장하는 저장공 등 숙련된 일꾼들을 비롯하여, 하루 벌어 하루 먹고사는 얼음 운반 일을 하는 품팔이 일꾼들까지 적잖이 고용하고 있었다. 이 때문에 도성 바깥 용산방은 이미 개성·평양·전주·상주에 다음가는 큰 도회지를 이루었다.

만리재 오른쪽에 자리한 마포방 또한 별반 다르지 않았다. 용산방보다는 조금 작은 규모라서 나주·경주 크기의 도회지를 형성하고 있는 마포방은, 하지만 이웃 용산방과는 또 다른 풍경을 보여 주었다.

무엇보다 마포방은 서빙고 나루에서부터 한강 나루·동작 나루·노량 나루·마포 나루·서강 나루·양화 나루에 이르는, 한강 변을 따라 여러 나루터를 중심으로 집단촌을 이루고 있었다. 그리고 그들 집단촌은 도성 안의 종루 상인들과는 또 다르게 '어선들은 물론 쌀 곡식을 싣고 각처에서 경강으로 폭주하는 상박商舶들이 일 년이면 일만 척을 헤아린다'고 했을 만큼 하루가 달리

상업을 씩씩하게 키워 나가고 있었다.

　물론 경강에 이토록 많은 나루터가 생겨나고, 도성 안의 종루 상인들과는 또 달리 상업까지 키워 나갈 수 있었던 것은 다른 무엇보다 지리적 이점이 컸다. 한강의 상류는 충청북도·강원도와 통하고, 한강의 하류는 충남·호남·영남 등 삼남 지방과 더불어 황해도 지방까지 교통하기가 편리해서, 그들 산지에서 조선의 최대 소비처인 한성으로 물화를 비교적 손쉽게 운반할 수가 있기 때문이었다.

　더욱이 한강 변의 나루는 취급하는 물품들도 제각기 차별화하여 서로 달랐다. 예컨대 얼음을 실은 상박이라면 서빙고 나루로, 한강을 건너 새로이 난 신작로를 따라 과천·금천·광주·수원 등지의 읍 쪽으로 가려 한다면 한강 나루로, 지방에서 올라오는 세곡선이며 어염을 실은 상박이라면 관료들의 녹봉을 지급하는 광흥창이 자리하고 있는 마포 나루나 서강 나루로, 서해 바다에서 막 잡아 올린 퍼덕거리는 싱싱한 활어는 으레 양화 나루로 가야 했다. 상박도 모여드는 상인도 이렇듯 포구마다 차이를 두고 있었던 것이다.

　그렇더라도 경강의 으뜸 나루는 뭐니 해도 마포 나루였다. 경강의 여러 포구 가운데서도 연중 끊임없이 들락거리는 큼직큼직한 세곡선들은 물론이거니와, 저 멀리 전라도 법성포와 서산 앞바다에서 잡아 올려 굵은 소금에 절인 각종 젓갈이며, 햇볕에 바짝 말린 갖가지 건어물들을 취급하는, 흔히 '삼개 나루'라고도 불렀던 마포 나루야말로 단연 경강의 중심 나루터라고 볼 수 있었다.

　경강의 연안에 이처럼 많은 사람들이 모여들면서, 마포방에는 일찍이 다른 지역에선 찾아볼 수 없는 커다란 선촌船村이 형성되었다. 또 중간에 물품을 매매하는 도매상인 객주들과 거간꾼들까지 자리를 잡기 시작하면서, 도성 안 종루의 풍경하고는 또 다른 흥청거림으로 질펀했다.[3]

경성 상계史

종루의 보신각

　때문에 경강의 포구에서 도성 안까지 물품을 실어 나르는 수레가 연일 꼬리에 꼬리를 물었다. 또한 종일토록 고된 일을 하고 나면 으레 들르게 되는 주막집 또한 셀 수 없을 만큼이나 생겨나서, 경강의 나루에는 주막 거리마저 온통 생다지 아우성이었다.

　이런 모습이 곧 조선 말기의 서울이었다. 지금으로부터 불과 1백여 년 전의 서울과 한강 인근의 풍경이었다.

　덩그러어엉—! 덩그러엉—!

　종루 한복판의 보신각에서 울려 퍼져 가는 커다란 종소리에 따라 동서남북 사대문의 성문이 저절로 열리고 닫히던 곳, 하늘을 찌를 듯이 높다랗게 치솟아 오른 빌딩도 길거리를 가득 메운 자동차의 매연이나 소음도 전연 없었던 곳, 청명한 하늘 아래 높지도 그렇다고 낮지도 않은 북한산·낙산·목멱산·인왕산으로 둘러싸여 있어 포근하기 그지없었던 인구 20만의 서울이 눈앞에 떠오른다. 용산과 마포 너머 경강의 포구마다 푸른 강물 위를 한가로이 오르내리는 누런 황포 돛단배가 눈앞에 스쳐 간다. 지금은 역사의 뒤안길로 스러져 가고 만 불과 1백여 년 전의 서울과 한강 인근의 그림이었던 것이다.

격증하는 도성 안의
일본인들

거듭 말하지만, 한성의 도성 안은 1394년 태조 이성계가 개경에서 한성으로 도읍을 천도한 이래로 무려 5백여 년 동안이나 별다른 변동 없이 한결같은 모습이었다. 주거 지역은 대부분 세습적이었으며, 외국인은 물론 지방 사람 한 명일지라도 함부로 침투할 길이라곤 없었다.

그러던 한성에 처음으로 외국인이 나타나 상주하기 시작한 때가 1880년 4월이었다. 일본의 강압 앞에 속절없이 체결할 수밖에 없었던 '조일수호조규(1876년)'에 따라 같은 해 최초로 일본 공사관이 개설되어 하나부사 요시모토 공사가 부임한 것이다.

그러나 일본 공사관은 도성 안에 자리하지 못했다. 서쪽의 돈의문 바깥 청수관으로 밀려나야 했다.

그나마 2년 뒤에는 습격을 받고 말았다. 조선 정부가 일본의 후원을 받아 신식 군대를 선별하여 훈련시키는 과정에서 구식 군대를 차별 대우하는 것처럼 비치자, 분노한 구식 군대와 민간인들이 합세하여 일으킨 임오군란에 휩싸여 들고 만 것이다. 이때 일본 공사관은 성난 군중들에 의해 불타 버리고, 하나부사 공사는 일본으로 줄행랑을 치지 않으면 안 되었다.

같은 해 8월, 이번에는 일본군을 앞세워 다시금 한성으로 진군해 들어왔다. 일본 해군의 니레 제독과 육군의 다카시마 소장이 1,200여 명의 병력을 이끌고 인천으로 상륙한 뒤, 나흘 뒤에는 도성 안으로 들어와 지금의 충무로에 있는 금위대장 이종승의 사저를 임시 공사관으로 삼았다.

그러나 일본 공사관은 이내 조선의 정궁인 경복궁과 보다 가까운 거리로 이전을 서두른다. 지금의 종로2가 관훈동에 자리한 박영효 대감의 사저로 옮긴 것이다.

이 무렵 일본 공사관의 직원은 30여 명 남짓이었다. 그리고 그들을 호위하기 위한 일본군 약 200명이 도성 안에 주둔하게 된 첫 외국인이었다.[4]

이처럼 일본인들이 도성 안에 주둔할 수 있게 된 것은 임오군란을 트집 잡아 다시금 강압적으로 체결한 제물포조약에 근거한 것이었다. 더욱이 적지 않은 일본인들이 도성 안에 한꺼번에 상주하게 됨에 따라 그들을 위하여 생필품을 조달한다는 구실로 자국의 상인들까지 불러들였다. 이즈음 한성에 진출한 일본 상인으로는 협동상회協同商會와 대창조大倉組, 경전조慶田組 등지에서 파견 나온 모두 10여 명 안팎이었다.

그러나 한성에 첫발을 들여놓은 이들 일본 상인은 아직 도성 안의 조선인들을 상대로 상거래를 시작하지는 않고 있었다. 우리나 그들 사이에 피차 준비가 되어 있지 않았던 것이다.

그러던 1884년 일본 공사관이 또다시 소실되고 마는 운명에 처했다. 관훈동 박영효 대감의 사저에서 지금의 종로3가 경운동 소재 신축 건물로 이주하게 된 일본 공사관은, 하지만 김옥균·박영효·서광범 등의 개화파가 수구파인 민씨 일족을 척살한 뒤 정권을 잡으려 한 갑신정변甲申政變 때 다시 한 번 성난 군중들에 의해 불타 버리고 말았다.

이렇게 되자 일본 공사관은 다시금 남산 밑 녹천정(옛 국가정보원 자리) 터에 신축 건물을 지어 옮겨 갔다. 그러자 도성 안 여기저기에 흩어져 살던 일본인 거류민들이 일본 공사관의 발치인 진고개(지금의 충무로 지역) 일대로 모여들었고, 그 지역을 일본인 거류 구역으로 정하기까지 했다. 이것은 경운동 소재 일본 공사관이 갑신정변 때 소실되고 만 것을 문제 삼아, 자국의 거류민들을 보호하겠다는 허울 좋은 구실을 내세워 일본이 일방적으로 지정해 버린 것이었다.

조선 정부 역시 처음에는 별 대수롭지 않게 여겨 그저 응낙해 주고 말았다. 당시 진고개라면 깡그리 가난한 샌님들이나 모여 살던 남촌의 맨 끄트머리께인 데다, 진고개라는 이름 그대로 진흙 구덩이나 다름없는 지대라서 그만 거주 환경을 과소평가한 나머지, 그래 어디 한번 실컷 살아 보거라 했던 것 같다.

더구나 그즈음 조선 땅으로 건너와 상주하기 시작한 일본인들의 대다수가 그러하듯, 이 시기 진고개 일대 일본인 거류 구역의 일본 상인들은 도무지 칠칠찮아 보였던 것도 사실이다. 거의가 자국에서 몰락하여 도망치다시피 허둥지둥 건너온 상인들이거나, 아니면 기껏 몇 푼 안 되는 영세한 자금만을 손에 쥔 채 발을 들여놓은 자들이 대부분이었다.

때문에 당시 진고개, 아니 그들이 훗날 일컫게 되는 이른바 '혼마치本町'에는 일본인 소유의 가옥이라곤 단 한 채도 없었다. 일본 상인들이 장사를 하기 위해선 조선인 소유의 가옥을 임대하지 않으면 안 되었다.

한데 조선 정부가 애당초 제물포조약에 따라 일본 상인들에게 개시장開市場을 허락한 곳은 진고개 일대가 아닌 다른 지역이었다. 경강의 맨 마지막 포구랄 수 있는 양화 나루 일대에 한정하고 있었다.

한성에 늘어난 일본 상점들

　물론 뒤에 개시장을 양화 나루 일대에서 용산방 일대로 한 차례 옮겨 주기
는 하였으나, 일본 상인들은 허락된 개시장을 외면한 채 일본 공사관을 따라
와 그 발치에 있는 진고개 일대, 그들 말대로 혼마치에 집단으로 터를 잡았다.
그리곤 영세한 자금으로 행상이나 노점, 중개, 매춘 등 그저 돈이 되어 재물을
축적할 수 있는 일이라면 무엇이든 닥치는 대로 종사했다.

　여기에는 조선인 소유의 가옥도 예외가 아니었다. 근대적 땅 소유 개념에
서투른 깡그리 가난한 남산골 샌님들을 그들이 살살 꾀어내어 터무니없는 헐
값에 땅을 사들이거나, 가옥을 저당 잡는 대신에 적은 돈을 꾸어 주곤 기일이
되면 일부러 다른 곳으로 피해 숨어 있다가 나중에야 나타나 이젠 기한이 지
났다며 가옥을 가로채는 등 온갖 수단과 방법을 가리지 않았다.

　그리하여 오래지 않아 일본 상인들은 조선인 소유의 가옥을 적극적으로 소
유하거나 매입할 수 있게 되었다. 공터를 구입한 자는 일본 전통 가옥을 지어
바야흐로 일본인 촌락을 야금야금 꾸려 나갔다.

더구나 티격태격 서로의 군사력을 과시하며 주도권을 다투던 청나라와의 전쟁(1894년)에서 일본이 거둔 승리는 오지게 컸다. 전쟁에 패하면서 청상淸商들이 다투어 폐점을 한 뒤 귀국을 서두른 반면에, 그 자리를 일상日商들이 사분사분 재빠르게 채워 나가며 도성 안에서의 상권을 선점하기에 이른 것이다.

일본 상인들은 식민 지배 의욕도 노골적으로 펼쳐 나갔다. 자신들의 이익 집단인 거류민회나 상업 의회를 결성하는가 하면, 진고개 일대를 근거지로 한 일본인들의 시가지도 점차 조성해 나가기 시작했다.

이렇듯 진고개 일대를 자신들의 거류 구역으로 삼은 지 3년이 지난 1887년엔 이미 상권의 구축에까지 들어갔다 해도 과언은 아니었다. 벌써 그들 소유의 상점들이 자고 나면 우후죽순처럼 생겨나, 그 지역의 일본인 거류민과 조선인을 상대로 장사를 벌이기 시작한 일본의 상점만도 어느덧 50여 호에 달할 정도였다.

상점들을 종목별로 열거해 보면, 우선 일반 잡화상 10여 호를 비롯하여 서양 면직포를 파는 상점과 일본 과자점이 각기 10여 호, 약종업藥種業이 5호, 고리채 장사의 변종이랄 수 있는 전당포가 10여 호나 되었다. 그 밖에도 빈전상회, 협동상회, 굴구상회 등 무역상 몇몇이 그 뒤를 이었다.

그리하여 1887년에 이르면 진고개 일대 아니 혼마치엔 일본인들이 벌써 수천 명이나 모여 살게 되었고, 일본의 기생인 게이샤藝者를 둔 일본 요릿집 화월루花月樓까지 나타나 장안의 새로운 구경거리로 떠올랐다. 왜倭 각시를 구경한다고 눈깔사탕을 사러 가는 조선인들이 얼마나 많았던지 일본 과자점 주인은 불과 몇 년 만에 떼돈을 벌어 큰 부자가 되었다는 소문이 나도는 가운데, 농상공부대신(정2품)과 내부대신을 지낸 친일파 송병준마저 혼마치에 청화정淸華亭이라는 일본 요릿집을 차리고 나서는 판이었다.

이쯤 되자 자신감마저 부쩍 붙은 일본 상인들은 같은 해 2월에 경상의회經

혼마치(본정) 거리

商議會를 조직했다. 그리곤 그런 조직체를 발판 삼아 한성 상계에서 자신들의
세력 확장도 기도할 수 있게 되었다.

하지만 그들의 앞서가는 의욕과는 다르게 당시 한성에서 일본 상인들의 활
약은 그다지 크지 못했다. 또 그 점에 관해서는 여러 가지 원인을 들 수가 있
었다.

우선 개항 초기에 현해탄을 건너온 이들 일본 상인들은 대개 일확천금만
을 꿈꾼 무지한 무산자無産者들이 대부분 주류를 이루었다. 그로 말미암아 상
거래에서 불미스러운 속임수가 빈번하게 발생했고, 그런 결과 좀처럼 신의를
얻지 못했다. 더욱이 이 무렵엔 일본의 일방적인 침략주의에 대한 조선 민중
의 반발이 이미 들불처럼 번져 나가 일본 상인들의 배척으로 나타나고 있을
즈음이었다.

그런 만큼 일본 상인들이 한성의 상계에서 본격적으로 자신들의 입지를 뿌리내리기까지는 좀 더 뒤로 미뤄야만 했다. 아무래도 그들의 독자적인 활약만으로는 요원하게 여겨지기조차 했다.[5]

그렇더라도 진고개 일대의 일본인 거류 구역 혼마치는 한성의 상계에는 이미 예고된 위협이 아닐 수 없었다. 분명 언제고 고개를 쳐들고서 일어날, 바야흐로 거대한 폭풍이 불어닥치고야 말 바로 그 전야가 아닐 수 없었다.

개항으로 급조된
인천 제물포

일본이 조일수호조규를 강압적으로 체결하면서 내건 주요 내용 가운데는 개항이 포함되어 있었다. 부산(1876년), 원산(1879년), 제물포(1883년) 등지의 '3 항'이 그것이다. 그중 가장 눈여겨보아야 할 항구는 단연 인천의 제물포였다. 부산이나 원산과는 달리 서울에서 기껏 80리 거리여서 하루면 너끈히 다녀 올 수가 있다는, 그렇잖아도 조선의 문턱이나 다름없는 지리적 이점 때문에 열강들이 진작부터 눈독을 들여오던 터였다. 때문에 개항과 동시에 제물포는 서둘러 급조되기 시작했다.

우선 곧게 내뻗은 널따란 대로를 중심으로 좁다란 여러 골목길들이 얼기설 기 뚫려 있는 제물포로 발걸음을 넝큼 들여놓으면, 가장 먼저 눈에 들어오는 건 갯바람을 맞으며 일제히 펄럭이는 이국적인 색조의 깃발 풍경이었다. 그 런 가운데 일본 상인들의 전방廛房들이 기다마하게 늘어서 있는 일본인 집단 거주지를 가장 먼저 지나게 되는데, 마치 조선 땅이 아닌 일본 땅의 어딘가를

경성 상계史

개항장 제물포의 모습

고스란히 옮겨 놓은 듯한 착각 속에 빠져들게 했다.

　그런 착각은 일본 상인들보다 한발 먼저 들어와 자리 잡기 시작한, 청나라 상인들의 전방이 즐비하게 늘어서 있는 중국인 집단 거주지 역시 별반 다르지 않았다. 일제히 깃발이 펄럭이는 일본인 집단 거주지와 달리 유난히 많은 등燈들이 상점 바깥에 내걸려 있는 중국인 집단 거주지 역시 영락없이 그들 나라의 어딘가를 고스란히 옮겨 놓은 듯한 착각 속에 빠져들게 만들었다.

　하지만 그 두 나라 상인들의 집단 거주지만 놓고 본다면 암만해도 청나라 상인들이 일본 상인들에 비해 밀리는 추세였다. 개항장開港場 제물포의 상권은 처음부터 일본 상인들이 대부분 독점하고 만 상태였다. 발 빠른 일본 상인들이 생활 풍습과 관례까지 그대로 들여와 청나라 상인들의 집단 거주지보다 훨씬 더 분주하고 활기찼으며, 그 기세를 이미 상큼하게 부풀려 나갔던 것이다.

　그러나 개항장 제물포에는 비단 두 나라의 상인들만이 들어와 있었던 건 아니다. 집단 거주지의 건물 모양새부터가 청나라나 일본과는 판이하게 다른, 멀리 서구에서 건너온 서양 상인들 또한 적지 않았다.

일찌감치 제물포에 들어와 자리를 선점한 청나라의 동순태同順泰와 일본의 미쓰이물산에 이어, 개항 이듬해부터는 독일의 세창양행世昌洋行이 개항장에 자리를 잡기 시작했다. 독일인 에두아르트 마이어가 설립한 이 무역상사는 본사를 독일 함부르크에 두고, 동양 지역으로는 청나라의 홍콩·상해·천진, 일본의 고베 등지에 지점을 두었다.

독일 세창양행은 개항장 제물포에 지점을 개설하자마자 육혈포六穴砲를 비롯하여 양포洋布·바늘·인쇄 기계·광산 기계 등을 들여오는 대신에, 조선에서 홍삼과 금·은 등을 가져갔다. 또한 무역 말고도 자본력을 앞세워 금광 채굴과 함께 남해 도서와 제주도에서의 전복 채취에도 손을 대는가 하면, 일종의 금융업에까지 손을 뻗쳐 나갔다.

미국 기업으로는 타운선상회가 선봉이었다. 미국인 타운센트가 설립한 이 무역상사는 주로 선박과 화약류 등을 가지고 와 팔았다. 특히 타운선상회는 스탠더드석유회사의 등잔용 석유를 독점 판매하면서 유명해졌는데, '담손이 방앗간'이라는 대규모 도정 공장까지 경영하기도 했다.

영국 기업 또한 빠지지 않았다. 역시 무역상사인 홈링거가 일찍부터 상륙해 들어와 그야말로 개항장 제물포는 열강들의 각축장을 방불케 했다.

그 밖에도 크고 작은 무역상사며, 알록달록한 간판을 내건 서구의 시전市廛(상점)들이며, 각국의 영사관을 비롯하여 개항장의 해관海關(지금의 세관을 일컬음), 개항장 제물포에서 의주를 거쳐 청나라의 천진까지 전선이 연결되어 있다는 청나라 전신국, 일본인이 세운 병원, 우리나라 최초의 내리교회內里敎會, 상법회의소商法會議所, 일본 제일은행 인천출장소, 서구식 호텔 따위가 대로변을 따라 마치 영화 촬영장의 세트처럼 설멍설멍 세워져 있었다. 지구촌에서 힘깨나 쓴다는 열강의 상인들이 어느 사이 개항장 제물포에 그처럼 꾸역 꾸역 몰려 들어와 있었던 것이다.

물론 개항장 제물포에 조선인들이 보이지 않을 리 만무했다. 아니 그들 외국인보다도 더 많으면 많았지 결코 적을 이유가 없었다.

하지만 개항장 제물포의 주인은 그들 조선인이 아니었다. 제물포가 개항장으로 급조되면서 산비탈을 따라 수백여 채에 달하는 초가집들이 꼬약꼬약 들어앉아 있긴 하였으나, 정녕 제물포의 개항장에서는 그들 외국인이 주인 행세를 하고 있었다. 수많은 조선인들이 얼마 되지도 않는 소수의 외국인 주인에게 고용되어 저마다 궂은일을 마다 않고 있었다.

예를 들어 그들 나라의 시전 전방에 단순히 짐꾼으로 고용되어 무거운 짐을 힘들여 운반하는 일을 한다거나, 아니면 썰물 때에 맞추어 바닷가로 나가 방파제를 쌓느라 하얀 무명 조끼에 바짓가랑이를 한껏 걷어붙인 채 지게로 흙과 돌을 짊어 나르는 토목 일꾼들로 온통 비지땀을 쏟고 있었다.

포구의 한쪽에서는 외국인들이 타고 온 철선으로 보이는 커다란 이양선異樣船(서양의 증기선)이며, 제물포에서 청나라의 상하이를 정기 운항하는 기선 남승호南陞號가 싣고 온 물품들을 하역하느라 한참 분주했다.

그도 아니면 '없는 것이 없을뿐더러 진기하다는 소문까지' 난 개화 물품들을 사가려고 너도나도 돈 보따리를 싸들고 서울에서, 혹은 경기·충청 지방에서 몰려든 상인들[6]이 전부였을 따름이다.

물론 조선 관아가 빠질 리 만무했다. 개항장을 관장하는 인천감리서仁川監理署가 풍수지리설에 따라 제물포의 맨 꼭두머리에 자리 잡았다. 그렇듯 높아 보이지 않는 산비탈을 따라 수백여 채에 달하는 초가집들이 꼬약꼬약 들어앉아 있는 산기슭 맨 꼭두머리에 자못 위엄 있게 서 있었다.

때문에 관아에서 바라보면 시야가 탁 트이면서 개항장 제물포는 물론이고,

포구의 전체 조망까지 손에 잡힐 듯 여릿여릿 내려다보였다. 그리하여 파란 바다 위에 다채롭게 솟아오른 크고 작은 섬들이 연출하는 아름다운 풍광까지 한눈에 시원스레 바라보이곤 했다.

호텔의 탄생,
대불호텔에서 손탁호텔까지

개항과 함께 제물포에는 수많은 외국인들이 다투어 들어오기 시작했다. 일본인과 청나라 사람들 말고도 서구에서 먼바다를 건너온 외교관, 선교사, 기업가, 의사, 특파원, 여행가, 탐험가, 사냥꾼 등 숱한 외국인들이 하루가 다르게 밀려들었다.

한데 이들이 가장 먼저 겪게 되는 어려움은 다른 무엇보다 숙박 시설이었다. 지구를 반 바퀴나 도는 먼 뱃길을 달려와 제물포에 가까스로 발을 내려놓았다 하더라도, 교통 시설이 따로 없었던 당시에 제물포에서 80리 거리의 한성까지 당일에 이동하기란 요원했다. 적어도 하룻밤 정도는 제물포에서 숙박을 해결해야만 했다.

그렇다고 한 방에 여럿이 묶어야 하는 조선 주막집의 누추한 봉놋방에 들어가기도 뭐했다. 때문에 먼저 들어와 정착해 살고 있는 서양인들의 호의를 기대하거나, 그도 아니면 자기 나라 영사관 건물 안에서 신세를 질 수밖엔 도리가 없었다. 호텔이라곤 아직 들어 보지도 못한 탓이다.

조선에 근대 호텔이 맨 처음 등장하게 된 것은 역시 개항장 제물포에서였다. 미국 군함의 선상 요리사로 활동하던 일본인 호리 규타로가 개항과 함께 제물포에 정착하여, 처음에는 빵 굽는 일부터 시작해서 정육점, 환전업, 제화업을 전전하다 세운 대불大佛호텔이 그것이다.

대불호텔의 초기 시설은 그리 보잘 것이 없었던 것 같다. 서양 요리는 형편이 없는 데다, 호텔 지붕에선 빗물이 줄줄 샐 정도였다.

그러나 1887년 건축에 착수하여 이듬해에 완공한 새 대불호텔은, 서양인들을 위한 서양식 호텔로 완전히 다시 태어났다. 당시로선 가장 서양식 유행을 따른 하이 컬러 3층 높이의 붉은 벽돌 건축물은 단번에 개항장 제물포의 랜드마크로 떠올랐다.

더욱이 이 호텔은 일본어가 아닌 유창한 영어로 손님들을 맞이했으며, 식사 또한 서양인들의 입에 맞는 제대로 된 서양 요리와 함께 커피가 제공되었다. 객실 수는 침대가 딸린 방이 11개, 다다미방이 24개로 결코 적지 않은 규모였다. 숙박료는 당시 화폐로 상급이 2원 50전, 중급이 2원, 하급이 1원 50전이었다. 주변의 숙박 시설에 비하면 2배 이상 비쌌으나 늘 빈방이 없을 정도로 인기가 높았다. 제물포를 통과하는 모든 외국인들은 거의 예외 없이 이 호텔에 들러 가는 필수 코스처럼 여겨질 정도였다.

그에 반해 서울에 호텔이라는 이름을 내건 서양식 숙박 시설이 마침내 본격적으로 등장하게 된 것은 1900년 무렵이 되어서였다. 제물포와 노량진 사이에 철도가 부설된 데 이어, 한강 철교의 준공과 더불어 서대문역까지 경인철도가 완전히 개통된 것이 직접적인 계기였다.

예전 같으면 제물포에 당도하여도 으레 하룻밤 정도는 제물포의 호텔에서 숙박을 해결해야 했는데, 기차를 이용하여 곧바로 한성까지 들어올 수 있게 되면서 구태여 제물포에 체류할 이유가 없어진 것이다. 이를 계기로 제물포의 호텔들이 서서히 쇠락의 길로 접어든 데 반해, 한성에선 새로운 수요에 따라 전에 없던 서양식 호텔들이 속속 등장하기 시작했다.

새로운 황궁이 된 덕수궁 영역과 인접한 곳에 자리한 서울호텔을 비롯하여 덕수궁의 정문인 대한문 앞의 프렌치호텔과 임페리얼호텔, 그리고 서대문 부근(지금의 농협중앙회)의 스테이션호텔이 거의 비슷한 시기에 세워졌다. 흔히 '미스 손탁'으로 알려진 앙투아네트 손탁의 손탁호텔(지금의 이화여고 100주년기념관) 또한 같은 시기에 등장했다.

먼저 이탈리아인 삐이노 소유의 서울호텔은, 탁 트인 널찍하고 잘 갖추어진 침실이며 고급스런 프랑스 스타일의 요리를 선보였다. 호텔 부속 식료품 가게에는 그동안 구경조차 할 수 없었던 갖가지 서구 상품들이 이목을 끌었다. 새로이 입하한 프랑스·독일·이탈리아·러시아산의 와인이며 샴페인, 맥주, 헤이즐럿 커피, 농축 및 무가당 우유, 각설탕, 식탁용 건포도, 이집트산의 담배, 일본산의 광천수, 그리고 영국산과 미국산 통조림 등이 즐비했다.

이 호텔에는 한때 외국의 용병들도 투숙한 적이 있었다. 예컨대 1898년 9월, 우리 정부의 외부 고문관 그레이트하우스의 주도 아래 황궁 수비를 목적으로, 중국 상하이에서 고용해 온 30명의 외국인 용병들이 이 호텔에 머물렀다. 미국인 9명, 영국인 9명, 독일인 5명, 프랑스인 5명, 러시아인 2명으로 구성된 외국인 용병이 그들이었다.

하지만 만민공동회萬民共同會에서 우리의 힘으로 황궁조차 스스로 지키지 못하느냐는 논란을 불러일으켰다. 이에 따라 이 용병들은 황궁 경비 임무에 투입되어 보지도 못한 채 공연히 1년 치의 급료만 지급하고는 곧바로 해산하는 소동이 일었다.

호텔 정면 2층에 근사한 베란다가 설치되어 있는 프랑스풍의 프렌치호텔은 당시 한성에선 가장 규모가 큰 호텔이었다. 이 호텔의 첫 주인은 론돈이었다. 론돈이라면 개항장 제물포는 물론이고, 한성에서도 대창양행을 운영하던 무기 판매의 거상이었다. 이 때문에 초기 프렌치호텔은 '롱동여관'으로 불리기도 했다.

이 호텔은 3년 뒤 새 주인을 맞이하게 된다. 론돈이 운영하는 제물포 대창양행의 직원이었던 마르탱으로 호텔의 소유주가 바뀐 것이다. 요컨대 프렌치호텔은 론돈에 의해 개설되었으나, 이 호텔의 운영권은 대창양행의 직원이었던 마르탱에게 넘겨진 것으로 보인다.

프렌치호텔의 새로운 소유주 마르탱은 사업 수완이 뛰어났다. 1905년 서대문 부근에 자리한 스테이션호텔까지 인수하여, 이곳에 영화 상영관을 만들기도 했다.

한데 흥미로운 건 이 프렌치호텔에 묵었던 서양인 투숙객들은 한결같이 이 호텔에 대해 그다지 좋은 인상을 갖지 않았다는 점이다. 그건 아무래도 이 호텔에 목욕 시설이 갖추어지지 않은 불편함 때문이었던 것으로 보인다.

덕수궁 대한문 앞에는 프렌치호텔 말고 또 하나 서양식 호텔이 있었다. 요리사 출신의 프랑스인 물리스 소유의 임페리얼호텔이 그것이다.

하지만 임페리얼호텔 역시 프렌치호텔과 마찬가지로 투숙객들로부터 그다지 좋은 인상을 남기지 못했던 것 같다. 다름 아닌 목욕 시설을 갖추고 있지 않았다는 사실이 그것이다. 때문에 이 호텔에 처음 들어선 투숙객들은 목욕 시설이 구비되어 있는지부터 물었으나, 호텔 주인 물리스는 '일본인 구역(혼마치)에 있는 대중목욕탕을 이용해야 한다'는 얘기밖엔 들려줄 수 없었다.

그렇더라도 새 황궁의 정문인 대한문 바로 앞에 자리한 이 호텔의 지리적 이점은 매력적이었다. 이 호텔 2층 베란다는 한성의 명사들에게 새 황궁을 드나드는 모든 풍경을 바라볼 수 있는 훌륭한 전망대 역할을 해 주었다. 간혹 고

경성 상계史

종 황제의 행차를 호텔 베란다에서 내려다보다 그만 불경죄로 처벌되는 사례도 없지 않았지만 말이다.

하지만 이 호텔은 그 같은 지리적 이점에도 불구하고 이내 역사의 뒤안길로 사라지고 만다. 문을 연 지 불과 3년여 만에 폐업하고 말았다.

서대문 부근의 스테이션호텔은 영국인 선교사 엠벌리 소유였다. 이 호텔의 초기 모습은 담장 대신 나무를 둘러 세운 장식만이 조선식이 아닐 뿐, 건물 모두가 순전히 조선식 단층 기와집 수준이었다.

그렇대도 '스테이션'이란 이름 그대로 이 호텔은 임페리얼호텔과 마찬가지로 남다른 지리적 이점이 있었다. 제물포에서 경인철도를 타고 단번에 한성으로 들어온 외국인들이 주로 찾는 호텔이 되었다. 더구나 1899년 미국인 사업가 콜브란에 위해 개통된 서대문-청량리 구간의 전차 종착점이 되면서 여러모로 교통의 이점을 가진 호텔로 부각되었다.

때문에 엠벌리는 초기의 기와집을 헐고 서양식 신축 건물을 지어 올렸다. 정면에 성탑이 우뚝 솟아 있고 그 꼭대기에 다시 높다랗게 깃대를 세운, 한성의 그 어떤 호텔보다 멋지고 품위 있는 호텔로 다시 태어났다.

한데 엠벌리가 독립신문을 인수하여 사장으로 취임하면서 이 호텔은 앞서 얘기한 프렌치호텔의 마르탱 소유로 바뀌게 되었다. 마르탱은 이 호텔의 이름을 애스터 하우스로 바꾸었다.

특히 마르탱이 인수한 뒤에는 애스터 하우스가 단순히 숙박 시설을 넘어 때로는 영화 상영관으로, 또 때로는 한성과 제물포에 거주하는 서양인 음악가들이 출연하는 유료 콘서트를 개최하는 등, 새로운 문화 공간으로 폭넓게 활용되기도 했다. 그런가 하면 '조선의 마타하리'로 불렸던 일본의 밀정 배정자가 세 번째 남편인 박영철과 결혼식을 올린 곳도 다름 아닌 이 애스터 하우스였다. 아직은 서양식 결혼식조차 흔치 않았던 시절에 그때 이미 요즘 유행하는 호텔 결혼을 하여 원조가 된 셈이다.

하지만 애스터 하우스의 운명 또한 그다지 오래 지속되지는 못했다. 한일병합 이후 일제 강점기에 접어들면서 호텔의 소유주였던 마르탱의 종적은 물론이고, 애스터 하우스마저 완전히 자취를 감추고 말았다.

여기에 빠질 수 없는 게 손탁호텔이었다. 손탁은 프랑스 태생의 독일인이었다. 여동생의 남편이 러시아 주한공사 베베르였는데, 그를 따라 1885년 한성으로 들어온 당시 32세의 젊은 미망인이었다.

한성에 들어온 지 몇 년 지나지 않아 그녀는 베베르 공사의 추천으로 명성황후를 소견케 되고, 황궁에서 외국인을 접대하는 관리로 촉탁되었다. 더욱이 명성황후에게 자주 불려가 서양 세계에 대한 이야기 상대가 되어 주면서 그녀의 존재가 빛을 발하기 시작했다. 손탁은 재기 발랄한 데다 영어와 불어에서부터 조선어까지 능숙하여 명성황후는 물론 마침내 고종의 지적에까지 나아갈 수 있었다. 그러면서 1895년 정동에 있는 황궁의 토지와 가옥을 일부 하사받아, 황궁에서의 외국인 접대 이외에도 황족들에게 서양 식기를 비롯하여 서양의 장식 등을 소개하면서 지냈다.

그런 손탁에게 명성황후 시해 이후 고종의 아관파천은 예기치 않은 행운이었다. 그녀는 갑작스레 러시아 공관으로 이어한 고종의 식사에서부터 일상에 이르기까지 정성껏 시중을 들었다. 고종은 그런 손탁을 유달리 마음에 들어하여 나중에는 황궁의 요리에서부터 연회의 일체를 맡기면서 거액의 하사금까지 내렸다.

그녀는 고종으로부터 받은 거액의 하사금으로 러시아공사관 건너편의 땅을 사들여, 1902년 서양식 2층 규모의 큰 건물을 신축했다. 어느새 사십 대 중반이 되고 만 그녀는 거기에 손탁호텔이라고 이름을 짓고, 스스로 여주인 겸 총지배인으로 호텔을 경영하고 나섰다. 지금의 정동에 있는 이화학당 건물이

경성 상계史

그 자리이다.

손탁호텔은 한성의 다른 호텔들과 달리 황궁 국내부의 '프라이빗 호텔(예약된 손님만 투숙하는 특정 호텔)'의 형태로 운영되었다. 한데도 앞서 열거한 호텔들은 온데간데없이 손탁호텔만이 유명해지고 역사에 적바림된 까닭은, 처음부터 한성에 거주하는 서양인들의 일상적인 회합 장소로 손탁호텔이 자리매김을 하게 되면서였다. 무엇보다 반일친미 세력의 회합 장소로 알려졌기 때문인 것으로 보인다.

그러나 1904년 러일전쟁에서 러시아가 패하면서 손탁호텔에도 돌연 위기가 찾아든다. 러시아 세력이 크게 위축되면서 손탁호텔 또한 그럭저럭 명맥만을 유지하는 수준으로 전락하고 만 것이다. 그러다 이듬해 1905년 일본의 최고 실력자 이토 히로부미가 손탁호텔에 투숙하면서, 이른바 '을사보호조약'을 배후에서 진두지휘한 비운의 역사를 간직한 공간이 되기도 한다.

결국 그녀는 역사의 격랑을 이기지 못해 프랑스인 보에르에게 손탁호텔을 매각한 뒤, 24년 동안의 조선 생활을 마감한 채 내쫓기듯 프랑스로 돌아갔다. 프랑스로 돌아가 풍광 좋은 리스 지방에 별장을 지어 극동의 왕국에서 가져온 재산을 쌓아 두고 만년을 유유히 보낼 계획이었다.

한데 어떻게 된 영문인지 재산의 대부분은 여동생 베베르 부인의 명의로 러시아 은행에 예치된 채 러시아 기업에 투자되었다. 하지만 예기치 않은 러시아혁명 이후 공산 정권이 들어서는 과정에서 그녀의 저금도, 투자도 한순간에 사라졌다. 그리고 1925년 71세의 노양老孃으로 손탁은 그만 러시아에서 객사하고 말았다.

돌아보면 개항과 함께 서양식 숙박 시설인 근대 호텔이 이 땅에 처음으로 등장했다. 비록 역사의 파고를 넘지 못한 채 하나둘 사라져 갔지만, 그러나 이때 등장하게 된 근대 호텔은 한성에 정착한 서양인들에겐 더할 나위 없는 문화 공간이었다. 또 한편으론 스러져 가던 대한제국의 쇠망기를 고스란히 지켜본 역사의 현장이기도 했다. 그것도 가장 긴박했던 역사적 시점의 생생한 현장이었을뿐더러, 이들 호텔의 운명 또한 그 궤를 같이하고 있음을 알 수 있다. 다시 말해 개항기에 처음 등장하게 된 근대 호텔은 단순히 외국인들을 위한 숙박 시설로서만의 역할이 아닌, 여러모로 주목받는 문화와 역사의 현장이기도 했던 것이다.

5백 년 전통의 조선 상계, '종로 육의전'

그렇다면 이즈음 한성의 상업 풍경은 과연 어땠을까? 결론부터 말하자면 조선 시대에는 장사를 하고 싶다고 해서 아무나 장사를 할 수 있었던 게 아니다. 상인이 되고 싶다고 해서 아무나 상인이 될 수 있었던 것이 아니다. 태조 이래 숭유崇儒를 통치 이념으로 내세우면서 일반 백성들에겐 시장을 허락할 수 없다는, 지금 같으면 말도 안 되는 억말무본抑末務本의 추상과도 같은 정책을 일관되게 견지해 온 까닭이다.

따라서 국초 이래 조선왕조는 천하지대본天下之大本이라 하여 농업을 널리 장려해 왔다. 반면에 상업 활동에 대해서는 지극히 부정적이었다. 상업 활동은 백성들을 간사하게 만들뿐더러 성리학적 교화에도 크게 어긋난다고 해서, 심지어는 생산물의 유통에까지 소극적이었다.

억말무본의 근간에 서서히 균열이 가기 시작한 것은 15세기 후반에 들면서부터였다. 『성종실록』에 신숙의 말을 빌려, 성종 원년(1470)에 심한 흉년이 들었는데, 전라도 나주와 무안 지방의 백성들이 스스로 모여 시포市鋪를 열고 유무상통有無相通하므로 많은 사람들이 보전케 되었다는 기록이 있다. 조선 전기에 이미 지방에선 시골장이 나타났음을 알려 주는 이 같은 기록에 조선 왕조가 크게 우려했음은 두말할 나위가 없다.

그 같은 사실은 당시 나주와 무안에서 시장이 처음 열렸을 때 전라도 관찰사(종2품) 김지경이 조정에 보고한 내용에 여실히 드러나 있다. 비록 자신이 소유한 물건을 자신이 소유하고 있지 않은 물건과 맞바꾸는 물물교환식이라곤 하지만, 결국 이것은 농업을 버리고 말업未業(상업을 일컬음)을 따르는 것에 다름 아니었다. 또 그로 말미암아 물가가 올라가고 이익은 적어져 해로운 것이 더 많다고 한 것에서도 미뤄 짐작해 볼 수 있다. 중종 때 지사(정2품) 장순손 또한 이같이 말하고 있다.

지금 외방(지방을 일컬음)에는 또다시 시장의 폐단이 일고 있습니다. 백성이 다들 이것에 의지하여 매매하는데, 도둑의 장물도 많이 섞여 팔리고 있다 하옵니다. 백성이 모두들 이렇게 놀고먹으므로 전야田野가 묵어 황폐해졌습니다.

말하자면 지방 도처에 허락받지 않은 시장이 열리기 시작하면서 백성들이 근본인 농사를 짓지 아니하고 장사로 놀고먹기 때문에 논밭이 황폐화되고 있다는 얘기다. 더욱이 도둑의 장물이 처분되는 장소로도 이용된다는 설명이다.

하지만 조선왕조가 우려했던 이유는 정작 다른 데 있었다. 농촌에서 이탈한 자들이 이 같은 시장을 배경으로 살아가는 한편, 종래에는 이들이 도적의 무리가 되고 만다는 것이었다.[7] 다시 말해 전국에 도적이 성행하게 된 원인이 딴 데 있는 것이 아니라 순전히 시장이 열리면서부터 백성들이 농업을 버리

경성 상계史

고 상업을 따르기 때문이며, 따라서 도적의 발생을 줄이고 근본인 농업에 보다 힘쓰기 위해서라도 시장을 반드시 금해야 한다는 논란이었다.

그러나 이러한 논란의 바깥에 자리하고 있는 시장도 없지만은 않았다. 국초 이래 3항이 개항될 때까지 조선의 상계商界는 무려 5백여 년 동안이나 전통적으로 도성 안 종루통(지금의 종로를 일컬음)의 육의전六矣廛이었다. 육의전이라 함은 도성 안의 한복판이랄 수 있는 종루 네거리 일대에 자리한 여섯 집단 시전市廛(시장)을 일컬었다.

여섯 개의 집단 시전이라면, 첫 번째는 공단·대단·사단·우단 등의 각종 비단류에서부터 궁초·생초·운한초 등의 생사로 만든 직물류는 물론, 도리불수주·통해주·팔량주 등의 각종 무명 옷감들과 용문사·설사·빙사 따위의 견직물 등 주로 중국산 비단을 거래하는 입전立廛이 있었다.

두 번째는 지금의 종로1가 일대에 자리하면서 국산 비단만을 판매하는 면주전綿紬廛이 있었다.

세 번째는 질이 좋은 전라도 강진·해남, 경기도 고양의 상품上品 무명 옷감에서부터 그 밖에도 질이 낮은 하품下品 무명 옷감을 포함하여, 세금으로 걷히는 군포목·공물목·무녀목 따위를 거래하는 면포전綿布廛과 네 번째로 지금의 종로3가 일대에 자리하면서 모시를 거래하는 저포전苧布廛도 있었다.

다섯 번째로 지금의 남대문1가 일대에 자리하면서 크고 두껍고 질긴 장지, 넓고 긴 대호지, 눈같이 흰 강원도 평강의 설화지, 얇고 질긴 죽청지, 매미 날개같이 얇은 선익지, 편지용으로 쓰이는 화초지, 전라도 순창의 상화지에서부터 상소용 상소지, 도배용 초도지, 궁중 편지용 궁전지, 두루마리로 된 시를 적는 시축지, 능화문을 찍는 능화지 등 다양한 종류의 종이와 그 가공품 따위를 취급하는 지전紙廛도 있었다.

마지막으로 여섯 번째는 종루에 자리한 내어물전內魚物廛과 서소문 바깥에

5백여 년간 조선 상계를 이끌어 온 종루 네거리의 시전 '종로 육의전'

자리한 외어물전外,魚物廛을 합한 내·외어물전 등 도성 안의 여섯 개 집단 시
전을 통칭하여 흔히 육의전이라 불렀다.

이 밖에도 도성 안의 육의전에는 갖가지 생활 잡화를 파는 시전들이 줄을
이었다. 우리나라뿐 아니라 중국 및 외국에서 들여온 화포, 홍포 등과 솜털로
만든 옷과 담요, 털모자 따위를 파는 청포전. 담배만을 파는 연초전. 말총, 가
죽, 초와 밀, 향사(실), 이야기책 등 생활 잡화를 파는 상전床廛. 흔히 싸전이라
하여 쌀만을 파는 미전. 쌀을 제외한 보리, 메밀, 조 등 곡물을 판매하는 잡곡
전. 소금, 꼴뚜기젓, 황석어젓 따위를 파는 경염전京鹽廛. 흔히 바리鉢里전이
라고도 부르며 조반기, 대접, 주발, 탕기, 보시기, 종지, 바리, 발탕기, 쟁첩, 양
푼, 쟁반, 제기, 접시, 향로, 요강, 촛대, 조치, 타구 따위를 파는 유기전. 넝마
전이라고도 부르며 헌 옷가지 따위를 파는 의전衣廛. 면화전이라고도 부르며
탄 솜, 그러니까 씨를 뺀 솜을 파는 면자전. 짚신이나 삼으로 만든 삼신에서부
터 나무를 깎아 만든 나막신 등과 가죽 신발까지 파는 이전履廛. 각종 물감을

경성 상계史

화피樺皮로 싸서 팔았다 하여 화피전. 왕골이나 부들로 만든 자리를 파는 인석전茵席廛. 당사, 향사와 갓끈, 주머니 끈 등을 파는 진사전眞絲廛. 벌꿀을 파는 청밀전. 굵고 긴 목재를 파는 내장목전. 철로 주물한 각종 쇠붙이를 파는 철물전. 담뱃대를 파는 연죽전. 숟가락과 젓가락을 파는 시저전. 소를 팔거나 빌려주던 우전. 말을 팔거나 빌려주던 마전. 비녀전이라고도 부르며 다리(여자의 머리숱이 많아 보이도록 덧넣는 일종의 부분 가발) 꼭지를 파는 체계전髢髻廛. 벙거지, 즉 하급 군인들이 쓰는 털모자나 털갓 따위를 파는 전립전. 쇠가죽으로 만든 신발 밑창과 가죽에 기름을 먹인 징신, 당혜(가죽신) 따위를 파는 이저전履底廛. 짚이나 삼으로 만든 미투리를 파는 승혜전繩鞋廛. 땔감만을 파는 시목전. 대, 갈대, 수수깡 등으로 발처럼 엮어 만들어 주로 울타리에 쓰이는 바자를 파는 바자전. 초가지붕을 이을 볏짚을 파는 고초전. 나무로 만든 그릇을 파는 목기전. 지금의 시멘트와 같은 석회가루를 파는 합회전. 부녀자들의 장신구를 파는 족두리전. 망건을 파는 망건전. 돼지고기를 파는 저전豬廛. 병아리를 파는 병아리전. 꿩을 파는 생치전. 생선 자반을 파는 자반전. 생선을 삭혀 만든 식혜나 새우젓 따위를 파는 남문 밖 외해전. 면을 해 먹을 수 있도록 곡식 가루를 파는 내외분전. 엿이나 사탕을 파는 백당전. 두부를 만들 때 필요한 간수를 파는 염수전. 갖가지 말안장을 파는 복마제구전. 석쇠, 못, 솥 등 쇠로 만든 각종 물건을 파는 잡철전. 각종 바늘을 파는 침자전. 화살촉을 파는 전촉전. 밀화단추, 용잠, 화잠, 죽절잠, 호두잠, 나비잠, 비녀, 은지환, 옥지환, 노리개, 댕기, 귀주머니, 굴레, 조롱, 염낭, 봉채, 은장도, 석장도, 참빗, 얼레빗 등 각종 패물을 파는 도자전. 가늘고 길게 오린 목재를 파는 오리목전. 길모퉁이에 있다 하여 그 음을 따서 모전이라고도 부르는 배, 밤, 잣, 은행, 모과, 감, 사과 등의 과일을 파는 우전隅廛. 채소나 나물류를 파는 채소전. 우산, 발, 홰 등 잡물을 파는 잡물전. 숙수도가라는 일종의 출장 요리사와 함께 잔치 때 쓰는 사기그릇, 소반 등을 세를 받고 빌려주던 세물전賃物廛. 갓양태를 파는 양태전. 옻칠을 한 검은색 갓을 파는 흑립전. 가는 대나무로 틀을 짠 위에 베를 씌워 만든 것으로 국상이나 삼년상을 치를 때 쓰는 백립을 파는 백립전. 관례를 막 치른 아이들이나 관아의 심부름꾼, 광대 등이 쓰는 초립을 파는 초립전. 가마를 만들어 파는 교자전. 각종 씨앗을 파는 종자전. 소금을 파는 염전 등등 이루 다 헤아릴 수 없을 정도였다.[8]

이 같은 종루 육의전은 조선 건국에 때맞추어 태종 12년(1412)에 처음으로 시전을 연 이래 무려 5백여 년 동안이나 거의 매일같이 열리고 있었다. 더구나 그런 시전들은 수대를 이어 오며 한 종류의 상품만을 전문으로 취급하고 있었을 뿐 아니라, 놀랍게도 그 상품의 가짓수만도 수십 가지를 헤아려 다양하고 화려하기 그지없었다.

종루 육의전의 시전 풍경 또한 남달랐다 한다. 웬만한 집 서너 채를 일렬로 잇대어 놓은 것처럼 모두가 하나같이 길쭉길쭉하게 번듯한 기와집을 하고 있었다.

그 같은 풍경을 이루고 있는 데엔 그럴 만한 이유도 있었다고 믿어진다. 길거리 쪽에 면해 있는 정면 앞 칸이 상품의 진열장과 동시에 손님을 맞이하는 쓰임새라면, 좁고 긴 통로를 따라 여러 작은 방들로 나누어져 있는 뒤 칸은 주로 상품을 쌓아 두는 창고로 이용하기 위한 공간이었다. 또 그런 시전들이 종루통을 중심으로 자그마치 3천여 칸이나 즐비하게 늘어서 있을 정도였다. 그런 만큼 종루 육의전의 바닥도 엄청나게 컸다. 종루 네거리를 중심으로 동쪽으로는 지금의 종로3가인 배오개까지, 서쪽으로는 지금의 광화문우체국 맞은편 북청교 자리까지, 남쪽으로는 지금의 을지로2가 일대까지, 북쪽으로는 지금의 견지동 일대까지 널찍하게 뻗쳐 나가, 종루 육의전 바닥을 한바탕 둘러보는 데만 진종일이 걸린다는 얘기가 나돌 지경이었다. 가히 '조선의 만물상'이라 부르는 데 조금도 손색이 없었다.

　때문에 어쩌다 시골뜨기가 한성의 육의전 바닥이라도 둘러볼라치면 정신을 홀딱 빼어 놓기 마련이었다. 시골의 장터가 기껏 골목길 양편으로 기다랗게 늘어선 것이 전부인 데 반해, 종루 육의전의 바닥은 그런 골목길이 두 겹, 세 겹, 심지어는 네 겹까지 겹쳐져 있기까지 했다.

　더욱이나 그런 골목길들이 또다시 가로세로로 교차하도록 되어 있어 교차 도로에 익숙하지 않은 시골뜨기에겐 두 겹, 세 겹으로 얽혀 있는 복잡 미묘한 미로에 갇혀 그만 영락없이 헤맬 수밖에 없었다. 마치 거기가 거기 같고, 지나왔던 길이 전연 새로운 길처럼 보여 다람쥐 쳇바퀴 돌 듯 육의전 바닥을 마냥 맴돌고 있기에 딱 알맞았다.

　그뿐이 아니었다. 종루 육의전의 안으로 들어서면 언제 어느 때나 사람들로 바글바글하여 도시 발 들여놓을 틈도 없이 오며 가며 북새였다. 더구나 대장의大長衣에 검은 갓을 쓰고 소창옷에 한삼을 단 한복汗服 차림으로 전방 앞에 서성이다 지나는 사람들을 꼬드김으로 끌어들여 전방 주인으로부터 구전을 챙기는 여리꾼의 요란스러운 호객 소리며, 물건의 흥정을 붙여 주고 구전을 챙겨 담는 거간꾼의 쇳소리가 마치 오뉴월의 왕파리처럼 연신 따갑게 귓전을 엉겨 붙기 일쑤였다.

종로 육의전,
금난전권으로 보호받고 있었다

거듭 말하지만, 조선 시대에는 장사를 하고 싶다고 해서 아무나 장사를 할 수 있었던 게 아니다. 상인이 되고 싶다고 해서 아무나 상인이 될 수 있었던 것은 아니다. 태조 이래 숭유를 통치 이념으로 내세워 일반 백성들에게는 시장과 상업 활동을 허락할 수 없다는 억말무본의 추상과도 같은 정책을 견지해 온 까닭에서였다.

한데 그런 시절에도 시장과 상업을 자유롭게 벌일 수 있도록 국가로부터 유일하게 허락받은 이들이 있었다. 앞서 언급한 것처럼 도성 안의 종루 육의전과 육의전의 시전 상인이 그들이었다.

그들은 도성 안 일반 소비 대중의 수요에 부응하기 위해 상품을 판매하는 한편, 관부의 수요품이나 생필품을 납품하는 일이 가장 중요한 기능의 하나였다. 때문에 국가 권력과 매우 밀접하게 관련되어 있을 수밖엔 없었다.

종루 육의전은 이같이 관설로 이루어져 있는 만큼 그곳에서 장사를 하는

경성 상계史

시전 상인들은 반드시 일정한 국역(국가의 살림살이)을 부담해야 했다. 이들이 부담해야 할 국역은 상세商稅, 공랑세公廊稅, 책판責辦, 잡역雜役 따위였다. 그리고 그 대가로 독점적 상업 활동을 허가받았다.

『경국대전』에 따르면 상세는 시전의 등급에 따라 매월 저화楮貨(화폐로 통용되던 종이) 3~9장으로 정해졌고, 공랑세는 시전의 매 칸마다 봄·가을 두 차례에 걸쳐 저화 각 20장씩이 부과되었다. 책판은 국가의 임시 수요물이나 외국 사신을 응대할 때 필요한 물품을 공급하고, 사신과의 무역에도 응해야 했다. 마지막으로 잡역은 국장國葬이나 산, 능 따위의 조성 공사에 출역하는 것이다.

따라서 국가는 종루 육의전의 시전을 제도적으로 보호하면서 또 그 같은 시전 체제를 계속 유지하고자 애썼다. 그리하여 국가와 종루 육의전은 오랫동안 공존공생의 관계였다. 조정에서는 종루 육의전으로부터 필요한 국역을 안정적으로 공급받는 대가로 그들에게 자금을 대여해 주기도 하고 외부로부터 보호해 주었다. 예컨대 그들 이외에 상업 활동을 불법 행위로 금지한다는, 이른바 '금난전권禁亂廛權'과 같은 별도의 특권을 그들 시전 상인에게 부여해 주면서 국초 이래 굳건한 조직체를 형성해 올 수 있었다.

여기서 금난전권이라 함은 누구나 장사를 할 수 있는 난전亂廛을 불법 행위로 금지하되 종루 육의전의 시전 상인들에게만 부여하는 권한廛權, 다시 말해 난전을 막을 수 있도록 종루 육의전의 시전 상인들에게 일정 부분 권한을 내주어 금지케 한다는 일종의 특혜나 다름이 아니었다.

권한이란 다른 게 아니었다. 종루 육의전의 시전들이 난전을 막을 수 있도록 집단으로 혹은 개별적으로 먹여 주고, 입혀 주고, 재워 주어 가면서 일정 수의 무뢰배들을 고용할 수가 있었다. 일종의 사병私兵을 거느릴 수 있도록 한 것이다. 그리하여 개국 이래 자그마치 5백여 년 동안이나 이 같은 체제를 철옹성처럼 지속시켜 올 수 있었다.

한데 혹여 종루 육의전의 시전들이 '먹여 주고, 입혀 주고, 재워 주어 가면서 무뢰배들을 고용할 수 있었다'는 대목에서 잠시 눈길이 머물지 않은가? 8·15 해방을 전후하여 두툼한 양복을 빼입고서 제법 중절모자까지 눌러 쓴, 한때 종로 거리를 주름잡았다던 주먹들이 혹시 떠오르는 건 아닌지 모르겠다.

그렇다. 좀 더 뒷날의 얘기이긴 하지만 우리들은 임권택 감독의 영화 '장군의 아들'을 기억한다. 한때 종로 우미관(종로2가에 있었던 극장) 골목의 주먹 '김또깡(김두한)'을 필두로 구마적 신마적이니, 또한 그들을 꺾으려고 호시탐탐 날선 니혼도를 뽑아 들었던 진고개 일대 혼마치 거리의 하야시 등이 등장했던 것 역시 이 같은 금난전권과도 결코 무관치 않았다. 그들이 종로 거리를 무대 삼아 한 시대를 살아간 것이야말로 결코 우연이 아닌 필연이었다. 그것은 마치 동전의 양면과도 같은 거였다. 예나 지금이나 바늘 가는 데 실 따라가는 것처럼 돈과 주먹은 그 궤를 같이할 수밖에 없었던 것이다.

어쨌든 조선왕조와 종루 육의전은 오랫동안 공존공생의 관계였다. 조정에서 종루 육의전으로부터 필요한 국역을 공급받는 대신에, 이른바 금난전권을 비롯하여 전국적으로 상권을 확장시켜 나갈 수 있도록 별도의 특권을 그들 시전 상인에게 부여해 주었다. 그러면서 종루 육의전은 국초 이래 굳건한 조직체를 형성케 되었다.

그러나 바람 불지 않은 곳이 어디에 있겠는가. 제아무리 굳건한 조직체를 형성했다 하더라도 시작이 있으면 반드시 그 종말이 있기 마련이다.

무엇보다 자연스런 인구의 증가가 그 변곡점이었다. 조선의 인구 증가와 그에 따른 생산력의 증대, 신분제의 변동과 같은 누적된 요인으로 말미암아 철옹성으로 불리던 조선 상계도 점차 바람을 타기 시작했다.

그런 결과 국가로부터 허락받은 종루 육의전의 시전 상인들 말고도 경강의 상인들과 같은 사상인私商人들의 증가를 불러왔다. 또 그런 사상인들의 증가로 말미암아 조선 후기의 조선 상계는 경쟁 관계에 놓이게 될 뿐 아니라, 결국 종루 육의전의 시전 상인들은 사상인들로부터 거센 도전을 받기에 이른다.

개항으로 붕괴하고 만
종로 육의전의 최후

저간의 사정이 이러하자 조정에서도 입장을 내놓지 않을 수 없었다. 잇따른 임진왜란과 병자호란을 겪게 되면서 식유민천食有民天, 곧 백성들의 기본적인 호구는 충족시켜야 한다는 유교적 이념에 따라 정조 연간(1791년)에 일반 백성이면 누구라도 장사를 할 수 있도록 하는 조치를 내렸다. 이른바 '통공정책通共政策'을 실시하고 나선다.

도성 안의 종루 육의전을 제외한 나라 안의 모든 시전에서 금난전권이 전격 폐지된 이후, 다시 헌종 연간(1846년)에 병오통공이 뒤따르면서 종루 육의전의 체제와 그들만의 특권이었던 금난전권마저 혁파되어야 마땅하다는 목소리가 터져 나왔다. 어느 곳일지라도 난전을 허용하여 누구라도 자유로이 상업을 할 수 있도록 해야 한다는 요청이 줄기차게 이어졌다.

그렇다 하더라도 따지고 보면 기껏 한성의 바깥에서나 가능한 일이었다. 중요한 것은 여전히 도성 안의 상권이었다. 알토란 같은 도성 안의 상권을 종

경성 상계史

루 육의전의 시전 상인들이 변함없이 움켜쥐고 독식을 한 채 찌꺼기나 다름
없는 그 나머지의 것들에 불과했다. 도성 바깥으로 나가 서민들을 상대로 푼
돈이나 주고받는 상거래에 한정한다는 논의였을 따름이다. 요컨대 봉건적 왕
정 체제에서 길거리의 소상인 정도는 눈감아 주되, 본격적인 상인의 출현은
아직 어림없음을 여실히 보여 주었다.

하지만 어둠이 길어지면 여명 또한 그리 멀지 않은 법. 통공정책을 전면적
으로 실시하라는 사상인들의 커져 가는 목소리에 종루 육의전의 시전 상인들
은 언제까지 안심할 수만은 없는 일이었다. 더구나 허약해질 대로 허약해진
조선왕조가 주위 열강들의 눈치 보기에 급급해지면서, 종루 육의전의 시전
상인들마저 알게 모르게 세력을 하나둘 잃어 가는가 싶었다. 급기야 20세기
에 접어들자마자 그만 더는 버티어 내지 못한 채 급속히 붕괴되고 마는 비운
에 처하게 된다.

그렇더라도 국초 이래 자그마치 5백여 년 동안이나 조선 상계를 대표해 온
종루 육의전이었다. 그 같은 종루 육의전이 끝내 붕괴되고 만 직접적인 이유
는 실은 딴 데에 있었다. 자연스런 인구의 증가나 그에 따른 생산력의 증대,
신분제의 변동이나 사상인들의 성장과 같은 누적된 연유에다, 결정적으로 그
만 불길이 옮겨붙고 만 것은 개항이었다. 일본의 강압에 못 이겨 기어이 문을
열어 줄 수밖에 없었던 개항이 치명타였다. 그중에서도 1883년 인천 제물포
의 개항은 종루 육의전의 붕괴를 빠르게 가속시킨 직접적인 이유였다.

그도 그럴 것이 제물포는 앞서 문을 연 부산이나 원산과 달리 개항과 동시
에 청, 일본, 독일, 미국, 영국 등 열강들의 각축장이었다. 그와 함께 다투어 쏟
아져 들어온 것들이 있었다. 다름 아닌 서구의 신문물인 개화 상품이었다.

그것은 지금껏 유교적 정신주의 생활 풍조 속에서만 호흡해 오던 이 땅의
뭇 백성들에게 물질문명이라는 경이적인 신천지를 전개시켜 주었다. 새로운

세계로의 생활을 눈앞에서 펼쳐 보여 주는 근대화의 물결을 거침없이 휘몰고 들어왔던 것이다.

그리하여 제물포에는 지금껏 본 일이 없는 서구의 이양선들이 속속 드나들기에 이르렀다. 한가로이 떠 있는 황포 돛단배와 바닥이 평평한 세곡선들 사이로, 덩치가 산더미만한 서구의 화륜선과 철선들이 진기하다는 개화 상품을 가득가득 싣고서 하루가 다르게 밀려 들어왔다.

사실 예나 지금이나 장사란 다른 게 아니다. 사람들을 편리하게 만들어 주는 물품, 그런 것을 만들어서 사람들의 주머니를 열도록 하는 것이 곧 장사이다.

한데 개항장 제물포에 쏟아져 들어온 서구의 개화 상품은 사람들을 편리하게 만들어 주기에 조금도 모자람이 없었다. 분명 기대 이상의 신천지였다. 부싯돌로 일일이 불을 지펴 생활하던 시절에 간편하기 이를 데 없는 성냥이며, 빨래를 손쉽게 해 주는 양잿물, 토포에 비해 값이 월등하게 싼 양포, 지긋지긋한 질환을 신속하게 낫게 해 주는 간단한 양약, 가볍고 편리한 각종 양재기, 작고 가늘어서 두루 쓸 수 있는 왜못을 비롯해서 등잔용 석유 따위는, 진기하다는 소문 바람까지 더해져 당장 없어서 못 팔 지경이었다.

사정이 이러하자 개항장 제물포로 상인들을 불러 모으는 일은 시간문제였다. 진기하다는 개화 상품을 사가려고 돈 보따리를 꾸려 싸들고서 한성에서는 물론이고, 경기·충청·황해도 지방의 상인들마저 꾸역꾸역 몰려들었다.

그런 개항장 제물포에 난데없이 나타난 검은 괴물의 출현은 또 다른 충격이었다. 화륜거 또는 철마라고도 불렸던 검은 괴물 기차의 출현은 하루가 다르게 밀려드는 근대의 물결을 싣고서 개항장 제물포에서 한성의 턱밑까지 한달음에 들이닥치게 만들었다.

하지만 개항장 제물포에서 한성의 노량진 사이를 기차가 달리기까지는 말썽도 적지 않았다. 무엇보다 쇳길鐵路에 대한 당시 사람들의 공포증을 해소하는 데 애를 먹어야 했다.

하기는 집 한 채를 새로이 지을 적에도 풍수지리설에 따라야 했던 당시에 땅과 쇠는 도저히 같이 어우러질 수 없는 상극이었다. 쇠는 항상 물을 말리는 음양오행의 원칙을 가진 탓이었다.

그러나 기차가 달리기 위해선 땅 위에다 도리 없이 쇳길을 깔아야 했다. 또 그 쇳길은 그냥 쇳길이 아니라 번갯불을 번쩍번쩍 태우면서 달려야 했기 때문에 그때마다 땅속의 물기가 과연 얼마나 밭아 버릴지 아무도 모를 일이었다.

더욱이 당시만 해도 천하의 근본은 단연 농사였다. 바로 그 농사를 짓기 위해선 반드시 물이 있어야만 했는데, 기차가 번갯불로 땅속의 물기를 다 말려 버려서 결국 가물어질 거라는 논리조차 가능했다.

게다가 좀처럼 목청을 높이지 않던 양반들까지 가세하고 나섰다. 기차가 달리기 시작하면 땅이 요동쳐 흔들린다는 것인데, 그렇게 되면 조상의 묘지가 흔들려서 결국에는 집안이 패망하게 될 것이라는 우려에서였다.[9] 그 같은 이유를 내세워 기찻길이 양반집 묘지 인근을 지나가려 할 적마다 입에 거품을 물고 나섰다.

그런저런 탈을 겪으면서도 마침내 경인선 철도가 개통된 것은 1899년 9월이었다. 화통에서 시커먼 연기를 연신 숨 가쁘게 뿜어내며 칙칙폭폭 우레와도 같은 바퀴 소리를 내더니 천지가 진동하는 기적 소리를 길게 울리면서, 개항장 제물포에서 한성의 노량진 사이를 힘차게 내달리기 시작한 것이다.

그렇듯 어렵사리 쇳길을 깔아 개통한 기차는 다시 한 번 애를 먹어야 했다. 근대의 물결을 싣고 치달려 온 철마는 처음 한동안 기차를 이용하는 승객이 없어 파리만 날려야 했던 것이다.

개통 첫해 기차를 탄 손님이 하루에 고작 20여 명 남짓이라서 적자투성이였다. 때문에 당시 철도 회사는 철도선무학사鐵道宣撫學士란 것을 모집하여 양반들을 계몽시키고 다니는 웃지 못할 촌극마저 벌여야 했다.

아무튼 기적 소리도 씩씩하게 개항장 제물포에서 한성의 노량진까지 개화 상품을 한달음에 실어 나르기 시작하면서, 5백여 년 동안이나 조선 상계를 지배해 오던 종루 육의전의 금난전권은 그만 하루아침에 무색케 되고 말았다. 굳이 육의전의 시전 상인들을 통하지 않고도 진기하다는 개화 상품을 손에 쥘 수 있게 되면서, 조선의 만물상이라던 종루 육의전의 거리는 눈에 띄게 위세를 잃어 갔다. 그러다 20세기 벽두에 그만 바람처럼 쓸쓸한 최후를 맞고야 만 것이다.

종로 육의전의 마지막 후예
'대창무역'

안팎으로부터 거센 도전과 함께 하루가 다르게 변모해 가는 상업 환경에 미처 적응하지 못한 채, 20세기 벽두에 그만 역사의 뒤안길로 사라져 가고 만 종로 육의전의 최후는 실로 허망한 것이었다. 국초 이래 조선 상계를 주름잡으며 도성 안의 한복판이랄 수 있는 종로 네거리 일대에 자그마치 3천여 칸이나 헤아렸던, 그 수많은 시전 상인들은 새로운 상업 질서에 끝내 편입되지 못하고 지리멸렬 스러지고 말았다.

그러면서 오직 종로 네거리 한곳에 집중되어 있던 한성의 상권은 손가락 사이로 새어 버린 물처럼 사분오열 저마다 뿔뿔이 흩어졌다. 외어물전이 있던 서대문의 바깥으로, 멀리 동대문과 남대문의 인근으로, 심지어는 일본 상인들이 시가지를 이루며 집단 거주하고 있는 진고개 일대 혼마치本町로 제각기 분산되어 빠져나갔다. 그와 함께 퇴색하고 만 종로 일대는 다시금 새로운 주역들이 나타나기만을 하염없이 기다리고 있는 무주공산이나 다를 것이 없었다.

종로 상계의 시련은 거기서 그치지 않았다. 마지막 남은 숨통까지 기어이 죄어들어 왔다.

1895년 10월 8일 밤 명성황후를 시해하면서 본격적인 식민 찬탈의 야욕을 만천하에 드러낸 일본은, 그사이 고문 정치顧問政治라는 허울 좋은 구실을 내세워 우리 조정으로 하여금 막대한 차관을 빌려 쓰게 하여 손발을 꽁꽁 묶어 버렸다. 결국에는 조선의 경제마저 절단 내어 버릴 속셈으로 1905년 기습적인 화폐 개혁을 단행하고 나선 것이다.

조선 상계로서는 마른하늘의 날벼락도 그런 날벼락이 또 없었다. '재무 고문 용빙 계약'에 따라 조선 조정의 재무 고문으로 건너온 일본 대장성의 조세 국장 메가다에 의해 전격적으로 단행된 화폐 개혁은, 먼저 전통적으로 널리 유통되던 조선 상계의 어음 거래를 전면 금지시키는 한편, 말도 안 되는 구 화폐와 신 화폐의 환전을 사보타주함으로써 가뜩이나 어려움에 처한 조선 상계로서는 그냥 앉은 채로 막대한 손해를 입을 수밖에는 없었다.

결국 종로 육의전이라는 구심점이 와해되면서 뿔뿔이 흩어지고 마는 가운데, 그나마 가까스로 살아남은 몇몇 시전 상인들마저 이내 자금난에 허덕이게 되었다. 일본의 계획대로 종래에는 모두가 집단 도산하고 마는 사태를 빚고 말았다. 정말 이제는 어쩔 도리가 없이 조선의 상권을 일본 상인들에게 고스란히 내어주지 않으면 안 될 처지가 된 것이다.

한편 한일병합 직후인 1911년 『시사신보』가 조사한 바에 따르면, 당시 조선에서 50만 원(지금 돈 약 550억 원) 이상을 소유한 자산가는 모두 32명으로 집계되었다. 물론 이들은 왕족이거나, 관료 출신의 양반 계급과 지방의 토착 토호들이 대부분이었다.

이 희	흥선대원군의 장남
이 강	고종의 아들인 의친왕
박영효	철종의 사위
이완용	고관대작
이재완	흥선대원군의 형인 흥완군 이정응의 아들
송병준	친일단체 일진회 회장
민영휘	고관대작
민영달	고관대작
김진섭	한성 마포 거상
김여황	경기도 개성 거상
강유승	평안도 진남포 거상
백윤수	한성 종로 거상 …

한데 맨 끄트머리에 적바림하고 있는 백윤수라는 이름 석 자가 눈길을 잡아끈다. 우리들에겐 비디오 아티스트로 널리 알려져 있는 백남준의 할아버지이기도 한 그는, 이미 전멸하고 만 종로 육의전의 상인들 가운데 그때까지도 유일하게 살아남은 시전 상인 중 한 사람이었다.

백윤수는 종로 육의전에서 조상 대대로 견직물 시전을 경영해 온 거상이었다. 혹독한 화폐 개혁의 고비를 힘겹게 넘어서자마자 1907년엔 전통적인 시전 상인의 모습을 탈피하여 기업 형태의 '백윤수상점'으로 전환하고 나섰다. 이어 1916년에는 다시 지금의 종로2가 종각 건물 바로 뒤쪽 3층 건물에 '대창무역주식회사'를 설립하면서 종로 육의전의 마지막 후손이 여전히 건재함을 확인시켜 주었다.

그의 회사 규모는 자본금 50만 원(약 550억 원)이었다. 남보다 앞서 주식회사 체제를 갖추었을 뿐 아니라, 같은 시기에 설립된 민족 자본 기업들 가운데서는 보기 드문 대형 기업이었다. 백윤수의 대창무역보다 3년 늦게 설립된 인촌仁村 김성수 일가의 경성방직 규모가 자본금 100만 원(약 1,100억 원)에 불입자본금 25만 원(약 275억 원)이었고, 백윤수와 함께 장안의 3대 상인 자본가라고 불리던 박승직상점(지금의 두산그룹)의 자본금 규모가 기껏 6만 원(약 66억 원) 수준이었던 점을 감안하면 당시 백윤수의 재력이 어느 정도였는가를 짐작해 볼 수 있다.

백윤수는 대창무역을 통해 청나라에서 각종 견직물을 수입하여 판매했다. 회사 경영도 순탄한 듯이 보였다.

한데 1920년경부터 조선총독부가 돌연 청나라에서 견직물을 수입해 들여오는 것을 억압하기 시작했다. 그에 따라 대창무역은 갑작스레 경영에 어려움을 겪게 되는데, 백윤수는 이를 타개하기 위해 1924년에 대창직물을 설립하여 직접 견직물 생산에 나서기도 했다.

당시 대창직물 청량리 공장에 설치되었던 직조기 대수는 모두 300대로, 일본 재벌 계열의 조선방직 부산 공장의 인견 견직기 대수 319대의 수준과 거의 맞먹는 대규모 공장이었다. 백윤수는 그만큼 정황 판단이 빨랐고, 시류에 민첩하게 적응해 나갈 줄도 알았다.

그러나 종로 육의전의 마지막 시전 상인이었던 백윤수는 같은 해 그만 타계하고 만다. 슬하에 낙원, 낙중, 낙삼, 낙승 등 모두 4형제를 두었는데, 먼저 장남 백낙원이 대물림하여 바통을 이어받았다. 하지만 그 역시 1930년대 말에 그만 타계하고 말면서 4남인 백낙승이 후계자로 나섰다.

대창무역의 새로운 후계자 백낙승은 일본 메이지대학 법학과에서 근대 교육을 받은 엘리트였다. 사업적인 두뇌도 뛰어났을 뿐 아니라, 정치적인 수완까지 탁월하여 시대의 흐름을 정확히 꿰뚫어 볼 줄 알았다.

태평양전쟁 말기에는 또 어떻게 뚫었는지 서슬 퍼런 일본 관동군 헌병대에 들어가, 대창직물에서 이름을 살짝 바꾼 태창직물을 통하여 만주로 포목을 밀수출할 수 있었다. 이때 태창직물의 상표는 벚꽃 속에 '태泰' 자를 써넣은 것이었는데, 일본의 마루베니·이토추 상사와 같은 대기업들도 백낙승의 태창직물을 거쳐야만 만주에 직물을 수출할 수 있을 정도였다.

다시 말해 일본의 상사들이 태창직물에 포목을 공급하면, 그 포목에다 벚꽃 속에 '태' 자 상표를 꾹 찍어 눌러 일본 관동군 헌병대의 호송(?) 아래 만주로 밀수를 했다. 백낙승의 태창직물은 이 같은 간 큰 포목 밀수로 막대한 돈을 벌어들였다. 막대한 돈은 다시금 일본 동양면화에 투자하여 주식을 절반가량이나 매입할 수 있었다.

하지만 꼬랑지가 길면 반드시 밟히기 마련이다. 태평양전쟁이 막바지로 치닫던 어느 날, 그동안 관동군 헌병대의 비호 아래 잘나가던 태창직물이 일본 육군 감찰대에 적발당하면서 밀수 품목 전량이 법원에 압류당하고 마는 위기에 처하게 된다.

그러나 대창무역의 새 후계자 백낙승의 시운이 거기서 다한 것은 아니었다. 밀수 품목을 전량 압류당한 채 지루한 재판을 받던 도중 뜻하지 않은 8·15 해방을 맞이하게 된 것이다.

압류된 포목은 지금의 서울역 앞에 있던 조일창고 세 동에 고스란히 쌓여 있었다. 그리고 압류된 포목은 밀수품인지 어떤지 가릴 새도 없이 미군정 법무관의 해제 명령에 따라 즉시 물주인 태창직물에 고스란히 반환되었다.

더구나 해방 직후에는 포목이 없어서 미처 다 팔지 못할 정도였다. 부르는 게 곧 값이었다. 태창직물은 뜻밖에도 또다시 거금을 손에 쥘 수 있었다.

백낙승은 이 거금으로 '정크(junk) 무역'에 뛰어든다. 종전이 되었으나 중국 대륙에서 미처 가져가지 못한 일본의 군수품이나 상사의 창고를 중국 상인들이 털어, 정크선에 싣고서 인천항으로 들어와 다른 물자와 교환해 갔다. 사실상 밀무역이나 다름없는 것이었다. 거금을 손에 쥔 백낙승은 초기부터 이 같은 정크 무역에 뛰어들어 오뚝이처럼 대무역상으로 다시금 부활할 수 있었다.

하지만 좋은 세월은 그리 오래가지 않았다. 해방 직후 1년 남짓 기승을 부리던 정크 무역도 슬그머니 자취를 감추어 버리자, 백낙승은 새로운 줄을 찾아 이번에는 정치에 눈을 돌렸다. 서슬 퍼런 일본 관동군 헌병대를 뚫었던 솜씨를 유감없이 발휘하여, 이번에는 귀국한 지 얼마 되지 않은 이승만에게 접근한 것이다.

당시 이승만은 돈암장에서 마포장으로 새로 거처를 옮기면서 정치 자금이 절실히 필요하던 시기였다. 백낙승은 그런 이승만에게 접근하여 정치 자금으로 거액인 70만 원(해방 이후 극심한 인플레로 지금 돈으로 환산키 어려움)을 헌납한 데 이어, 이후에도 매달 빠짐없이 50만 원씩을 가져다 바쳤다.

이승만은 마침내 백낙승이 의도한 대로 대통령이 되어 경무대(지금의 청와대)로 들어갔다. 그러면서 신세를 진 백낙승에게 은혜를 보답했다. 일본의 귀속 재산이었던 고려방직공사 영등포 공장을 불하받을 수 있도록 주선한 데 이어, 식산은행(지금의 산업은행)으로 하여금 거금 5백만 달러를 빌려주게 하는 세심한 배려에 힘입어 입지를 확고히 다질 수 있게 된다.

외화 대출은 비단 거기서 끝나지 않았다. 백낙승은 그 밖에도 자신의 계열 기업인 대한문화선전사가 전국의 홍삼 판매권을 특혜 받은 것이라든가, 조선기계를 인수할 수 있었던 것도 따지고 보면 대통령의 권력이 있었기에 가능한 일이었다.

그런가 하면 달러가 금보다 더 귀하게 여겨지던 시절에, 그래서 달러 얘기라면 대통령 이승만마저 벌벌 떨던 시절에 그가 일본에서 기계를 대량으로 들여와 태창방직을 확장할 수 있게 허가해 준 것도 다 그런 인연 때문이었다.

그때까지만 해도 백낙승은 그야말로 고래 심줄 같은 줄을 확실하게 잡고 있었던 셈이다.

그렇기 때문에 해방 직후 친일 행각이 들통나 반민특위反民族行爲特別調査委員會에 구속되었다가도 손쉽게 풀려나올 수 있었다. 자신의 라이벌이랄 수 있는 경성 상계의 숱한 별들이 정치권력으로부터 자꾸만 멀어져 가는 데 비해, 유독 백낙승만은 정치권력과 보다 끈끈하게 밀착하여 정부의 특혜를 만끽하고 있었던 것이다.

그는 이같이 풍부한 자금과 정부의 든든한 지원 사격을 받아 가며 기업 영토를 보다 확장시켜 나갔다. 1948년 전후에는 태창방직을 모기업으로 태창공업, 태창직물, 해전직물, 대한문화선전사, 조선기계 등 계열 기업을 즐비하게 거느렸다. 그리하여 우리나라 최초의 재벌 기업인 태창재벌泰昌財閥을 탄생시켰다.

하지만 지나치면 탈이 나게 마련인 법. 백낙승은 정치 바람을 너무 거세게 일으켰다. 6·25 전쟁 이후에는 파괴된 공장을 복구하면서 지나친 특혜가 말썽이 되더니, 그 후에도 이른바 삼백파동·연계자금사건 등 말썽이 일 적마다 그의 이름 석 자가 단골손님으로 등장하여 세간의 이목을 집중시키곤 했다.

백낙승은 1960년 4·19 의거가 일어나기 바로 직전에 타계했는데, 그의 장례는 매우 쓸쓸했다고 한다. 종로 시전 상인의 마지막 후손이자, 이 땅에 맨 처음 재벌을 건설한 총수의 죽음으로 보기에는 너무나도 보잘 것이 없었다.

타계하기 직전 그는 자신의 아들 백남일을 후계자로 삼아 태창재벌을 재건하려고 무진 애를 썼던 것 같다. 그러나 한번 기울기 시작한 태창재벌은 끝내 대세를 돌이키진 못했다. 자유당 정권이 무너진 정치의 소용돌이 속에 너무 깊숙이 빠져 들어가 영영 헤어나지 못하고 말았다.

백낙승이 타계한 태창방직은 이내 경영 악화에 빠져들어 심한 몸살을 앓았고, 이후 부정 축재 처리 과정에서 전 재산을 국가에 헌납하고 백남일 등은 일본에 귀화하고 말았다.[10] 할아버지 대부터 꾸준히 투자해 둔 동양면화의 주식이 마지막 안식처를 유지케 해 주었다.

물론 태창방직은 새로이 주인이 금세 나타나 큼 직한 문패를 다시금 내걸었다. 일본에서 개인 종합소득세 랭킹 1, 2위를 3년 연속 차지하여 일본 재계를 깜짝 놀라게 했다는, 정부가 수립된 이듬해인 1949년 당시 시가 50억 엔円 규모의 주일 한국대사관 건물을 기증해서 다시 한 번 한국 재계를 놀라게 한 재일 교포 기업가 서갑호였다.

서갑호는 1961년 육군 소장 박정희가 일으킨 5·16 군사정변 이후 태창방직을 인수하면서 화려하게 금의환향했다. 이로써 왕조 건국 이래 무려 5백여 년 동안이나 조선 상계를 지배해 왔던 종로 육의전의 마지막 후손마저 이 땅에서 끝내 그 대가 단절되고야 만 것이다.

제2부

5백 년 '한성'에서
상업 중심의 근대 도시 '경성'으로

변모해 가는 한성,
도심 속을 달리는 전차

　일본의 조선 침략은 대단히 정교하고 치밀한 것이었다. 1880년 강압적으로 개항을 밀어붙여 조선의 빗장을 열어젖힌 데 이어, 1894년에는 그동안 한반도에서 패권을 놓고 팽팽하게 줄다리기를 벌여 오던 청나라와의 전쟁과 동학농민전쟁에서 거푸 승리를 거두었다. 조선의 운명은 이제 일본 군국주의의 시퍼런 칼날 아래 놓이게 된 것이다.

　이보다 앞서 1893년 4월 한성영사 스기무라 후카시는 일본의 외무성에 1,300만 조선 민중을 동화시키기 위해서는 단지 정부의 힘만으론 불가능하다면서 방인(일본인)을 이식하는 일이 시급하다고 보고했다. 그는 이어 "조선같이 유치한 상업계의 현상을 고려해 볼 때 고상한 무역 사업을 통해 거래의 발달을 도모하기보다는 오히려 작은 부분부터 침투해 들어가 그 근저를 견고히 다지는 일이 상책일 듯하다."[1]고 전제하면서, 자국의 상인들을 대거 불러들였다. 그리하여 도성 안의 진고개 일대에 일본인 거류 구역 혼마치를 형성하면서 언제고 조선 상계마저 요절내고야 말 채비를 갖추었다.

　이쯤 되자 일본 군국주의는 1895년 10월 8일 밤, 명성황후를 잔인하게 시해하면서 마침내 본격적인 식민 찬탈의 신호탄을 쏘아 올렸다. 그런 뒤 1905년에는 청천벽력과도 같은 화폐 개혁을 단행하여 전통적으로 널리 유통되던 조선 상계의 어음 거래를 전면 금지시켜 한낱 휴지 조각으로 만들어 버렸다. 또한 구 화폐와 신 화폐의 환전을 사보타주함으로써 가뜩이나 허약한 조선 상계의 목줄에 마지막 올가미마저 죄어 걸었다. 5백여 년 동안이나 연연히 이어져 내려온 종로 육의전의 상권을 그야말로 하루아침에 풍비박산을 내어 버린 것이다.

　그러면서 종로 네거리에 한데 집결되어 있던 조선의 상권은 사분오열되고 말았다. 종로 네거리의 중심에서 서대문 바깥으로, 멀리 동대문과 남대문의 인근으로, 그런가 하면 또 다른 일부는 일본 상인들이 시가지를 이루며 집단 거주하고 있는 진고개 일대의 혼마치로 저마다 뿔뿔이 흩어지고 말았다.

　한성의 풍경 또한 크게 일그러뜨려 놓았다. 1394년 태조 이성계가 개경에서 한성으로 도읍을 천도한 이래, 무려 5백여 년이나 별다른 변동 없이 거의 한결같이 고스란히 유지되어 오던 도성 안의 풍경도 하루가 다르게 다른 모습을 띠어 갔다.

　그중에서도 종로 배오개(종로3가 일대)와 동대문 일대는 도성 안에서도 가장 역동적인 지역으로 변모해 갔다. 오랜 세월 종로 육의전의 변두리에 머물러 있던 배오개와 동대문 일대는 연일 수많은 잡살뱅이 도붓장수들까지 몰려들어 장사진을 치고 앉아 난전亂廛을 벌였다. 어느덧 흥숭생숭 제법 시장 풍경으로 자리를 잡았다.

　이 같은 종로 거리에 또다시 역사를 바꾸어 놓은 이가 있었다. 미국인 기업가 콜브란이었다. 그가 '번갯불 먹는 괴물' 또는 '축지법 부리는 쇠바퀴'라는,

생전에 보지도 듣지도 못한 전차를 종로 거리에 닝큼 선보였다. 20세기를 겨우 한 해 앞둔 1899년 음력 사월 초파일, 지금의 서대문 로터리 경교에서 종각→종로→동대문까지 전차가 달리기 시작한 것이다.[2]

"도오데스까(어떻습니까)?"

일본인 전차 운전사는 마치 전차를 자신이 만들기라도 한 것처럼 곁에 서 있는 늙수그레한 사대부 승객을 바라보면서 의기양양해 물었다.

"이놈아, 어떻긴. 참 빠르기도 하구나. 그래서 시원한 게 이루 다 말할 수 없이 좋다."

초창기 전차는 둘레의 벽도, 천장에 지붕도 없는 순전한 무개차였다. 그래서 전차에 오르면 사방을 내다볼 수가 있어 시원하기 짝이 없긴 하였으나, 어쩌다 소나기라도 한바탕 우당탕 쏟아지는 날이면 영락없이 함빡 물벼락을 맞아야 했다.

"아이구, 소낙비구나!"

하지만 종로 거리 한복판을 내달리고 있는 전차 안에서 뛰어내릴 수도, 그렇다고 비좁은 전차 안에 비를 피할 만한 공간이 따로 있을 리 만무했다.

"얘, 칠칠아. 어디 우장 없느냐?"

늙수그레한 사대부 승객이 몸종을 보고 묻는다.

"갑자기 우장이 어디 있어요, 어르신?"

"이거야, 야단났구나. 의복이 다 젖고 있질 않느냐?"

"하면 제 의복이라도 벗어 드릴까요, 어르신?"

"여보게, 전차 운전사 양반! 이 전차 좀 세워 주구려. 비가 내려 내 더는 못 타고 가겠네."

종로 거리에 첫선을 보인 전차는 가히 충격이 아닐 수 없었다. 소문을 듣고 몰려든 사람들로 운행이 거의 불가능할 정도로 북새를 이루었다. 도로 곳곳에 대피선을 설치해 두기는 하였으나, 노선이 단선이라서 사람들이 한꺼번에 몰려들기라도 할라치면 자칫 전차가 넘어지지 않을까 승객들이 가슴을 졸여야 할 지경이었다.

때문에 일본 교토 전철에서 초빙해 온 일본인 운전사들은 진땀을 뻘뻘 흘려야 했다. 더구나 전차를 처음 타 보는 조선인 차장들 역시 어떻게 해야 좋을지 진종일 똥줄이 탈 수밖에는 없었다.

"자네, 그 번갯불 먹는 괴물인지, 축지법 부리는 쇠바퀴인지 하는 거 타 보았는가?"

소문은 꼬리에 꼬리를 물었다. 삽시에 도성 안의 구석구석까지 퍼져 나갔고, 전차 개통 이튿날부터 종로 거리에는 구름같이 몰려든 구경꾼들로 인산인해를 이루었다. 이른 아침부터 기다랗게 줄을 늘어서는 바람에 웬만큼 늦게 나온 이들은 좀체 엄두조차 내지 못할 판이었다.

"거참, 아무리 보아도 신기하기만 하지. 누가 앞에서 힘들여 끌지 않아도 저렇게 저절로 달린단 말이야?"

"아, 저절로 달리긴. 저기 저 공중에 매달린 끈이 끌고, 땅에 깔린 쇳길이 밀어서겠지."

"허엇, 아무리 보아도 귀신 곡할 노릇이 아닌가? 공중에 매달린 끈이 끌고, 쇳길이 밀어서 저 커다란 쇳덩이가 달린다니 말일세."

"어디 그뿐인가? 빠르기는 또 얼마나 빠른지 모르네."

"그런데 여보게, 어찌 전차가 이렇게 빨랑 오질 못하고 있는가?"

"그거야 사람들이 죄다 한꺼번에 몰려들어 탔으니 전차인들 어찌 힘이 들지 않겠는가? 자넨 저 쇳덩이가 안쓰럽지도 않아서 그렇게 재촉을 하는가?"

요금도 그리 헐한 편은 아니었다. 서대문 경교에서 동대문까지가 5전(약 5,500원), 나중에 연장 개통된 청량리까지가 7전 5푼(약 8,250원)이었다.

한데도 종로 거리에 첫선을 보인 전차는 그저 단순한 교통 수단이나 운송 수단 그 이상의 것이었다. 그 시절만 해도 일반 백성들은 사인교 한번 타 보기조차 그리 녹록지 않던 때였다. 평생에 한 번 시집이나 장가를 갈 때가 아니면 그 어느 곳을 가더라도 으레 걸어서 다니던 시절이었으니, 그깟 엽전 몇 푼이 문제 될 게 없었다. 굳이 사대부의 신분이 아니더라도 엽전 몇 푼만 달랑 내어 주면 누구나 사인교보다 더 근사한 전차를 타 볼 수 있어 사람들을 우르르 불러 모으기에 충분했다.

때문에 웃지 못할 촌극마저 속출하기도 했다. 전차가 청량리 종점에 도착했는데도 한사코 내리려 하지 않는 승객들이 나타나 차장의 애간장을 태웠다.

"어르신, 인제 다 왔습니다. 그만 내리셔야죠?"

"아니, 벌써 다 왔어?"

"네, 보시다시피 종점입니다."

"에끼, 여보 차장, 이런 법이 어딨소? 내가 돈을 5전이나 냈거늘. 아 벌써 내리라니, 잔말 말고 어서 더 갑시다."

초기에는 정류장이란 것도 따로 정해져 있을 리 없었다. 전차가 달리는 도중이라도 승객이 내리겠다고 소리를 지르면 그럴 적마다 전차는 어쩔 수 없이 멈추어 서야 했다.

요금 징수 문제로 전차 차장과 옥신각신 다투는 일도 일쑤였다. 전차 차장이 앞가슴에 계수기를 걸고 다니며 승객들로부터 엽전을 받아 집어넣으면 찡, 하는 박새 울음소리 같은 신호음과 함께 요금을 징수했다는 숫자가 나타나곤 했다. 하지만 끊임없이 밀려드는 승객들로 말미암아 비좁아진 전차 안은 번번이 아수라장이기 마련이었다.

한데도 도심 한복판을 내달리기 시작한 전차에 대한 열기는 좀처럼 식을 줄 몰랐다. 오래지 않아 시골에까지 전차 소문이 널리 퍼져 나가면서, 급기야 시골 사람들조차 줄지어 상경하는 사태로 이어졌다. 심지어 전차를 타 보겠다며 대대로 붙여 먹던 일부 전답까지 팔아 온 가족을 이끌고 한성으로 올라오는 촌부까지 생겨날 지경이었다.

하기는 그 시대에 새로운 문명의 이기인 전차를 타고서 도심 속 종로 거리를 내달린다는 건 정녕 경이였으리라. 그때까지만 하여도 무엇을 타고 다닌다는 것은 지극히 제한된 일부 계층, 예를 들면 고관대작이나 지체 높은 사대부가 아니고선 결코 불가능한 노릇이었다.

따라서 전차를 타 본다는 것은 곧 사회적 평등에 목말라하는 일반 백성들의 해묵은 숙원을 풀어 보고자 하는 심리적 충동과도 무관치 않은 것이었다. 전차를 타 보기 위해 대대로 붙여 먹던 일부 전답까지 팔아 가며 온 가족을 이끌고 상경했다는 이야기나, 호색꾼 탕자가 기생방을 찾아가는 것마저 잊은 채 진종일 전차를 타며 기분을 내고 다녔다는 이야기는 다 그 같은 숨은 염원의 발로에 다름 아니었다.

어쨌거나 조용한 아침의 나라에 어느 날 난데없이 광풍처럼 밀어닥친 개항과 정변, 농민전쟁과 진압, 그리고 지배 세력의 교체가 생게망게 연이어지는 가운데, 시대는 또 어쩔 수 없이 새로운 문명의 이기를 속절없이 맞아들이고 있었다.

사람들은 이 새로운 문명의 이기에 열광했고, 종로 거리에 나타난 전차에서 볼 수 있는 것처럼 너나없이 그쪽을 향해 모여들기 시작했다. 흩어져 있던 사람들이 몰려들기 시작하면서 조선 상계의 중심이었던 종로 거리 역시 조금씩 활기를 되찾아 가고 있는 듯이 보였다.

강철 같은 별표고무신에서
떴다, 보아라, 안창남에 열광하다

사람들이 열광하기는 비단 종로 거리를 내달리기 시작한 번갯불 먹는 괴물 또는 축지법 부리는 쇠바퀴라고 불렸던 전차만이 아니었다. 인천 제물포의 개항장을 통하여 물밀 듯이 밀려 들어오기 시작한 새로운 개화 상품에 쏠리는 관심 또한 지대했다. 신통한 과학 기술로 포장되어 진기하다고 입소문까지 난 서구의 개화 상품들을 먼저 선점하려고 돈 보따리를 꾸려 싸들었다. 한성은 물론이고 경기·충청·황해도 등지에서 몰려든 상인들로 제물포 개항장에 연일 줄을 이었다.

또 제물포 개항장에서 쏟아져 내기 시작한 개화 상품들은 그런 상인들의 눈독을 들이기에도 충분했다. 개항장이 아니고선 도저히 구할 수 없는 진기한 상품들을 공급받기 위해 먼 곳의 상인들까지 애써 제물포를 찾도록 만들었다.

그 가운데서도 단연 인기 품목은 고무신이었다. 착용감이 좋고 오래 신을 수 있는 데다, 겉모양도 지체 높은 사대부들이나 신던 갖신이나 비단신과 다를 것이 없어 눈길을 붙잡았다. 새 문명의 이기인 전차와 마찬가지로 사회적 평등에 목말라하는 일반 백성들의 심리적 충동까지 더해지면서 그 수요가 폭발적으로 늘어 갔다.

당시만 해도 일반 백성들의 신발은 일부 특수한 신분을 제외하고는 남녀노소 가릴 것 없이 모두 다 짚신이었다. 과거 시험을 치르기 위해 한양 길에 오른 젊은 선비의 봇짐 꽁지에도 으레 짚신 네댓 켤레가 대롱대롱 매달려 있기 마련이던 시절이었다.

하지만 짚신은 너무도 빨리 닳았다. 볏짚으로 만들어진 탓에 기껏해야 사나흘을 신을 수 있을까 말까 할 정도로 내구성이 형편없었다. 더구나 새끼를 비벼 꼬아 만든 바닥은 울퉁불퉁해서 불편하기 짝이 없었고, 비만 오면 속절없이 물기에 젖어 들어 축축해지는 데다 진흙마저 덕지덕지 엉겨 붙는 바람에 돌덩이처럼 무거워지기 일쑤였다.

그에 반해 개화 상품 고무신은 축축해지거나 진흙도 엉겨 붙지 않아서 비가 내린다 해도 따로 나막신으로 갈아 신을 필요가 없었다. 또한 일 년 동안이나 신을 수 있을 만큼 내구성마저 강해서 선풍적인 인기를 끌었다.

그러나 이런 고무신도 처음 들어올 때부터 우리의 입맛에 딱 들어맞았던 건 아니다. 개항장 제물포를 통하여 들어온 일본의 고무신은 '호모화'라 하여, 바닥창만 고무이고 그 나머지는 가죽이나 천으로 만든 구두 모양을 한 것이었다.

그렇듯 구두 모양을 한 일제 고무 단화를 오늘날의 고무신 모양으로 바꾸어 대박을 터뜨린 이는 이병두였다. 평양에 자리 잡은 일본인 잡화상 내덕상점內德商店에서 사환으로 일하고 있던 이병두는, 개항장 제물포를 통하여 들어오기 시작한 일제 고무 단화가 인기를 끌자 내덕상점을 그만둔 뒤 직접 행

상에 나섰다.[3]

그의 생각은 옳았다. 일본에서 고무 단화를 직접 들여와 쏠쏠한 재미를 보게 된 것이다.

그쯤 되자 내친김에 고무신 상점을 내기에 이르렀고, 종래에는 고무신 공장까지 차리게 되었다. 일본으로 건너가 거래하던 공장에 아예 수개월씩 눌러앉아 고무 배합 기술에서부터 제조 공정까지를 모두 배워 돌아왔다.

그렇대도 우리 입맛에 딱 들어맞지 않은 고무 단화가 서민들에게까지 널리 보급되는 데는 한계가 있을 수밖에 없었다. 이 점에 착안한 이병두는 마침내 고무신의 모형을 획기적으로 바꾸어 내놓는다.

남자 고무신은 전통적인 짚신 모양을 본뜨고, 여자 고무신은 앞머리가 볼록하게 솟아오른 코신을 본떴다. 폭을 좁고 굽이 높으며 발등을 덮는 일제 고무 단화를 우리 발에 알맞도록 폭은 과감히 넓히고 굽은 크게 낮추되 발등을 노출시켜, 이른바 우리의 체질과 환경에 적합한 '조선식 고무신'으로 탈바꿈시켜 놓았다.[4]

이병두의 이런 고무신은 시장에 내놓자마자 시쳇말로 불티나게 팔려 나갔다. 구두 모형의 일제 고무 단화를 한사코 외면하던 서민들마저 열렬히 선호하고 나서면서, 잠시 선을 보였던 일제 고무 단화의 씨를 깡그리 말려 버렸다.

조선식 고무신이 이같이 선풍적인 인기를 끌자 덩달아 고무신 공장도 우후죽순처럼 생겨났다. 1921년에 고작 2개이던 고무신 공장이 1933년에는 무려 72개로 늘어났다.

생산고도 덩달아 널뛰었다. 1920년에는 고작 4,000원(약 4억 4,000만 원)에 불과하던 것이 1935년에는 984만 5,000원으로 무려 2,461배나 껑충 뛰었다. 고무 제품의 95% 이상이 고무신일 정도였다.[5] 그러면서 반도고무공업사, 조선고무공업소, 서울고무공업소 등 굵직굵직한 고무신 공장들이 도처에서 생겨나기 시작했다.

그러나 뭐니 해도 대표 주자는 대륙고무공업주식회사였다. 농부의 아들로 태어났으나 영어를 잘해 일약 미국 주재 대리공사를 거쳐 법무대신(정2품)에 오른 이하영이 설립한 이 고무신 공장은, 자본금 규모가 2만 원(약 22억 원)에 서 8만 원(약 88억 원) 수준이던 여타 공장들과는 달리 공치자본 50만 원(약 550 억 원)에 불입자본 12만 5,000원(약 137억 5,000만 원)을 자랑하는 대기업이었 다.[6]

이처럼 고무신 시장이 크게 확장되고 그와 함께 고무신 공장들이 난립하 게 되면서 살아남기 위한 생존 경쟁 또한 진풍경을 연출해 보였다. 급기야 업 체들 사이에선 신문을 동원하여 광고 공세까지 펼치고 나서기에 이르렀던 것 이다.

역시 신문 광고도 자본금이 넉넉한 대륙고무가 먼저 선제공격을 하고 나섰 다. 1922년 9월에 연이어 동아일보를 도배한 이 회사의 광고 문구 가운데 일 부이다.

대륙고무가 제조한 고무화의 출매함이 이왕 전하께서 이용하심에 황감 을 비롯하야 각 궁가의 용명하심을 몽하며 우 여관女官 작위의 사용을 수하 며….

대륙고무의 주장과 같이 왕이 고무신을 신었는지 어땠는지는 확인할 길이 없다. 그렇더라도 신문 광고 문구에 왕이 이용한다는 설명까지 들먹이고 나 선 걸 보면 그땐 고무로 만든 신발이 최신 고급 상품이었던 것만은 틀림이 없 어 보인다.

대륙고무가 이처럼 선제공격을 하고 나서자 이에 질세라 만월표고무신이

부랴부랴 가세하며 뛰어들었다. "이강 전하가 손수 고르셔 신고 계시는…"이
라는 광고 문구로 잽싸게 응수하고 나섰다.[7]

이강李堈 전하라 하면 곧 고종 임금의 다섯째 왕자요, 순종 임금의 아우였
던 의친왕을 일컬었다. 1919년 비밀결사 단체인 대동단大同團 사건에서 볼 수
있는 것처럼 반일 의식이 투철했던 이강 전하를 내세워 일제에 대한 국민의
저항심을 자사 제품의 신발 판매에 연계시키려 애썼다.

반면에 별표고무신은 그 같은 민족 감정 대신 소비자들에게 직접 호소하는
전략으로 나섰다. 대륙고무나 만월표와 달리 왕가에 줄을 댈 수 없어서였는
지 어땠는지는 모르겠으나, 고무신의 내구성에 초점을 맞추어 소비자들을 공
략했다.

강철은 부서질지언정 별표고무는 찢어지지 아니한다!
고무신이 질기다 함도 별표고무를 말함이오
고무신의 모양 조키도 별표고무가 표준이오
고무신의 갑만 키도 고등품인 별표고무신

별표고무신 광고

그러자 거북선표고무신은 여기에 한술 더 떴다. 이례적으로 신문 광고에다 자사의 거북선 상표가 양각된 고무신 바닥을 통째로 그려 넣은 것이다.

경고!!

일 년 간 사용, 확실 보증품

가짜 거북선표가 만사오니 속지 마시고 거북선표를 사실 때에는 아래 그림과 같이 거북선 상표에 물결 바닥을 사십시오.

거북선표고무신은 확실한 이중 장치를 펴고 나섰다. 임진왜란 때 일본 수군을 물리친 이순신 장군을 떠올리게 하여 민족혼에 호소함과 동시에, 오돌토돌한 물결 바닥으로 미끄럼까지 방지했다는 특징을 부각시켜 경쟁 상대와의 차별성에 우위를 점하면서 고무신 업계의 끝없는 경쟁 체제를 예고하고 나선 것이다.

그러나 개항 이후 물밀 듯이 밀려 들어온 갖가지 새로운 문명의 이기 가운데 비행기만큼 뭇사람들의 시선을 사로잡았던 것도 딴은 또 없었다. 고무신 업체 간에 신문 광고 공방이 연일 뜨겁게 전개되고 있던 1922년 12월 10일, 한강의 여의도 강가엔 추운 날씨인데도 몰려든 군중으로 인산인해를 이루었다. 하늘을 나는 비행기를 직접 보겠다며 서대문과 남대문을 빠져나와 모여든 군중이었다.

"앗!"

인산인해를 이룬 군중의 무리에서 한순간 낮은 탄성이 새어 나왔다. 하늘 높이 치솟던 비행기가 갑자기 굉음을 내지르며 땅으로 곤두박질치듯 내려 닥쳤다.

하지만 군중의 무리에서 다시 한 번 낮은 탄성이 새어 나온 순간, 땅을 향하여 곤두박질치듯 내려 닥치던 비행기가 날렵하게 하늘을 박차며 치솟아 오른 뒤 저만큼 시야에서 사라져 갔다.

"안창남 만세-!"

누가 먼저랄 것도 없이 군중 속에서 만세 소리가 연이어 터져 나왔다. 수많은 사람들이 올려다보는 하늘에서 우리나라 최초의 비행사 안창남의 비행기는 마치 한 마리의 수리처럼 자유자재로 창공을 날았다. 그럴 때마다 군중은 만세를 부르고, 안창남의 비행기는 어느 사이엔가 날쌔게 돌아와선 군중의 머리 위를 돌개바람처럼 휘익, 지나쳐 갔다.

이보다 꼭 7년 전인 1916년, 똑같은 장소에서 미국인 비행사 스미스가 조선에선 처음으로 비행 묘기를 선보였다. 비행기라는 문명의 이기를 난생처음 보게 되는 사람들이 무리를 지어 한강의 여의도 강가에 구름처럼 몰려들었음은 물론이다.

그중에는 17세의 소년 안창남도 끼어 있었다. 그리고 이날 소년 안창남은 자신도 스미스와 마찬가지로 비행사가 될 것을 굳게 결심했다.

이듬해 그는 일본으로 건너가 자신의 희망에 따라 먼저 자동차 학교에 입학, 자동차 운전면허증을 따는 데 성공한다. 그리곤 귀국해서 자동차 운전사가 되었다. 당시 자동차 운전사라면 장안 기생들로부터 선망의 대상이 되었을 만큼 단연 인기 직종이었다.

그러나 그에겐 여전히 식지 않은 젊은 날의 꿈이 있었다. 하늘을 마음껏 날아 보는 비행사가 그것이었다.

그리하여 2년 남짓 경성京城(1910년 일제에 의해 한성을 개칭함) 거리를 누비던 자동차 운전사 노릇을 걷어치우고, 다시금 일본으로 건너간 것은 1919년 가을이었다. 오구리비행학교에 입학한 그는, 3년 뒤 꿈에도 그리던 비행사 면허증(일본 6호)을 따내는 데 성공하면서 곧바로 도쿄-오사카 사이를 비행하는 우편 비행기를 몰았다. 그러던 그가 동아일보의 후원으로 이날 고국 방문 비행을 한강의 여의도 강가에서 펼쳐 보이게 된 것이다.

"아이, 추워!"

"아침에 싸들고 온 점심밥이 꽁꽁 얼어붙고 말겠네."

"그나저나 하늬바람이 여간 찬 게 아닌데, 이렇게 추운 날씨에도 비행기가 과연 뜰 수 있을까?"

안창남의 비행술을 보려고 이른 아침부터 한강의 여의도 강가에는 몰려든 사람들로 벌써 북새통이었다. 다행히 전차를 탄 사람들은 한강변 노량진까지는 걷지 않아도 좋았으나, 그렇지 못한 사람들은 돈의문을 거쳐 마포나루 근처까지 줄창 걸어야 했다. 경성의 여러 학교에서도 학생들이 단체로 동원되었는가 하면, 장안의 기생들도 빠짐없이 구경길에 나섰다.

이윽고 오전 11시 30분, 이른 아침부터 눈이 빠져라 기다리던 비행사 안창남의 고국 방문 비행이 막을 올렸다. 사회자가 무대 앞으로 나서자 여기저기서 폭죽이 요란스럽게 터졌다.

"여러분, 오랫동안 기다리셨습니다! 이제 우리의 영웅 안창남 비행사의 고국 방문 비행을 주최한 동아일보사 송진우 사장께서 개회사가 있으시겠습니다!"

민중의 인기를 한 몸에 받고 있던 동아일보 송 사장은 차가운 날씨에도 아랑곳하지 아니하고 멀리 한강까지 찾아준 데 대해 고맙단 인사말로 개회사를 마친 뒤, 이날의 주인공인 안창남을 단상 위로 불러올렸다. 안창남이 단상 위로 오르자 강가를 새까맣게 메우고 있던 군중이 일제히 환호성을 올렸다.

"안창남 만세! 만세!"

박수 소리도 그칠 줄 몰랐다. 안창남은 상기된 얼굴로 열렬히 환호하는 군중을 잠시 바라본 뒤 마이크 앞으로 다가섰다.

경성 상계史

"여러분, 동포 여러분! 이렇게 날씨가 춥고 사나운데도 불구하고 저의 비행술을 관람하러 오셨으니 무어라 감사의 말씀을…."

스물넷, 젊은 안창남의 음성은 가늘게 떨렸다. 번번이 목이 메어 말을 잇지 못했다.

안창남에 이어 사이토 마코토 조선총독이 등단했다.

"오늘, 조선이 낳은 천재 비행사 안창남 군이 향토 방문 비행을 하게 됨에 따라 이 사람도 무한히 기쁘며, 따라서 한 말씀을 격려하지 않을 수…."

마침내 12시 22분, 고막을 찢을 듯한 비행기 프로펠러 소리가 고요한 강가에 울려 퍼졌다. 안창남의 비행기 금강호가 여의도 비행장의 격납고를 미끄러져 나오기 시작한 것이다.

뿌우웅—!

금강호는 세찬 하늬바람을 뚫고서 길게 내뻗은 활주로를 내달렸다. 그 순간 강가에 새까맣게 모여든 군중은 저마다 숨을 죽였다. 그들의 마음 한구석에는 만일 이륙하는 데 실패라도 하는 날엔 어떡해야 하는지 한 가닥 걱정도 없지 않았다. 그러나 활주로의 끄트머리에서 금강호가 가뿐히 허공으로 떠오르자 일제히 환호성을 올렸다. 감격에 겨워 그만 서로 얼싸안고서 눈물짓는 이마저 부지기수였다.

"아, 경성 쪽으로 날아가고 있어요!"

금강호는 경성의 상공을 한 바퀴 낮게 선회했다. 그런 다음 다시금 여의도 쪽으로 방향을 선회하여 돌아왔다.

"…아앗!"

순간, 강가의 군중들은 자신도 모르게 커다란 탄성을 내질렀다. 금강호가 너무 낮게 비행하는 바람에 금방이라도 한강철교에 부딪칠 것만 같았다.

하지만 금강호는 한강철교를 간단히 넘어 다시금 하늘 높이 치솟아 올랐다. 그러다가는 땅에 곤두박질이라도 치듯 마구 내려 닥쳐 저공비행으로 군중의 머리 위를 스치듯 지나쳐 갔다.

"아이고, 이거야 가슴 조여서 어디 눈뜨고 차마 다 볼 수 있겠어?"

군중은 하나같이 가슴을 쓸어내리며 안도했다. 금강호는 여의도 상공을 한 바퀴 더 돌아 활주로에 무사히 착륙했다.

"여러분, 1차 비행은 이것으로 모두 끝이 났습니다! 하오 2시부턴 다시 2차 고공 비행술을 보여 드리겠사오니…!"

이날 저녁, 경성의 밤은 좀처럼 잠들 줄 몰랐다. 경성에서 방귀깨나 뀐다는 유지들이 한자리에 모두 모여 자랑스러운 민족의 젊은 아들을 위해 성대한 축하연을 베풀어 주었다. 나라 잃은 시름에 젖어 있던 백성들마저 밤이 깊어 가도록 온통 안창남의 이야기로 목청을 한껏 돋워 떠들어댔다.

그리고 이날 이후 누구의 입에서부터 불렸는지 알 수 없지만, 어떤 노래 하나가 유행하기 시작했다. 안창남을 기리는 노래였다.

　　떳다 보아라, 안창남 비행기…

그러나 젊은 영웅은 급작스레 세상을 뜨고 말았다. 일본으로 돌아가 비행 교관으로 활약하던 1930년 4월 10일, 그날 역시 비행 중이었던 안창남은 갑자기 나빠진 악천후 속에 그만 자신의 비행기와 함께 끝내 산화하고 만 것이다. 그때 불과 29살의 한창 꽃다운 나이였다.[8]

은행의 탄생,
조선은행에서 동일은행까지

굳게 닫혀만 있던 왕조의 문이 일본에 의해 강압적으로 열리자마자 마치 기다렸다는 듯이 일본 상인들이 밀려들었다. 그리고 그들은 서구의 근대적 공장에서 만들어 낸 새롭고 진기한 상품들을 개항장으로 마구 들여왔다. 쇄국의 울타리 안에만 머물러 있던 조선의 시장 역시 그러한 개화 상품에 열광했다.

그러나 조선 상계는 그같이 열광하는 새로운 수요에 대응할 만한 자본도, 기술도 아직은 변변히 갖추지 못하고 있었다. 조선왕조의 산업을 지배해 오던 종로 상계는 일본에 의해 주도된 갑오경장(1894년) 이후 붕괴하고 만 상태였으며, 근근이 이어져 오던 수공업자들 또한 근대 산업을 감당하고 나설 처지가 되지 못했다.

때문에 내세울 수 있는 민족 자본이라야 극히 제한적인 데다, 또한 보잘 것이 없었다. 몇몇 토지 자본가들을 비롯하여 원면에서 실을 뽑아 옷감으로 만

들어 내는 방직업, 그리고 일본 고리대금업자들과 일본계 은행들이 판을 치고 있는 데 자극을 받아 뒤늦게 뛰어든 금융업, 예컨대 몇 개의 은행이 전부라고 볼 수 있었다.

그중에서도 은행은 장안의 부호들이 가장 선망하는 산업이었다. 이른바 '돈 놓고 돈 먹는' 금융업이야말로 사업 경험이 전무했던 당대 자본가들에겐 가장 안전한 사업이었기 때문이다. 그런 만큼 내로라하는 한성의 부호들이 너도나도 은행업에 뛰어들거나 뛰어들길 원했으며, 따라서 다른 산업에 비해 상대적으로 자산의 동원 규모 또한 꽤나 큰 편이었다.

이런 은행의 탄생은 개항과 더불어 처음 시작되었다. 개항 이후 조선에서 상업과 무역에 종사하는 자국 상인들의 경제 활동을 지원하기 위해 일본 제일은행(1887년)이 부산포에, 제18은행(1889년)이 원산에, 제50은행(1892년)이 제물포에 출장소를 개설한 데 이어, 영국의 홍콩상하이은행(1896년)이 제물포에, 한성의 러시아공관에 개설된 한로은행(1889년)이 그 효시였다.

한데 이런 은행들은 자국 상인들을 위해 예금, 대출, 송금과 같은 은행 고유의 영업을 하고 있으면서도 조선의 상인과는 거의 관계를 맺지 않았다. 자국 상인들과 밀착되어 있을 뿐 조선의 상인들을 위해선 어떠한 편리함도 개발하려 들지 않았다.

그에 따라 근대적 금융 기관으로서의 민족 은행이 설립되기 시작했다. 먼저 대한제국의 황실과 관료들이 적극적으로 나섰다. 화폐 제도와 재정 제도의 혼란을 극복하고, 일본 은행의 침투를 막아 내기 위한 노력이 최초의 결실을 맺은 것은 1896년에 설립된 조선은행이었다. 조선은행은 황실과 함께 독립협회를 주도한 고위 관료들이 발기하고, 그들과 협력 관계에 있던 조선 상계가 참여하여 설립되었다.

그러나 황실에 의해 만들어진 조선은행은 순항하지 못했다. 독립협회의 쇠퇴와 함께 그 운명을 같이할 수밖에 없었다.

이듬해 다시 황실에 의해 설립된 한성은행의 운명 또한 다르지 않았다. 한성은행은 설립과 동시에 조세금을 취급할 권리를 획득하면서 유리한 조건 속에 영업을 개시할 수 있었다. 하지만 이듬해 다시금 대한천일은행이 설립되면서 황실의 지원이 한성은행에서 대한천일은행으로 집중되었고, 결국 한성은행의 금고는 부실해지고 말았다.

고종으로부터 내하금 3만 원(약 33억 원)을 지원받으면서 출범하게 된 대한천일은행은, 앞서 설립한 조선은행과 한성은행의 시행착오와 한계를 학습 삼아 우선 요직에 황실에서 신임하는 관료들을 배치시켰다. 뿐만 아니라 조선은행과 한성은행의 경우 황실이 설립을 주도하고 관료들의 적극적인 지원을 받는 형식이었다면, 대한천일은행은 거꾸로 한성의 거상이었던 김두승·김기영·백완혁·조진태 등 민간인들이 설립을 주도하고 황실로부터 적극적인 지원을 받는 형식으로 체질을 보다 강화시켰다.

1902년에는 영친왕이 은행장으로 취임하여 은행의 정치적 지위와 사회적 신뢰를 더욱 공고히 다졌다. 영친왕의 취임과 더불어 주주와 자본금도 크게 늘어났다. 1905년에는 주주가 51명으로 늘어났으며, 불입 자본금 또한 법정 자본금 56,000원(약 61억 6,000만 원)을 모두 채울 수 있을 정도가 되었다.

그러면서 대한천일은행은 일본에 의해 기습적인 화폐 개혁이 단행되었던 1905년 한 해 동안 영업을 잠시 정지한 것 말고는, 오늘날 시중의 우리은행에 이르기까지 그 오랜 역사를 면면히 이어 오고 있다. 한 세기 넘게 줄곧 금융기관으로서의 역할을 다해 오고 있는 것이다.

그렇더라도 대한천일은행만으로 조선 상계의 금융 문제를 모두 다 해결하기는 어려웠다. 더욱이 일본은 이미 조선 상계가 이용할 수 있는 재정 자금의 길을 철저히 차단시켜 놓았다. 대신 자국민이 지배하는 금융 기관을 구축한 뒤 식민 지배를 본격화하면서 자금 경색이 심각해진 상태였다.

반면에 조선에 진출한 일본 상인들의 자금 운용은 상대적으로 수월했다. 오히려 조선 상인들이 겪고 있는 자금 경색에 편승하여 축적된 자금을 이용한 고리대금업에 나서고 있었다. 더구나 이들 금융 기관의 금리는 자국 상인들보다 조선 상인들이 월등하게 더 높았다. 고금리의 수탈로 조선 상인들을 압박했던 것이다. 또 그런 압박은 식민 지배를 본격화한 일본이 원하던 구도이기도 했다.

그러나 이 같은 고금리는 조선 상인들에게 큰 문젯거리였으며, 반면에 민간 은행 설립이 안정적인 수익을 보장하는 결정적 조건이 될 수 있었다. 결과적으로 일본 금융 기관의 고금리가 민간 은행 설립의 주요한 배경이 되었던 셈이다.

하지만 은행 설립은 상당한 규모의 큰 자본을 필요로 했다. 따라서 은행업에 진출한 이는 대개 대지주였다. 그때까지만 해도 자산의 주요 형태가 토지였던 점을 감안하면, 민간 은행 설립에 참여했던 자들이 대지주였다는 사실은 너무도 당연했다. 또한 그들이 은행 설립이나 경영에 참여하고 나섬으로써 비로소 대지주들의 부르주아화 변신을 촉진하는 계기가 되었음도 물론이다.

그런 결과 1910~1920년 사이 전국의 주요 도시에 민간 은행이 잇따라 설립되었다. 1921년까지 한일은행, 한호농공은행, 밀양은행, 선남은행, 부산상업은행, 대구은행, 호서은행, 경남은행, 삼화은행, 평양은행, 동래은행, 신의주은행, 원산상업은행, 삼남은행, 경일은행, 조선실업은행, 경상공립은행, 호남은행, 대동은행, 해동은행, 동일은행 등이 각기 영업을 개시하고 나섰다.

그러나 1920년대 이후 민간 은행은 더 이상 설립될 수 없었다. 조선총독부가 과잉 투자 분야로 규정하면서 점차 상호 간에 흡수·합병되어 가는 순서를 밟았다. 또 그 같은 은행 간의 흡수·합병은 은행 자본 간의 집중화 과정이자

한성(조흥)은행

한국계 은행 자본의 도태 과정이기도 했다.

그리하여 1929년 17개이던 한국계 민간 은행이 1937년 중일전쟁 이후 전시 금융 통제에 들어갔을 땐 조선 전체를 다 둘러보아야 겨우 10개를 손꼽을 수 있는 정도였다. 그나마 언제 어떻게 흡수·합병 등으로 사라질지 모르는 소규모 지방 은행들이 대부분이었다. 제법 규모를 갖춘 은행이라야 경성에 설립된 박영철 소유의 조선상업은행, 민대식 소유의 동일은행, 그리고 김연수 소유의 해동은행 등 3개가 고작이었다.

그러나 이런 세 은행마저 일제 말기에 접어들면 더 이상 보이지 않게 된다. 한국계 은행 자본의 도태 과정이 막바지로 치달으면서, 이후에도 은행 간의 흡수·합병과 도태가 계속되었던 것이다.

예컨대 호남은행이 동래은행을 합병하여 수권 자본금을 법정 한도액인

200만 원(약 2,200억 원)까지 높여 영업을 지속할 수 있는 여건을 만들었으나, 1942년 민대식의 동일은행에 합병되는 비운에 처하고 만다. 동일은행은 이같이 호남은행과 합병하여 몸집을 불린 결과 끝까지 유일하게 살아남은 한국계 은행이었으나, 1943년 이미 일본계 은행으로 넘어가고 만 한성은행과 다시 합병케 되면서 조흥은행(지금의 신한은행과 합병)으로 이름을 바꾸어야 했다. 하지만 마지막까지 살아남았던 동일은행마저 끝내 사라지게 됨으로써 해방 직전 한국계 은행은 완전히 소멸하고 말았다.

돌이켜보면 1910년 한일병합 이후 일본 상인들의 고금리에 반발하며 민간 은행들이 들불처럼 탄생하였다가 이내 사라져 갔다. 그러나 이 같은 민간 은행들이 있었기에 식민 시대 격변하는 시장 환경 속에서도 그나마 조선 상인들의 전멸을 모면할 수 있었다. 전통적인 종로 상권을 어느 정도 유지할 수 있게 해 준 유일한 버팀목 역할을 해 주었던 것이다.

유행을 키운 활동사진,
'몽 파리'

1920~1930년대의 신문 지면을 보노라면 당시 경성의 거리 풍경도 사뭇 빠르게 변모해 가고 있다. '축지법 부리는 쇠바퀴'의 전차나 '강철 같은 별표고무신'과 같은 갖가지 서구 개화 상품에서부터 젊은 비행사 안창남의 고국 방문 비행에서 볼 수 있는 것처럼, 낯설음과 신기함의 당대 문화 현상을 그저 수동적으로 열광하는 데 그친 것이 아니라 적극적으로 수용하고 있음을 목격하게 된다.

그리하여 견고하게 굳어져 있던 전근대적인 화석에 균열을 내기에 이르렀고, 마침내 그 균열의 틈새를 통하여 새로운 시대를 심각하게 갈망하였음을 보여 주고 있다. 무엇보다 그 같은 새로운 시대로의 불길을 당긴 것은 곧 유행이었다.

류행은 사회를 화석化石으로부터 구언하는 것이라고 하는 말이 잇다. 그럴 듯한 말이다. 그래서 그런지 요사이 서울 길거리에는 여긔 이 그림과 가튼 괴이한 형상이 하늘을 울어러 저주하는 듯, 길거리를 왕래하는 사람을 깔아 보는 듯한 표정을 띄고 실성한 사람 모양으로 혼자 중얼대며 짧은 다리를 무거운 듯이 옴기는 사람들이 잇다. 그는 금칠한 책을 거미발 가튼 손으로 움키어 쥐고, 풀대님한 바지에 '레인코-트'를 닙고, '사구라' 몽둥이를 들엇다. 그이 중얼거리는 소리는 이러하얏다. "조선사람은 심각하지가 못해! 조선 녀성은 모두가 천박한 것들 뿐이야! 여긔서 무슨 문예文藝가 생기고 여긔에 무슨 련애戀愛가 잇겟는가? 아 강렬한 자극을 밧고십다. 사랑이라도 아조 악독한 녀성과 더불어 하고 십다. 아 태양을 껴안고 십다! 아 아모 것도 취取할 곳 업는 조선을 벗어나야만 한다!"고.

  -요보게, 련애시戀愛詩 짓는다고, 선술집 안주만 업새는 친고들! 길을 똑바루 걸어라.9

　1925년 11월 3일자 『시대일보』에 안석영이 처음으로 그린 한 컷짜리 만화에 짧은 줄글이 결합된 만문만화漫文漫畵의 전문이다. 안석영은 이 만문만화에서 연애시를 혼자서 중얼거리며 비틀대는 모던보이에게 '길을 똑바로 걸으라'고 음성을 높인다.

　그러나 대모테 안경을 쓰고 젬병 모자를 눌러쓴 모던보이나, 짧은 치마와 작은 양산을 든 모던걸은 조금도 아랑곳하지 않았다. 도리어 하루가 다르게 경성의 거리에 넘쳐나 이들의 유행은 급속히 번져 나갔다.

　또 이 같은 모더니즘 유행의 형성에는 무엇보다 활동사진의 역할이 컸다. 활동사진이야말로 이들의 유행을 만들어 주는 밤거리의 가로등에 다름 아니었다.

　"저 집에서 암상暗箱을 한다면서?"

먼저 암상이라 불렸던 사진관이 조선에 처음 선을 보인 것은 1896년이었다. 비록 흑백 사진이기는 하였으나, 영친왕 이은의 시종장을 지낸 김규진과 그의 양자 김영선에 의해 지금의 소공동 조선호텔 앞에 처음으로 문을 열었다.

김규진은 일본 도쿄의 노노미야사진관에서 교육을 받고 돌아와 한동안 창경궁에서 궁내인宮內人에 한하여 사진을 찍었다. 그러다 일반인에게도 허용이 된 것이었다. 다만 사진 값이 너무 비싼 게 흠이었다. 서민들은 감히 찍을 엄두조차 낼 수가 없었다.

그도 그럴 것이 현상된 사진의 크기가 지금처럼 쓰임새에 따라 다양한 것이 아니라 하나같이 커다란 전지판全紙版이었다. 사진 한 장이 지금의 신문 한 장을 양면으로 펼쳐 놓은 것만 하였으니 비쌀 수밖엔 없었다. 더욱이 사진을 찍을 때 사람의 혼이 잠시 몸에서 빠져나간다는 좋지 못한 풍문까지 나돌면서, 김규진의 사진관은 오래지 않아 문을 닫지 않으면 안 되었다.[10]

활동사진은 그보다 7년 뒤인 1903년 6월 즈음이었다.[11] 당시 종로 거리의 전차 증설 공사를 맡은 한성전기회사가 동대문 근처에 있는 전차 차고 겸 발전소 부지에서 활동사진을 처음으로 선보였다. 전차 증설 공사장의 인부들을 독려하기 위해 서구에서 흘러 들어온 토막 영화를 상영하기 시작한 것이다.

한데 입소문이 나면서 일반인들도 입장료만 내면 영화를 볼 수 있도록 개방했다.[12] 그래도 호응이 줄지 않자 한성전기회사는 이듬해 9월 『대한매일신보』에 이런 광고를 싣는다.

활동사진전람소는 동대문 안에 잇사옵고 일요일 외에는 매일 밤에 여덥 시부터 열시까지 하옵고 전람대금은 하등에 십 전이오 상등에 이십 전이옵고 매주일에 사진을 딴 것으로 다 바꾸는데 서양사진과 대한과 온 동양 사진인데 대자미잇고 구경할 만한 거싱오니 첨군자에게 값도 싸고 저녁에 좋은 소일거리가 되겠삽.

당시 활동사진전람소라야 순전히 노천극장이었다. 스크린을 대신한 흰 옥양목 장막과 영사기 등 간단한 설비만 갖춘 시설이 고작이었다.

한데도 영화를 보겠다는 관객들이 꾸역꾸역 몰려들었다. 매일 밤 입장료 수입만 100원(약 1,100만 원)에 달할 정도였다. 신문 광고에 한 사람 관람료가 지금의 신문 한 달 치 구독료와 맞먹는 10전(약 11,000원)인 것을 미루어 볼 때 어림잡아 매일 밤 1,000여 명에 달하는 관객이 몰려든 셈이다.[13]

상영된 필름은 대부분 50에서 100피트(1피트는 약 30cm) 안팎의 단편 영화 형식을 띤 짤막한 실사 작품들이었다.[14] 화질, 내용, 모두가 조잡하기 이를 데 없었다.

하지만 당시 영화를 처음 본 관객들에게는 바로 눈앞에서 생생히 펼쳐지는 실감 나는 현장으로 비춰졌던 모양이다. 화륜거 또는 철마로도 불렸던 기차가 씩씩거리며 달려오는 장면을 본 관객은, 스크린을 대신한 흰 옥양목 장막에서 기차가 금방이라도 뛰쳐나와 자신을 덮칠까 봐 곧잘 비명을 내지르곤 했다. 하기는 근대 문명의 중심지라 일컬었던 파리의 시민들도 1898년 뤼미에르 형제의 기차 영화를 보고서 까무러칠 듯이 놀란 시절이었으니, 변방이었던 조선 관객의 소동은 어쩌면 예고된 것이었다.

때문에 영화가 모두 끝나고 불이 환하게 켜지면 관객은 저마다 안도의 한숨을 몰아쉬며 너도나도 장막 앞으로 몰려 나갔다.[15] 조금 전까지 실감 나게 본 기차가 과연 어디서 어떻게 나타나 도깨비처럼 자신을 깜짝 놀라게 한 것인지 못내 궁금해서 장막을 들춰 보거나 두드려 보고는 했다.

이같이 노천극장으로 출발한 활동사진전람소는, 그러나 밀려드는 관객의 성원에 힘입어 이내 관람 시설을 갖춘 전문 영화관으로 자리를 잡아 갔다.

1910년 경성고등연예관이 개관한 데 이어, 1918년 무렵에는 황금관, 우미관, 단성사 등이 잇따라 개관한 데다, 1922년에는 조선극장까지 가세하면서 영화는 어느덧 경성 문화의 한 축을 담당케 되었다.[16]

특히 조선 최초의 영화 전문 극장으로 태어난 경성고등연예관은, 영화를 열망하는 관중의 갈증을 풀어 주었다. 1회 상영에만 토막 영화 13~15편을 집중 상영했다. 대신 입장료를 큰 폭으로 올려 받았다. 특등석은 극장 입장료에서 가장 비싼 1원(약 11만 원)을 받을 정도였다.[17]

최초의 조선 영화는 1922년에 만들어졌다. 영화를 찍어 보겠다고 시사신문의 기자직마저 팽개치고 뛰쳐나온, 윤백남이 만든 '월하의 맹세'였다.[18] 말할 것도 없이 흑백의 무성 영화였다.

아, 여기는 서울 변두리의 어느 조용한 동리. 아침이면 새벽닭이 울어 사람들의 잠을 깨우고, 저녁이면 개가 짖어 마실 가는 사람들의 발걸음을 재촉하는 한적한 마을. 이 마을에 영득이라는 총각과 정순이란 처녀가 있었으니 그들은 서로 사랑하는 약혼한 사이였던 것이다. ⋯ 영득이는 서울에서 공부하고 돌아온 인텔리 청년이었으나 무엇이 못마땅하고 무엇이 뒤틀렸는지 가사를 돌아보기는커녕 매일같이 주색잡기에 파묻히고, 그로 인해 그래도 남부럽지 않던 가재를 탕진하고 말았다. 그렇게 되자 약혼자 정순이는 기가 막혔다. 기가 막힐 뿐 아니라 자기 약혼자가 그렇게 되매 정순의 고민은 이만저만 큰 게 아닌 것이었던 것이었다⋯!

영사기 돌아가는 낮은 기계음이 어둠 속에 물소리처럼 아련한 가운데 청산유수와도 같은 변사辯士의 낭랑한 목소리가 관람객들의 심금을 쥐어짰다. 그와 함께 객석의 여기저기에선 남몰래 훌쩍이는 소리가 그치질 않았다.

변사는 대개 스크린 왼편에 자리한 1인용 탁자에 앉았다. 스탠드나 손전등으로 설명 대본을 비춰 가며 영화 내용을 해설해 주었다. 영화의 내용과 등장인물을 소개하는 재담 못지않게 극장 안의 분위기를 띄우는 것 역시 변사의 중요한 몫이었다.

때문에 영화가 시작되기 전 악대의 연주가 흘러나오면 변사는 모닝코트나 프록코트를 걸쳐 입고서 박자에 맞춰 뽕뽕이 춤을 추며 등장하고는 했다.[19] 관객의 흥을 돋우려면 배꼽 잡는 우스갯소리도 필수였다는데, 말재주에 따라 관객의 수가 오락가락했기 때문에 영화 광고에서 아무개 변사의 독연獨演(영화를 여러 변사가 분담하지 않고 혼자서 여러 역할을 도맡은 것)이라는 문구가 웬만한 주연 배우의 이름보다 더 크게 등장하는 경우도 허다했다.[20]

또 그런 변사로 말미암아 일본인 입국자가 늘어나던 1910~1920년대 경성의 극장들은 지역적으로 양분되기도 했다. 청계천을 중심으로 종로 일대의 북촌과 일본인들이 몰려 살던 혼마치 주변의 남촌으로 양분된 것이다. 종로 쪽에서는 우미관·단성사·조선극장이 조선인 관객을 놓고 삼파전을 벌이는 한편, 남촌에서는 을지로 쪽의 황금관·대정관 같은 극장들이 일본인 관객을 끌어모았다.

물론 그들 극장이 관객을 따로 구분해서 받은 건 아니었다. 영화를 설명하는 변사들이 조선인과 일본인으로 나누어지면서 자연스레 관객들도 따라서 갈라졌다.[21]

1930년대에 접어들면 경성의 거리는 더욱더 몰라보게 달라진다. 모더니즘 유행의 확산이 보다 빠른 속도로 번져 나가 거리의 풍경을 온통 변모시켜 놓기에 이른다.

만문만화가 안석영이 '길을 똑바로 걷지 않는다'고 음성을 높였음에도 모던보이와 모던걸이 날로 넘쳐나, 일본 도쿄는 물론 뉴욕이나 파리의 유행이 경

성의 거리에서도 거의 동시에 유행할 정도가 되었다. 말할 것도 없이 그즈음
에도 영화에서 받은 영향이 적지 않았음은 물론이다.

···'파자마'라는 침의를 미국 뉴욕껄 아니 헐리웃드의 활동녀 배우들이 입
고 대낮에 길거리를 나왓다는 '뉴-스'를 바더볼 때에 벌서 세계에서 제일 적고
저주바든 가엽슨 도시인 '서울'에도 그와 조금도 다를 것 업는 침의를 입고 초
가집 틈박우니로 흐느적거리고 다니는 왜장녀를 보앗다. 전파電波는 일초 동
안에 지구를 네박휘를 돈다지만, 여자들의 그 조그만 해멀숙한 육체를 지나
가는 류행은 왜 그리 빠르고, 또 스러지기 쉬운 것인지를 모르겟다···.[22]

1930년대 신문에서 본 경성의 풍경이다. "일초 동안에 지구를 네박휘를 돈
다"고 할 만큼 당시 유행은 빨랐던 것 같다. 뉴욕이나 할리우드에서 유행하던
파자마라는 '침의 패션'이 경성의 거리에서도 곧바로 나타나 유행할 정도였
던 모양이다. 서구에서 시작한 유행이 일본을 거쳐 경성으로 전달되는 속도
가 너무도 빨라 거의 동시 패션이라 할 수 있었다. 또한 같은 무렵 이른바 동
시 패션과도 같이 빠른 유행에 불길을 댕긴 문제의 영화 한 편이 있었다. 불란
서 영화 '몽 파리'였다.

불란서 소위 레뷰-영화라는 '몽 파리'가 동양에 건너오자 모던-뽀이 모던-
껄의 신경을 마비식힌 동시에 미처 뛰게 하엿스며 소위 대중적이라는 의미에
서 그 천박한 영화는 도처에서 갈채를 밧엇다.
　　먼저 일본에서! 다음으로는 조선에서! 수십수백의 뻘거버슨 여자들의 관
능 충동의 변태적 딴스···
　　그것은 잔인음탕한 현대인의 신경을 자극 식히기에 족하엿다.

이 영화는 세계적 화류 도시인 불란서 파리의 표상이다.

그 조그만 상자 속 가튼 활동사진 상설관에서 영사한 그 '몽 파리'라는 영화는 조선 서울이라는 너절한 도시에도 영향을 끼치고 갓다.

서울의 큰 거리에 더구나 백주에 한 야릇한 현상이 나타나 그것이 충동적으로 움즉이어 극도로 퇴폐한 서울 뽀이들의 감정을 흔드러 놋는 게 잇나니 이것은 옛날 도포짜리는 놀라서 길바닥에 잡바질 일이다.

뽀일, 불란서, 은조사, 아사, 당황라 등 거미줄보다도 설핏한 그 사웃 사히로 움즉이는 모던-껄들의 몸뚱아리니. 그들은 귀탄업시 큰 길거리를 뻘거버슨 몸으로 질풍가티 쏘다니는 것이다.

그들의 차림차림이나 거름거리나 그것은 확실히 '몽 파리' 그것이다. 녀름만 되면 서울의 녀자가 이러할 진대, 녀름만은 그 녀자들을 불란서 파리나 미국 '헐리웃드'로 귀양을 보냇스면 엇더캐할지. 그러나 그네들 불구자에 갓가운 톄격! 짜른 목, 일자 억개, 기다란 허리, 짜르고 굽은 다리, 그것만으로 그러케 세상의 이목을 끌지 의문이지만, 이러한 건달들은 무슨 조처가 잇지 안흐면 큰일이 난다. 그들의 남편 되는 이들은 녀름에는 안해의 밧갓출입을 감시하지 안어도 조흘지.[23]

…그리하야 '무랑후즈', '몽 파리'라는 영화의 세례를 밧는 서울의 청춘남녀는 모든 것에 잇서서 최첨단이어야 한다는 이 1930년을-더구나 이 봄을-얼마나 잘 보낼가-하고 애들을 태울 것인지? 그런고로 그들은 이 봄이 넘우도 짧다고 할 걸.[24]

경성 상계史

이렇듯 1930년대 식민지 경성의 거리는 "옛날 도포짜리(자락)는 놀라서 길바닥에 잡바질" 노릇이었다. 불란서 파리나 미국의 할리우드에서 시작한 유행이 "일초 동안에 지구를 네박휘를 돈다"고 할 만큼 거의 동시에 유행을 따라가면서, 경성의 거리에는 숱한 모던보이와 모던걸들로 넘쳐났다. "그들의 차림차림이나 거름거리나 그것은 확실히 '몽 파리' 그것이다."라는, 당시 신문의 촌평과도 같이 경성의 거리 풍경은 하루가 다르게 상업 중심의 근대 도시로 빠르게 탈바꿈해 갔다.

돈 놓고 돈 먹기,
불붙은 전당포와 고리대금업

"큰 거리를 뺄거버슨 몸으로 질풍가티 쏘다니는" "무랑후즈"와 "몽 파리"라는 불란서 영화의 세례를 받은 경성은, 그렇대도 누구나 다 거리의 모던보이나 모던걸이 될 수 있었던 건 아니다. 당시 신문에도 적나라하게 묘사되어 있는 것처럼 그 같은 유행 속에서도 계층 간의 차이는 어쩔 수 없는 현상이었다.

···한강 상류로 저어가서 머무는 뽀-트 안에서는 그야말로 별에 별 노름이 버러져도 모른다.

강 언덕에 바위 틈바구니에 옷자락이 남실남실 보인다.

XX정에는 가족탕이 빌 사히가 업다. 욕의를 입은 젊은 여인, 젊은 남자, 혹은 노령老齡씨가 구름다리를 굽이도라 올라서, 밀실로 드러간다.

그럿치만 창으로 고개만 내밀면 눈압혜 강물이 안타가운 소리를 내이며 흘으는 명당이다.

뻐-스에서 사람들이 내리고는 갈사람을 태이고 간다. 또 얼마 잇스면 또 새
사람들을 실어다가 쏘다 버리고는 또 간다. 향락의 무리들이다. 그러나 이들
은 안가安價의 십전+錢인간들이다. 그러나 십전인간에게는 로맨틱한 꿈이
잇다. 정열이 잇다. 진실은 모르겟스나….

그러나 뻐-스가 끈허진 뒤에는 일원오십전짜리 택시가 XX정 압헤 줄닷는
다. 이들은 시내에서 요정 가튼 데에서 권태감 늣기어, 본능 이상의 수인獸人
의 '이데오로기'를 가지고 나아오는 사람들이다…[25]

한강의 상류로 한가로이 나들이 떠나는 사람들을 묘사하고 있는 대목이다.
한쪽 사람들은 버스를 타고 가고, 또 다른 쪽 사람들은 택시를 타고 가고 있다.

이처럼 버스를 타고 가는 사람들이 왕복 차비 10전(약 11,000원)짜리 인간
들이라고 한다면, 버스가 떠난 뒤에도 유유히 택시를 타고서 한강 상류를 찾
는 사람들은 1원 50전(약 16만 5,000원)짜리 인간들로 불린다는 풍경을 전하고
있다.

하지만 버스를 타고 가건 택시를 타고 가건 간에, 그래도 한강의 상류로 나
들이라도 떠날 팔자라면 그나마 좀 나은 편에 속했다. 너 나 할 것 없이 밑구
멍이 찢어지도록 가난하던 시절이었으니, 그런 나들이는커녕 끼니조차 걱정
해야 하는 서민 계층이 절대다수였다.

그리하여 입이 떡 벌어지는 높은 이자와 야박한 변제 독촉으로, 서민들의
고혈을 빤다는 높은 원성에도 불구하고 전당포는 문전성시였다. 당장 내일
아침의 끼니 해결이 다급한 이들은 임시변통을 해 주는 전당포를 찾지 않으
려야 찾지 않을 수 없었다. 당시 이런 서민들의 경제 사정이 『동아일보』 1920
년 7월 7일자에 그대로 담겨 있다.

뎐당포가 업다하면 아츰저녁을 굴믈 지경에 잇는 사람이 경성 실팔만의 조선 사람 중에 륙만 명 가량이 될 것은 사실이다. 이와갓치 뎐당포라 하는 것은 가난한 사람에게는 업지못할 큰 긔관일 뿐 아니라 오히려 가난한 사람에게는 뎐당포 한 집이 조선은행이나 한성은행 백 개보다도 필요하고 뎐당노리하는 사람은 어느 방면으로 보면 소위 것흐로 자선가라고 할 수도 잇고 정직한 공익사업을 하는 사람이라고도 할 수 잇다.

사정이 이러하자 당시 문인들 역시 예외가 아니었던 모양이다. 전당포 문간 출입에 기댈 수밖엔 없었다. 근대 리얼리즘 문학의 지평을 열었던 소설가 염상섭(일본 게이오대학 문학부 졸업, 동아일보 기자)이 전당포를 애용할 수밖에 없는 자신의 고단한 처지를 잡지에 이렇게 털어놓았다.

> …가세가 궁함애 항상 전당표와는 인연이 갓갑게 지내간다. 아츰에 때일 나무가 업서도 또 저녁에 솟헤 너흘 쌀이 업서도 부득이 의복이나 기구를 들고 행낭 뒷골 전당포 문을 두드리지 안을 수 업다. 도시의 생활에 일정한 정기적 수입이 업시는 누구나 나와 가튼 곤경을 격지 안을 수 업스리라.
> …나는 지금도 여덜장의 전당표를 가지고 잇다. 그중에는 한 벌 밧게 업는 매일 입고 다니는 양복조차 드러갓다. 재작년 결혼 때에 하여준 안해의 결혼 반지까지 드러갓다. …이제는 전당 잡힐만한 물건이 업서서 잡혀 먹지 못한다고나 할가.[26]

앞에서도 잠시 언급한 바 있지만 전당포는 구한말에 들어서면서부터 비로소 성행하기 시작한 것으로 알려지고 있다.[27] 개항과 함께 쏟아져 들어오기 시작한 외래 자본, 그 가운데서도 일본의 자본이 유입되면서 그 수효가 급격히 증가했다.

하지만 그때나 지금이나 전당포는 별반 크지 않은 점포라서 전당 영업을 알리는 신문 광고가 자주 등장하지는 않았다. 어쩌다 눈에 띄는 신문 광고라야 몇 줄짜리 짧막한 안내 문구가 전부인, 크기도 고작 명함 절반 정도에 지나지 않은 게 대부분이었다.

그러나 일제 강점기에 접어들면서 전당포 영업도 보다 발 빠르게 진화해 나갔다. 무전 대금, 다시 말해 무언가 전당을 잡히지 않고도 돈을 빌려준다는 대금소의 신문 광고가 곧잘 눈에 띄기 시작한 것이다. 그즈음 대금소 '고목'이 『황성신문』에 여러 차례 낸 광고는 이랬다.

…본소는 착실한 인人에게는 전당 업시 돈을 대급할 터이니. 차득하자는 인人은 본소로 내의하시오.

그뿐 아니었다. 전당포 업소도 급격히 증가하여 1927년 9월에는 조선인 799명, 일인 606명, 외국인 1명 등 총 1,406명이 전당업에 종사하고 있을 만큼 그 폭이 크게 증가했다.[28] 인구 30만이 채 되지 않은 경성의 거리에 '돈을 빌려준다'는 전당포 간판이 도처에 나붙은 것이다.

이처럼 전당포 영업이 활개를 치게 된 데에는 일제에 의해 왜곡된 조선의 경제 구조 탓이 무엇보다 컸다. 근대적인 산업 구조와 화폐 금융 제도를 갖추지 못한 자연 경제적 상태였기 때문에, 다시 말해 인구의 90%가 그저 농업에 기대고 있는 처지에 화폐 형태의 자산은 늘 부족할 수밖에 없었다.

전당포는 바로 그 틈바구니를 노렸다. 그 틈새를 노려 일본의 대금업자들이 상업 자본과 결합하여 조선인들에게 고리를 뜯었다. 고리를 감당하지 못하는 사람들은 대신 전당 잡힌 가옥이나 토지를 강제로 빼앗겨야 했다.[29]

흡혈마吸血魔 고리대금업자! 전식동물錢食動物 고리대금업자! 동정할만한 불상한 우리의 고리대금업자의 세모는 어떠한가!

'이 금음만 넘기면 손해가 막대하다! 이번에는 그놈들이 빗을 안내면 가장 줍물이고, 게집이고 딸이고 그 집에서 기르는 암캐고 무에고 빼서 와압와 합야 하겟다! 그랫다고 설마 칼을 들고 안인밤중에 덤빌리야 잇나? 이번에는 내가 모흐라는 그 범위를 채워야 하지! 돈이다! 돈이 잇고야! 이 면디를 다 살 수도 잇다. 그러나 세모가 되면 잠을 잘 수가 업다! 두렵다! 생쥐색기가 바스럭거려도! 이란 몸이 살을 물러도-그것이 모두가 나를 협위脅威하는 것 갓다! 이번 세모에는 마당 한울에 털망을 치고 담이란 담 우에는 깨어진 삐루(맥주) 병을 박어노하야 하겟다. 그러나 그것도 돈이다. 돈 안 들고 할 수가 업슬가? 그리고 집안에 무에고 뾰족한 곳이 예리銳利한 것은 이 금음 안으로 모다 치워버려야 하겟다! 에-몸서리가 난다! 그러나 그것도 돈인데 어떠케 업새나! 올치 조흔 수가 잇다! 조흔 수가 잇다. 업새기는 앗갑다. 쇠라면 모든 게 내 손기름으로 길드린 것이 아니냐?' 이러한 것이 고리대금업자의 세모고다! 그의 행복한 세모고다![30]

1928년 세밑의 풍정을 담은 『조선일보』 만문만화의 한 토막이다. 거리의 모던보이와 모던걸들을 향해 '길을 똑바로 걷지 않는다'고 음성을 높였던, 바로 그 만문만화가 안석영이 고리대금업자들을 바라보는 시선은 결코 곱지만은 않다. 입이 떡 벌어지는 높은 이자와 야박한 변제 독촉으로 서민들의 고혈을 빤다는 전당포의 원성보다 오히려 고리대금업자가 더하면 했지 모자라지 않았기 때문이다.

…그 사람에게 빗을 밧지 못하야 너에게 빗을 갑지 못한다고 하여서 제 삼

자되는 사나히의 음랑을 잡아다려 혼도케 한 고리대금업하는 일본 여자가 잇다 한다. 돈과 사나히의 음랑과 무슨 관계가 잇스리오만은 돈 때문에 생기는 이러한 변태적 행위가 비록 이것 뿐이 아니일 것이다···.31

몇 년이 더 지나 같은 신문에 난 정초 풍정을 보도한 기사는 보다 충격적이다. 고리대금업을 하는 어떤 일본 여자가 자신의 채권을 이행하지 못하게 한 제삼자 되는 사나이의 거시기(?)를 잡아당겨 혼절케 하였다는, 고리대금업자들이 폭력적인 변제 독촉도 무람없이 동원하고 있다는 사실을 그대로 보여주고 있다.

이 세상에 제일 못 견딜 일은 ××(고문)과 빗쟁이에게 졸리는 때다. 업는 사실도 꿈여야 위험을 면하는 것이 ××이요. 돈 업스면 죽어 업서져야 그 괴로움을 면한다고 하는 사람이 잇다. 먹고 살랴고 도적질을 하게 되는 사람도 잇고, 빗에 졸리여 갑흘 도리가 업슴으로 쥐잡는 약이라도 먹고 죽는 사람도 잇다. 더구나 이 구력세모는 길거리에서 빗쟁이에게 졸리는 사람을 흔히 볼 수 잇다. 이러한 사람은 하늘에 나는 새를 보고서 "하나님이여! 나를 이제 곳 저- 하날에 날 수 잇는 새를 맨드러주면 당신을 아버지라 부르리이다. 당신께 할렐루야! 영광을 들리리이다."32

우후죽순처럼 세워지는
근대 건축물들

…이 녀자는 산보를 조하하엿다. 더구나 저녁때의 하늘, 너울, 그 공긔, 그
복잡하게 움직이는 동체動體들의 소음, 놉히 소슨 '삘딍' - 이것이 자긔의 신
경을 얼마나 자극식히고, 자긔의 정신생활에 잇서서 얼마나 고마운 것인
지….33

…가시네여! 서울의 가시네여!
네 집이 헐리고 헐린 그 자리에 '삘딍'이 놉히스고
그래서 산으로 올라 토막土幕을 짓고 - 그럿치 안으면 이역異域의
사나운 풍운에 휩쓸려 유리遊離하거든
너는 네 한 몸만 영화를 그리여 이들을 떼처바리지 안엇느냐….34

5백 년의 유구를 자랑하던 한성이었다. 그런 한성 아니 경성을 크게 변모시
켜 놓은 풍경은 뭐니 해도 거리 곳곳에 우후죽순처럼 세워지는 낯선 근대 건

축물이었다. 유리창이 반짝이는 '삘딩'들이었다. 조선총독부를 비롯하여 그 이름도 생경하기만 한 이런저런 관공서에서부터 은행, 학교, 종교 시설, 병원, 극장, 유곽, 백화점, 호텔, 다방, 카페, 바, 상점 등에 이르기까지 이루 헤아릴 수 없었다.

그 같은 근대 건축물들은 우리의 요청에 따라 세워진 것이 아니었다. 우리들에겐 아무런 의미조차 전해 주지 않은 채 순전히 일본 군국주의에 의해, 또는 '새로운 기회의 땅'으로 대거 이주해 온 일본 상업 자본의 요청에 의해 주도면밀하게 건축되었다.

일제는 청일전쟁(1894년)과 러일전쟁(1904년)에서 거푸 승리를 거머쥐면서 조선에서의 주도권을 확립하자마자 식민 지배와 약탈에 필요한 건설을 위해 서둘러 근대 건축물들을 경성의 거리 곳곳에 세워 나갔다. 이를 위해 일제는 1906년에 이미 탁지부(지금의 재정경제부)에 건축소를 설치한 데 이어, 이듬해 4월부터는 마포의 연와제조소에서 벽돌을 생산하기 시작했다.

하지만 공장의 건물과 부뚜막의 축조, 기계 설비 등이 미처 완공되기도 전부터 탁지부 청사, 대심원 청사, 대한의원, 한호농공은행 신축 공사 등의 급한 수요가 밀려들자 임시방편으로 경사 부뚜막 3기를 축조했다. 그런 뒤 수공으로 벽돌을 생산하여 급한 수요부터 충당해 나갔다. 그러다 1908년 들어 독일 호프만식 벽돌을 생산하게 되면서 본격적으로 기계식 대량 생산을 시작했다.[35]

일제가 이같이 경성의 거리에 근대 건축물들을 서둘러 세운 데에는 경성이 한반도 식민 통치의 주요 핵심부였기 때문이다. 나아가 전시 체제 땐 대륙 침략을 위한 전쟁 물자의 생산 기지로서, 또는 물자 수송의 전진 기지로서 중요한 역할을 수행하기 위함이었다.

그러나 이 시기 경성의 모습이 빠르게 변화한 주된 원인은 일제에 의해 대

륙 침략의 중간 거점으로 이용할 속셈이었음을 간과할 수 없다. 또 그에 못지
않게 중요한 것은 5백 년 도읍의 상징성을 말살시키기 위한 건축물의 강제 철
거와 함께, 도시 구조를 변화시키는 등의 행위로 말미암아 서울의 모습을 크
게 훼손시켜 나갔다.

실제로 일제의 '경성 도시계획안'에는 몇 가지 원칙이 있었다. 각급 관청의
배치 계획 또한 그 원칙 가운데 하나였다.

예컨대 주요 관청의 소재가 컴퍼스로 재어 보면 경성부(지금의 서울시청) 앞
광장에서 반경 1km 이내에 모두 들어 있다는 사실이다. 이 같은 일제의 관
청 배치 계획은 일본에서 명치유신(1868년) 직후 일본 정부가 시도했던 '일본
교日本橋 중심 10리 사방의 양식화'를 그대도 답습한 것으로[36], 아울러 그들의
표현을 빌리면 '폭도들로부터의 방어와 효율화'를 기도했을 것으로 추측되고
있다.

이처럼 일본 군국주의에 의해서, 그리고 '새로운 기회의 땅'으로 대거 이주
해 온 일본 상업 자본의 요청에 의해서 경성의 거리에 수많은 근대 건축물이
주도면밀하게 세워졌다. 그 가운데서도 경성을 지배하는 경성부 청사가 가장
먼저 눈에 띄었다.

지하 1층 지상 4층의 르네상스식 석조 건물로, 1926년 완공되어 90년이 지
난 오늘날까지 고스란히 살아남아 지금도 서울시청 청사로 쓰이고 있는 이
경성부 청사는, 먼저 까다로운 장소 선정을 거쳐 지금의 자리가 최종 낙점되
었다. 무엇보다 일본인 상업 지구(혼마치)와 조선인 상업 지구(종로)의 중간 지
점에 위치하고 있는 데다, 당시엔 그곳 지형이 야트막한 구릉으로 되어 있어
주위를 내려다보기에도 좋다는 이유에서였다.

더욱이 경성부 청사는 조선총독부로부터 경성역에 이르는 대로의 딱 중간
에 위치하고 있을뿐더러, 당시 황궁이었던 덕수궁을 내려다보는 곳에 자리

경성 상계史

하고 있어 조선인들의 독립 의지를 약화시키려는 의도를 포함하고 있다는 설까지 나돌았다. 실제로 경성부 청사를 높은 곳에서 내려다보면 건물의 형태가 일본의 '본本' 자 모양을 하고 있었다.

그렇잖아도 조선 사람들은 조선총독부 청사가 '일日' 자 모양을 하고 있고, 다시 그 안쪽에 총독의 관저가 위치해 있는 북악산이 '대大' 자 모습이라고 생각하던 터였다. 그리하여 경성부 청사와 함께 경성 한복판을 남북으로 가로질러 대일본大日本이라는 글자가 차례대로 새겨져 있는, 일본 군국주의의 음흉한 속내가 숨겨져 있다고 믿을 수밖에 없었다.

다음으로 눈에 띄는 건축물은 일제 시대 명치정이라 불렸던, 지금의 명동 일대에 들어선 조선은행(지금의 한국은행 본점)과 조선저축은행(제일은행 제일지점), 그리고 미쓰코시백화점(신세계백화점) 등의 근대 건축물이다. 이 근대 건축물들은 오늘날에도 원형 그대로 남아 있어 고스란히 사용되고 있다.

당시 명치정은 한반도 최고의 번화가로서 양품점과 카페가 즐비하게 늘어선 유행의 진원지였다. 뿐만 아니라 상업과 금융의 중심지이기도 했다. 전차가 땡글땡글하고 지나가는 이 일대를, 일본인들은 곧잘 '조선은행 앞 광장'이라고 일컬었는데, 일본인이 쓴 『경성이야기』란 책에 이 거리의 풍경을 다음과 같이 묘사하고 있다.

…남대문을 통과하여 아카시아 가로수의 보도를 따라 '조선은행 앞 광장'으로 향했다. 2천 평쯤 될까. 아니면 그 이상일지도 모른다. 삼각형에 가까운 광장이었다. 정면의 한 끝을 차지하고 있는 것은, 지나가면서도 보이는데, 메이지 분위기가 강한 빨간 벽돌의 중앙우편국(지금의 중앙우체국 자리)이다. 좌측 한 끝은 커다란 화강암을 쌓아올린 장중한 영국풍의 조선은행 본점이다. 우측의 한 끝에는 마찬가지로 화강암 외장이 호장豪壯한 감을 주는 조선저축은

붉은 벽돌의 경성우체국 건물

행과 고딕 르네상스의 장식을 입힌 미쓰코시백화점 경성 지점이 줄을 잇고
있다. 중앙우편국 좌측 중국총영사관으로 들어가는 골목의 왼쪽 모퉁이에는
파리의 몽마르뜨 거리에서 운반해 온 것은 아닐까 생각되는 크림색 사쿠라
바가 있었다. 작고 아름다운 레스토랑이었는데, 나중에 중화요리점으로 바뀐
뒤부터는 외장도 별로 하지 않은 것으로 기억하고 있다….

그다음으로는 조선은행 앞 광장에서 그리 멀지 않은 곳에 세워진 명동성당
을 들 수 있었다. 1백여 년이 훨씬 넘는 오늘날에도 서울대교구 주교 성당으
로 변함없이 그 자리를 지키고 있는 우리나라 천주교회를 대표하는 성당 건
물로, 당시에는 종현예배당으로 불렸다.

그곳은 일찍이 이승훈·정약전·권일신 등이 모여 종교 집회를 가짐으로
써 조선 천주교회를 창설한, 명례방坊의 역관 김범우의 집이 있던 자리였다.
1882년 본당으로 설정된 이후 설계와 공사 감독은 프랑스 신부가, 그리고 건

경성 상계史

축은 중국인 기술자들이 맡아 지어 올린 우리나라에서 유일한 순수 고딕 양식의 라틴 십자형 근대 건축물이었다. 1892년 5월 공사를 시작하여 만 6년 만에 준공식을 가짐으로써 '뾰족집'이라는 별칭으로 이내 장안의 명물이 되었다.

명동성당에서 그리 멀지 않은 곳에 자리한 경성역(지금의 서울역) 또한 당시 사람들에겐 지금껏 보지 못한 경이의 근대 건축물이었다. 이곳은 원래 2층 목조 건물의 남대문역이 들어서 있던 자리였다. 남대문역은 한성과 인천을 잇는 경인선 철도가 개통되고, 또 당시의 토목 기술로는 난공사로 여겨졌던 한강철교가 완성됨으로써 1900년 7월에 설치된 기차역이었다.

이로 말미암아 경인선 철도는 육로로 12시간, 강로江路로 8시간이 소요되던 한성과 인천 사이를 불과 1시간 거리로 단축시켜 놓았다. 뿐만 아니라 남대문역에서 종로·동대문까지는 미국인 기업가 콜브란의 한성전기주식회사가 운행하는 전차가 땡글땡글 왕래하고 있었다. 경성의 중심부와 인천항이 철도를 통하여 직접 연결되었던 것이다.

이후에도 일제는 철도를 끊임없이 부설해 나갔다. 경인선 다음으로 경부선과 경의선(1900~1906년)을 개통시킨 데 이어, 호남선과 경원선(1910~1914년)을 잇따라 확장시켜 나갔다.

그러면서 남대문역의 중요성을 내세워 일제는 경성역 건설에 착수했다. 1925년 6월, 마침내 2층 목조 건물을 헐어 낸 뒤 우아하고 장대한 모습의 역사 건물을 완공시켰다. 지하 1층, 지상 2층의 붉은 벽돌 건물로, 2층에 있는 서양식 그릴은 당대 명사들이 모이는 사교장으로 명성을 떨쳤다.

역사의 설계자는 조선총독부에 근무하던 독일인 건축기사 게오르크 라덴다였다. 건축비는 94만 5,000원(역 1,039억 5,000만 원)이 들었으며, 역사의 정면 처마 밑에는 직경 1m가 넘는 대형 벽시계가 내걸려 시계가 귀했던 당시의 경

동양척식주식회사

성 시민들에게 시간을 알려 주었다.

경성의 거리에 우뚝 솟아 있는 경이로운 근대 건축물 가운데는 동양척식주식회사(이하 동척)도 빼놓을 수 없는 '삘딩'이었다. 영국의 동인도회사를 본떠 조선을 비롯하여 만주·중국 등 동양의 경제를 지배할 목적으로 일본 총리 가쓰라 다로에 의해 세워진 국책 회사였다. 조선총독부가 식민 정치의 본영이라고 한다면, 동척은 곧 식민 경제의 마궁魔宮에 다름 아니었다.

특히 조선의 경제를 독점 착취하기 위해 설립된 이 국책 회사는, 토지 조사 사업을 통해 약탈한 조선인들의 농토를 자국민들에게 불하한 기구로 악명 높았다. 1919년 11월에 결성된 조선의열단이 동척을 조선총독부와 함께 반드시 파괴해야 할 대상의 하나로 선정했던 것도 딴은 그 같은 민중의 원한을 반영한 것이었다.

1912년 지금의 을지로 2가 외환은행 본점 자리에 들어섰던 동척은, 일제의 다른 중요 건물들이 모두 석재 건물이었던 것과 달리 화려한 백색 목조 외장을 뽐냈었다. 이 건물은 해방 후에 한때 미군정 정훈국으로 사용되었다가, 1970년 외환은행이 사들여 철거한 뒤 지금의 외환은행 본점 건물을 지어 올리면서 그 흔적조차 찾아보기 어렵게 되었다.

그러나 경성의 거리에 지어 올린 근대 건축물들 가운데 일제의 야심작은 뭐니 해도 단연 조선총독부 청사였다. 백색의 화강암으로 치장된 중후하면서도 화려한 이 근대 건축물은, 조선왕조의 정궁인 경복궁의 근정전과 광화문 사이에 매우 위압적인 자태로 서 있었다. 지난 1995년 철거 파쇄되고 말았으나, 해방 이후 6·25 전란의 포화 속에서도 끝까지 살아남아 한동안 정부종합청사로 쓰이기도 했다.

한데 조선총독부 건물은 원래 그 자리가 아닌 남산에 자리하고 있었다. 남산 북쪽에 자리하고 있던 조선통감부 건물을 그대로 사용해 왔었다.

그러다 직원 수의 증가와 사절의 내방, 그리고 각종 기관을 통괄하면서 확대된 사무량으로 보다 드넓은 신청사가 필요해졌다. 그러면서 건설 장소로 행정적으로 편리한 위치를 채택한다는 구실을 내세웠다.

하지만 일제의 속내는 조선의 민족적, 역사적, 문화적 심리를 제압할 수 있는 곳을 진즉부터 점찍어 둔 터였다. 조선인들의 자주 의식을 부정하고 일본의 권위주의를 강하게 심어 줄 수 있는 장소를 내정해 둔 것이다. 일설에 따르면 풍수지리설로 미뤄 서울의 지맥을 끊을 수 있는 장소가 고려되었다고도 한다.

이같이 일제는 경복궁 부지 안에 조선총독부 신청사를 건설하기로 결정하고, 1916년에 착공하여 1925년 12월에 준공했다. 건물을 지어 올리는 데 필요한 화강암은 낙산(동숭동 대학로 뒷산)에서 조달했다. 예부터 도성을 지켜 준다고 믿은 '현무(북한산)' '청룡(낙산)' '주작(남산)' '백호(인왕산)' 가운데, 동쪽의 방위 산을 절반이나 무너뜨리고 말았다. 또 조선총독부를 건축하면서 당시

종로 네거리 쪽으로 근대적 건물들이 들어선 모습

경복궁 안의 전각과 대문, 중문, 당 등 아름답고 다양한 궁중 건축물들을 무수히 해체시키지 않으면 안 되었다.

이렇게 완공된 조선총독부 청사는, 얼핏 보면 일본 도쿄에 자리한 국립박물관 안에 있는 표경관表慶館과 매우 유사하게 닮은 네오르네상스 양식을 띠었다. 설계는 독일인 기사 데 랑데로가 맡았으며, 당시로선 동양 최대 규모의 위용을 자랑하던 초대형 건축물이었다.

건립 당시에는 조선총독부 난간에서 기총 사격을 할 수 있도록 배려되어 있었다고 한다. 실제로 각 층의 양쪽 끄트머리 방에는 1개 부대가 주둔하면서 경비할 수 있도록 설계가 되어 있었다.[37]

이처럼 경성의 거리에는 우리가 요청하지 않았음에도, 더구나 우리에겐 아무런 의미조차 전해 주지 않은 채, 일본 군국주의와 일본 상업 자본에 의해 생게망게한 근대 건축물들이 우후죽순처럼 세워져 나갔다. 그리하여 종로 한복판의 보신각에서 울려 퍼지는 커다란 종소리에 따라 동서남북 사대문의 성문

경성 상계史

이 저절로 열리고 닫혔던, 1394년 태조 이성계가 개경에서 한성으로 천도한 이래 세습적 풍습에 따라 거의 한결같은 모습으로 고스란히 유지되어 왔던 5백 년 도읍의 모습은 한순간에 온통 뒤틀어지고 말았다. 지금의 남대문 근처에서 까치발을 하고 서서 멀리 바라다보면 동그스름한 노오란 초가지붕들이 바다를 이루는 가운데 동대문 쪽이 한눈에 빤히 건너다보였던, 그런 동화 속 같던 아름다움과 평온함은 온데간데없이 사라지고야 만 것이다.

대신 경성의 거리는 누대로 변함없이 내려온 과거와 함께 우후죽순처럼 세워진 르네상스풍의 근대 건축물들이 혼재하면서, 미묘한 분위기마저 풍겨 나는 근대 도시로 변모해 가고 있었다. 대모테 안경을 쓰고 젬병 모자를 눌러쓴 모던보이들과 짧은 치마와 작은 우산을 든 모던걸들이 거리마다 넘쳐나는, 고리대금업을 하는 어떤 일본 여자가 자신의 채권을 이행하지 못하게 한 "제삼자 되는 사나희의 음랑을 잡아다려 혼도케" 하는, 그야말로 인간이 상품화된 상업 중심의 근대 도시로 탈바꿈해 가고 있었다.

제3부

경성의 젊은 상인들,
종로 거리로 돌아오다

궁중의 비방으로 탄생한
동화약방의 '활명수'

19세기 말은 조선 상계의 종말과 함께 지금껏 보지 못한 새로운 상인들이 속속 등장하기 시작한 시대였다. 5백 년 전통을 자랑하던 종로 육의전의 허망한 붕괴 이후 새로이 등장하게 된 이들 상인 가운데는 궁중의 어가를 호위하던 선전관 민병호 같은 이도 있었다. 민병호는 궁중에 있을 때 궁중의 전의들과 틈틈이 교류하면서, 궁중에서 대대로 내려오던 비기를 들고나와 상계에 뛰어든 새로운 상인이었다.

『동의보감』에도 나오지 않는다는 궁중의 비방을 토대로 계피 4g, 정향 3g, 감복숭아씨 6g을 침출기에 넣고 적포도주 150g을 가해 잘 혼합한 뒤 3일간 침출시킨 다음, 이 침출액에 다시 박하뇌 0.15g, 장뇌 0.03g을 넣고 백설탕 40g과 증류수 70g을 더한 다음 혼합 용해한 후에 여과시켜 60ml 작은 병에 담았다. 이것이 곧 '목숨을 살리는 물'이라는 뜻의 활명수活命水였다. 민병호는 활명수를 개발하면서 동화약방을 창업했다. 이때가 1897년 가을이었다.

이 무렵 국내 의약계의 사정을 대략 살펴보면, 1877년 부산포가 개항되면서 그곳에 최초로 서양식 의료 시설인 제생의원이 세워졌다. 1885년에는 우리 정부가 세운 최초의 서양식 의료 시설인 광혜원이 문을 열었다. 동화약방의 활명수는 이처럼 나라에 빗장이 열리고 서양 의학이 이제 막 첫선을 보이기 시작하던 거의 같은 시대에, 궁중의 바깥으로 걸어 나와 일반 대중을 위한 약품으로 경성 상계에 등장한 것이다.

그러나 이미 불혹의 나이에 접어든 민병호는 약방 경영에는 직접 참여치 않았다. 대신 후견인을 자처하며 자신의 아들인 민강을 동화약방의 초대 사장으로 내세웠다.

한데도 동화약방의 활명수는 순식간에 인기를 끌어모았다. 오랫동안 내밀하게 전해져 내려오던 궁중의 비방으로 만들어졌을뿐더러, 국왕을 지근거리에서 모시는 선전관을 지낸 인물이 만든 약품이라는 신뢰가 입소문을 탔다. 더구나 전래의 한약처럼 굳이 번거롭게 달여 먹지 않아도 되는 편리함과 함께 복용하는 즉시 나타나는 신속한 효과로 손쉽게 대중 속으로 파고들 수 있었다.

하지만 순식간에 인기를 끌어모은 게 탈이라면 탈이었다. 동화약방의 활명수가 빠르게 성공하자 이내 모방의 위험에 노출되고 만 것이다.

그리하여 1912년경엔 선발 주자 활명수를 모방한 유사 상표가 시장에 넘쳐났다. 당시 유명하다는 약방들까지 나서서 발매한 활명수의 유사 제품으론 천일약방의 통명수, 화평당약방의 회생수, 모범매약의 소생수, 조선매약의 약수, 낙천당약방의 낙천약수, 조선상회의 활명회생수, 제생당약방의 보명수라는 짝퉁이 줄줄이 쏟아져 나왔다. 그뿐 아니라 일본인이 경영하는 나카무라약관의 활명액까지 모두 10여 종에 달할 지경이었다. 더구나 조선상회의 활명회생수와 같은 경우에는 라벨에 회생이라는 글자만을 일부러 작게 표

경성 상계史

기해 활명수로 오인하게끔 노골화하는가 하면, 나카무라약관의 활명액은 선정적이기까지 했다. 벌거벗은 여체의 상반신을 드러낸 자극적인 그림을 신문 광고에 지속적으로 싣기조차 했다.

이쯤 되자 모방을 방지할 수 있는 제도적 장치를 마련하는 것이 시급했다. 1910년 국내 최초로 활명수의 상징이랄 수 있는 부채표를 상표로 등록한 것이다.

부채는 『시경』에 나오는 '지죽상합紙竹相合 생기청풍生氣淸風'에서 얻은 말로, 대나무와 종이가 합해져야 비로소 부채를 이뤄 맑은 바람을 일으킨다는 뜻이다. 이것은 '민족이 갈라지지 않고 합심하면 잘살 수 있다'는 '동화'라는 회사명과도 일맥상통하는 것이었다.

나아가 제품의 다각화에도 힘을 기울였다. 창립 10주년이 되었을 즈음엔 활명수 이외에도 인소환·백응고 등을 연이어 개발해, 당시 유명 약방 중에서도 가장 많은 98종의 의약품을 생산했다. 창업자인 민병호와 초대 사장 민강이 활명수의 인기에 안주하지 않고 그동안 제품 개발에 얼마나 심혈을 기울였는지 알 수 있다.

조금 뒤늦기는 하였지만 그동안 눈길을 주지 않던 광고에도 관심을 쏟았다. 1910년 『대한민보』에 근하신년 광고를 게재하면서부터 신문 광고 전략에도 본격적으로 나서게 된다.

이때에도 동화약방이 내보내기 시작한 광고는 다른 약방들의 광고와는 차별성이 뚜렷했다. 무엇보다 활명수나 인소환·백응고 등과 같은 주요 제품에 대해서만 알린 것이 아니라, 약방의 창업 정신과 특약점의 관리 규정 등을 함께 내보냈다.

또 같은 해 9월에는 국내 최초 광고 대행사인 한성광고사가 특집 기획해 『매일신보』에 실은 광고에도 참여하여, 관허 품목이 90여 종을 헤아린다고

알렸다. 그 후 1913년의 근하신년 광고에선
당시로서는 매우 이례적으로 신문의 전면 광
고를 통해 동화약방의 사세를 과시하는 한
편, 화장품부와 건재부·서류부 등과 함께 특
영영업부의 활약을 싣기도 했다.

이렇듯 초기 신문 광고는 대개 사세를 내
세워 소비자들로부터 신뢰를 쌓는 기업 광고
중심이었다. 따라서 광고 제작 역시 요란스
럽거나 화려하지 않았다. 제품 위주에서 벗
어나 카피 위주의 제작이었다. 등록 상표인

부채표 활명수

부채표 말고는 딱히 이렇다 할 다른 비주얼 요소를 일체 찾아보기 어려웠다.
또 그러한 선택과 집중적인 광고 전략이 있었기에 1백여 년이 지난 오늘날까
지 소비자들에게 '부채표 활명수'로 각인되어 남아 있는 계기가 되었는지 모
를 일이다.

그런가 하면 일찍부터 기업의 사회 공헌 활동에도 깊은 관심을 나타냈다.
1915년 초대 사장 민강이 설립에 참여하고 교장으로 재직한, 사립 소의학교
에 이익금 전액을 기부하겠다는 내용으로 경품 없는 경품부 광고를 내보내기
도 했다.

그러나 동화약방의 신문 광고는 이후 크게 줄어든다. 사세를 과시하던 전
품목 기업 광고를 지양하는 대신에 활명수 등 주력 제품의 광고만을 간간이
볼 수 있었을 따름이다. 다시 말해 경쟁 약방들에 비해 상대적으로 광고가 줄
어든 셈인데, 이것은 아무래도 초대 사장 민강의 경영 철학과도 밀접한 관련
이 있지 않나 싶다.

초대 사장 민강은 1919년 3·1 운동이 일어나자 만세 시위 운동에 적극 참

동화약방 초대 사장 민강

여하는 한편, 일제의 눈을 피해 이승만을 집정관 총재로 내세우는 한성 임시정부의 수립과 함께 국민대회 개최를 추진했다. 그는 연락과 준비 업무를 맡았으며, 국민대회 취지와 임시정부의 약법約法 등을 작성했다. 뿐만 아니라 자신의 동화약방을 연락 거점으로 삼아 은밀하게 자금 조달 활동까지 펼치고 나섰다. 그는 이 일로 결국 일본 경찰에 체포되어 옥고를 치르다 보석으로 출옥한다.

하지만 출옥 이후에도 독립운동 단체인 대동단에 가입하고, 자신의 동화약방을 국내 대동단과 상하이 임시정부가 비밀 행정 부서로 설치한 서울 연통부의 거점으로 제공했다. 연통부는 국내 각 도·시·군·면 단위까지 조직을 갖추면서 각종 정보와 군자금을 임시정부에 전달하는 역할을 했다. 연통부 활동은 1922년 일제에 의해 적발되어 완전히 와해될 때까지 계속되었다.

이렇게 보면 초대 사장 민강은 기업가라기보다는 민족주의자이며, 교육자이길 더 바랐는지도 모른다. 그는 기업을 단순히 영리 추구를 위한 수단으로 보기보다는, 그같이 자신의 이상을 추구하기 위한 도구로 삼았던 게 아니냐는 의심을 지울 수 없다. 실제로 그는 약방 경영을 독립운동의 자금 조달을 하기 위한 창구로 사용하고, 연락 거점으로 활용했던 흔적을 동화약방의 역사 곳곳에서 발견할 수 있게 된다.

때문에 그가 미시적 경영 기법인 광고에 그다지 연연해하지 않았던 건 어쩌면 당연한 일이었는지 모른다. 더구나 자신의 약방에서 개발한 약으로 병마에 시달리는 대중을 구제하겠다는 신념을 가진 그에게, 판매를 촉진시키기 위해 소비자를 설득해야 하는 광고가 그리 탐탁지 않았으리라는 것도 쉽게 짐작해 볼 수 있는 대목이다.

그러나 초대 사장 민강의 이런 비기업가적인 경영 철학, 다시 말해 독립운동에 깊이 관여하면 할수록 동화약방의 경영은 어려움에 처할 수밖에 없었다. 최고 경영자가 감옥에 가 있지 않으면, 해외에서 망명 생활을 하느라 회사를 제대로 돌보지 않고 있는데 경영 상태가 좋을 리 만무했다. 동화약방이 보유했던 약품 허가 품목 수만 하더라도 전성기의 87종에서 24종으로 줄어들 정도로 사세가 크게 위축된 형편이었다.

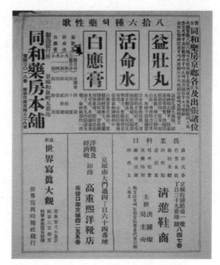

활명수 신문 광고

물론 경영상의 어려움을 타개하고자 했던 몸부림 또한 없지 않았다. 경영의 위기를 모면하기 위한 신규 사업 진출도 그중 하나였다.

그렇잖아도 동화약방의 전국 영업장에는 고객들이 약품을 주문하면서 심심찮게 각종 혼수용품이나 문방구, 시계, 축음기, 생활 잡화 등을 서울에서 구해 달라는 주문이 들어왔다. 이 같은 주문이 적지 않자 1913년 동화약방은 사내에 부속 영업부를 신설하면서 새로운 사업 영역으로 진출했다.

같은 시기 화장품 사업에도 진출을 꾀했다. 이미 관허를 획득한 품목 가운데 동화백분은 여성용 화장품이었다. 옥용수는 주근깨나 마른버짐 제거에 좋고, 위생유는 비듬을 제거해 주고 향기를 풍기는 머릿기름으로 알려진 제품이었다. 하지만 1919년 이후 동화약방의 화장품 광고가 신문에서 종적을 감춘 것으로 보아 화장품 사업 진출도 별 신통치 않았던 것으로 보인다.

그다음으로는 기업의 공개였다. 동화약방을 주식회사 체제로 전환하여 외부 자금을 수혈받은 것이다.

경성 상계史

1931년 정월 동화약방은 액면가 50원(약 550만 원)의 보통주 2,000주를 발행하고, 주식회사 동화약방으로 경성지방법원에 등기를 완료했다. 당시 주식 분포를 보면 민병호와 민강 부자가 각기 650주와 1,000주를, 그 나머지 주식은 인척이거나 외부 인사 6명에게 돌아갔다.

그러나 동화약방은 침체에 빠진 기업의 면모를 주식회사 체제로 일신하고 경영을 개선해 보기 위한 노력을 미처 다 펴 보기도 전에, 초대 사장 민강이 그만 세상을 뜨고 마는 비운에 처한다. 그의 나이 48세였다.

그리고 초대 사장 민강의 갑작스런 죽음은 그렇지 않아도 어려움에 처한 동화약방을 혼란에 빠뜨렸다. 동화약방의 창업자인 그의 아버지 민병호는 이미 74세의 고령인 데다, 초대 사장 민강의 장남 민인복은 이제 겨우 17살의 고등학생이었다. 민 사장의 뒤를 이를 적합한 인물이 없었다.

하는 수 없이 민 사장의 인척인 민영덕이 2대 사장으로 취임했다. 하지만 주식 150주를 보유한 민영덕은 바지 사장에 불과했다. 경영의 실제 권한은 초대 사장 민강의 부인 이효민이 쥐고 있었고, 그녀는 자신의 친정 조카인 이인영을 지배인으로 내세워 실질적인 회사 경영을 전담케 했다.

한데 바지 사장 민영덕이나 이인영 지배인 모두가 경영에는 문외한이었다. 동화약방의 경영이 호전되기는커녕 점점 더 어려워져만 갔다.

결국 2년 뒤인 1935년 중앙고보를 갓 졸업한 19살의 초대 사장 민강의 아들 민인복이 새로이 사장으로 취임했다. 하지만 침몰해 가는 동화약방을 구해 내기에는 역부족일 수밖에 없었다.

그사이 동화약방의 영업 실적은 눈에 띄게 줄어 갔고, 부채는 눈덩이처럼 불어 갔다. 1936년 총매출액은 43,000원(약47억 3,000만 원)에 불과했으며, 부채는 식산은행에만 8만 원(약 88억 원)이 넘어섰다. 활명수 판매는 30만 병을 채우기도 힘들 지경이었다.

연일 장고 끝에 민씨 일가가 내린 결론은 어떻게든 파산의 불행만은 피하자는 거였다. 동화약방을 되살리고 키워 나갈 수 있는 역량 있는 인물에게 회사를 넘기기로 결심한다.

　민씨 일가와 회사 간부들이 상의하고 물색한 끝에 결국 동화약방을 윤창식에게 넘기기로 뜻을 모았다. 그는 일찍이 보성전문 상과를 졸업한 뒤 정미업을 시작으로 큰돈을 모아 재력이 풍부한 데다, 독립운동과 빈민 구휼 사업을 펼치면서 당시 민족 기업인으로 많은 사람들로부터 존경받던 인물이었다. 창업 40년의 동화약방은 그렇게 민씨 일가에서 윤씨 일가로 넘겨져 오늘날까지 이어지고 있다.

　『동의보감』에도 없다는 궁중 비방으로 만들어진 동화약방의 활명수는 당대 블루오션이었다. 그러나 따지고 보면 경영의 악화를 이기지 못해 초래한 결과였다. 과연 민강 초대 사장은 일제 강점기라는 시대를 잘못 타고난 것일까? 아니면 그의 반기업가적인 자신의 경영 철학이 끝내 선대 창업을 지키지 못하고 만 것일까?

왕조가 망하자
잡화 상점 차린 왕족

　1910년 조선왕조는 일제의 강압을 뿌리치지 못한 채 끝내 숨을 거두고 말았다. 왕조가 망하고 만 것이다.

　왕조가 망하면서 숱하게 쏟아져 나온 궁궐의 관기들은 그만 거리의 기생으로 전락했고, 정승판서 고관대작들은 다투어 상인이 되었다. 상인이 되어 주판을 들고 저자거리로 나섰다.

　왕족이라고 해서 그 처지가 다를 리 없었다. 왕족 이재현 또한 그동안 자신이 누리고 있던 부귀영화를 모두 다 내놓은 채 다른 길을 선택하지 않으면 안 되었다. 그가 엊그제까지만 하여도 지체 높은 왕족의 신분으로 경상도 관찰사(종2품) 벼슬을 하였다 할지라도, 당장 먹고 살려면 상인이 아니라 상인 할아비라도 하고 나서야 할 처지였다.

　그렇다 하더라도 왕족 이재현이 잡화 상점을 차리고 나섰을 땐 아직은 갓장이들이 판을 치던 1910년대였다. 당시만 해도 왕족의 신분으로 궁가 한쪽의 중방을 헐어 내고 점포를 내어 엿이며 왜사탕·물감·바늘·쌀 등을 늘어놓은 채 양반이고 상놈이고 가리지 아니하고, 손님이 찾아올 적마다 "어서 오십시오. 무얼 드릴까요?" 하고 굽실거리며 잡다한 상품을 판다는 것은 그야말로 놀라 까무러칠 노릇이었다.

그도 그럴 것이 양반은 물에 빠져도 개헤엄을 치지 말아야 했다. 사흘을 굶어도 손발 하나 까닥하지 아니하고 두 다리만 둥개고 앉아서 공자 왈 맹자 왈하는 일이 아니면, 어떻게 줄을 대어 벼슬 한자리라도 하는 것이 흔히 있어 온 일이었다.

한데 그가 어떻게 그런 결심을 다 하게 되었는지 알 순 없다. 경상도 관찰사까지 역임했던 혁혁한 문벌이요, 천하가 다 아는 왕족의 신분으로 다른 곳도 아닌 궁가의 벽을 헐어 그곳에서 잡화 상점을 연다는 것이 어찌 쉬운 일이었겠는가. 그가 아니고서는 감히 엄두조차 내지 못할 사건이었다.

그러나 곰곰 생각해 보면 왕족 이재현이야말로 겉치레를 과감히 내던진 선구자적 실천가였다. 그 같은 시세의 흐름을 누구보다 먼저 민감하게 꿰뚫어 본 인물이었는지 모른다.

경성 서대문 밖 정거장 근처에 있는 유리 공장은 이재원씨가 자본금 5천 원을 저축하야 설립한지 4개년에 업무가 점점 발달하는 중 금번에 이재현 씨가 일층 확장할 목적으로 5천 원을 더하야 합자회사로 서대문 초자공장을 경성초자제조소라 개칭한 뒤 소장은 이재현씨로, 감독은 이재원씨로 정하고 기타 임원을 조직하얏다더라.[1]

1913년 왕족 이재현은 잡화 상점에서 당시 국내 최대 규모의 유리 공장을 경영하는 기업가로 변신해 있었다. 지금의 서대문 로터리 근처에 경의선 서대문 정거장이 있었는데, 바로 그 서대문 정거장 옆에 자리한 유리 공장이었다.

그 시기라면 경성의 거리에도 이제 막 유리창으로 반짝이는 새로운 근대 건축물들이 우후죽순처럼 들어서기 시작할 즘이었다. 그렇잖아도 일본 상인들이 남촌의 혼마치에서 하나같이 상업을 성공시킨 요인 가운데 하나가 다름 아닌 유리였다. 그들의 상점은 유리로 만든 투명한 진열창으로 되어 있어 손님들을 보다 더 많이 불러 모을 수 있었다.

반면에 조선 상계의 상점들은 그때까지도 우중충하기 짝이 없었다. 더구나 폐쇄적인 구조를 한 흙집에다, 창문이라야 죄다 한지로 발라 놓아 방안에선 바깥을 내다보지 못했다. 물론 바깥에서도 상점의 방안을 들여다볼 수가 없는 구조였다.

그에 반해 일본 상인들은 상점의 구조를 벽돌이나 목재로 지어 네모반듯했다. 또한 점포 바깥에다 투명한 유리문을 달아 놓아 손님의 눈길을 끌기에도 충분했다. 이른바 견물생심見物生心이 따로 없었다. 물건을 직접 보아야 욕심이 발동하고, 욕심이 발동해야 비로소 호주머니를 열고 싶은 것이다.

한데 이 시기에 이르면 조선 상계의 상가에서도 한창 유리 선풍이 일기 시작할 때였다. 5백여 년 동안이나 희미한 등잔불만을 밝혀 오던 종로 거리에 비로소 전등불을 밝히는가 하면, 덩달아 상점마다 투명한 유리문을 설치하느라 야단법석을 떨었다.

거기에다 일본 상인들이 주조 공장을 차리고 나서면서 각종 유리병 수요까지 더해졌다. 특히나 약방에서 양약과 물약이 불티나게 팔려 나가면서 약병의 수요까지 엄청났다.

왕족 이재현은 이 같은 유리 붐을 타고서 스스로 사업에 뛰어들었다. 1913년 5,000원(약 5억 5,000만 원)을 투자하여 손수 유리 공장을 경영케 되었다.

그런가 하면 집주름(지금의 부동산 중개사)들을 내세워 경성 시내 여러 곳에다 수십 채의 가옥을 사두는 등 이른바 부동산에도 눈길을 돌렸다. 말하자면 잡화 상점과 유리 공장을 경영한 데 이어, 지금 얘기로 부동산 투자에까지 손을 뻗치면서 탄탄대로를 걸을 수 있었다.

그러면서 제법 찾아오는 신문 기자도 만나곤 했다. 신문 기자에게 당시로선 좀처럼 마시기 힘든 맥주를 대접하면서 상당 수준 개화된 담화를 나누는가 하면, 가끔은 안경 쓰고 단장 짚은 채 금시곗줄을 앞가슴에 늘어뜨리고서 여기저기 학교에도 찾아가 몇십 원씩 거금을 기부하기도 했다.

한데 그처럼 잘나가던 그가 한순간에 몰락하고 말았다. 도대체 무엇이 잘못되었는지는 몰라도 어느 날 갑자기 쫄딱 망하고야 만 것이다.

그것도 자기 혼자만 망한 게 아니었다. 어물전 망신은 꼴뚜기가 시킨다고 자신이 거처하던 은언궁恩彥宮마저 내어주게 되어, 시조인 철종 임금의 할아버지 위패를 모실 집조차 없어지게 되었다.

어떻게 된 일일까? 그가 그만 만세를 부르고 만 1914년이라면 제1차 세계 대전의 여파 때문에 국내외 경제가 한창 곤두박질치고 있던 때였다. 같은 해 8월 29일자 『황성신문』을 보아도 시중 물가가 크게 요동치고 있음을 알 수 있다.

밀가루 한 포대 - 2원 48전에서 2원 60전(약 22만 2,800~28만 6,000원)

성냥 한 돈 6궤 - 19원 80전에서 20원

설탕 한 포대 - 7원 20전에서 10원 50전

양잿물 한 상자 - 5원 70전에서 10원

석유 한 상자 - 3원 52전에서 3원 57전

비누 한 개 - 20전에서 22전

우유 1궤 - 13원 60전에서 17원 80전

나중엔 왜못 100근들이 한 통에 9원(약 99만 원) 하던 것이 28원(약 308만 원)까지 널뛰었다. 더구나 건축 경기마저 시들해지고 말면서 이재현의 유리 공장마저 타격을 입었다.

하지만 그 정도의 타격에 침몰하고 말 그가 아니었다. 은언궁 왕족 이재현은 전쟁 발발과 동시에 물가 상승을 지켜보면서 내심 인플레를 확신했다. 인플레를 확신하면서 쌀을 매점하기 시작한 것이다.

"두고 보아라! 내 추측이 틀림없이 적중할 테니."

그는 여기저기 빚까지 내어 마포 나루로 향했다. 쌀을 수천 섬이나 매점해 두었다.

그러나 수많은 자금이 투자된 그의 확신은 불과 한 달여 뒤에 물거품이 되고 말았다. 그해 가을엔 실로 수십 년 만에 처음으로 대풍년이었다. 쌀 한 되에 24전(약 26,400원)씩 수천 섬을 매점해 두었던 것이 불과 한 달여 만에 18전(약 19,800원)으로 폭락하고 만 데다, 나중에는 14전(약 15,400원)을 불러도 누가 거들떠보지 않을 지경이었다. 엎친 데 덮친다고 서울 시내에 사 두었던 수십 채의 부동산마저 매매가 급락하고 마는 바람에 이러지도 저러지도 못하게 되었다.

그리고 그 두 번째 타격은 그를 재기 불능으로 빠뜨렸다. 마침내 자신의 오랜 거처인 은언궁마저 내어주지 않으면 안 되었던 것이다.

결국 그는 동생 이재각의 도움을 받아들여야 했다. 그의 동생 이재각은 약관의 나이로 과거에 급제하여 의양군義陽君에 피봉되는가 하면, 궁내부 특진관을 거쳐 1902년에는 특명대사로 영국의 황제 대관식에 참석하면서 유럽을 일주 여행했다. 1905년에는 대한적십자사 초대 총재로 취임했으며, 또한 일본에서 영친왕과 이방자 여사가 혼인할 때 왕궁을 대표한 특별 보빙대사로 예식에 참여하기도 했던 인물이다. 바로 그 이재각의 집 행랑채 신세를 져야 했다.

왕조가 망하자 왕족의 신분을 내던지고서 과감히 상계에 뛰어들었던 이재현은, 그처럼 두 번의 고비를 넘기지 못한 채 통한의 무릎을 꿇고 말았다. 쇠똥벙거지에 짝짝이 고무신을 신고 중풍 맞은 입술을 씰룩거리면서[2], 스산하게 불어대는 찬바람을 맞아 가며 경성의 거리를 하염없이 방황할 수밖엔 없었던 것이다.

개화경 장사로
종로 상권에 다시 진출하다

정조(1752~1800)는 47세부터 시력이 급속히 나빠져 잔글씨나 중요 문서를 볼 때는 안경을 끼고 보아야 했다. 이런 사실은 『정조실록』 32권에서 살펴볼 수 있다.

수년 전에 만들어진 영화 '영원한 제국'에서도 정조 임금 역을 맡은 배우 안성기는 안경을 쓰고 영화 속에 등장하여 관객의 눈길을 끌었다. 그보다 앞서 정조 임금이 실제로 사용했을 것으로 추측되는 옥玉 안경이 발견되어 역시 세간의 이목을 집중시킨 적이 있다.

정조 임금의 옥 안경을 살펴보면 안경다리는 보라색 노끈, 안경테는 두꺼운 백색 옥으로 만들어져 매우 동양적인 분위기를 자아내고 있다. 정조 때에는 노끈이 안경다리 역할을 했으며, 왕족만이 옥 제품을 사용했던 것으로 짐작이 된다. 현재 정조 임금의 이 옥 안경은 덕성여자대학교 박물관에 소장되어 있다.

조선왕조 마지막 국왕 순종 황제도 시력이 좋지 않아 일찍부터 안경을 착용했다는 기록이 전한다. 황태자 시절 순종을 만났던 미국인 선교사 버드 비숍 여사는, "건강에 중대한 결함이 있어 보이며, 체질도 허약하면서 꽤나 비만했다. 더욱이 심한 근시였지만, 궁중 예법 때문에 공식 석상에서는 안경을 쓸 수 없어 보기에 딱했다."라고 쓰고 있다.

우리나라에 사신으로 온 일본 공사 오이시는 1891년 고종을 알현하면서 얼굴에 쓴 안경을 벗지 않아 한바탕 소동이 벌어진 일도 일었다. 당시만 해도 웃어른과 인사할 때는 반드시 안경을 벗는 것이 예의였는데, 하물며 국왕 앞에서 버젓이 안경을 쓰고 있었으니 말썽이 된 것은 당연했다.

내시들은 통역을 맡은 현영운을 통하여 당장 안경을 벗어 줄 것을 종용했으나 오이시 공사는 끝내 벗지 않았다. 고종은 몹시 불쾌했지만 외국의 사신인 까닭에 참을 수밖에 없었다.

조정은 나중에 우리나라를 얕보고 국왕에게 불경한 태도를 보인 오이시 공사의 무례한 행동을 문제 삼아 일본 정부에 항의 문서를 전달했다. 일본 정부는 아무런 반응도 보이지 않았다. 국왕의 노여움을 풀 방법이 없었던 조정 대신들은 결국 오이시 공사의 통역을 맡았던 현영운을 공연스레 추포했다. 곤장을 마구 때린 뒤 유배시킴으로써 이 사건을 일단락 지었다.

1875년 운양호 사건 때에도 안경은 어김없이 소동을 일으켰다. 쇄국 정책을 고수하던 흥선대원군이 하야한 뒤 권좌에서 물러나자, 일본은 무력으로라도 통상 조약을 체결하기 위해 운양호를 비롯하여 3척의 전함을 강화도 앞바다에 보내어 조선왕조의 심기를 건드렸다. 일본 전함 운양호가 강화도의 초지진까지 접근했으나 위기를 느낀 조선군 수비대의 일제 반격을 받고 격퇴되었다.

일본은 이를 트집 잡았다. 항의하며 수교할 것을 요구하자 우리 조정에선

경성 상계史

사과 사절로 60여 년 만에 수신사를 파견했다. 이때 김기수를 정사로 임명하여 수신사로 보냈다.

한데 정사 김기수는 일본에 수신사로 떠나면서 일행 모두에게 흑색 수정구 안경을 쓰도록 했다. 그가 그런 데에는 우리의 우월감을 일본인들에게 과시하고자 함에서였다. 그즈음 조선에서는 지체 높은 사람만이 장소를 가리지 않고 안경을 착용할 수 있었고, 비싼 안경을 쓰는 것이 대단한 자랑거리였던 시절이다.

일본인들은 60여 년 만에 조선에서 온 수신사 일행을 구경하려고 구름처럼 몰려들었다. 한데 인력거에 승차한 조선 수신사 일행이 모두가 먹물안경을 쓰고 있어 일본인들은 이상하게 여겼다. 조선 수신사 일행은 수군대는 일본인들을 먹물안경 낀 눈으로 내려다보면서 유유히 도쿄 시내를 활보했다고 한다.

1889년 조선왕조에 들어와서 3년간 머물렀던 미국인 선교사 제임스 게일도 그의 저서 『코리언 스케치』에서 안경과 관련된 풍경을 전하고 있다. 이 책에는, "…만일 중요한 관리라면 혼자서 걷지 않고 양쪽에 군사를 거느린다. 한 손에는 3피트 길이의 담뱃대를, 다른 한 손에는 으레 부채를 들고 다닌다. 양쪽 눈에는 굉장히 큰 원형의 흑색 수정구 2개를 걸고 다니는데, 눈이 나쁘기 때문이 아니라 겉치레를 하느라 그렇게 끼고 다닌다."라는 이야기가 있다.[3]

격변하는 개화기에 지도 계층에 있었던 이들이 새로운 학문과 기술에 열중하지 아니하고 겉치레나 하고 있음을 꼬집은 대목이다.

아무렇든 1백여 년 전 개화기에 불어 닥친 안경 바람이 무척이나 거세긴 했던 모양이다, 당시 『황성신문』이 그냥 지나쳤을 리 만무하다.

요새 소위 개화했다는 사람으로 자인하는 사람을 자세히 살피건대 구흡권

연구吸卷煙에 안착양경眼着洋鏡하고 길거리로 소요하면서 제 몸 알기를 고명
지인사高明之人士하며 치료두발雉了頭髮에 천료양장穿了洋裝하고 참여호교
회지중칙參與乎敎會之中則 오연자처이상등지인물傲然自處以上等之人物하고
백인황종지화복白人黃種之禍福을 불이호삼촌지설不離乎三寸之舌 두이뇌중頭
而腦中에 무자국지사상無自國之思想하며…

요컨대 이런 얘기다. 개화를 했다고 자처하는 이를 살펴보니, 입술에는 종
이 담배를 물고 눈에는 개화경을 쓰고서 종로 거리를 왔다 갔다 하며 스스로
이름깨나 날리는 저명인사인 척한다는 것이다. 그뿐 아니라 일본식 '와개머
리(기름을 발라 뒤로 넘긴 머리)'로 뒤꼭지를 쳐올리고 몸에 착 달라붙는 양복을
입고서 교회나 오가며, 오만스럽게도 자기가 무슨 특별한 인물이라도 되는
것처럼 세치 혓바닥 위에 서양 사람의 꼬부랑 문자를 올려대고 있으나, 기실
그런 자의 머리통 속에는 자기 나라의 사상이라곤 눈곱만큼도 찾아볼 수 없
다고 탄식하고 있다.

세상이 이렇듯 저마다 곱지 않은 시선으로 꼬나보았음에도 제임스 게일의
『코리언 스케치』에서 볼 수 있는 것처럼, 안경은 개화 바람을 타고서 지도 계
층부터 두루 애용되었다. 그리고 얼마 지나지 않아선 눈에 아무 이상이 없어
멀쩡한데도 그저 콧등이 근질거려 못 견뎌 하는, 사회적 우월감을 과시하고
자 하는 겉치레 개화 족속들까지 속속 가세하고 나섰다. 이제는 정말 안경을
끼지 않고서는 사람대접 받기조차 어려운 세상이 되고 만 것이다.

이 같은 절호의 기회를 송골매처럼 재빨리 포착한 이가 있었다. 하기는 개
화 바람을 타고서 그처럼 안경이 널리 퍼져 나갔다면 필시 그 시장에 뛰어든
상인이 없지 않았을 터. 그렇지 않고서야 발 없는 안경이 그렇듯 저절로 걸어
다녔을 리가 만무하다.

하지만 눈 큰 새가 가장 먼저 지저귄다고, 다 같은 상인이라 할지라도 그 같은 눈썰미를 가진 이는 많지 않았다. 개화 바람을 타고서 선보이기 시작한 안경에 일찍부터 주목하여 손을 대면서 거부가 된 상인은 김재덕이었다.

김재덕은 1900년대 초반 지금의 종로2가 보신각 맞은편(지금의 삼성생명 종로타워)에 유창상회를 열었다. 대모테 안경을 쓰고 젬병 모자를 눌러쓴 모던보이들을 위해 가장 먼저 금은세공과 함께 안경 전문점을 냈다.[4]

그러나 김재덕에 관한 사료는 안타깝게도 여기까지가 전부이다. 그가 과연 어떻게 상인의 길로 들어서게 되었는지, 그리고 종로 한복판에 자기 상점을 가질 만큼 결코 적지 않은 자본을 축적할 수 있었는지, 또한 하고 많은 업종 가운데서 하필이면 금은세공과 개화 안경과 같은, 당시로선 첨단(?) 업종을 취급하는 유창상회를 열게 되었는지 하는 자세한 기록은 더 이상 추적하기 어렵다. 다만 1910년대 후반에 이르면 김재덕의 유창상회가 크게 성공해서 같은 자리에 3층 기와집을 증축하여 올렸다는 후일담이 전해지고 있을 따름이다.

그렇더라도 김재덕의 이 같은 성공은 분명 눈여겨볼 대목이 아닐 수 없다. 1895년 10월 8일 밤 명성황후를 잔인하게 시해하면서 본격적인 식민 찬탈의 야욕을 만천하에 드러낸 일본이, 그사이 '고문 정치'라는 허울 좋은 구실을 내세워 우리 조정으로 하여금 막대한 차관을 빌려 쓰게 하여 손발을 꽁꽁 묶어버렸다. 그런 뒤 결국에는 조선왕조의 경제마저 기어이 요절내고야 말 속셈으로 1905년에는 마른하늘에 날벼락과도 같은 화폐 개혁을 무리하게 단행함으로서 조선 상계는 마침내 쑥대밭이 되고 말았다. 5백여 년 동안이나 영속되어 오던 종로 육의전이라는 구심점을 잃고 모두가 뿔뿔이 흩어지고 만 이래 다시 되찾은 첫 고토라는 데 의미를 부여할 수 있었다. 그것도 조선 상계의 자존심이랄 수 있는 옛 육의전 거리의 한복판에, 때마침 불어 닥친 개화의 바람을 타고서 그렇듯 젊고 새로운 경성의 상인들이 하나둘 다시금 돌아오기 시작한 것이다.

경성의 자동차왕,
민규식에서 방의석까지

꺼멓고 집채같이 큰 수레에 네 바퀴에는 기둥 같은 테가 있고 뿡뿡하면 가
고 뿡뿡하면 서되 이것이 칠팔 명의 사람을 싣고 높은 언덕을 총알같이 길로
달리니 대체 이것이 무엇이냐? 그것이 요술차냐, 신통차냐, 제갈공명의 목우
유마 같은 것이냐?[5]

개항장을 통하여 밀려 들어온 새로운 문명의 이기 가운데는 번갯불 먹는
괴물이나 축지법 부리는 쇠바퀴라고 일컬었던 기차나 전차 못잖게 또다시 경
이로웠던 건 자동차였다. 생전 듣도 보도 못한 자동차가 얼마나 신기했으면
요술차냐, 신통차냐, 제갈공명의 목우유마냐 하고 물었겠는가.

임종국 선생이 쓴 『한국인의 생활과 풍속』을 보면, 자동차에 대한 당시 사
람들의 느낌이 어땠는지 보다 실감나게 그려진다.

…당시 자동차는 네모 반듯한 차체에 휘장을 둘러친 것인데 사람들은 그 포장 속에 번갯불이 들어 있는가보다고 수군거렸다. 올라타기만 하면 타 죽는다는 소문이 도는 판이었다. 타보고 싶기는 하고 죽기는 싫고…. 그런가 하면 이게 무슨 짐승이냐고 하면서 막대기로 꾹꾹 찔러보는 사람조차 없지 않았다. …쇠당나귀가 산모퉁이라도 돌라치면 구경꾼들의 돌 세례를 맞는 것쯤 예사였다….

이같이 쇠당나귀라고 불렸던 자동차가 조선에 처음 등장한 것은 1910년 전후였던 것으로 보인다. 지금도 경복궁의 고궁박물관에 가 보면 전시되어 있는 것을 볼 수 있는데, 그 무렵 왕실용으로 영국제와 프랑스제 자동차 한 대씩을 들여왔다. 하지만 "궁궐에 이상한 소리를 내며 제 스스로 달려가는 괴물이 있다"는 소문이 퍼진 걸 보면 궐내에서만 맴을 돌 듯 자동차를 타지 않았나 싶다.[6]

궁궐 밖에서는 조선총독부 고관들을 비롯하여 조선군사령부와 고위 장성, 외교관, 선교사, 이완용·박영효 등의 친일 귀족들이 다투어 자동차를 구입했다. 그런가 하면 광산 부자 박기효·최창학, 친일 재벌 한상용, 대지주 배석환·김종성·백명권 등의 부호들이 재빨리 뒤를 이었다. 그러면서 1919년쯤이 되면 경성의 시가지를 누비는 자동차 대수가 50대 안팎까지 늘어났다.[7]

이런 가운데 1912년에는 부산, 마산, 진주로 연결되는 경남 해안선 신작로에 버스가 운행되기 시작했다. 부산, 김해, 마산 일대를 중심으로 자리 잡은 일본 사람들과 그들이 실어 나르는 경제 물동량으로 조선에선 가장 먼저 합승 자동차, 곧 버스가 다니는 신작로가 등장케 된 것이다.

요금은 마산-진주 3원 80전(약 41만 8,000원), 진주-삼천포 1원 30전, 진주-사천 60전, 사천-삼천포 80전이었다. 미장이 목수 하루 품삯이 60전(약 66,000

민규식

원)하던 시절이었으니, 지금 기준으로 본다면 거의 비행기 요금에 맞먹는 합승 자동차 요금이었다.[8]

조선에서 최초로 택시 영업을 한 사람은 1917년 민규식이었다. 민규식은 뒤에 좀 더 자세히 살펴보게 될 조선의 3대 재벌 가운데 한 사람이었던 민영휘의 아들로, 그의 택시들은 경성 일대를 누비고 다녔음은 물론 멀리 충청도 충주까지 노선을 유지하고 있었다.[9]

하지만 다른 교통수단에 비해 당시 택시는 요금이 너무 비싸 서민들은 엄두를 내지 못했다. 처음에는 시간당 5원(약 55만 원)을 받다가 점차 인하해서 1928년경에는 택시 요금이 4인 기준에 1원(약 11만 원)이었다. 승객 한 사람이 추가될 때마다 20전(약 22,000원)을 더 내야 했으며, 교외로 나가면 별도의 요금이 붙었다. 경성 시내를 한 바퀴 도는 데 3원(약 33만 원), 1시간 대절하는 데 5~6원(약 55만~66만 원)을 받았다.[10]

그럴대도 택시 드라이브는 "시내 요정 가튼 데서 권태감을 늣기는" 일부 부유층에겐 신바람 나는 또 다른 취미였다. 더욱이 그런 유행에 편승해서 포드자동차회사가 '추기청상秋氣淸爽'이란 제목의 신문 광고를 실어 한껏 분위기를 부추겼다.

추공일벽秋空—碧 청기淸氣하고 마음이 시원합니다. 즐거운 것은 가을의 행락, 쾌한 것은 신 포드의 드라이브 흥취는 또한 무진합니다.[11]

그러나 뛰는 놈 위에 나는 놈이 있는 법. 위풍당당하던 조선의 자동차왕 민규식은 어느 날 갑자기 나타난 강력한 라이벌 앞에 자신의 권좌가 흔들리게 되었다. 아니 자신의 왕관을 함경도 어느 시골뜨기인 방의석에게 그만 넘겨 주어야 했다. 예나 지금이나 기업의 흥망성쇠는 흔히 있는 일이라고 한다지만, 조선의 자동차왕 민규식을 거꾸러뜨릴 새로운 정복자가 그렇게 빨리 등장하리라곤 누구도 예상치 못한 일이었다.

함경도 북청의 유수한 실업가 방의석씨는 일즉부터 함흥택시주식회사를 경영하고 잇거니와, 금번에 서울에다가 대규모의 택시업을 개시하고저, 경성택시회사를 조직하는 한편, 시내 장곡장천정長谷長川町에 2층 양식의 사옥 을 건축 중이더니 얼마 전에 벌서 낙성되야 영업을 개시하는 중인데 택시 5,60대를 두어 장차로는 서울 택시계의 패권을 잡을 기세라 하는 바 지배인으로는 *병*씨가 취임하엿다고.[12]

그렇다면 방의석은 어떤 인물이길래 조선의 3대 재벌, 아니 그중에서도 단연 으뜸인 민영휘의 아들 민규식을 하루아침에 거꾸러뜨리고 영화 속의 주인공처럼 새로운 자동차왕으로 화려하게 등장한 것일까?

방의석은 어린 나이에 함경도 북청의 어느 객주(지금의 도매 상점)집의 사환 노릇을 하면서 상계에 처음 뛰어들었다. 한데 그의 나이 21살 때 절호의 기회가 찾아왔다. 1926년 임자 없이 공동으로 운영되고 있던 함경도 지방의 자동차 독점 운수업체 공흥사의 전무취체역(지금의 전무이사)으로 전격 발탁되었다.

그는 이 절호의 기회가 자신의 운명을 어떻게 바꾸어 놓을지 알고 있었다. 그리하여 공흥사의 경영권을 장악한 뒤, 경영 혁신과 더불어 사세 확장에 힘을 기울였다.

2년 후, 젊은 방의석은 북청 지방의 상인들을 중역 자리에서 모조리 몰아

내고 함경도 지방의 부호들을 영입하여 새로운 중역진을 구성했다. 말하자면 고여 있는 물을 물갈이시키는 한편, 새로운 경영진을 구성하면서 자본까지 유치한 것이다. 그리고 그 자신이 대표취체역의 자리에 앉았다.

새로운 성장 동력을 얻은 그는 사업을 계속 확장해 나가면서 아울러 대담한 개혁을 끊임없이 추진시켰다. 그런 결과 공흥사는 승승장구했고, 방의석은 오래지 않아 대주주의 지위에도 올랐다.

회사가 어느 정도 안정되자 1929년에는 자본금 100만 원(약 1,100억 원) 규모의 함흥택시주식회사를 설립한 데 이어, 운송 관련 사업도 꾸준히 키워 나갔다. 당시 함흥택시가 보유한 자동차는 소형 택시 29대, 합승 택시 42대, 화물 자동차 43대 등 도합 114대에 달했다.

그는 거기서 멈추지 않았다. 1932년에는 일본인이 경영하던 자동차 회사를 인수하여 북선자동차운수회사를 설립했다. 4년 뒤에는 또다시 조일택시회사를 설립했다.

이윽고 방의석은 평안자동차회사까지 인수하여, 자동차 운송 사업에 대한 지배권을 함경도에 이어 평안도 지방에까지 널리 확장시켜 나갔다. 뿐만 아니라 자동차 사업 이외에도 함남창고주식회사, 북청양조주식회사, 함경목재주식회사 등 7개의 계열 회사를 거느린 젊은 기업가로 등장하면서, 마침내 민규식이 군림하고 있던 경성으로까지 당당히 진출케 된 것이다.

맨주먹의 방의석이 이토록 짧은 기간 안에 급성장할 수 있었던 건 대략 다음 두 가지로 설명할 수 있을 것 같다. 무엇보다 자동차 운송이라는, 아직 어느 누구도 손대 본 일이 없는 새로운 영역 개척에 나섰다는 점이다. 따라서 전통적인 기득권 세력과의 아무런 경쟁 관계가 충돌하지 않았다는 사실이다.[13]

같은 무렵, 자동차에 관련해서 방의석 못지않게 장안에 화제를 뿌렸던 이가 있었다. 당시 『삼천리』 잡지에 "자동차 운전수가 삼백만 원 부호, 금광야화金鑛夜話"라는 기사로 실린 택시 운전사 정 아무개가 바로 그 주인공이었다. 당시 3백만 원이라면 지금 돈으로 자그마치 3,300억 원에 달하는 어마어마한 거액으로, 지금의 로또복권 당첨은 새 발의 피에 불과했다.

일개 자동차 운수가 우연히 금광을 발견하여 선 자리에서 67만 원에 팔어가지고 다시 그 돈을 가지고 만주로 드러가서 신경 부근 토지를 가득 거두어 사서 지금은 시까 300만 원의 토지왕이 되엿다는 꿈가튼 이약이를 드러보시려나?

〈자동차 빵크가 동기〉

그 날은 정말 춥기도 하더니 뒷날 300만 원의 큰 부자가 된 운전수 정 씨는 재작년 겨울 어느 날 공주에서 짐을 싯고 대전으로 향하여 운전대에 올나 손을 훅훅 불면서 한 돌을 돌앗다.

…자동차는 고개를 너머 전속력을 내어 다려간다. 그러다가 일이 안될나고 그만 탁-하는 소리와 갖이 빵크가 나서 자동차는 날 잡아잡수! 하는 듯이 웃둑섯다.

"제-길 이 추운데 하필 또 빵크냐" 하며 게두덜두덜거리며 긔계를 끄내 가지고 터진 다이야 겻헤 가보앗스나 원체 터진 구멍이 크고 게다가 보로자동차가 되여 여간 수선하여 가지고는 될상 십지 안엇다…

운전수은 오륙 년 이 노릇하여 먹다가 이런 란관은 처음 당햇다. 사십 각가운 노운전수의 눈에는 저도 몰으게 눈물이 핑 돌앗다. 더구나 이 물건을 운반하여다 주어야 삭전을 밧도 삭전 바더야 그 돈으로 떨고 잇는 처자를 저녁밥 짓게 하지 안나하며 가슴이 앞엇다. 그는 화가 나고 춥기도 하여 바름을 피하느라고 길가에 자동차를 세운 채 양지짝을 조차 두어 마장 산별 애에 올낫다.

그래서 하도 갑갑도 하야 무심이 손에 쥐엇든 자동차 귀계를 가지고 땅을 뚜지엇다. 그러자 이상한 소리나는 돌멩이가 무처잇는 것을 발견하엿다. 하도 이상하여 한 개를 파서 자세 보앗스나 무엔지 모르지만 심상한 돌갓이 안키에 그냥 호주머니에 감추고 마츰 저리 뒤로 오는 동무자동차를 마저 파손된 긔계을 수리하여 예정의 길을 떠낫다.

〈67만 원에 매매〉

그날 저녁 운전수는 잠이 올리가 업섯다. 날이 박기 무섭게 공주에 잇는 엇든 일본사람 잇는 대로 갓다. 비록 자동차 운전수로는 단일망정 먹은 나이가 잇는지라 좁은 소견에도 윤택잇는 품이 심상한 돌갓지 안어서 세상일을 조곰 안다는 사람 잇는 데로 차저간 것이다.

…그 태전이란 일본사람도 처음엔 상상히 보다가 마치로 쪼기어 보니 확실히 만분대萬分臺에 미치는 금석인지라 놀라서 대단히 조흔 돌이라고 말하엿다.

…그 집을 빠져 나와선 자동차고 짐짝이고 다 집어 뿌리고 그 길로 날 보아라 하드시 서울로 뛰어 올나와서 일각이 급하게 출원하여 버리엇다.

출원한지 한달도 못되어 (일본)구주九州에 본사을 둔 모 광업회사에서 사기로 되어 선 자리에서 67만 원에 매매가 된 것이다.

어젯날 일 자동차 운전수가 실로 일조에 67만 원의 큰 부호가 된 것이니 대체 이 노릇을 하늘에 운이란 잇다고 할가 업다고 할가. 빵크가 낫다 하더래도 하필 왈 수백리 길에서 돌잇는 그 앞헤서라. 아모리 생각하여도 이것은 운이다….

〈신경新京 가서 토지 매입〉

조석을 굶든 사람이 이와 갖이 일조에 륙십만 원의 거부가 되엿다면 열에 열 사람 모다 고대광실을 지고 땅잡고 녀학생첩 세넷은 하고 거드러거리고 흥청거릴 것이로되 하늘은 아직도 이 사람에게 좋은 운수를 맥기려 햇슴인 가…14

그는 거금 67만 원(약 737억 원)을 손에 감아쥐자 두문불출한 채 며칠 동안이 나 고민한 끝에 만주행을 선택했다. 만주 신경으로 떠난 그는 우선 시가지 계 획도부터 구입했다. 그런 다음 시가지 계획도를 토대로 향후 건설 개발이 유 력한 지역의 토지를 매일같이 사들였다.

1m²에 우리 돈 1전(약 1,100원)도 좋았다. 10전(약 11,000원)도 좋았으며, 1원 (11만 원)도, 2원도 가리지 아니하고 닥치는 대로 토지를 매입한다. 그런 뒤 다 시금 옴짝달싹 않고 두문불출했다.

2, 3년이 훌쩍 지났다. 그사이 그가 예측한 대로 적잖은 변화가 일어났다.

비록 일제의 꼭두각시 황제일망정 만주국에 새 황제가 등극하면서, 새 국 가 건설을 위한 대대적인 국토 건설 사업이 본격적으로 전개되기 시작한 것이 다. 그러면서 신경 일대의 토지가 갑자기 천정부지로 치솟았다.

그리하여 제아무리 낮게 잡아도 처음 손에 감아쥐고서 만주 신경으로 떠났 을 때의 5배, 자그마치 그의 재산이 3백만 원(약 3,300억 원)에 이르렀다는 것이 다. 『삼천리』 잡지는 그에 관한 장문의 기사를 다음과 같은 대미로 장식하고 있다.

　…들니는 풍설에 정 운전수는 그야말로 금의환향할 생각을 요지간 하엿 잇 다든가.

그런가 하면 『삼천리』 잡지는 그즈음 자동차에 관련된 흥미로운 기사 한 토막을 덧붙여 싣고 있다. 이른바 장안의 유명 명사들이 타고 다니는 자동차의 가격표를 공개한 것이다.

서울 장안에서 하루에도 수업시 '아스팔트' 우으로 구으러 단이는 신형 '씨보레' 유선형 자동차가 이 거리에 쏘단이는 시정인市井人들의 말쑥말쑥한 옷자락에 몬지를 피우며 달아나고 잇다.

그런 중에는 서울 안 '명사'들의 자가용 자동차가 한 둘이 아니다. 맷 해전만 하드래도 그런 줄 몰으겟든데, 요즈음에 와서는 장안에서 누구누구하는 '명사'들이란 거지반 자가용 자동차를 한 대쯤은 가지고 잇다.

이제 이분들의 사유하고 잇는 자동차란 도대체 얼마나한 가격의 것들인가? 알어보면 아래와 갓다.

최창학崔昌學 - 13,000원(약 14억 3,000만 원)

민대식閔大植 - 8,000원(약 8억 8,000만 원)

김기덕金基德 - 8,000원

방응모方應謨 - 8,000원

신석우申錫雨 - 7,000원(약 7억 7,000만 원)

박영철朴榮喆 - 6,000원(약 6억 6,000만 원)

한학수韓學洙 - 7,000원

임병기林炳基 - 8,000원

김연수金秊洙 - 4,000원(약 4억 4,000만 원)

김옥교金玉橋 - 6,000원

원인수 - 6,000원

이박에도 멧 사람 더 잇스런만도 위선 이만츰 해두기로 하겟다.[15]

이 자료에 따르면 당시 경성에서 가장 고가의 자가용을 굴리는 이는 앞서 얘기한 민영휘와 함께 조선 3대 재벌 가운데 한 사람으로 꼽히는 금광왕 최창학으로 나와 있다. 차종이 무엇인지는 알 수 없으나, 지금 돈으로 14억 원이 넘는 자가용이라면 당대 지구촌에서도 최고급 승용차가 아니었나 싶다.

또 한 사람 눈에 띄는 이는 유일한 홍일점 김옥교이다. 김옥교는 음식 장사로 큰돈을 벌어 당시 60만 원(약 660억 원)대 대형 호텔을 건설한 여사장으로 당당히 명사의 반열에까지 오른 여걸이었다.

맨손으로 이룬 첫 근대 기업가
'박승직상점'

몇 해 전의 일이다. 두산그룹 박용만 회장이 매주 주말이면 임원들과 함께 해남의 땅끝 마을을 향하여 꼬박 4km씩 행군을 한다는 기사가 신문에 난 일이 있다. 자신의 조부이자 오늘날 두산그룹의 창업주인 박승직의 얼을 찾아 떠나는 남도 답사 행군이었다. 그때 필자 또한 두산그룹으로부터 주말 4km 행군에 초대를 받은 적이 있다. 도무지 시간을 내기 어려워 정중히 사양하기는 했지만, 그 무렵 전북 익산 가까이 행군 중이라는 얘기를 전해 들었던 기억이 있다.

19세기 말 조선 상계는 육의전의 허무한 종말과 함께 새로이 출현하게 된 상인들 가운데 박승직과 같은 소작농의 후예 또한 적지 않았다. 앞서 살펴본 것처럼 크고 작은 지주 경영자가 아닌, 그렇다고 남들보다 눈이 빨라 개항장을 무대로 삼거나 대대로 내려오는 궁중의 비기를 들고 나온 것도 아닌, 가진 거라곤 쥐뿔도 없어 오직 맨주먹으로 상계에 뛰어든 이들이었다. 그들 가운데 가장 대표적인 인물이 다름 아닌 박승직이었다.

박승직은 1864년 경기도 광주에서 태어났다. 그가 말하고 있듯 자신의 집은 "전답이라고는 조금도 없고 남의 위토를 소작하여 겨우 밥을 굶지 않았으나 재산이라고는 한 푼도 없었던" 전형적인 소작농이었다.

이런 형편에 소년 시절의 대부분은 가업인 농사를 돕는 데 바쳐졌다. 따라서 그가 상인으로서 자신의 새로운 입지를 열어 나가는 과정에서 어떤 재산을 장사 밑천으로 삼았다거나 하는 일이란 불가능했다.

한데도 5백 년 왕조의 국운이 다하면서 서구 열강들의 세력이 속속 밀려드는 가운데, 하루가 다르게 들려오는 변화의 소리들은 그의 젊은 혈기를 자극하기에 충분했다. 더욱이 힘든 농사일에 등골이 휘도록 고생만 하는 부모를 보았을 때나, 한 해 한 해 세월은 흘러도 여전히 입에 풀칠이나 할 뿐인 소작농의 암울한 현실을 생각했을 때에, 언제까지 남의 위토나 소작하고 있을 순 없다는 생각이 들었다.

결국 고향집에서 30여 리 떨어진 송파 장터(지금의 가락동 농수산물도매시장)를 오가며 활기찬 상거래 현장을 눈여겨보았던 그는, 일찍이 어린 나이에 가출하여 스스로 상인의 길을 열어 가기 시작했다. 그가 종로 육의전으로 가출하여 처음으로 취급했던 물품은 당시 개항장을 통하여 들어온 등잔용 석유였다. 비록 등짐을 지고서 이 마을 저 마을을 떠도는 힘든 행상이었지만, 땀 흘린 만큼 얻을 수 있었던 이익이 그에게 용기를 주었고 희망으로 부풀었다.

박승직이 좀 더 넓은 세상을 무대로 본격적인 상인의 길을 개척할 기회를 맞이한 것은 17살 되던 1881년이었다. 평소 몸가짐이 반듯하고 남달리 의지가 굳은 걸 바라보면서 그의 장래를 점쳤던 위토의 지주 민영완이, 때마침 전라도 해남의 신관 사또로 부임하는 길에 그를 책실(흔히 방자라고 일컫는 사또의 개인 비서)로 데려가고 싶어 했다. 그 또한 설레는 가슴을 안고 새로운 세상으

경성 상계史

로의 첫발을 내딛는 데 주저하지 않았다.

그러나 박승직이 해남에 가서 무엇을 했는지는 구체적으로 알려져 있지 않다. 그가 민영완 사또 밑에서 얼마 동안 관직 생활을 했는지도 알 수 없다. 다만 몇 해 지나지 않아 관직 생활을 그만두고 다시금 상인의 길을 찾아 나선 것으로 보인다.

1920년 자신이 쓴 「심야중자필」에 그가 해남에서 "엽전 3백 냥을 모아 맏형(박승완)에게 보냈고, 맏형은 그 돈으로 포목장사를 시작했는데, 3년 후 돌아와 본즉 그 돈이 물건에 잡혔다."고 기록한 것으로 보아, 확실한 것은 아니지만 고향집에서 가까운 송파 장터 아니면 한성의 종로 변두리 어딘가에서 작은 상점을 시작한 것으로 짐작된다. 그리고 그 상점은 맏형이 맡고, 그는 틈이 날 때마다 상점을 오가면서 상품 거래를 취급했을 것으로 여겨진다.

그뿐 아니라 해남으로 내려가기 전에 이미 장사 경험이 있었던 박승직은, 해남에서 관직 생활을 하는 동안에도 틈틈이 그 지역의 특산물을 타 지역에 팔아 이윤을 남기는 또 다른 상거래를 개척했을 것으로 보인다. 당시 전라도 해남과 강진은 제주도산 갓의 내륙 집산지였고, 중간 상인들의 발길이 끊이지 않던 곳이었기 때문이다.

바로 그곳에서 그는 어떤 형태로든지 상거래에 직접 관계했을 것으로 믿어진다. "해남에서 엽전 3백 냥을 모아 맏형에게 보냈고"라는 기록에서도 알수 있는 것처럼, 사또의 책실과 같은 하급 관직 생활만으론 짧은 기간 안에 그 같은 돈을 모으기 어렵다는 점에서 그렇다. 더구나 훗날 한성으로 상경하여 자신의 이름을 내건 상점을 개점하기 이전까지 나주, 무안, 영암, 강진 등지를 떠돌며 포목을 매입하고 개화 상품을 팔러 다니는 등, 전라도 남부 지역 일대를 자주 왕래하며 행상을 했다는 사실도 그러한 가능성을 뒷받침해 주고 있다.

물론 그가 활동한 지역이 매번 전라도 남부 지역에만 한정된 것은 아니었다. 3년여 만에 해남에서 고향집으로 돌아와(1883년) 다시 2년여가량 농사일을 돕다가 본격적인 환포 행상으로 나선 이후로는 경상도, 강원도, 평안도는 물론이고, 멀리 북관(함경도의 딴 이름) 지역까지 포함한 전국으로 넓혀 나갔다.

이 시기 박승직은 지방에서 부녀자들이 가내 노동으로 소량 생산한 직물을 모아 시장을 대상으로 상품화하는 길로 나아가게 된다. 예컨대 포목 한 필을 양두돈(10전)에 매입하여 한성으로 가져와 양너돈(20전)에 팔았다. 노자를 제외하면 곱절의 이윤이 남는 장사였다. 장차 거상을 꿈꾸며 한성의 종로 거리에 자신의 번듯한 상점을 열어 보겠다는 열망으로 불탔던 청년 박승직으로선 더할 나위 없는 상거래였다.

하지만 마땅한 교통수단이 따로 있을 리 만무했던 당시에 먼 산지에서 한성까지 포목을 운반해 올 수 있는 수단이란 조랑말이 전부였다. 조랑말에 길마를 지워 한 번에 취급할 수 있는 물량 또한 고작 서른 필 정도가 한계였다. 그렇대도 무거운 포목을 지닌 채 끝없이 이어지는 산야를 조랑말과 이동해야 하는 일이란 생각처럼 간단한 일이 아니었다.

또 어쩌다 좋은 포목이라도 만나게 되는 날에는 영락없이 고생을 사서 해야 했다. 좋은 포목을 한 필이라도 더 매입하느라 쌈짓돈마저 탈탈 털어 노자까지 죄다 떨어지고 마는 날에는, 한창 먹어야 할 젊은 나이에 어쩔 수 없이 끼니를 건너뛰어야 했다. 그렇지 않더라도 한 푼이라도 더 아끼기 위해선 주막집 주모의 눈치를 보아 가며 쌀밥과 고기 대신 조밥 한 그릇으로 젊은 허기를 달래야만 했다.

더구나 그가 포목을 구하러 다닐 때면 일부러 먼 거리이거나 외딴 오지만을 택했다. 전라도 해남이나 강진, 경상도 의성이나 의흥, 강원도 정선이나 원통 등지가 그 같은 곳이었다. 그처럼 멀거나 오지를 택한 건 교통 사정 때문에

경성 상계史

힘이 들기는 해도 다른 상인들이 덜 찾는 데다, 대처보다 헐한 값에 포목을 매입할 수 있어 이윤 또한 그만큼 컸던 까닭에서였다.

박승직의 이런 환포 행상은 이후 10년 넘게 지속되었다. 그사이 그의 발길이 닿지 않는 곳이란 전국 방방곡곡 그 어디에도 없다 할 만큼 치열하고 의지 넘치는 부단한 외길이었다. 그것은 훗날 그가 거상으로 발돋움하는 데 거점이 되는, 종로 거리에 자신의 상점을 가질 때까지의 자본 축적 과정이기도 했다.

또한 같은 시기 급변하는 시대의 변화상을 온몸으로 체험하며 자신의 입지를 착실히 다져 가던 그가 선택했던 건, 이제 막 전파되기 시작한 초기 기독교였다. 새로운 문물에 대한 강한 호기심에서 비롯된 그의 기독교 귀의는, 이미 뼛속까지 육화되어 있는 유교 사상의 바탕 위에 서양의 진취성을 더함으로써 보다 성숙한 인생관을 갖게 되었다.

그런 박승직이 마침내 한성의 종로 거리(지금의 종로 4가)에 처음으로 자신의 좌처를 마련한 것은 그의 나이 33살 되던 해였다. 1896년 여름, 자신의 이름을 딴 '박승직상점'을 개점케 된 것이다.

그것은 실로 10여 년 넘게 전국의 오지를 누비고 다니며 오로지 근면과 절약으로 이룩한 꿈의 실현이자, 오늘날 두산그룹의 역사가 시작되는 첫걸음이었다. 나아가 머지않아 이 땅에 만개하게 될 한국 자본주의의 출발점이 되는, 최초의 근대 기업가로 적바림하는 역사적인 순간이기도 했다.

신용을 중요 기치로 내건 박승직상점의 출발은 비교적 순조로웠다. 그가 환포 행상을 하면서 입지를 다졌던 만큼 박승직상점에서 초기에 취급했던 상품 역시 마땅히 포목이었다.

판매는 주로 전국 각지의 포목상을 대상으로 물품을 도매했다. 경기도 연천과 강원도 철원, 평강 등지에 지점을 설치하면서 판매망을 넓혀 나갔다.

박승직상점

취급 품목도 점차 다양화시켰다. 이미 구축된 판매망을 통하여 기존의 포목 이외에도 곡류, 염류, 도량형기에서부터 고급 모직 및 개화 상품을 비롯하여 면화, 저포 등에 이르기까지 상업 활동의 범위를 확대시켜 나갔다. 종로 상계의 거상으로 발돋움하려는 박승직의 의지가 그대로 반영된 것이었다.

1915년쯤엔 이색적인 상품도 내놓았다. '박가분朴家粉'이라는 화장품이었다.

박가분은 그의 부인 정정숙이 집안에서 수공으로 소량 제조해 주요 고객들에게 사은품으로 주던 거였다. 한데 박가분을 써 본 여성들의 반응이 좋아 본격적인 제조 판매에 들어가면서, 단숨에 국내 화장품 업계의 선도적 위치에 올라섰다.

그같이 인기를 끌었던 박가분의 수익금은 1920년대에서 1930년대에 이르기까지 오랜 불경기 속에 빠져 있던 박승직상점의 경영에 크게 기여했다. 뿐

박승직상점의 '박가분'

만 아니라 박가분의 인기는 박승직상점의 주력 상품인 포목의 선전에도 커다란 보탬이 되어 주었다.

하지만 1920년대 말부터 국내에 들어오기 시작한 일본의 고급 화장품에 밀려 박가분의 인기도 점차 수그러들었다. 박승직은 인기를 만회해 보고자 일본 화장품 업체에 종사하고 있던 한국인 기술자를 초빙해 보기도 했으나, 소비자들은 이미 등을 돌린 뒤였다. 그리하여 박가분은 1930년대 말쯤엔 제조를 중단하지 않으면 안 되었다.

일본 상계의 압박은 비단 화장품에만 한정되지 않았다. 꼭이 박승직상점만도 아닌, 경성 상계 전체를 겨냥한 채 날로 노골화해 갔다.

더구나 1차 세계대전(1914년)에 이어 세계 대공황(1929년)까지 겹치면서 경성 상계는 누구랄 것도 없이 장기간에 걸친 불황으로 심각한 경영난에 처하고 말았다. 박승직은 포목 상계의 권익 옹호를 목적으로 결성된 경성포목상조합의 조합장 자격으로 각 은행에 진정서를 내어 긴축 재정의 완화를 호소하기도 하였으나 불황만 깊어 갈 따름이었다.

결국 경영의 위기를 타개하기 위한 수단으로 자산을 정리하고 기업 공개를 단행시켰다. 1925년 박승직상점은 전액 일시 불입한 자본금 6만 원(약 66억 원)의 주식회사로 개편했다. 1주당 50원(약 550만 원)으로 총 1,200주의 주식을 발행했다.

새롭게 출발하게 된 '주식회사 박승직상점'은 국내외 경기 변동에 따른 부침을 겪으면서도 성장을 계속해 나갔다. 1931년에는 전년도의 적자를 만회하고도 남을 만한 이익을 남긴 데 이어, 이듬해에는 포목류의 수요 증가에 따라 전년도의 2배가 훨씬 넘는 순이익을 올리기도 했다.

또한 이 시기 그는 훗날 '동양맥주'의 출발점이 되는 일본 소화기린맥주의 주주로 참여케 된다. 조선인 회유책의 일환으로 당시 재계의 유력자였던 그를 가담시킴으로써, 회사 설립 과정을 비롯하여 향후 판로 확보에 도움을 얻고자 하는 일제의 책략에 의해서였다.

그러나 중일전쟁(1937년)의 발발과 함께 전쟁을 수행하기 위하여 일본이 통화를 남발하면서 또 한 차례 금융공황이 경성 상계를 휩쓸었다. 박승직상점 또한 심한 자금 압박을 받으면서 다시금 현상 유지에 만족해야 했다.

더구나 박승직은 어느덧 고희를 넘긴 고령이었다. 그리하여 73세 되던 1936년 자신이 후계자로 낙점한 장남 박두병을 박승직상점의 상무로 취임시켰다.

그러다 8·15 해방을 맞이했다. 박두병은 종업원들에 의해 소화기린맥주의 관리 지배인으로 추대되었다. 실질적인 사주가 된 것이다. 또한 박승직상점을 무역 회사로 부활시켰다. 그런가 하면 무역업과 직접 관련이 있는 운수업 진출도 꾀하고 나섰다.

박승직은 그런 아들 박두병에게 '두산斗山'이라는 새로운 상호를 지어 주었다. 어쩌면 그가 평생을 일관해 오면서 터득한 경영의 요체인지도 모를, '한 말 한 말 차근차근 쉬지 않고 쌓아 올려 태산같이 커져라'라는 뜻이 담긴 의미였다.

이후 박승직은 1950년 경기도 광주의 향리에서 86세를 일기로 영면했다. 돌아보면 가난한 소작농의 아들로 태어나 얼어붙은 맨손으로 상계에 투신하여 자신의 꿈을 이룬, 그의 이 같은 어기찬 도전은 한국 최초의 근대 기업가라는 영원한 유산으로 전해지게 되었다.

조선의 3대 재벌,
김성수·민영휘·최창학

1930년대의 경성은 마치 요지경 속 같았다. '저녁에 솟해 너흘 쌀이 업서' 어쩔 수 없이 고리대금업자에게 돈을 빌려 썼다가 미처 갚지 못해 '쥐 잡는 약을 먹고 죽어나는 이들'이 있는가 하면, 일개 자동차 운전사가 우연히 금광을 발견해서 하루아침에 3백만 원, 지금 돈으로 무려 3,300억 원의 벼락부자가 되고, 또 그런가 하면 어린 나이에 함경도 북청의 어느 객줏집에서 사환 노릇을 하다 임자 없이 공동으로 운영되던 자동차 운수 업체에 발탁되어 오래지 않아 7개 계열 회사를 거느린 영화 속의 주인공처럼 장안 거리에 혜성처럼 등장하기도 하고, 지금 돈 10억 원이 훨씬 넘는 유선형 자가용 승용차가 '아스팔트 우으로 쏘단이면서 시정인들의 말쑥말쑥한 옷자락에 몬지'를 피우며 내달려 갔다.

그럼 당시 경성의 최고 부자는 어떤 이들이었을까? 지금 돈 10억 원이 훨씬 넘는 유선형 자가용 승용차를 끄는 명사들이 수두룩한 걸 보아선 아무래도

앞서 얘기한 정 아무개 운전사나, 혜성처럼 등장
한 경성택시의 방의석이 아닌 것만은 분명해 보
인다.

민영휘

당시 『삼천리』 잡지는 이런 의문에 또다시 단
서를 찾아 나섰다. 단서를 찾아 3호에 거쳐 김성
수, 민영휘, 최창학 등 3인을 마치 청문회장으로
불러내 온 듯 생생한 육성으로 들려주고 있다.

한데 당시의 재계 순위를 보면 그 결정하는 방
식이 지금과는 사뭇 다르다. 인촌 김성수의 자산
5백만 원(약 5,500억 원)보다는 이른바 '조선의 토지 대왕'이라 불리는 민영휘의
자산 1,000만 원(약 1조 1,000억 원)이 곱절이나 더 많은 데도 불구하고, 그런 민
영휘보다 굳이 김성수를 맨 앞자리에 배치하고 있는 것을 보면 그러하다.

아니 『삼천리』 잡지의 필자는 순위에만 개입하는 것이 아니다. 결코 곱지
않은 개인적인 발언도 서슴지 않는다.

예컨대 민영휘는 지나간 시대의 유물인 양반 계급에서 태어난 덕택으로 세
도 바람에 치부를 한 권세가라고, 그의 순결하지 못한 욕망을 따끔하게 꼬집
고 있다. 그런 뒤 "한말 당시의 정계가 혼돈하얏슬 때에 높은 관직을 가젓든
것으로 생각하야 축재의 맘이 잇섯다 할지라도 안연히 축재를 할 여유가 업
섯슬 것이다. 그러나 민씨는 재리에 선각자이엇든지 관직을 띄고서도 일면
축재에 조끔도 겨을으지 안코"라고 비교적 긴 설명을 늘어놓는다. 그러면서
민영휘의 재산 형성 과정에 문제가 없지 않았다고 직격탄을 날려 버리기까지
한 것이다.

세 번째 자리에 오른 금광왕 최창학 역시 다르지 않았다. 그의 자산 규모는
김성수나 민영휘에 비해 2배, 3배 이상 뒤지는 3백만 원(약 3,300억 원) 수준에

불과했다.

　따라서 그만한 자산가라면 앞서 살펴본 경성택시의 방의석이랄지, '일개 자동차 운전사가 우연히 금광을 발견해서 하루아침에 3백만 원의 벼락부자가 된' 정 아무개와 같은 이도 얼마든지 불러올 수 있었다.

　한데도 애써 금광왕 최창학을 랭크시키고 있는 걸 보면, 그가 장안에서 가장 비싸다는 14억 3,000만 원짜리 유선형 자가용 자동차를 굴리고 다녀서가 아니었다. "노동을 하야 땀을 흘닌 갑으로 치부를 한" 그의 재산 형성 과정을 높이 평가한 때문인 것으로 짐작된다.

　더욱이 당시 조선의 재벌이라는 재벌은 거의 대부분 토지나 산림, 주식과도 같은 유가증권을 재산으로 지니고 있었던 데 반해 오직 한 사람, 그만이 아직 어떤 기업에도 투자를 하지 않고 조선은행 등에 고스란히 예금을 해 두고 있어 당장 현금을 동원할 수 있는 능력이 크다는 또 다른 조건조차 고려했을 것으로 보인다. 그러면서 『삼천리』 잡지의 필자는 그 같은 이유를 들어 최창학이 김성수나 민영휘보다 오히려 장래가 더 기대된다고 자신 있게 치켜세우기도 한다.

　하지만 『삼천리』 잡지의 필자는 최창학의 장래에 대해 맨 끄트머리에 의문 부호 하나를 덧붙인다. "최창학 재벌의 장래―그러나 아즉 알 수 업는 바이다."라는 신중한 태도를 보이고 있는 것이다.

　조선 대재벌 총해부 - 1

　〈김성수 系계의 500만 원. 사업체계-경성방적, 경성상공, 해동은행, 동아일보, 중앙학교〉

　…김성수씨는 지주의 아들로 오래 가정에서 구학舊學에 힘고 느께야… 동경에 도渡하야 조도전학창早稻田學窓에 형설의 공을 싸흐니…. 학업을 마치

고 그의 평생 막연인 송진우씨와 귀국하니 일묘소—妙小한 25, 6세의 청년이며 귀국하자 곳 착수한 것이 교육계이니 그것이 현재 중앙학교이다.

■ 중앙고등보통학교

…이리하야 승낙을 어든 씨는 송림이 울창한 현계산現桂山에 교사 건축을 계획하고 또 부친 압혜 가서 수일을 통간痛諫하야 8만 원(약 88억 원)의 거액을 어더 신축하엿다.

…이 청년 교육가 김씨가 경영하는 중앙학교에는 해외에서 돌아온 교육가들이 만이 모히여 일시는 신사상 고취의 총림叢林이 되엿섯다. 년전에 30만 원(약 330억 원)의 재단법인을 만들어 만년불패의 기초가 완성하엿다.

■ 동아일보사

동아일보사는 주식회사이라 씨의 단독사업이라 할 수는 업스나 현재 70만 원(약 770억 원)의 주식회사에 주수株數 과반이 김씨의 일문…. 이리하야 기다幾多의 겁운劫運을 지나며 분투한 결과 이제는 광화문통에 웅장한 4층 사옥을 건축하고 조선 언론계의 권위가 되엿다….

■ 경성방적회사

조선인의 의복차衣服次로 연 5천만 원(약 5조 5,000억 원)이 (일본에)유출된다. 이에 착안한 김씨는 대정大正 8년에 방적회사를 발기하야…. 현재는 연산액 220만 원(약 2,200억 원)으로 영등포 넓은 벌판에 몽몽濛濛히 그 공장 연기를 토하고 남녀 450명이 일을 한다. …명년부터 연액 500만 원(약 5,500억 원)의 산품을 내어 조선 총 공급량이 10분의 1을 점령하리라 한다. 동시에 전 조선에 조선인 경영의 방적회사는 이 회사 하나뿐임을 부기한다….

■ 해동은행

…김씨의 영제令弟 김연수씨가 마튼 것이니 자본금 100만 원(약 1,100억 원) 주식회사이다. … 견실하게 경영하야 작년도에는 6분分의 배당을 하엿다 한다.

■ 경성상공회사

이것은 병본정並本町에 잇서 섬뉴 등을 경영하던 것을 김연수씨가 마다 경영케 되어 고무신 제조와 무역을 경영하게 되엇다 한다.

■ 결론

학교, 은행, 신문사, 방적, 무역 등에 손을 내민 김성수씨 일문에 대하야 빈약한 조선에서는 그를 가르쳐 재벌이라 한다. 그러면 그의 재산은 얼만 되는가? 김성수씨는 장자로서 출계出系하야 양가로는 약 100만 원(약 1,100억 원)의 재산이 잇다 하며, 생가인 현 김연수 압흐로 약 400만 원(약 4,400억 원)의 재산이 잇서 약 500만 원(약 5,500억 원) 재산이 형제에게 잇스니…. 이 재벌을 중심으로 인물을 보면 역시 그 대두大頭는 김성수씨, 영제 김연수씨일 것이나 시종일관으로 고문역을 하는 것이 송진우씨이다. 그리고 신문에 장덕수, 이광수, 양원모…, 학교에 최두선씨 등은 모다 쟁쟁한 인물들이다….

조선 대재벌 총해부 - 2

〈민영휘 계의 1,000만 원(약 1조 1,000억 원). 사업체계-조선한일은행, 조선제사회사, 휘문고등보통학교 기타〉

조선에서 첫재로 치는 부자가 누구이냐 하면 어른이나 아해이나 이구동성으로 민혜당閔惠堂이라고 똑-가티 대답을 한다. 그러면 이 민혜당이란 누구를 가리켜서 하는 말인가 하면 이는 민영휘씨를 지칭하는 것이니…. 어떤 귀족록貴族錄이란 책에 실린 것 중의 그의 관직 몃을 들면 알에와 갓다.

…영변 부사, 한성 좌우 부윤, …평안 감사, …시종원경겸임내대신(자작子爵).

…그러나 민씨는 재리에 선각자이엇든지 관직을 띄고서도 일면 축재에 조

끔도 겨을으지 안코 각 방면으로 부력의 증대에 열중하엿섯다 한다. 그래서 오늘의 부명富名을 듯고 잇는 재물이란 것도 당시에 모은 것이다. 하여간 씨는 치부에 잇서 남 유달이 물질이 잇섯든 것만은 사실이다. (어떠한 방법으로 모앗든지).

■ 얼마나 한 재산이 잇나?

조선에서 제일 가는 부자라 하니 그 재산이 얼마나 한 액에 달하는지 알고 십흔 생각이 날 것이다. 그러나 남의 재산을 너무 똑똑히 공개하는 것도 신용 관계가 될 뿐 아니라 정확한 수자를 아러내기도 가장 난사難事이다. …그런대 씨의 재산에 대하여 모처의 조사를 근거로 한 수자가 알에와 갓다.

1. 농토 - 600~700만 원(약 6,660억 원~7,700억 원)

1. 소유 가옥 건물 기타 - 100만 원(약 1,100억 원)가량

1. 소유 주권株券 - 100만 원가량

이상의 수자로 보아서 민씨의 재산이 1,000만 원(약 1조 1,000억 원)이라고 세상에서 말하는 것이 그다지 오산이 업는 말이다. …그러나 쌍감아 속에도 걱정이 잇다는 말과 가티 씨의 가중家中에도 재산을 중심으로 한 걱정이 잇다는 소식이 근자에 떠돈다. 그 소식이란 다른 것이 아니다. 첫재로 그의 일가에서 쓰는 생활비가 늘면 늘엇지 줄어갈 이치가 업고, 둘재로 씨가 신임하여 오든 씨의 차인差人인 모 씨에게 일년 추수액 이상을 ×××(사기당했다)다는 풍설이다. 그래서 여유가 작작한 씨의 살림도 좀 빈궁을 안 늣길 수 업게된 상태이라 한다. 그러나 이런 것쯤으로는 씨의 재산에 잇서 창해滄海의 일율一粟과 가튼 손損에 불과할 것이다….

■ 세평과 일언

민씨의 부력을 말할 때에는 세상 사람들이 민씨의 재산 출처를 가지고 시비를 말한다. 아닌 게 아니라 씨의 재산에 대하야 출처를 차저서 말한다면 얼마든지 시비 문제가 나올 것이다.

그러나 나는 이런 말을 새삼스럽게 하고 싶지 안타. …조선에는 조선 사람을 위하야 할 일이 너무도 만허 갈피를 차리기 어렵다. 이런 때인 까닭에 사업가가 무엇보다도 필요한 터이다. ×(똥) 무든 돈이라고 내여 바리고 깨끗한 돈만 찾고 잇슬 때인 조선 사회가 아니라고 생각한다. …학교, 은행, 제사회사 등의 사업을 한 것은 조선 사회를 위하야 만흔 공적(말하게 달엿지만)이 잇슴을 인정한다.

그러나 씨는 이것으로 만족히 생각하야서는 안된다. 세간의 비난 유무를 불구하고 조선 제일의 부자인 만큼 적어도 부자다운 체면을 보전하랴면 압흐로 조선 사회를 위하야 할 사업이 아즉도 만코 만흠을 끗흐로 말해둔다.

■ 휘문고등보통학교

국운이 진盡하고 풍우난정風雨難定인 시국에 몸을 두고도 이틈을 타서 축재의 맘이 불타듯 하는 씨의 흉중에도 무엇을 늣겻든지 자기 집안에다가 광성의숙光成義塾이란 패를 붓치고 학생을 모집하야 신식 학문을 가리켯다. 이러다가 광무光武 10년 4월에 비로소 휘문의숙徽文義塾이라는 학교를…. 그 재단법인의 재산은 주로 토지이며 가액은 약 70만 원(약 770억 원) 가량이라 한다.

■ 조선한일은행

…이때에 민씨가 동同 은행을 인수하야 가지고 은행의 업무를 쇄신하며 대정大正 8년에 자본금을 150만 원(약 1,650억 원)으로 하고 다시 씨의 영식인 대식大植씨가 사장인 광업주식회사와 합병하야 자본금을 200만 원(약 2,200억 원)으로 증액하는…. 그러다가 이번에 호서은행과 합병을 하야 한일은행이라는 명칭을 조선한일은행으로 곳치고 자본금은 400만 원(약 4,400억 원)으로 된 것이

다. 여하간 조선 사람의 경영으로는 경성에서 해동은행과 한가지로 단 두 곳 뿐이다.

■ 조선제사회사

…그러나 경영난이 심대케 되야 이때에는 민씨가 동 사주를 매수하야 동사의 권리를 점케 되는 동시에 사장으로 민병석씨를 안치고 자기는 뒤줄만 잡고 안저 잇서온다.

동회사의 최근 연산액을 보건대,

생사生絲 58,373근(斤; 360g) - 74만 6,134원(약 820억 원)

생피저生皮苧 1,993관(貫; 3.75kg) - 22,171원(약 22억 2,000만 원)

…즉 매년 77만 5,000원(약 775억 원)의 생산을 하고 잇는 터이다.

■ 기타의 제방면

씨가 재리에 눈이 밝은 만큼 지금에도 남모르게 뒤에 안저서 식리殖利를 한다는 말이 잇다. 어떠한 방면이든지 리만 남을 것 가트면 뒤돈을 대여 준다 한다. 경성 상계라든지 대금업자라든지 어떠한 방면을 물론하고 씨와 관계를 매진 곳이 상당히 잇는 모양이다.

조선 대재벌 총해부 - 3

〈최창학 계의 300만 원(약 3,300억 원). 사업체계-사업 실적은 아즉 업스나 전부 현금을 가진 것이 그의 특색〉

…최창학씨는 자타가 다가치 불행하다고 생각하는 적빈여세赤貧如洗한 가정에 태여나서 가진 고초와 신산辛酸을 고루고루 맛보다가 뜻박게 호박이 궁글러서 하로 아츰에 졸부가 된, 말하자면 제3계급에 속하는 극히 미천한 불

운아이엿던 것이다,

그럼으로 이들 3자는 다각기 조선의 세 계급을 대변하는 부호이다. 따라서 민영휘, 김성수의 대재벌이 각기 오랜 전통과 역사와 배경을 자랑하고 잇는 노성老成한 부호인데 반하야 하등의 권력과 배경이 업시 오즉 적수공권으로 일확천금을 한 신진 최창학 재벌이 엄연히 대립의 형세를 보히고 잇슴은 또한 한 재미잇는 대조라고 하니할 수 업다.

…그러면 최창학이라는 사람은 대체 엇더한 위인안가? 전하는 바에 의하면 그는 본시 평안북도 구성龜城 출생으로 삼순구식도 마음대로 못하는 어려운 집의 간구한 살님사리는 벌서 그로 하야금 어렷슬 때부터 '나의 일평생의 소원은 그저 부자가 되엿지이다.'라는 비상한 결심을 갓게하야 마치 영화 '황금광시대'에 나타나는 '촤-리-촤푸린' 모양으로 약관이 되자마자 '괴나리보찜'과 '곡갱이'를 질어지고 출가를 하얏다.

이리하야 어데 금덩이는 업나 하고 평북 일대를 헤매이다가 표랑생활 10여 년에 우연히 발견한 것이 문제의 삼성금광三成金鑛이니 '황금광시대'의 '촤푸린'과 엇지 그다지 유사함이 만흐냐? 그의 눈에도 역시 황금광으로 분장한 '촤푸린'과 가치 사람이 닭으로 잘못 보인 때도 잇섯지는 모르나 엇제든 전전하든 10여 성상 사히에 바든 바 그의 고초는 이루 형언할 수가 업다 한다.

그러나 삼성금광에서 화수분가치 쏘다지는 금덩이는 필경 그로 하야금 200만 원의 거산을 작만케 하엿고 년전에 그 금광을 (일본의) 삼정재벌에 인계하고 그 대신 삼정으로부터 바든 바 130만 원의 대가까지 합한다면 불과 수년에 무려 300여만 원(약 3,300억 원)의 황금을 작만하야 일약 조선 3대 재벌의 한 사람이 되게 되엿스니 그도 또한 행운아이라고 아니할 수 업다.

따라서 그의 치부 내용도 근본적으로 전기한 양자와 판이하게 다른 바가 잇스니 민영휘, 김성수 양씨의 재벌이라는 것이 다가치 권력과 금력 중의 그 어느 것을 배경으로 하야 불로이소득(?)으로 치부를 한데 반하야 그는 실지로 노동을 하야 땀을 흘닌 갑으로 치부를 한 것이 그것이며 민, 김 양씨의 재산이 각기 그 방법으로 다를 망정 엇제든 사람을 상대로 하야 어든 것임에 반하야 그는 자연을 상대로 하야 땅속에서 황금을 파내인 것이 즉 그것이다….

■ 최창학, 그는 아즉 자선사업이고 육영사업이고 영리사업이고 아즉 아무데도 손을 대인 곳이 업다한다. …그의 연령이 이제 40이 조금 넘어 지금 이 한참인 장년인거와 가치 재벌로서의 그의 전도도 또한 전도가 양양하다 할 것이니,

1. 고생을 해본 것
2. 비교적 정재淨財인 것
3. 현금이 만흔 것

등의 이유로서 나는 민영휘, 김성수 양씨의 재벌보다도 오히려 그의 장래를 기대함이 더 크리라고 본다.

■ 최창학 재벌의 장래-그러나 이는 아즉 알 수 업는 바이다.[16]

은행장
박영철, 민대식, 김연수의 하루

굳게 닫혀만 있던 조선왕조는 이윽고 쇄국의 문이 활짝 열리자마자, 마치 기다렸다는 듯이 청나라와 일본 상인들이 서구의 근대적 공장에서 만들어 낸 새롭고 진기한 상품들을 제물포 개항장으로 다투어 들여왔다. 쇄국의 견고한 울타리 안에만 갇혀 있던 조선 시장 역시 그처럼 새롭고 진기한 상품에 저마다 열광했다.

하지만 같은 시기 조선의 상계는 그같이 열광하는 새로운 수요에 대응할 만한 자본도, 기술도 변변히 갖추지 못했다. 조선왕조의 산업을 지배해 오던 종로 상계는 이미 붕괴하고 만 상태였으며, 근근이 전래해 오고 있는 수공업자들 또한 근대 산업을 감당할 처지가 되지 못했다.

때문에 그즈음에 내세울 수 있는 민족 자본이라야 영세하기 짝이 없는 것인 데다 극히 제한적일 수밖에 없었다. 몇몇 토지 자본가들을 비롯하여 원면이나 원모에서 실을 뽑아내어 옷감으로 만들어 내는 방직업, 그리고 일본계 은행과 고리대금업자들이 판을 설치는데 분발하여 뒤늦게 뛰어든 금융업, 다시 말해 몇 개의 은행 정도가 전부였다.

그 가운데서도 은행은 장안의 부호들이 가장 선망하는 산업이었다. 돈 놓고 돈 먹기의 금융업이야말로 사업 경험이 일천한 당대 자본가들에겐 가장 안전한 사업이었기 때문이다. 따라서 내로라하는 경성의 부호들이 너도나도 은행업에 뛰어들거나 뛰어들길 원했으며, 다른 산업에 비해 금융업은 상대적으로 자산의 규모 또한 꽤나 큰 편이었다.

그러나 조선 전체를 다 둘러보아야 이 같은 금융업에 뛰어들 정도의 부호는 겨우 열 손가락에 꼽을 정도였다. 그나마 경성에서 제법 규모를 갖춘 민족 자본 은행이라야 고작 셋뿐이었다. 박영철 소유의 조선상업은행, 민대식 소유의 동일은행, 그리고 인촌 김성수의 동생 김연수 소유의 해동은행이 그것이다.

따라서 이 세 은행장들의 일거수일투족은 언제나 장안의 화제였다. 더욱이 이들 세 은행장의 사생활을 깊이 들여다볼 수 있다는 건 결코 놓칠 수 없는 관심사이기도 했다.

소격동 막바지 제일고보第一高普 올나 나가는 길엽에 화양식절충和洋式折
衷의 광대한 저택이 잇스니 이것이 박 두취(은행장의 다른 명칭)의 집이다. 씨는
아츰에 일곱시쯤 이러나서 곱게 손질한 정원을 산책하고 난 뒤 각지의 신문
과 아츰 독서를 한다. 재계에서 가장 독서를 만히 하는 분이 씨라고 정평잇다.
독서 뿐 아니라 다산多山이란 호로서 한시도 잘하며 산수화 가튼 그림도 애상
愛賞한다. 일즉 함북 지사로 잇슬 때 노유老儒들을 모아노코 갓금 음풍영월吟
風咏月의 시회詩會를 열었다 한다.[17]

경성 상계史

조선상업은행 박영철 은행장이 하루를 여는 아침 풍경이다. 그리고 이 기록만을 놓고 본다면 그는 일찍이 함경북도 관찰사(종2품)까지 지낸, 꽤 명망 높은 유가의 냄새가 한껏 느껴진다.

그러나 전주 출신의 박영철 역시 당대 자본가들과 크게 다르지 않았다. 그의 부친 박기순은 전라도 53고을에서 모르는 이가 거의 없는 1만석지기의 대지주로, 전주 삼남은행 은행장까지 지낸 거부였다.

그런 토호의 집안에서 태어난 박영철은 일찍이 일본 도쿄로 건너가 사관학교에서 장래 무관의 꿈을 키워, 구한말에는 무관학교 교관 등 군 요직을 두루 거쳤다. 1910년 한일병합 뒤에는 군수·참여관·도지사 등을 지내다, 아버지의 뒤를 이어 전주 삼남은행을 맡으면서 상계에 투신했다. 종래에는 지금의 조선상업은행을 소유하면서 은행장에 오른 인물이었다.

다시 그의 하루를 따라가 보기로 하자.

은행에 출근하기는 대개 아홉시….

그때부턴 밀려드는 방문객을 맞이하느라 눈코 뜰 새 없이 바쁜 시간을 보낸다. 교제의 범위가 넓을 뿐 아니라 오랫동안 관계와 군부에 몸을 담았던 터라 그를 찾는 이가 하루에도 적지 않다. 여기에다 그가 각별히 애정을 쏟고 있는 동민회同民會 일과 신문 기자와의 인터뷰 등이 줄을 잇는다. 그런데다 며칠에 한 번은 총독부를 방문해야 한다. 재무국장을 찾아가서 은행 관련 최고 협의를 해야 하는 것이다.

낮 열두 시부터는 점심시간이다. 그러나 아직 만나야 할 사람이 많고, 은행 관련 정보를 위해 점심 식사는 으레 은행집회소에서 하게 된다. 그곳에서 그는 경성 상계의 유수한 인사들과 함께 금융 관련 정보를 교환 공유하거나, 또한 타협하게 된다.

저녁 시간은 대개 주연으로 이어진다. 그는 자신의 저택 정원에서 주연을 베푸는 일이 다반사였다고 한다. 특히 신년 초에는 총독부 대관을 비롯하여 경성 상계의 유력 인사를 한자리에 초청하여 대연을 베풀곤 했다는데, 하루 저녁 연회 비용으로 자그마치 3,000원(약 3억 3,000만 원)을 쓸 정도였다고 한다.

그러나 저녁 시간에 주연이 잡혀 있지 않을 날엔 가까운 친구를 불러 자신의 집에서 바둑으로 한가한 시간을 보낸다. 일요일에는 청량리 이왕직李王職 골프장으로 나가 골프로 건강에 힘쓴다고.

한편, 영길리英吉利 검교대학劒橋大學 경제과를 마치고 나온 민씨는 상상건대 밥도 양식, 옷도 양복, 주택도 양옥일드시 짐작되지만 사실은 판이하여 로켈 칼나가 그 일상생활에 농후하다. 위선 집이 인사동의 줄행랑 잇는 조선집에 퇴침 반침잇는 조선방에서 침대도 아니오 온돌방 우에서 조선이불을 덥고 잔다. 아츰은 7시가 보통 기상.

아츰에 잠간 '만체스타'요 '론돈 뉴-욕' 하는 세계 경제 시장에 흐르는 금융 시세를 라듸오 전보電報 또는 근간 영자신문을 통하야 읽고 난 뒤 은행으로 출근한다.[18]

조선에서 가장 돈 많은 재벌인 민영휘의 장남으로, 일찍이 영국 명문 케임브리지대학교 경제학과를 유학하고 돌아온 동일은행의 민대식 은행장 역시 출근 시간은 오전 9시경이었다. 은행에 출근해선 새로이 취임한 전무와 함께 어떻게 하면 불량 대출 건을 회수하고 정리할 수 있는지 하는 경영 전략을 수립한다. 그런 한편 아우 민규식, 그러니까 조선 최초로 택시 회사를 경영하면서 자동차왕에 올랐으나 함경도 어느 시골에서 등장한 경성택시의 방의석에

경성 상계史

민영휘의 장남 민대식이 은행장이었던 동일은행 본점 건물(지금의 종로2가 종각 뒤에 위치)

게 그만 왕관을 내어준 뒤, 최근 종로 거리에다 다수의 빌딩을 건축하려고 하는 아우의 경영 자문도 해 주고 건축 자금의 상담에도 수시로 응하고 있다.

오후에는 가끔 계명구락부에도 나간다. 그곳에서 이따금 장안의 바둑 고수 가운데 한 명인 매일신보 최린 사장과 마주하고 앉아 바둑 일전을 벌이거나, 당구를 치기도 한다. 그런가 하면 그곳에 모인 지인들과 어울려 세상 돌아가는 흐름에 대해 한담을 나누기도 하는데, 대개 그 연장선상으로 저녁 주연이 이어지기 마련이다.

하지만 동일은행의 민대식 은행장은 명월관이니 식도원과 같은 조선 요릿집을 찾는 경우는 극히 드문 편이다. 은행장으로서 교제하고 있는 범위가 특수한 때문인지 아니면 자신의 취향 탓인지는 확인할 길이 없으나, 그는 우선 조선 기생보다는 일본 기생을 선호했다. 남촌의 혼마치에 자리한 일본 요릿집 '화월花月'이나 '그 별장' 등을 찾는 경우가 많았다. 그리고 그런 일본 요릿집에서 으레 고주망태가 되어 자가용 자동차로 귀가하여 취침하는 시간이 대개 밤 11시 아니면 자정이었다고 한다.

시외 성북동 산山별애에, 조케 말하면 서서산악지대瑞西山岳地帶의 별장 갓고 납부게 말하면 꼭 병원 가튼 외관의 양옥 2층이 씨의 집이다. 공기 조코 천석泉石의 미관으로 유명한 성북동 일대에 잇스매 별로 아츰에 조기早起하야 산책과 운동할 필요조차 업슬 듯. …녜전 도라가신 춘부장이 각금 와유할 때는 효성잇는 씨는 그 먼 곳이 언만참아 인력거나 자동차를 타지 못하고 단장短杖을 휘둘느고 도보로 출근한다. 아버지가 유명하게 돈을 만지는 이로 5전(약 5,500원)의 전차 싹이 앗갑다고 성북동에서 20리나 되는 계동桂洞 맛아드님 집까지 거러다녓스니까 자식된 도리에 엇지 인력거나 자동차 타랴 함이엇다. 지금은 밤에도 그 동구어구까지 자동차로 도라오는 일이 잇디하나….[19]

일본 교토대학교 경제학과를 유학하고 돌아온 해동은행장 김연수 역시 아침 출근 시간은 9시 무렵이다. 은행에 출근하게 되면 예외 없이 해동은행의 업무는 물론, 자신의 맏형 김성수와 함께 이끌어 가고 있는 계열 회사의 업무로 분주한 시간을 보내게 된다. 이강혁 씨로부터 경성방직의 업무를 보고 받고 협의하는가 하면, 경성상공회사 역시 예외가 아니다.

그뿐 아니라 며칠에 한 번은 총독부를 방문해야 한다. 재무국장을 찾아가 은행 관련 최고 협의를 해야 하는 것은 박영철 은행장이나 민대식 은행장과 크게 다르지 않다.

낮 동안에는 은행집회소에도 나가 봐야 한다. 경성 상계의 인사들이 모여 금융 관련 정보를 서로 교환하는 까닭에서이다. 그런가 하면 교토대학 동창회 일도 그에게는 빼놓을 수 없는 관심사 가운데 하나다.

그렇듯 하루 해가 짧기만 한 그에게 저녁이면 또다시 주연의 자리가 기다리고 있다. 하지만 그가 누구를 요릿집으로 초대하는 경우는 극히 드물다. 대신 매일 저녁이다시피 초대를 받아서 조선 요릿집 명월관으로, 식도원으로 돌아다니면서 어울려 주어야 한다. 대개 해동은행의 고객 상인들이거나 적금주들이 대부분이기 때문이다.

하지만 자택이 종로에서 20리 밖 교외 성북동에 있는 탓에 그는 밤이 더 깊어지기 전에 그만 술잔을 내려놓는다. 인력거를 불러 타고서 집으로 돌아가는데, 제아무리 늦어도 밤 11시 전에는 반드시 귀가를 한다는 것이다.

조선극장과 단성사의 흥행전, 명월관과 식도원의 요리전

조선극장이냐, 단성사냐? 서울 장안의 수십만 관객을 쟁탈하는 극장의 쟁패전은? 조선극장과 단성사는 서울에 잇서서 조선사람의 손으로 경영되어 나가는 오직 한낮의 민중 오락기관이다. 둘이 다 날마다 수백수천의 관중을 일일야야日日夜夜로 포용하야 혹은 연극으로 혹은 음악으로 혹은 영화로 기름끼 업는 30만 (경성)시민의 생활을 윤색케 하여 주고 잇다. 이제 우리는 이 두 개의 오락 진영을 부감하여 보리라.[20]

1930년대 경성의 영화 산업을 이끌고 있는 양대 극장은 단성사와 조선극장이었다. 단성사는 지금의 종로3가에, 조선극장은 지금의 인사동 탑골공원 근처에 자리했다.

먼저 조선극장은 3층 근대식 건물로 극장 안에는 상설부와 영화 배급부 등 2개 부서가 있었다. 눈길을 끄는 것은 종래에 영화 배급을 전문으로 해 오던 기신양행을 인수하여 미국의 파라마운트사와 특약을 맺고, 파라마운트 제작 영화를 조선극장에서 단독 상영하는 것이었다. 그뿐 아니라 파라마운트 영화를 전 조선의 상설관에 배급하기 시작하면서, 이런 배급을 통하여 거둬들이는 수익금만도 월 3,000원(약 3억 3,000만 원)을 헤아렸다.

또한 발성영화發聲映畫를 가장 먼저 수입하여 여기에 사활을 걸었다. 종래의 무성영화無聲映畫가 세계적으로 빠르게 자취를 감추고 있는 데 착안하여 8,000여 원(약 8억 8,000만 원)의 거액을 투자해서 미국제 R.C.A 영사기를 구입, '유쾌한 중위' '카라마소푸의 형제' 등의 발성영화를 절찬리에 상영했다.

그런 만큼 발성영화라고 하면 일본인이 경영하는 극장이건, 또 다른 외국인이 경영하는 극장이건 간에 장안에선 조선극장이 단연 우위에 섰다. 때문에 경성의 각국 영사관 직원들은 영화 구경을 할 때면 대개 조선극장으로 모여들곤 했다. 당시 들리는 소문에 따르면 발성영화를 상영하기 시작한 뒤부터 매일 밤 관객이 평균 700명 이하로 떨어진 적이 없었다고 한다. 발 빠르게 발성영화를 들여오기 시작한 조선극장의 전술은 일단 성공적이었다고 보아도 좋을 성싶다.

그럼 조선극장의 최대 라이벌인 단성사는 어땠을까?

단성사는 조선극장보다 4년 앞선 1918년 종로 3가에서 창덕궁 쪽으로 들어가는 수은동 길모퉁이에 자리했다. 초창기 10여 년 사이에 조선극장이 무려 10여 차례나 경영자가 바뀌고 여러 차례 휴관 위기에까지 놓인 반면에, 단성사는 창립자 박승필 사장 체제로 별다른 기복 없이 비교적 순탄하게 운영되어 왔다.

그러나 심각한 경제 불황으로 말미암아 박 사장의 개인 재력만으로는 한계점에 달하고 있었다. 따라서 지금까진 볼 수 없었던 전혀 새로운 경영 체제를 도입하게 되는데, 그것은 20여 명에 달하는 단성사 직원 일동이 극장을 공동

단성사

으로 경영한다는 극약 처방이었다.

　그뿐 아니라 단성사는 지금까지 미국의 유니버설사와 특약을 맺고서 무성
영화만을 들여오던 관행을 바꾸어, 드디어 조선극장과 마찬가지로 '킹오푸,
짜즈'와 같은 발성영화를 들여와 상영하기 시작했다. 그때부터 두 라이벌 사
이에 크게 벌어져 있던 간극이 일거에 따라잡히면서, 단성사와 조선극장의
경쟁 관계는 앞으로 더욱 치열하게 전개될 것 같다는 전망이 우세해지던 차
였다.

　다시 말해 경성의 영화 산업을 이끌고 있는 양대 산맥인 조선극장과 단성
사가 자신의 속살까지도 속속들이 들추어내 보인 셈이다. 또 그래서 이제는
마지막으로 그 판정만을 남겨 두고 있는 순간이었다.

　하지만 당시 『삼천리』 잡지는 잠시 숨을 고르고 나서도 그만 판정을 유보
하고 만다. 조선극장이나 단성사 모두 당시 경성의 영화계에선 결코 누가 앞
서고 있다고 말하기 어려운 쌍벽과 같은, 따라서 어느 한쪽의 손도 선뜻 들어
주지 못한다.

명월관明月館은 삼십만 원이나 드려서 경영하고 잇는 개인의 영업 긔관인데 음식점 영업에 30여만 원을 던젓다면 놀랄 일이라 아니 할 수 업다.

…식도원食道園도 투하자본이 수십만 원을 넘으며 일년 매상고가 명월관보다 못하지 안타고 전한다.[21]

같은 시기 조선극장과 단성사의 치열한 경쟁 못지않게 세간의 입방아에 오르내린 건 대형 요릿집이었다. 당시 경성에는 국일관·송죽원·태서관·명월관·식도원 등 내로라하는 대형 요릿집이 적지 않았다. 그 가운데서도 조선상업은행장 박영철과 해동은행장 김연수 등이 하루가 멀다 하고 저녁이면 찾는다는 명월관과 식도원은 이미 경성 바닥에서도 소문이 자자한 고급 요릿집이었다. 뿌리 깊은 음식의 역사로 보더라도, 자본의 투자 규모로 보더라도, 아니 요리 잘하는 솜씨로 보아도 단연 조선 최고의 요릿집이라 할 수 있었다.

그럼 당시 경성 요릿집의 쌍벽을 이루었던 명월관과 식도원의 유명세는 어느 정도였을까? 과연 어느 정도였기에 일개 요릿집에 30여만 원(약 330억 원)이라는 천문학적 거액의 투자도 서슴지 않았던 것일까?

우선 조선식 요릿집의 시조라 할 수 있는 명월관은 기생집으로도 그 명성이 높았다. 1909년 궁궐의 전선사장典膳司長으로 있으면서 궁궐 주연의 궁중요리를 도맡아 하던 안순환이란 이가, 지금의 광화문통 동아일보 자리에다 대궐만한 2층 양옥집을 지어 개업을 했다.

음식은 정통 궁중 요리로 대접했으며, 한일병합 이후 관기 제도가 폐지됨에 따라 궁궐의 연예에 참여했던 기생들이 안순환을 따라 명월관으로 대거 자리를 옮기게 되면서 명성을 얻었다. 초기에는 의친왕 이강·박영효 등 왕가 일족을 비롯하여 이완용·송병준·이지용 등 친일파 고관대작들이 단골이었으며, 최남선·이광수·방인근·김억 등 문인과 언론인 그리고 애국지사들마

명월관

저 드나들 정도였다.

시설의 규모 또한 대단했다. 명월관의 대지는 1,200평(1평은 3.3m³)이나 되었다. 당시 땅 한 평 시가가 100원(약 1,100만 원) 정도를 호가하였다니, 이것만 환산해도 12만 원(약 132억 원)이었다. 만일 급전이 필요해서 헐값에 내놓는 바람에 그 절반인 50원씩만 받는다 하더라도 6만 원(약 660억 원)에 달할뿐더러, 서양식과 조선식을 가미하여 지은 건물의 연건평만도 600여 평이었다니 어지간히 큰 집이었던 모양이다.

그 밖에도 음식을 만드는 각종 조리 기구에서부터 손님의 방마다 주단으로 깔아 놓은 방석이며 매란국죽梅蘭菊竹의 병풍, 기생들의 장구·가야금·거문고·피리 등속까지 모두 합하면 명월관에 들어간 자본 투자가 30만 원(약 330억 원)이란 얘기가 가히 허튼 소문만은 아니었던 듯하다.

이 정도의 시설 규모를 자랑하고 있었으니 매상고 또한 엄청날 수밖에 없었다. 요릿집 영업이라는 게 계절에 따라 기복이 있기 마련이라서 일 년 삼백육십오 일 일정하다고 말하기는 어렵지만, 하루 저녁 명월관의 매상고가 500

원(약 5,500만 원) 수준이라고 알려진 것으로 보아 어림잡아도 월 15,000원(약 16억 5,000원), 연간 20만 원(약 220억 원) 안팎의 매출을 올리는 당대 최고의 요릿집이었음이 분명해 보인다.

때문에 여기에 종사하는 식구도 적지만 않았다. 기생들을 포함한 명월관의 종업원 수가 120여 명이나 헤아렸다. 물론 이 숫자는 손님을 안내하는 '뽀-이'와 주방에서 요리를 만드는 조리사, 그리고 단골손님을 실어 나르는 인력거꾼까지 합친 것이긴 하다.

그 밖에도 명월관이란 전통적인 간판 또한 다른 요릿집에선 결코 넘볼 수 없는 아성이었다. 오래전부터 안순환이 경영해 오다 1920년 흥산주식회사가 잠시 매수하기도 하였는데, 그 뒤 다시 이종구가 조리 기구와 함께 명월관이란 브랜드 간판만을 3만 원(약 33억 원)에 주고 사들여 그 전통을 변함없이 이어 나갔다.

당시 소문에 따르면 명월관을 인수하는 데 이럭저럭 40만 원(약 440억 원)을 쏟아부었다는 이종구는, 원래 주식취인소(지금의 증권 회사)를 경영하던 인물이었다. 그의 부친은 구한말 육군 정위正尉로 군관 학교(지금의 육군사관학교) 교장을 지낸 이규진이었음을 미뤄 볼 때 꽤나 뼈대 있는 명문가였음을 알 수 있다.

이러한 명월관에 필적할 만한 대형 요릿집은 경성에서 오직 식도원뿐이었다. 식도원은 남대문통 전찻길에서 바로 빠끔히 들여다보이는 곳에 금색 찬연한 간판을 높다랗게 내건 커다란 반양옥 건물로도 유명했다.

그러나 식도원의 경영주가 다름 아닌 전 명월관 주인 안순환이란 인물이기에 가능한 일이었다. 일찍이 그는 조선식 요릿집의 시조라고 일컬을 수 있는 명월관을 개업하여 한때 태평연월을 구가했었다. 한데 1920년 뜻하지 않은 화재로 말미암아 흥산주식회사에 명월관의 간판을 넘겨준 뒤, 남대문통에 새로이 금칠 간판을 내걸은 게 식도원이었다.

식도원의 기생 연회 또한 명월관에 비해 조금도 손색이라곤 없었다. 정통 궁중 요리 또한 다르지 않았다.

하기는 한때 그가 몸담았던 궁궐 안에는 조선 팔도에서 음식 잘한다는 재인들이 그 얼마나 많이 모여 있었겠는가. 그중에서도 안순환의 솜씨는 단연 신기에 가까워 국왕의 음식만을 지은 국수國手였다. 그런 그가 진두지휘하는 식도원의 요리상이 그 얼마나 화려했을 것인가는 굳이 두말할 나위도 없었다.

규모 면에서도 식도원은 명월관에 못지않았다. 자본 투자만 해도 수십만 원을 넘어 건물이 무려 100여 칸이나 헤아렸는가 하면, 한 해 매상고 역시 명월관에 버금가는 수준이었다고 한다.

그러나 식도원의 자랑거리는 정작 따로 있었다. 여느 요릿집과는 달리 외국인 손님들이 많이 찾는다는 점이었다. 외국에서 온 손님들이 조선의 정서를 만끽하는 데 식도원만큼 운치 있는 요릿집도 달리 없었다는 얘기다.

그러나 『삼천리』 잡지는 조선극장이냐 단성사냐 하는 흥행전과 마찬가지로, 명월관이냐 식도원이냐 하는 경성 최고의 요리전 역시 어느 한쪽의 손도 선뜻 들어 주지 않는다. 명월관이나 식도원이 다 같이 경성의 화류계에선 결코 빼놓을 수 없는 쌍두마차여서 서로 내세울 만한 이야기만을 전하고 있을 따름인 것이다.

경성 상계史

조선은행 지하 금고와
조선총독부 월급 3백만 원

…지하실을 향하야 몇 층이나 되는 어두컴컴한 층계를 4, 5계단이나 휘둘러 내려가서 몇 10개 금고를 나열한 곳을 지내노코 또 직선으로 몇 층계를 우회 좌회하여 내려가면 희미한 전등에 빗치는 수상 누각水上樓閣이 잇스니 잣칫 하면 용궁에 들어가 어떤 전각을 보는 것가튼 거대한 강철 괴물을 보게 된다. 주위에는 담청색의 그 강철 장방형의 금고를 에싸고 호시탐탐하게 외래의 위험을 방어하고저 노리고 처다본다. 그리고 그 금고는 크기가 보통학교 생도가 5, 60명 책상과 의자를 들여노코 안저서 공부할 만한 용량 가진 것이다. 이러면 그것이 얼마나한 부피와 중량과 면적을 가지고 잇는 것을 알 것이다.

이것이 즉 말하랴는 지금저장실地金貯藏室이니 그것이 얼마나 엄청난 체통을 가지고 사람을 무시하는 것인가도 짐작할 수 잇는 것이다. 이것의 개폐는 전기 장치로 된 기계를 사용하는 바이니 사람의 힘으로는 도저히 개폐할 수 업는 것도 암직하다. 이 문을 떡 열어 젓치면 우리가 늘 욕심을 내고 그것을 엇고저 태산준령을 넘고 맛치와 끌을 가지고 돌도 때려 부시고, 바위를 깨트리고, 앗차 실수하면 목숨까지 위태한 지하 몇 백 척의 갱내를 잠역질하야 어든 황금색이 찬란한 금덩어리가 맛치 '모전(과일 상점)'에 약과藥菓쌔이듯 수백 덩이가 싸잇는 것이 보히리라고 생각하얏다가는 큰 실수이다.

첫문을 열면 거기는 좀 얇은 강철문이 꽉 맥혀 잇다. 또 그것을 어떤 암호를 사용하야 좌로 우로 수 3차 빙빙 돌여 글자를 맛추어 논 후 전기 장치로 단초를 눌느면 문이 덜컥 열인다. 자- 금덩이다. 금덩이 보아라하고 성미 급한 사람은 눈을 홉뜨고 놀라 잡바질 것이나 웬걸! 또다시 문 한아가 가로 막어섯지 안엇는가?

이 문을 커다란 열쇠로 저그럭 저그럭 열면 황색자루 또는 백색자루에 든 것이 맛치 밀가루 부대가티 싸혀 잇는데 이것이 지금地金이 들어 잇는 '견대'이다 할 뿐으로 문을 척척 다더버리고 만다. 이때껏 보지 못하야 생전 처음으로 만흔 금덩이를 좀 상면하고 잇때껏 '돈허기'의 '소중'이나 면할까 하든 금갈증환자는 실망….

그러면 지금저장실을 왜 수상 누각으로 하얏느냐고? …그것을 아모리 몇 백 척 지하실에 더구나 외랑外廊은 석벽과 철창으로 단단히 막어 노앗지만 만약 좀 영리한 맘조코 손버릇 낫분 양반이 수십간 밧게서부터 지하로 '턴넬'을 파들어 간다면 어떠케 하게…. 강철 금고인데 무엇이 걱정이냐고? …그 무엇인가 하는 약과 기계를 가지면 왜 금고를 뜰는 건 호박에 못 박기보다 더 쉬운 까닭! 그래서 이가튼 위험을 막기 위해서 전후좌우로 수군水軍을 복병하야 두는 것이지.

…지금 조선은행 지금저장고에는 지금이 만히 잇는 것 가티 세상 사람들은 아나 그것은 아조 모르는 수작이다. 조선은행이 지폐를 발행하고 보조화補助貨를 주조하니까 늘 그것에 해당한 정화준비正貨準備 즉 지금잇서야 하는

것 가치 생각하기 쉬우나 그렇치 안타.

　일례를 들면 조선은행이 정화준비 1,435,830원이 잇다고 하자. 그러면 이것에 해당하는 지금을 장치하여야 반드시 그만한 지폐를 발행하느냐 하면 그렇치 안타. 지금도 물론 잇서야 하지만 일본은행권 공채, 유력한 상업수형商業手形, 사채권 등을 준비하고라도 발행할 수 잇는 것이니, 즉 일반의 신용이 두터운 유가증권을 가지고도 될 수 잇는 것이다.

　그럼으로 반드시 조선은행에는 지금이 만히 싸여잇는 것이 아니오. 거긔서 매입하는 지금은 거의 다 일본의 중앙은행으로 현송現送하여 가고 그 대신으로 일본은행권 혹은 달은 유가증권으로 박구어다가 이것을 담보로 지폐급及 통화를 주조하는 것이다…22

1930년대 조선은행(지금의 한국은행 본점)을 출입하던 어떤 신문 기자가 있었다. 그가 당시 "보통 사람으로서는 잘 보히지 안는" 소문으로만 무성하던 조선은행의 지하 금고를 직접 둘러보고 나서 작성한 글이다. 눈에 띄는 대목은 당시에 이미 담청색의 강철이며 암호문 다이얼, 전기 시설로 되어 있는 개폐 장치가 놀랍기만 하다. 하지만 뭐니 해도 외부에서 "턴넬"을 파고 들어가 금괴를 훔쳐 갈지도 모를 것에 대비해서 그 깊디깊은 지하 공간에다 다시금 연못을 파고 물 위에 누각을 지어 놓고서 지하 금고를 저장하고 있다는 사실은 아무래도 뜻밖이다.

　그러나 어렵사리 접근해 간 수중 누각의 지하 금고에는 생각만큼 금괴가 그리 많지 않아 그만 실망했다는 대목도 눈길을 끈다. 신문 기자는 정화正貨 준비의 예를 들어 가며 그 이유까지 설명해 보려 애쓰고 있으나, 그렇더라도 통화 발행액만큼 조선은행에서 매입해야 하는 금괴가 거의 다 일본의 중앙은행으로 현송되고 있다는 사실은 나라 잃은 식민 경제의 현실을 그대로 보여

조선은행

주고 있는 것 같아 뒷맛이 씁쓸하기만 하다.

불현듯 이런 의문도 든다. 그럼 그 같은 지하 금고 시설까지 갖추고 있는 조선은행을 문턱이 닳도록 뻔질나게 드나들었던 건 과연 경성 상계의 민족 자본이었을까? 아니면 일본에서 건너온 막대한 상업 자본의 원활한 유통을 제공키 위한 것이었을까?

같은 시기 『삼천리』 잡지는 퍽이나 흥미로운 기사 한 토막을 또다시 내보내고 있다. 조선에서 월급을 가장 많이 지불하는 곳은 다름 아닌 조선총독부이며, 조선총독부에서 매월 지급하고 있는 순수 월급 총액이 모두 얼마가 되느냐 하면 매달 333만 원(약 3,663억 원), 한 해에 약 4,000만 원(약 4조 4,000억 원)에 달하는 어마어마한 액수라는 것이다.

이 어마어마한 액수를 조선총독부 산하 직원 약 46,000여 명이 타먹었다 한다. 한 사람당 한 달 평균 72원(약 792만 원), 일 년이면 915원(약 1억 65만 원)이 넘는 금액이었다.[23]

그러면서 『삼천리』 잡지는 기사의 끄트머리쯤에 "원고료 천 원千圓 돌파"라는 제목의 짤막한 기사를 제법 흥분된 어조의 해설과 함께 싣고 있어 대조를 이룬다.

조선 사회의 문운文運도 이제는 대통하야 각 잡지사와 출판서적 등이 모다 활기를 띄고 잇는데 이제 서울서 발행되는 몃몃 잡지사에서 한 달에 문인논객들에게 지출하는 원고료액을 조사하여 보건대,

조선일보의 〈조광朝光〉 - 350원(약 3,850만 원)

동아일보의 〈신동아新東亞〉 - 180원(약 1,980만 원)

〈신가정新家庭〉 - 120원(약 1,320만 원)

중앙일보의 〈중앙中央〉 - 160원(약 1,760만 원)

사해공론四海公論 - 150원(약 1,650만 원)

삼천리三千里 - 약간액若干額

이밖에 다른 잡지까지 헤면 1,000원(지금 돈 1억 2,000만 원)을 훨씬 돌파하는 터이라 한다.[24]

반가운 일이다. 조선의 문인 논객들이 사회에 미치는 영향이 지금보다 훨씬 더 큰 당시의 사회상으로 미뤄 볼 때, 그야말로 문운이 대통하여 각 잡지사와 출판 서적 등이 활기를 띠고 있다는 건 사회가 그만큼 성숙해져 가고 있다는 반증이기 때문이다.

그렇더라도 아쉬움이 남는 건 어쩔 수 없는 것 같다. 당시 경성에서 발간되는 6개 잡지사의 원고료 모두를 합친 것이 그 정도 수준이었다니. 당대 경성 지식인들의 한 달 원고료가 앞서 살펴본 조선총독부 산하 직원의 46,000여 명 가운데 고작 단 한 명의 일 년 치 연봉 수준에도 미치지 못했다니 말이다.

하기는 오죽했으면 일본 게이오대학 문학부를 졸업하고 동아일보 기자까지 지냈다는, 당대 지식인 가운데 한 사람이었던 소설가 염상섭이 그토록 전당포를 애용할 수밖에 없었는지 이제야 비로소 그 전말을 이해할 수 있을 것 같다.

현대 '쌀라리맨'의 수입과
경성의 자동차 대수

서울 장안에 잇는 자동차 대수는 과연 얼마나 되나? 모든 것이 변변치 못한 이 사회이다. 많으면 몇 1,000대, 몇 10,000가 되가야 하런만.

그러나 미국만 하드래도 평균 두 사람 앞에 한 대씩의 비례는 된다고 하며 로동자들이 공장에서 자긔집으로 돌아갈 때도 제 자동차를 운전해서 돌아가는 형편이라고 하니. 그러한 서양의 나라들에는 비할바 아니지만 우리 조선만 하드래도 이제 불과 십 수년래에 자동차가 퍽으나 많이 늘어난 셈이다.

기미년(1919년) 이래만 하드래도 조선사람 더구나 일반 민중들까지 자동차를 탈야고는 생각지도 못하든 것이 요사히에 와서는 해마다 늘어서 이제 서울 장안만 하드래도 '80전균錢均'이니 해서 웬만한 사람이면 누구든지 이 자동차의 신세를 지게 되게끔 되엿는데 근자에 어떠한 방면에서 들은 바로는 경성의 자동차수는 인제 근근 500대 가까히 되여간다고 하니 2, 30년 전과 비하면 천양지차이다. 이것을 가지고 서울도 차츰 문명의 혜택을 입는다고나

1936년의 경성 풍경이다. 경성 시내를 무람없이 누비면서 "쏘단이는" 자동 차 대수가 이젠 5백 대 가까이 근접해 가고 있다고 한다. 다시 말해 "10전(약 11,000원)짜리 인간들이 타고 다니는 뻐-스가 떠난 뒤에도 80전(약 88,000원)이 나 하는 택시를 불러 타고 다니는" 팔자 좋은 이들이 그만큼 늘어났다는 얘기 로도 들린다.

그러나 경성의 거리에는 아직도 구부러진 어깨를 한 채 무거운 발걸음을 내딛는 이들이 즐비하다. "이 세상에서 제일 못 견딜 일은 ××(고문)과 빗쟁이 에게 졸리는 때"라는 걸 빤히 알면서도, 당장 오늘 "저녁에 솟헤 너흘 쌀이 업 서서" 어쩔 수 없이 "흡혈마 전식동물 고리대금업자"를 찾아갈 수밖에 없는 고단한 인생들이 수많은 것도 또한 사실이었다.

조선의 3대 재벌 최창학이 과연 어떻게 거금 3백만 원(약 3,300억 원)을 손에 움켜쥐게 되었는지 저마다 영화 속 장면처럼 생생히 떠올리면서도, 하지만 목구멍이 포도청인지라 오늘 당장 하루 동안의 일상조차 자유롭지 못한 샐러 리맨들은 그같이 금광을 찾아 10여 년 동안이나 방랑자처럼 떠돌아다닐 수도 없는 처지였다.

그 같은 인생이 당대 식민지 경성의 거리를 오가는 보통 사람들의 삶이었 다. 1936년 상업 중심의 근대 도시 경성의 거리 풍경이었다.

다음은 그렇듯 보통의 삶을 살아가고 있는 경성 '쌀라리맨'들의 생생한 육 성을 그대로 옮겨 본 것이다.

〈현대 쌀라리맨 수입조〉
■ 가수

전속 가수나 되면 월급 60원(약 660만 원) 이외에 인세와 특별 출연에서 수입되는 것을 합하면 100원(약 1,100만 원) 정도는 됩니다만 의복 가지나 해입고 사교도 하자니 늘 회사에 빗지고 댠입니다.

■ 뻐스껄

1일 수입은 75전(약 82,000원)이고 노동시간은 10시간인데 어머니와 동생과 나 세 식구가 사라감으로 보통 부족합니다.

■ 신문 기자

월급 70원(약 770만 원). 1일 노동시간 오전 9시부터 오후 4시까지. 생활비는 하숙대 20원(약 220만 원) 담배갑 6원(약 66만 원) 양말갑 1원(약 11만 원) 술갑 10원(약 110만 원) 양복 등 월부 15원(약 165만 원) 그 외 잡비 15원…. 잘하면 10여 원이 남고.

■ 여직공

일수입 45전(약 5만 원). 노동시간 오전 7시부터 오후 5시까지. 1개월 기숙사비 9원(약 99만 원) 주고 그 남어지 옷을 해입슴니다.

■ 잡지기자

월수입 50원(약 550만 원). 1일 노동시간 오전 9시부터 오후 5시까지. 카페도 좀 가자면 늘 마이나스지오.

■ 목사

지금은 교회 예산이 줄어서 월급이래야 한 5, 60원(약 550만 원~660만 원) 되겟지오. 정해노코 하는 일은 업지만 예배날 강도講道할나 신자들 방향할나 늘 도라다니는 생활임니다. 수입은 적으나 람용이 업스니 그럭저럭 지내요.

■ 의사

월급 의사면 100원(약 1,100만 원)은 보통이고 개업하면 현금 수입 300원(약 3,300만 원) 이상은 됩니다. 노동시간은 오전9시부터 오후 4시까지…. 밤중에도 손님이 부르면 가바야지오! 생활비가 상당히 나갑니다.

■ 카페 여급

어듸 수입이 일정한가요. 이 집은 퍽 쓸쓸해요. 그래도 하로에 3, 4원(약 33만 ~44만 원) 되는 때도 잇고 1원(약 11만 원)도 못되는 때도 잇습니다. 노동이라고 할 것은 업지만 오후 1시부터 밤 2시까지 일봄니다. 생활비로는 옷갑시 만히 나가 빗진담니다.

■ 인력거부人力車夫

잘해야 하로 50전(약 6만 원) 벌지오. 비나 오면 돈이나 생김니까? 만히 벌면 만히 쓰고 벌지 못하면 굶는 것 밧게 업습니다.

■ 여점원

월급 25원(약 250만 원). 노동시간 10시간 이상됨니다. 옷갓흔 것 기타 남의 눈에 보기 추하잔케 하자니 25원 다 드러감니다. 다행이 밥은 집에서 어더 먹으니까요. 빗지지는 안케됨니다.

■ 두부장사

하로 잘해야 3, 40전(약 33,000~44,000원) 생기지오. 소리지르고 도라다니자니 막걸리 잔이나 먹어야지오.

■ 전차차장

1시간에 나는 13전(약 14,000원)을 밧습니다. 하로 10시간 일함니다. 차장에 따라 수입과 노동시간이 다름니다. 회사에서 (하루에)1원(약 11만 원)씩 저금하는 것 외에는 다씀니다.[26]

신문사 사장 월급 5백 원, 4만 원 저축하는 기생

신문사 사장 중에 제일 월급을 후하게 밧는 분은 누구일가고 하는 토론이 어느 좌석에서 낫것다. 그래서 이분일가 저분일가 하고 한참 토의끗헤 결국 은 총독부에서 보조밧어 하는 매일신보가 아마도 제일 만히 밧으리라 하엿 다. 그래서 매일신보사장 월급을 조사하여본 결과 일금 500원(약 5,500만 원)이 엇다. 그 사장은 예전 경기도지사를 지내는 일본인 시실時實이란 분인데 이 분은 경성일보 사장으로 500원, 매신每申 사장으로 500원, 이리하야 합계 월 1,000원(약 1억 1,000만 원)씩 밧는다든가. 매신 부사장은 하몽何夢 이상협씨인데 수당, 사택료까지 처서 월수 350원(약 3,850만 원)이 된다 한다.[27]

그랬다. 당대 신문사 사장이라고 한다면 적어도 경성 바닥에선 조선총독 한 사람을 제외하곤 어느 자리도 필적할 만한 것이 없다 할 만큼 명실공히 최 고 급료를 받는 자리였다.

신문 기자 월급이 70원(약 770만 원)일 때 매일신보 사장의 월급이 5백 원, 부사장 월급이 수당과 사택료까지 합쳐 350원 정도였다. 지금 돈으로 5,500만 원에서 3,850만 원 수준의 월급이고 보면 당시로선 가히 화제였을 만도 하다.

한데 이 같은 신문사 사장의 월급보다 무려 수십 배나 되는 거액을 저축하는 이가 있다 하여 경성 바닥이 발칵 뒤집혔다. 그렇다고 무슨 큰돈을 만지는 상계의 인사이거나, 최창학과 정 아무개 운전사와 같이 하루아침에 번쩍거리는 금광을 찾아낸 '행운아이'도 아니었다. 그 주인공이란 누구도 미처 생각지 못한 화류계 기생들이라는 사실에 경성 바닥을 다시 한 번 들었다 났다.

사연이란 이랬다. 어느 요릿집인지까지는 확인할 순 없어도, 기생 8명이 매달 125원(약 1,375만 원)씩 꼬박꼬박 정기 적금을 들고 있단다. 다시 말해 5,000원(약 5억 5,000만 원)짜리 은행 정기 예금을 들고 있다는 건데, 이들 가운데는 벌써 5,000원에 거의 육박한 이도 있고 아직은 시작 단계에 있는 이도 있다 한다.

더구나 이들 기생은 단지 5,000원을 목표로 한 은행 정기 예금에만 저축하고 있는 게 아니었다. 그 밖에도 큰 돈을 어디에 따로 예금으로 묻어 두었는지도 모를 일이고, 또한 땅이며 논마지기를 사 두었는지도 모를 일이라는 것이다. 이 8명의 기생 이름은 강연○, 최○희, 이현○, 벽○희, 선우○○, 전○심, 김○○, 강○홍 등이다. 그리고 머지않아 그녀들은 거금 4만 원(약 44억 원)의 적금을 손에 쥐게 된단다.

더욱이 비단 그녀들만이 아니라고 한다. 이들 8명 말고도 경성의 화류계에서 돈 많이 모은 기생들이 꽤 된다는 소문이다. 우산옥, 방월선 등은 7, 8만 원에서 10여만 원(약 110억 원)까지 벌었다는 소문이 자자한데, 그렇게는 많이 벌지 못했다 하더라도 어림잡아 3만 원(약 33억 원), 적게 잡아도 수천 원 정도는 모은 채 들어앉은 기생들이 수두룩하다는 것이다.[28]

하지만 악착같이 돈을 모았다는 그녀들의 화려한 풍문 너머에는 또 얼마나 많은 '슬픈 기생'들이 꽃잎처럼 스러져 갔을지. 사랑에 울고, 몸도 망가지고, 돈마저 모으지 못한 슬픈 퇴기退妓는 과연 어느 누가 돌아보기나 할 것인지….

'사의 찬미',
40만 장 팔려 나가는 레코드업계

광막한 광야를 달리는 인생아

너의 가는 곳 그 어디메이뇨

쓸쓸한 세상 험악한 고해에

너는 무엇을 찾으려 하느뇨

눈물로 된 이 세상이

나 죽으면 그만인가

행복 찾는 인생들아

너 찾는 건 설음이다…

1925년 경성의 거리를 폭풍처럼 휩쓸고 지나간 윤심덕의 근대 가요 '사死의 찬미讚美'이다. 경기여고보와 이화여전, 일본 동경음악학교 성악과 출신의 '모던걸'이었던 그녀는, 일본 오사카에서 이 노래를 취입하고 귀국하는 길에 일본 와세다대학교 영문과를 졸업한 호남 부호의 아들 김우진과의 이룰 수 없는 사랑을 비관하여 현해탄의 검푸른 바다 속으로 몸을 던지고 말았다. 이 같은 비극적인 사랑의 종말까지 입소문을 타면서 그야말로 경성의 모던보이 와 모던걸, 아편쟁이, 기생, 운전사, 문인, 심지어 집안의 부엌때기에 이르기까지 선풍적인 인기를 끌었다.

더욱이 이 같은 근대 가요는 거의 같은 시기에 유성기留聲機가 보급되기 시작하면서 조선 전체로 빠르게 퍼져 나갔다. 비록 '배가 고파서 쓰러질'망정 너도나도 유성기를 사들여 놓고서, 저녁이면 일본 젊은 연인의 노래 '기미고히시'를 온 가족이 따라 부르는 것이 당시 경성의 또 다른 풍경이었다.

> 요사히 웬만한 집이면 유성긔를 노치 안흔 집이 업스니 저녁때만 지나면 집집에서 유성긔 소리에 맞추어 남녀 노유의 '기미고히시'라는 노래의 합창이 이러난다. 누구를 사랑하고 누구를 그리워한다는 말인지? 부모처자 모다 '기미고히시-'라니 여긔에는 삼강오륜을 찾지 안해도 조흘까?[29]

1927년에는 조선 영화 '낙화유수'의 주제가가 레코드로 발매되어 공전의 히트를 쳤다. 이 근대 가요는 무성영화 '낙화유수'의 변사를 맡았던 김서정(본명 김영환)이 작사 작곡하고 이정숙이 노래를 불렀는데, 영화가 대성공을 거두면서 그 여세를 몰아 레코드 발매 또한 시쳇말로 대박을 터뜨렸다. "밤이 되면 골목골목이 아직도 머리칼 노란 말도 바로 못하는 어린아이들까지 손에 손을 익끌고 눈물 고힌 눈을 사르르- 감고서 읊조렸던[30]" 바로 그 노래가 다름 아닌 '낙화유수'였다.

> 강남달이 밝어서

님의 노든 곳

구름 속에 그 얼굴

가리워젓네

물망초 피인 언덕

외로히 서서

물에 뜬 아 한 몸을

홀로 새올가!

멀고먼 님의 나라

참아 그리워

적막한 강남가에

물새가 우네

오늘 밤도 쓸쓸히

달을 지우니

사랑의 그늘 속에

재워나 줄까?

강남달이 지면은

외로운 신세

부평의 저 입사귀

버레가 우네

차라리 이 몸이

잠들리로다

님이 절노 오시면

깨울 때까지

1930년대에 들어선 서양 음악까지 들어와 이내 대중화되었다. 그러면서 경성의 거리에는 공공연하게 '딴스'까지 크게 유행했다. 생활이 좀 넉넉한 사람은 물론이고, 똥구멍이 찢어지게 가난한 사람들까지 나서 저마다 재즈나 블루스 혹은 왈츠의 춤바람에 흠씬 빠져들었다.

　…이봐요. 뽀이상! 유성긔 가지와요! 쁘룻스만하고 월쓰만 하고-.

　기생의 입안에서 '껌'이 죽겟다고 짹짹 소리를 내면 골어드러가는 척주脊柱에서 우러나오는 듯한 양키-의 '째쯔쏭'이 지레 신은 긔생의 버선 발을 방바닥에 이르켜 세우면 기생의 껌 씹든 입에서는 혓바닥 장단이 시작되자 제각금 다투어 얼싸안고 춤을 추면 광란아狂亂兒들의 소천국이 버러진다…[31]

　이쯤 되자 음반 산업도 덩달아 성장했다. 1930년대 중반 조선총독부의 집계에 따르면, 당시 조선에서 한 해 동안 팔리는 레코드 장수가 무려 120만 장에 이른다는 통계를 내놓고 있다.

　하지만 모두가 다 서양의 재즈나 블루스, 왈츠 음악에만 온통 빠져 있었던 건 아니다. 조선총독부가 집계한 레코드 한 해 판매 120만 장 가운데 3분의 1인 약 40만 장가량은 다름 아닌 조선 국악의 소리판이었다.

　이것을 시장 판매가로 환산해 보면, 음반 한 장에 평균 1원(약 11만 원)씩만 쳐도 어림잡아 40만 원(약 440억 원)대의 음반 판매 시장이 건재했다는 얘기다.[32] 당시 식민지 경성의 레코드업계가 전성기를 구가하고 있었음을 짐작케 하는 대목이다.

최초의 토키-영화 '춘향전'
첫날 흥행 1,580원

연극이나 영화를 선전하는 비결은 만목萬目이 다 뜨이게 하여 오는 노릇이
니까 여러분께서도 대강 짐작하시겠지요. 첫재는 실물 선전인데 가령 극단이
하나 서울바닥에 나타나면 거기 엉설마진 녀석과 미남미희로 꾸민 일행을 일
럭거에 실어 악대를 선두로 하여 붕바라붕바라 소리치며 도라다니는데 이것
이 제일 효과가 잇더군요.

드른즉 요즈음 동경이나 대판大阪서 하는 선전방식은 그야말로 초超스피-
드식으로서 무슨 극단이 왓소하는 크다란 광목필로 만든 광고망을 만들어 비
행기 꽁무니에 이어 메고 비행기로 은좌銀座 상공이고 상야上野 상공이고 날
닌다합데다. 이리하면 동경 7백만 인구가 다 보게 되니 선전 방법으로는 조흐
나 조선서는 경비 관계로 아직 상조지요.

그다음은 삐라와 포스타-외다. 비단 거리로 다니며 뿌릴 뿐더러 극장에 오
시는 이들에게 그다음 주의 푸로그람박인 삐라를 들니는 것도 원객願客을 항

경성 상계史

상 잇그는 방법이 되야 효과가 잇습니다.

그런데 2일, 3일의 단기간 사이에 효과를 보자면 그것은 신문이고 좀더 인
상 깊게 선전하자면 적어도 1개월의 생명을 가진 잡지가 훨신 낫지요. 동경에
잇는 송죽松竹에서는 이러한 방법을 쓴다고 합네다. 즉 선전부 사원에게 현상
懸賞으로 제각금 고묘한 선전 방법을 생각하여 내게 하는데, 그 방법으로 이
를 보면 상금을 그 사원에게 주고 해를 보면 도로 벌금을 밧는다드군요.

그러나 선전을 아모리 잘하엿때도 정작 은막에 올느는 영화가 시언치 못하
고, 또 무대에 올니는 연극이 환영을 밧을 것이 못된다면 아모리 목소리를 쉬
여가며 선전한들 무슨 효과잇스리까. 도로혀 처음 본 관객들이 악선전하기
시작하면 선전 아니하기 보담 실패를 보지요. 그러기에 작품 제일주의는 언
제든지 최대의 무기요, 최호最好의 선전 기능을 발휘하지요.[33]

경성 상계 최고의 흥행사로 명성을 떨쳤던 동양극장 홍순언 사장의 발언이
다. 전성기를 구가하고 있는 레코드업계와 마찬가지로 조선 영화계 역시 이
즈음에 잇따라 흥행작을 내놓으면서 외화와 어깨를 나란히 할 수 있게 되는
데, 『삼천리』 잡지가 흥행의 비결을 묻는 자리에서 그는 영화 연극의 흥행에
관련하여 해박한 지식과 경험을 한껏 뽐내고 있다.

특히 그의 마지막 주장, 곧 작품 제일주의는 당대 제작된 영화 연극의 수준
이 어느 정도였는가를 가늠해 볼 수 있게 한다. 요컨대 작품의 완성도가 곧 흥
행과 직결되는 가장 중요한 요인이라는 설명이 그것이다.

이런 영화 가운데 1935년에 만들어져 극장에 간판을 올린 '춘향전'은, 앞서
동양극장 홍 사장이 마지막으로 주장한 작품 제일주의에 가장 근접한 작품이
었다. 더욱이 이 영화는 조선 최초 토키-영화라는 점에서 세간의 이목을 끌
기에 충분했다.

경성촬영소가 제작한 '춘향전'은 경성에선 단성사에서 개봉되었는데, 입장료가 각기 1등석 1원(약 11만 원)과 2등석 70전(약 77,000원)으로 비교적 비쌌음에도 불구하고, 개봉 첫날 흥행 수입이 1,580원(약 1억 7,380만 원)에 달했다. 당시 인구 7백만 명을 헤아린다는 일본 도쿄의 대규모 극장에서도 잘해야 한 작품에 3,000~4,000원(약 3억 3,000만~4억 4,000만 원) 정도 빠지는 것에 비하면 놀라운 흥행 성적이 아닐 수 없다.

어쨌든 이즈음에 이르게 되면 레코드업계와 마찬가지로 경성의 영화 산업 또한 작품의 높은 완성도를 기반으로 점차 흥행을 이뤄 가기 시작한다. 경성촬영소가 만든 '춘향전'의 경우 전체 제작비가 8,000원(약 8억 8,000만 원)가량 들어갔는데, 경성에서 2주간 상영으로 벌써 전체 제작비 대부분을 건졌다는 소문이다.

그런가 하면 뒤이어 '은하에 흐르는 정열'이란 영화도 경성의 조선극장에서 상영되었는데, 첫날 흥행 수입 1,300원(약 1억 4,300만 원)을 기록하면서 조선 영화의 전도가 어느 때보다 밝아지고 있었다.[34]

이렇듯 조선 영화가 연이어 흥행에 성공하자, 침체의 늪에서 좀처럼 벗어나지 못하고 있던 경성의 영화계도 점차 활기를 띠어 갔다. 그런 활기 가운데 하나로 잇따른 영화 흥행의 성공에 힘입어 등장한 초대형 영화사의 출현설이다.

요지간 들리는 소문에 의하면 오래 침체하였던 조선 영화계에 초대형 영화사가 등장하리라는데 이것은 '동아××활동사진주식회사'로 자금이 나오고 거기다가 조선총독부에서 영화 통제, 국산 영화 장려의 의미로 상당액의 보조금이 나와서 조선에서 누구누가하고 꼽든 유수한 남녀 배우 등을 망라하여 조직하는 것으로 아마도 다가오는 가을에는 실현될 듯하다는 설이 있다.[35]

60만 원 던져 호텔 짓는
김옥교 여사장

60만 원을 던져 순 조선식 호텔을 서울에 설設한다는 신문 3면 기사를 여러분은 보셨스리라. 사실 서울에는 이러타 하고 내여노을만한 순 조선풍 호텔이 업다. 이것은 근대적 감각을 가진 사람치고 누구나 통절히 늣기는 유감이 아니랄 수 업다.

지금까지 서울에서 그래도 조선 정취가 올르는 호텔이나 고급 여관을 찾자면 겨우 잇다는 것이 견지동의 전동여관典東旅館 - 이 여관은 역사가 오래어서 유명한 기독교의 스타 박사 등 몇몇 분도 유숙한 적이 잇기는 하나 그 가옥구조라든지 정원의 천석泉石이라든지 손님에게 대접하는 음식범절이라든지 침구 모든 것이 조선을 유람하는 영미국 신사 숙녀를 만족히 영접하도록 되지 못하고, 수 삼년 전에 식도원하든 안순환씨의 별장을 개조하여서 하는 광교 다릿까의 '중앙호텔'로 말할지라도 집은 비교적 드놉고 깨끗하나 모든 구조가 일류 호텔이라 할 수 업섯다. 나는 안 도산(안창호 선생을 일컬음)께서 출옥 즉후 여기 체제하섯든 관계로 누차 이 호텔을 삿삿치 구경할 기회를 가젓 섯스나 외지에 비하야 엄청나게 손색遜色 잇섯다. 그밧게 명동호텔 무슨 여관 모도다 40만이 사는 반도 대표도시에 자랑할 숙사는 못 되엇다.

우리는 각금 지방을 여행하느라면 평양이나 대구 경주 등지에 실로 여관 시설이 훌륭함을 볼 수 잇는데 엇재서 서울만이 이러케 뒤떠려저 잇는가 하고 생각할 때 안타갑기 그지업다.

그런 까닭에 조선 정취를 맛보자고 일부러 만리타국에서 온 제외국諸外國 손님들은 조선 여관을 찾다가 그만 조선호텔에 드러 겨우 순종께서 즉위하시든 팔각당이나 어루만저 보고 만족하는 형편이고 가튼 조선 사람들도 지방에서 올너오는 실업가 등은 남촌(혼마치를 일컬음)의 여관에 여장을 푸는 현상이 대부분이다.

이때에 잇서 60만 원이란 거금을 던져 순 조선 정취가 흐르는 호텔을 경영한다 하니 일반은 유쾌한 생각으로 이 소식을 듯게 되엇다. 그러면 이 호텔을 누가 설設하여 장차 엇더케 경영하여 가려하는고…[36]

1935년 무렵 60만 원(약 660억 원)이라면 결코 만만한 자금 투자가 아니었다. 그때나 지금이나 상당한 재력가가 아니고선 좀처럼 구상하기 어려운 프로젝트이다.

한데 이 같은 호텔 건설을 선언하고 나선 이는 장안의 어떤 유력한 기업가도, 그렇다고 재벌도 아니었다. 이제 갓 서른둘 아니면 서른세 살에 불과한 젊은 여사장 김옥교金玉嬌라는 이름을 확인하는 순간 잠시 눈길이 꽂힐 수밖엔 없었다.

김옥교란 이름은 앞서 이미 한 차례 만난 적이 있다. 장안 명사들의 자가용 자동차 가격대를 비교해 보았을 때 경성 시내에서 8번째, 조선상업은행 박영철 은행장의 자동차보다도 고가인 6,000원(약 6억 6,000만 원)짜리 '유선형' 자가용 자동차를 타고 다닌다는 여류 명사였다. 더구나 여성으로선 유일하게 명단에 올랐던 홍일점이기도 했다.

물론 그 대목에서 여성 기업가 김옥교에 대한 짧은 설명도 곁들인 바 있다. 음식 장사로 큰돈을 벌어들여 60만 원대 대형 호텔을 지어 올리면서 일약 장안의 명사로 떠올랐다고 하는.

하지만 그 정도의 설명만으로는 아무래도 충분하지 못하다. 실제로 그녀 또한 그리 간단치만 않은 인생 역정을 살아온 것도 사실이다.

서울 출신의 그녀는 퍽이나 가난한 집안에서 태어나 학교조차 변변히 다니질 못했다. 하지만 워낙 미모가 뛰어나 아직 머리를 길게 땋고 다니던 어린 시절부터 곧잘 사람들의 입에 오르내리곤 했다. 또 그같이 가난한 집안이지만 얼굴이 빼어난 처녀들이 가는 길이란 으레 정해져 있었다. 다름 아닌 기생이었다. 그녀 또한 ××권번券番에 기적妓籍을 두고 나비 같은 어여쁜 자태로 뭇 남성들 앞에 선보이게 되었다.

그러나 그녀의 아리따운 미모와 자태를 인정받는 데는 시간이 오래 걸리지 않았다. 기방에 모습을 드러낸 지 얼마 되지 않아 이미 소리 잘하고, 춤 잘 추고, 거문고 잘 타는, 물론 미모가 빼어난 '장안 1등 명기'란 명성을 얻었다.

그쯤 되자 돈 잘 쓰고 얼굴 잘생긴 남정네들이 그녀 주위에 무시로 오락가락했다. 어떻게든 그녀를 품어 보려고 저마다 사족을 못 썼다.

하지만 열흘 동안 붉은 꽃이 없다는 화무십일홍의 덧없음을 깨닫기나 한 듯이, 그녀는 나이 30줄에 접어들 무렵 잘나가던 기방에서 스스로 발을 뺐다. 그런 뒤 남편과 함께 인사동의 조선극장 인근에다 '천향원'이란 조선 요릿집을 개업하면서 안주인으로 들어앉았다.

조선 요릿집 천향원은 김옥교의 올드 팬들로 이내 문전성시를 이루었다.

김옥교 여사장의 유선형
자가용 자동차

더구나 때마침 불어대기 시작한 경성 상계의 호경기를 타고서 요릿집 경영은
순풍에 돛단 듯 순탄하게 열려 나가 돈을 자루에 쓸어 담았다.

그렇게 불과 3, 4년 만에 요릿집을 증축하는가 싶더니, 다시금 풍광 좋은 성
북동에 별장을 지은 데 이어, 마침내 거금 60만 원을 투자하여 서울 시내 한복
판에다 대형 호텔을 짓겠다며 폭탄선언을 하고 나선 것이다.[37]

그러나 김옥교에 대한 사료는 여기까지가 전부였다. 이런저런 사료를 더
뒤져 보았으나 격동의 역사 속에 묻혀 더는 찾아보기 어려웠다.

하지만 근대 최초의 여성 기업가일 수 있다는 확신은 쉬 떨쳐 버리지 못했
다. 그녀의 행방이 궁금했지만 더 이상의 추적은 불가능했다. 한국 근대 여성
사를 총망라하고 있다는 이옥수의 『한국근세여성사화』(전2권)에도, 한국여성
경제인연합회 등에 수소문을 해 보았으나 알 수 없다는 답변만이 돌아왔다.
들리는 소문에 의하면 정릉 골짜기에 오랫동안 우람한 자태를 뽐내고 서 있
었던 '청수장'을 지었다는 풍문도 없지 않았다. 하지만 지금은 헐리고 아파트
단지가 들어서 있을 뿐 확인할 길이 없었다. 안타깝지만 당분간 미완으로 남
겨 둘 수밖엔 없었다.

CR0&0

'종로 삘딍'과 '한청 삘딍'의
양보 없는 빌딍 쟁탈전

…서울의 한복판이오 우리들의 심장지인 종로 네거리를 중심하고 일어나
는 건축진은 아마도… '대경성' 건설의 중심부대라고 안할 수 업다. 이 중심부
대야 말노 여긔에서 말할야는 조선 2대 재벌계의 삘딍 쟁패전이 안이고 무엇
이랴!

그러면 이 양대 재벌계란 어떤 것인가. 그것부터 먼저 알어보기로 하자.

하나는 조선의 일류 부호 민규식(민영휘의 아들) 씨와 이정재, 이중재 양씨 등
13명의 부호들을 망라하여서 조직된 '영보합명회사永保合名會社'이다. …총
자본금이 250만 원(약 2,750억 원)이나 되는 큰 회사이다. 사장에는 민규식 씨이
고… 얼마 전에 장안의 북촌 사람들을 소연하게 떠들게 하든 산구山口 악기점
이 자리를 잡고 잇는 '영보삘딍'과 또한 지난 봄에 일어난 대 화재로 말미암아
그 거대한 신구身軀을 반쯤 소실한 화신백화점 잇는 '화신삘딍'이다.

또 다른 하나로는 대지주인 한학수 계의 '한청사韓靑社'이다. 이 한청사의

경영은 지금 신축된 '한청삘딍'과 그 건너편 대 화재 후에 다시 신축하는 화신 삘딍의 서편에 잇는 '화신서관'이라는 삘딍이다.

　…요사히 서울 장안 사람들이나 혹은 지방에서 올나오는 사람들은 종로 네 거리로 가노라면 반듯이 길 양편으로 하늘을 찌를 듯이 놉히 솟아 제 키를 하 늘에 자랑하듯 하는 두 삘딍을 볼 수 잇스니 이것이 우리가 지금 말하려는 하 나는 영보 계의 '종로삘딍'이요. 다른 하나는 한학수 계의 '한청삘딍' 그것이 다…38

1930년대 경성은 때 아닌 건축 붐으로 시끌벅적했다. 경성 북촌의 한복판 이랄 수 있는 종로 네거리와 광화문통에 난데없는 빌딩 쟁탈전이 벌어졌다. 그리고 그 두 빌딩 세력은 공교롭게도 종로 네거리에서 서로 빤히 마주 보고 있는 영보합명회사의 '종로삘딍'과 한청사의 '한청삘딍'이었다.

이 두 빌딩 세력 가운데 '한청삘딍'은 장안의 부호 한학수와 이철이란 두 사 람이 공동으로 경영하는 부동산 재벌로, 벌써 그 명성이 널리 알려지기 시작 한 것이 어제오늘이 아니었다.

　…건평 140평 연평 520평에다가 총 경비 14만 원(약 154억 원)을 던져 작년 추 秋에 기초 공사를 일으켜 근 1개년이나 되는 오랜 동안을 소비하여 근근 완성 을 보게 되는 4층 고누高樓로써 최하층은 점포용으로 하여서 상인들에게 제 공하기로 되어 포목, 양품, 잡화, 구잡화 수예품, 화장품, 악기, 식과품 등 7개 부문으로 정하고 이것을 재래와는 다른 새로운 경영 방식인 '위탁 경영식'으 로 하게 되엇다고 한다.

그러면 그 위탁경영식이란 어떤 것인고 하면 점포는 즉 한청사에서 제공하 고 그 점포로 들어오는 상인이 상품과 장식품만을 가지고 들어와서 삘딍 주

경성 상계史

빌딩들이 들어선 남대문로 1정목 거리

와 상인의 공동 경영으로 하여서 그 이윤을 등분으로 비례한다는 새로운 경영 방법이다.

그러면 2층 이상은 어찌나 될 것인가. 세상 사람들은 모다 사무소 기타의 대실貸室로 할 것이라고 미더왓섯고 또한 빨딍 측에서도 얼마 전까지도… 새롭고 놀나운 소식이 들어나게 되엇스니 그것은 2층 이상을 전부 직접 한 청사에서 홋텔을 경영하기로 모든 계획을 착착 진행중이라 한다.

이와 가치 조선에서 처음인 종로 네거리 한복판에 홋텔을 경영하게 된 한 청사에서는 5월 24일 전후하야 한청빨딍의 총 책임자인 이철씨와 동사의 지배인인 정성채 양씨는 멀니 현해탄을 건너 동경 대판大阪 등지에 잇는 유수한 홋텔을 직접 시찰할 목적으로 떠낫다고 한다….

이러한 새로운 의도 밋헤서 새로이 생겨나는 조선인 유일의 4층누樓 '한청

홋텔'을 건너다 마주 쳐다보며 재기와 복흥復興으로 대전이나 할나는 듯이 더욱 높히 웃뚝 솟아잇서 길 가든 사람들은 누구나 한번 발을 뭠추고 목을 제치고 입을 벌니게 하는 일대 위관을 보이는 건물이 잇스니 이것이 대 화재 후에 복흥하는 종로삘딩이다…39

영보합명회사의 종로빌딩 사주 민규식 또한 앞서 이미 이야기한 것처럼 '조선 최고 재벌' 민영휘의 아들이자, 동일은행 민대식 은행장의 아우로 경성 상계에선 이미 모르는 이가 없는 기린아였다. 그런 민규식의 '종로삘딩'이 원래 4층 높이이던 것을 대화재로 화마가 휩쓸고 지나간 이후 다시 한 층을 더 높여 5층까지 올림으로써 종로 거리에서는 최고층 빌딩을 소유케 되었다. 맞은편에 들어서게 될 라이벌 한청사의 현대식 일류 호텔에 조금도 뒤질 생각이 없음을 분명히 하고 있다.

평수 114평 총평수 603평에다가 건축비 10여만 원(약 110억 원)을 들여 5층으로 신축하는 '종로삘딩'은 사옥 전부가 낙성되는 날에는 어떤 상인들에게 그 집을 빌여줄 것인가. 세인의 추측에는 으레히 전에 잇든 화신, 삼성三省, 유창(앞서 개화경 장사로 큰돈을 벌어 종로 상권으로 다시 돌아온 김재덕의 바로 그 유창상회)의 3상회에다가 대실貸室로 제공할 것으로 미더진다. 그러나 세상일이란 알 수 업는 일이다. 그동안 비밀히 화신주和信主 박흥식씨는 이 삘딩 전부를 대실로 자기 상회에다 빌여준다면 매월 월세 2,500원(약 2억 7,500만 원)을 주겠다고 한다니 참으로 놀라운 일이다…40

종로 네거리의 빌딩 건축 열풍은 비단 거기에 그치지 않았다. 한청사는 종로에 호텔 건축 말고도 화신상회 자리에다 새로운 빌딩을 신축 중이었고, 종

경성 상계史

로빌딩의 영보합명회사 또한 영보빌딩 아래쪽에 새로운 빌딩을 신축할 예정이었다. 두 세력 사이의 양보 없는 빌딩 쟁탈전은 그 끝을 알 수 없게 했다.

그 밖에도 1930년대 중반에 이르게 되면 고층 빌딩을 짓겠다고 나선 이가 그들 말고도 부지기수였다. 화신상회의 박흥식도 그 가운데 한 명이었다. 그는 덕원상점 자리와 그 부근 일대를 매입하여 당시 경성에선 최고층인 8층 높이의 빌딩을 짓겠다며 기염을 토했다.

동대문 쪽에서도 어떤 부호가 나서 대형 빌딩을 짓겠다고 발표했다. 광화문통에서 가까운 효자동 근처에는 조선에서 최초로 '데파트'가 생길 거라는 소문도 끊이지 않았다.

그런가 하면 신문사들도 나섰다. 동아일보와 조선일보 등 언론사마저 그 대열에 끼어들었다. 두 신문사가 새로운 고층 사옥을 짓겠다고 공언하고 나선 데 이어, 광화문통 네거리에 '우일빌딩'의 출현설마저 언론에 보도되고 있을 정도였다.

화신, 한청, 영보 등 새로 4, 5층의 삘딍이 첩출疊出하는 이때 또 놀납게 우일 삘딍이 ○○○씨 손으로 광화문통 네거리에 드러서기로 내정되엇다 하야 건축계에 이상한 쎈세-슌을 이르키고 잇다. 신 삘딍은 5층 누樓로 건축비 3, 40만 원(약 330억~440억 원)을 수數하고 용도는 대사무실용이라 하는데 금추 9월에 기공설이 잇다.[41]

조선일보사에서 18만 원(약 198억 원)인가를 투投하야 건축하는 신사옥의 소재지는 광화문통 이왕직 미술진열관李王職美術陳列舘의 엽히 되리라는데 이것도 명춘에 낙성될 것이라 한다.

동아일보 사옥의 증축도 현재의 꼭 배倍되게 그 남편 엽헤 지으리라는데 벌

서 청수조淸水組와 계약이 되엇다는 말이 잇다. 미구에 착공할 모양이리라 한
다.[42]

이같이 종로 네거리와 광화문통에 "하늘을 찌를 듯이 높히 솟아 제 키를 하
늘에 자랑하는 듯한" 빌딩 열풍이 일고 있는 것에 대해 『삼천리』 잡지는 "고
층건물 임립시대林立時代"라고 일컫는다. 앞으로 종로 네거리에서 서로 이마
를 마주한 4, 5층 높이의 빌딩숲이 장안 사람들의 눈을 황홀케 할 날도 그리
멀지만은 않은 것 같다고 덧붙인다.

그러나 이 무렵의 '삘딩' 열풍은 결코 우연에서 비롯된 것이 아니었다. 미국
에서 불기 시작한 대공황의 깊은 주름이 일본을 거쳐 어느덧 조선의 심장인
경성 상계에까지 깊숙이 상륙해 있었던 것이다.

따라서 이 시기에 접어들면 전통적으로 토지를 많이 소유하고 있던 장안의
내로라하는 부호들 역시 선택을 달리하지 않으면 안 되었다. 세상이 바뀌어
토지 경영에서 얻을 수 있는 수익이 현격히 줄어들면서, 토지를 붙잡고 있는
대신에 무언가 2차 산업을 당장 찾아 나서야 했다. 경성의 심장부에다 고층
빌딩을 지어 올리려는 열풍 또한 그 같은 선택 가운데 하나였던 것이다.

경성 상계史

'조선미창', 물류업계의 새벽을 열다

『로마인 이야기』의 저자 시오노 나나미는 자신의 저서에서 수시로 "로마군이 병참에서 이긴다"는 표현을 자주 사용한다. 이것은 로마군이 치른 수많은 전쟁과 전투에서 승리한 원동력 가운데 하나가 다름 아닌 보급에 그 원인이 있음을 말한다. 요컨대 로마군이 '물류' 면에서 상대적으로 앞섰기 때문에 유리한 고지를 선점할 수 있었다는 얘기다.

『삼국지』에 등장하는 제갈공명 역시 다르지 않았다. 대륙의 패권을 놓고 벌인 수많은 전투와 전쟁에서 그가 승리할 수 있었던 원동력 가운데 하나는 다름 아닌 병참이었다. 넓은 영토를 가진 조조의 위나라나 손권의 오나라에 비해 상대적으로 작은 나라였던 촉나라가, 그러나 군량미와 마초까지도 고려한 그의 용의주도한 병참이 이미 전쟁에서 이길 수 있는 조건을 마련하고 있었던 것이다.

우리나라의 기업 경영에서 물류라는 용어를 처음으로 사용하기 시작한 것은 불과 1980년대 초반부터였다. 당시만 해도 해당 관련 업체를 제외하곤 물류에 대한 중요성이나 인식조차 희박한 때였다.

한데 1975년 대우중공업과 한국중공업에서 지게차를 생산함에 따라 운반과 하역 부문의 기계화 보급과 관련하여 비로소 물류에 관심을 갖게 되었다. 그러면서 1980년대 초 태평양화학과 동아제약, 한국타이어 등이 조직 내에 잇따라 상품유통본부랄지 물류과를 비로소 신설하기 시작했다.

그러나 따지고 보면 이 같은 물류가 전연 생소한 것만은 아니었다. 물류란 아주 오래전 상업의 시작과 함께 이미 운용되어 오던 시스템이었다.

조선 시대 미곡 유통 시스템이 그 대표적인 예라고 볼 수 있다. 조선 시대에는 미곡이 백성들의 생활과 국가 재정에 절대적인 중요성을 차지하고 있던 재화였다. 때문에 태조가 새 왕조를 건국하자마자 가장 먼저 착수한 경제 정책이 토지 제도의 개혁과 더불어 조운漕運 제도의 복구였다.

조운이란 세수로 징수한 미곡을 선박 등을 이용하여 한성으로 운송하는 제도를 뜻한다. 조운에는 바닷길을 이용하는 해운과 강물을 이용하는 강운, 그리고 육로를 이용하는 육운이 그때 이미 존재했다.

하지만 17세기 들어 조운에 일대 변화가 일어난다. 도성의 인구가 늘어나 소비 시장으로서의 규모가 형성되고 화폐가 통용되자, 시장을 통한 미곡 유통이 활성화된 것이다. 이때부터 시장에 의한 민간 부문의 유통량이 관주도의 유통량을 앞질러 미곡 유통을 지배하게 되면서, 조선의 미곡 유통 시스템은 경쟁 체제를 갖추기 시작했다.

그러나 이런 경쟁 체제는 미곡 유통의 진화 발전으로 선순환되지 못한 채 미곡 유통을 지배한 경강 상인들에 의한 담합과 매점매석으로 쌀값 조작이라는 역기능을 초래하기도 했다. 이들은 그간 축적된 자금 동원력은 물론이고 선상을 통한 전국의 쌀값 정보를 누구보다 빠르게 얻었다. 또한 운송 수단인 선박을 독점하고 대형 창고까지 보유하여 쌀을 장기간 매점할 수가 있었다. 그리하여 쌀의 구입과 판매량, 판매 시기, 판매 지역 등을 조절해 가며 독점적 이익을 취하면서 끝내 사회적 물의를 일으키기에 이른다.

그 대표적인 사례가 1883년에 발생한 이른바 '쌀 폭동'이었다. 이 사건은 마포의 경강 상인 김재순 등이 인위적으로 도성 안의 쌀값을 폭등시켜 분노한 한성의 빈민들이 폭등을 일으킨 사건이다.

한데 쌀 폭동은 20세기에 들어서도 그대로 반복되었다. 일제 강점기인 1918년 여름, 경성의 종로소학교 부근에 마련된 쌀 판매소 앞에 줄을 서서 기다리던 주민들과 일본 경찰 사이에 실랑이가 벌어졌다. 한동안 가벼운 몸싸움쯤으로 끝나는가 싶던 충돌은, 이윽고 시간이 흐를수록 점차 험악해져 급기야 쌀값 폭등에 항의하는 조선인들의 폭동으로 번져 나갔다.

이 같은 폭동이 있기 꼭 한 달여 전쯤, 일본 도야마 현의 한 어촌에서 주부들이 쌀 도매상을 습격하여 불태우는 사건이 발생했다. 이 사건 이후 이른바 '쌀 소동'이라 일컫은 소요 사태가 일본 전역으로 번져 나가면서, 한때 일본 정부는 계엄 선포를 준비할 정도로 심각한 상황이 벌어졌다.

제1차 세계대전이 끝나가는 시점에 조선과 일본에서 거의 동시에 일어난 이 같은 쌀 폭동은, 가장 많은 생산품인 동시에 가장 중요한 식량 자원이었던 쌀의 대규모 이동이 당시 생활에 과연 어떤 영향을 미쳤는지 상징적으로 보여 준 사건이었다.

쌀 폭동이 진정된 후 일본은 근본적인 식량 자원의 대책이 필요하다는 데 절감한다. 그런 결과 일본과 조선에서 수리 사업, 품질 개량, 퇴비 활용, 농사 기법 등 대대적인 미곡 증산 정책을 추진하기 시작했다. 하지만 그 속내를 들여다보면 1차 세계대전 이후 마땅한 투자 대상을 찾지 못하고 있는 일본의 유휴 자본을 투입하여 조선을 장기적인 식량 기지로 개발하는 데 있었다.

그러나 이렇게 증산된 조선의 쌀이 일본으로 대량 유입되기 시작하면서 또다시 문제가 불거졌다. 조선과 동시에 추진된 일본의 산미증식계획에 따라 미곡 생산량이 점차 증가하고 있는 가운데, 조선에서 다시 쌀이 대거 유입되자 그만 쌀값이 큰 폭으로 곤두박질치고 만 것이다. 전국적인 쌀 폭동으로 이미 곤욕을 치른 바 있는 일본 정부는 부랴부랴 조선에서 유입되는 쌀에 대해 관세를 부과하겠다며 대책 수립에 나섰으나, 품질 좋고 저렴한 조선 쌀의 경쟁력을 당해 낼 순 없었다.

　때문에 다시금 대책이 수립되었다. 일본으로 들어오는 조선 쌀의 수량을 월별로 일정하게 조절하자는 거였다. 그러기 위해선 조선 쌀의 수출량을 차질 없이 보관 통제할 수 있는 별도의 수단이 마련돼야 했다.

　그렇게 확정된 안이 '조선미곡창고계획'이었다. 이어 창고 건설과 창고에 위탁된 쌀을 동양척식과 조선식산은행에서 저리의 자금을 대출해 준다는 계획이 확정되자, 미곡 창고 건설이 빠르게 진척되어 1930년 한 해에만 전국 16개 지역에 17만 석을 수용할 수 있는 미곡 창고가 줄줄이 세워졌다.

　그러나 정작 중요한 것은 쌀을 보관할 수 있는 상업 창고의 건설과 이를 관리할 전담 회사를 설립하는 것이었다. 일본은 곧바로 전담 회사의 운영 방안에 대한 윤곽을 제시했다. 설립 회사는 쌀 수출이 많은 5개 항구에 5,000평 규모의 창고를 신축 또는 임대 방식으로 확보케 하되, 건설비와 운영비 등은 국고에서 보조한다는 내용이었다.

　이 같은 계획안이 발표되자 조선은행과 식산은행, 동양척식, 조선정미회사 등 법인과 개인 주주를 포함한 28명의 발기인이 새 회사의 정관 작성을 비롯하여 세부 운영 계획 수립에 착수했다. 그리하여 1930년 11월 경성의 남대문통에 자리한 경성전기 빌딩에서 창립 총회를 열고, 자본금 1백만 원(약 1,100억 원)의 '조선미곡창고주식회사(이하 조선미창)'가 설립되었다. 오늘날 CJ그룹의 대한통운 전신인 조선미창이 이처럼 조선 물류업계의 원조를 이루면서 탄생케 된 것이다.

이렇듯 조선 물류의 새벽을 열게 된 조선미창은 개항장이 들어선 인천항을 시작으로 부산과 진남포, 목포와 군산 지점을 개설하면서 첫 물류 영업을 시작했다. 당시 가장 많은 생산품이자 수출량 1위의 화물이었던 쌀의 매입, 운송, 입고, 보관, 출하, 선적에 이르는 전 과정을 일괄 관장하는 국책 회사로 출범한 조선미창은, 이후 일제 강점기를 지나는 동안 물류 전문 회사로 도전을 거듭해 나간다.

특히 조선미창은 전쟁의 포화 속에서 빠른 속도로 팽창할 수 있었다. 회사 설립 이듬해인 1931년 일본이 만주에서 전쟁을 일으켜 조선에 주둔하고 있던 일본군이 만주 국경을 넘나들면서 군량미의 수송 수요가 급증했다. 조선미창은 당국과 정부 소유미 위탁 계약을 체결하고 정부미의 일관 보관 및 이송 업무를 담당케 되었다.

그뿐 아니라 일본군의 북방 진출이 날로 확대되면서 군수 물자의 보관과 수송을 위한 병참 기지로서 조선이 차지하는 비중은 더욱 커지기 시작했다. 그러면서 1933년에는 조선군사령부의 창고와 함께 현미 보관 및 운송에 관한 청부 계약을 맺었다. 이를 계기로 대일 수출에만 국한되어 있던 조선미창의 업무 영역은 압록강을 넘어 만주로까지 이어지는 국제 간 물류로 확장되기에 이르렀다.

더욱이 1934년 들어 2차 산미증식계획이 중단되면서 조선미창의 업무 환경은 한층 복잡해졌다. 일본이 산미 증식을 중단시킨 표면상의 이유는 국제 곡물 가격의 하락으로 수리조합의 경영이 악화되었기 때문이다. 그러나 진짜 이유는 정작 따로 있었다. 조선 쌀의 수출 증가로 일본의 농촌 경제가 큰 타격을 입게 되면서 각계의 반발이 거세어지자, 일본 정부가 서둘러 조선에서의

조선 물류업계의 원조 '조선미창'

산미증식계획을 중지시켜 버린 것이다.

한데도 조선에서의 쌀 생산량은 한동안 계속해서 늘어만 갔다. 이런 상황에서 대일 수출이 큰 폭으로 줄어들자 전국 각지에선 생산된 미곡을 보관하기 위한 창고 수요가 폭발적으로 증가했다.

조선미창 역시 예외가 아니었다. 회사 설립 당시만 하여도 향후 5년간 필요한 창고 면적이 7,000평을 약간 상회할 것으로 추정되었으나, 1934년 조선미창이 보유한 창고는 이미 2만 평을 넘어서고 있었다.

하루가 달리 늘어만 가는 보관 수요를 감당하기 위해 조선미창은 이듬해부터 각지에 지점을 신설하는 한편, 창고 신축 및 증축과 함께 지방에 산재해 있는 농업 창고를 적극적으로 매입하고 나섰다. 이같이 조선미창은 1936년까지 마산과 여수·강경·원산·해주에 새로이 지점을 개설하고, 신축 창고 2만 7,000평과 임대 창고를 포함하여 자그마치 7만 평에 이르는 보관 능력을 갖추게 되었다.

그러나 이듬해 다시 발발한 중일전쟁은 동북아의 경제 환경에 엄청난 변화를 가져다주었다. 중일전쟁이 발발하기 이전부터 빠른 속도로 공업화가 진행된 일본에선 상대적으로 농촌 인구가 감소하면서 농업 생산량이 눈에 띄게 저하되고 있었다. 이에 따라 쌀을 비롯한 곡물 소비가 크게 늘어나면서 조선 쌀의 수입량도 다시금 증가하기 시작했다.

뿐만 아니라 조선미창의 업무 수행에도 많은 변화가 요청되었다. 일본군의 전선이 중국 본토로까지 확대되면서, 군량미를 포함한 군수 물자의 보관 및 배급 기관으로서 조선미창의 업무량이 예전과 비교가 되지 않을 정도로 폭증한 것이다.

만주사변 이후 일본의 대륙 지배가 보다 확고해지면서 조선의 주요 항구와 철도역에는 이미 오래전부터 대륙으로 향하는 화물과 여객이 걷잡을 수 없을 만큼 밀려들고 있었다. 조선미창이 1937년부터 항만에 들어오는 화차 운송에서 창고 보관을 거쳐 선적에 이르는 작업의 전 과정을 일괄 취급하기 시작한 것도 항만의 적체가 시작된 바로 이 무렵부터였다.

그러나 1939년은 조선인들에게 악몽과도 같은 한 해였다. 역사상 최악의 가뭄으로 인하여 쌀 생산량이 전년도에 비해 절반가량이나 뚝 떨어진 1,000만 석 가까이 줄어들자, 도시와 농촌을 가리지 아니하고 각지의 쌀값이 급등하면서 매점매석마저 횡행하는 현상까지 나타났다.

조선의 대흉작으로 말미암아 일본의 궤도 수정 또한 불가피하게 되었다. 당장 일본 군부의 전시 식량 수급 계획마저 큰 차질이 생기자 일본 정부는 서둘러 3차 산미증식계획을 수립하고, 이듬해부터 연산 3,000만 석을 목표로 대대적인 증산에 총력을 기울이기 시작했다. 증산 계획이 다시 추진되면서 조선미창의 보관 업무 또한 증가할 수밖에 없었다.

1941년에는 일본이 마침내 진주만을 공습하여 태평양전쟁이 발발하면서 전선이 보다 확대되었다. 조선을 경유하여 만주와 중국 등 전장으로 수송되는 전시 물자의 물동량도 덩달아 크게 증가했다. 이에 따라 조선미창의 영역 또한 전선을 따라 점차 북쪽으로 이동하면서, 1942년 한 해에만 함흥과 평양, 청진에 새 지점을 개설해야 했다.

1943년이 되자 전쟁은 막바지로 치닫기 시작했다. 철도를 통하여 수송되는 전시 물자가 급증하면서 조선미창은 같은 해 남한 13개 역과 북한 10개 역 등 23개 역에 차급 화물(화차 1량 단위로 실리는 대량 화물)에 대한 면허를 받아냈다. 정부 관리 양곡의 효율적인 운송 취급을 위한 면허였으나, 당시 취득한 면허는 이후 조선미창이 소운송 분야에도 활발하게 진출하는 출발점이 되었다. 이처럼 전시 물자의 취급량이 하루가 다르게 늘어 가는 가운데, 해방 직전인 1944년 조선미창의 회사 보유 창고는 어느덧 사상 처음으로 10만 평에 육박하고 있었다.

필자는 1960년대 후반까지만 하여도 국내 7대 도시였던 남쪽의 항구 도시 목포에서 어린 시절을 보냈다. 그리고 그 도시에서 가장 큰 건축물은 다름 아닌 조선미창이 남긴 미곡 창고였다. 고만고만한 시내 건물들을 보면서 지내다가 어쩌다 조선미창의 미곡 창고에라도 가볼라치면 마치 딴 세상에라도 온 듯 자못 경이로웠다. 그 우람한 창고 건물이며 끝없이 즐비하게 늘어선 위용에 그만 압도당하고 말았던 기억이 아직도 생생하기만 하다. 모르긴 해도 조선미창이 들어선 다른 대도시의 풍경 또한 별반 다르지 않았을 것으로 추측된다. 어떻든 해방이 되기 이전까지 조선미창은 이 땅에서 가장 큰 건축물을 보유하고 있었을 뿐 아니라, 또 그 같은 인프라 구축을 기반으로 한 물류 분야에서 매우 값진 업무 경험을 단련 축적해 나가고 있었다.

전국 운송업자들의
고향이 된 '조선운송'

경성 상계의 물류업 개척기를 돌아볼 때 이 같은 조선미창만을 가지고는 설명이 다 되지 않는다. 조선미창이 전국의 주요 항구에 건축한 대규모 미곡 창고를 중심으로 미곡의 운송과 보관·출하 부문의 물류를 개척해 나갔다면, '조선운송주식회사(이하 조선운송)'는 전국에 거미줄처럼 깔려 있는 철도역을 중심으로 철도 화물의 운송과 출하·배달 부문의 물류를 개척해 나갔다. 각기 항구와 철도라는 고유 영역을 구축하며 근대 물류업의 쌍벽을 이룬 것이다.

그러나 철도역을 중심으로 한 조선운송의 성장통은 항구를 중심으로 한 조선미창과는 또 달랐다. 조선운송의 역사는 그야말로 조선 운송업자들의 끝없는 도전과 응전, 투쟁과 협력으로 얻은 산통 끝에 탄생케 된 것이었다.

사실 종래의 조선 운송업은 전통적으로 상인들의 숙박과 함께 상품 거래를 중간 도매상인 객주와 여각이 전담 겸임하는 것이 상례였다. 또 객주와 여각은 상품 운송을 대부분 강과 바다에 의존하고 있었기 때문에, 주로 포구나 나루에 위치하기 마련이었다. 일본의 물류 운송업자들이 침투해 들어오기 시작한 개항 이후에도 한동안 해운과 강운을 중심으로 한 이 같은 운송 체계는 별다른 변동이 없었다.

그러다 1899년 노량진-제물포 구간 32.2km의 경인선 철도가 개통된 데 이어, 경부선과 경의선의 철도가 잇따라 깔리기 시작하면서 상황이 돌변했다. 그동안 해운과 강운을 중심으로 조선의 운송업계를 독점해 오다시피 한 객주와 여각은 새로운 교통수단에 밀려 쇠퇴하거나, 철도 정거장으로 자리를 옮겨 운송업·위탁판매업·중개업 등으로 뿔뿔이 흩어져 분화하는 경향을 보였다. 조선의 운송업계는 철도를 이용한 화물 운송을 중심으로 빠르게 재편되어 갔던 것이다. 또 이처럼 강이나 연안을 따라 주로 선박을 통한 근거리 운송과 하역을 업으로 삼던 조선의 운송업자들이 너도나도 새로운 철도 화물 운송에 뛰어드는 동안, 명치유신 이후 자본력을 축적한 일본의 크고 작은 운송 회사들이 조선에 군침을 흘리기 시작했다.

그리하여 1906년쯤에는 경부철도와 경의철도의 주요 역이나 중간 역마다 한·일 운송업자가 상당수 존재했다. 철도 기관과의 밀착 관계로 보나 자본의 규모 면에서 일본의 운송업자들이 압도적으로 유리하였겠지만, 조선 운송업자들의 활동 또한 만만치 않았다.

한데 일본은 러일전쟁이 끝나자마자 1906년부터 경부선과 경의선 등을 국유로 전환한 다음, 노선 연장 사업을 대대적으로 추진해 나갔다. 1910년 평남선 개통에 이어 1914년에는 호남선과 경원선의 전 구간에서 영업이 시작되면서, 조선 각지를 거미줄처럼 연결하는 혈맥을 구축했다. 그사이 1911년 압록강 철교가 준공되어 광활한 만주 벌판으로까지 철도가 연결되고 있었다.

이처럼 조선 철도의 국제화는 당시의 정세 변화와 맞물려 조선은 물론이고 동북아 운송업계 전반에 걸쳐 일대 지각 변동을 몰고 왔다. 그리고 그 소용

경성 상계史

돌이가 시작되는 1907년 조선통감부의 비호 아래 일본의 내국통운주식회사(이하 내국통운)가 조선에 들어왔다.

내국통운이 한성에 지점을 설치하고 영업을 시작한 직후 기다렸다는 듯이 조선통감부는 철도 화물 운송 취급인 승인 제도를 도입했다. 말할 것도 없이 이 승인 제도는 내국통운과 일정 규모 이상의 자본력이 있는 일본계 업체를 보호하는 수단으로 이용되었다.

그런 결과 조선의 운송업계는 치열한 경쟁과 대립 구도로 돌입했다. 일본 내국통운 계열 점소의 친목 단체인 통운동맹회와 중소 규모의 일본계 및 조선계 업체들이 연대한 조선운수연합회 사이에 세력 과시와 분규가 끊이지 않았다.

이런 와중에 1917년 조선철도의 경영을 만주철도(이하 만철)에 위탁하기로 하자, 운송업계는 또다시 술렁였다. 1차 세계대전이 끝난 후 시작된 경기 침체가 장기화되는 가운데, 그동안 우후죽순으로 늘어났던 운송업체들은 물량 부족과 경쟁에 따른 수지 악화로 고전하고 있었다. 그러자 시장의 혼란을 우려한 만철의 경성관리국은 조선철도승인운송점조합을 결성하고 나섰다.

하지만 일본계 업체들 위주로 계산 업무를 대행해 주고 가맹 조건을 까다롭게 하는 등 독점 기관으로서의 전횡을 일삼자, 이에 불만을 품은 연합회 소속의 조선계 업체들 또한 1922년 선운동우회를 조직하고 회원 간의 친목 도모와 함께 별도로 계산 업무를 취급하기 시작했다.

그러던 중 변수가 돌발했다. 1923년 들어 일본에서 내국통운과 경쟁 관계에 있던 국제운송주식회사(이하 국제운송)가 조선에 진출하게 되면서, 지금껏 내국통운이 독점적인 영향력을 행사하던 조선의 운송업계는 두 일본 회사의 세력권으로 갈라져 새로운 대립과 갈등의 늪으로 빠져들게 되었다.

그러자 1927년 일본계 승인점조합을 중심으로 조선운송업합동유지회를 결성하고 통합 문제를 논의하기 시작했다. 조선계 업체들의 조직체인 선운동우회도 초기에는 격렬하게 반대했으나, 점차 통합에 찬성하는 회원 업체들이 늘어나면서 결국 일본계와 통합에 참여하기로 입장을 정리했다.

한편 이보다 앞서 일본의 내국통운과 국제운송은 일본 철도성 주도로 진행된 통합 작업 결과, 내국통운이 국제운송을 합병하면서 회사명을 국제통운주식회사(이하 국제통운)로 변경했다. 조선에서의 운송업계 통합 역시 이 같은 변화의 영향을 받을 수밖에는 없었다.

그러나 조선에 진출한 이래 줄곧 우위를 점유하고 있던 일본의 국제통운은 처음부터 통합에 부정적인 입장을 나타냈다. 그러면서 운송업계는 조선계 업체들의 조직체인 선운동우회를 중심으로 한 통합파와 일본계 국제통운이 이끄는 반대파 진영으로 갈려 양 진영 간에 양보 없는 대립이 계속되었다.

보다 못한 철도국이 긴급 중재에 나선 끝에 일본의 국제통운이 최종적으로 이탈을 선언하자, 조선의 운송업 통합은 조선계 운송업체들이 모인 통합파가 주도할 수 있게 되었다. 결국 통합파 진영은 1930년 발기인 총회를 열고 회사 설립 안건을 가결한 데 이어, 1백만 원(약 1,100억 원) 주식 대금 전액을 불입하면서 회사 경영진을 전원 선임했다. 4년여의 우여곡절 끝에 조선 운송업계를 대표하는 조선운송이 탄생하는 순간이었다.

이렇게 탄생한 조선운송은 회사 설립한 이후 통합에 찬성하는 군소 업체들을 지속적으로 흡수 합병한 결과, 1930년에는 전국 주요 역의 41개 직할점에서 일제히 영업을 개시할 수 있었다. 철도국에서도 조선 전체 운송업자들의 70% 이상인 1,328개 업체가 회사 설립에 참가한 사실을 들어 업계에선 유일하게 조선운송을 국유 철도 지정 운송 취급인으로 승인했다.

이를 계기로 조선운송은 역구내에서의 화물 작업과 집배, 소화물 배달, 소구급 및 톤급 화물의 운반, 작업 인력 공급 등 대부분의 운송 업무를 대행할

조선운송

수 있게 되었다. 철도국 또한 철도 영업 창고의 경영을 조선운송에 위탁하고 화물 자동차를 제공하는 한편, 조선운송의 임직원에게는 철도 무임 승차증을 제공하는 등 각종 지원을 아끼지 않았다.

철도국의 이런 조치에 일본의 국제통운은 위기감을 느꼈다. 일본의 국제통운은 계열 점소의 친목 단체인 통운동맹회와 선운협회 및 조선운송동맹회 등을 움직여 운송혁신대회를 여는 등 집단 시위를 벌이는 한편, 각지의 하주들을 대상으로 운임 경쟁과 화물 쟁탈 등을 벌이기 시작했다.

하지만 조선운송과 일본의 국제통운 양 진영 간의 경쟁과 암투는 시간이 갈수록 쌍방 모두에게 고통만을 안겨 주었다. 그런 와중에 화물 짐표를 허위로 발급하는 등 범법 행위를 저지르는 업체들이 나타나 시장이 어지러워지자 정책 결정권자인 철도국과 자금줄을 쥔 조선은행이 중재에 나서면서 상황은 급변했다.

결국 1931년 그동안 통합에 반대해 오던 일본의 국제통운을 비롯하여 조선

운송 3사의 대표들이 통합에 합의하면서 분쟁은 일단락되었다. 일본의 국제통운 등이 조선운송에 합류하면서 조선의 운송업은 마침내 조선운송을 중심으로 하는 일원화 시대로 접어들게 되었다.

더욱이 이듬해부터는 동북아 경제도 오랜 불황을 넘어 활황 조짐을 보이기 시작했다. 조선과 만주에 진출하기 시작한 일본의 공업 자본이 증가하면서 조선의 운송업계 역시 전에 없는 호황기에 들어섰다.

1932년에는 만주국이 수립되면서 조선을 거쳐 만주에 이르는 최단거리의 노선 확보가 일본 정부의 최우선 전략 과제로 떠오르면서 또다시 운송업계가 요동쳤다. 일본은 만주 신경에서 함경도 회령을 거쳐 나진에 이르는 루트에 이어, 나진에서 청진·원산을 지나 경성에 이르는 철로를 개통했다. 이 철도가 개통되면서 원산과 청진을 거쳐 만주로 이동하는 물동량이 급증하자, 조선운송에 합류한 일본의 국제통운과 만주 다롄에 본사를 둔 일본의 국제운수가 이 황금 노선에 서로 눈독을 들이고 나섰다.

새로운 황금 노선을 두고 1년 가까이 첨예하게 대립하던 두 회사의 이해관계는 결국 일본의 국제운수가 청진 이북의 철도 영업권을 갖는 대신 조선의 운송 시장에서 발을 뺐다. 일본의 국제통운은 해운 업무 일체를 조선운송에 양도하면서 조선운송을 실질적으로 지배하는 것으로 최종 타결되었다.

이렇듯 해운 업무가 새로이 편입되면서 해상 운송 물량이 급증하자, 조선운송은 1934년 해운 부서를 새로이 신설하고 해운 점소도 15개나 확장하는 등 조선 전역에서 운송 일관 체제를 빠른 속도로 구축시켜 나갔다.

이후 벌어진 중일전쟁으로 국내 경기는 인플레가 날로 확대되어 갔으나, 반대로 운송업계만은 오히려 활기를 띠었다. 조선 쌀의 일본 수출과 만주에서 생산되는 잡곡 수입을 비롯하여, 관공서 및 군부대 물자 수송 등으로 전에 없이 바쁜 나날을 보내야 했다.

1939년부턴 조선운송의 영업 기반이 조금씩 더 북쪽 지방으로 뻗어 나갔다. 당시 신의주에서 다사도항으로 이어지는 압록강 하구의 넓은 지역에 수많은 공장들이 줄지어 세워졌다. 곧 완공될 수풍발전소의 전력과 압록강을 이용하여 군수품을 생산할 공장들이었다. 조선운송은 신의주와 다사도항에 지점을 신설하고 새로운 화물을 확보하는 한편, 부산과 베이징 간 대륙 기차 운행 개시를 계기로 중국 내륙의 주요 도시를 도착지로 하는 철도 화물 영업에도 활발하게 진출했다.

1940년 조선운송은 회사 설립 10주년을 맞아 창립 당시 4과 10계였던 본사 조직이 8과 26계로 크게 확장되었다. 또 해운 점소를 포함한 지점과 출장소 등 현장 인프라도 43개에서 169개로 대폭 늘어나면서, 조선을 넘어 동북아 굴지의 물류 기업으로 도약하고 있었다.

그러나 같은 해 연말부터 철도와 자동차의 연계를 강화해야 한다는 철도국의 방침에 따라, 전국 철도역을 매개로 이루어지고 있던 화물 자동차 사업을 조선운송 주도로 통합하는 작업이 추진되었다. 이 작업은 전국 22개 주요 역 소재지에 난립해 있던 소규모 운송 회사 372개를 통합해 1역에 1사 기준으로 합동 운송 회사를 설립하고, 나머지 작은 역 소재지에 있는 827개 군소 회사는 조선운송이 직접 인수하는 방식을 취했다. 이런 결과 전국 22개 주요 역에는 합동 운송 회사 1개와 조선운송이 1역 2사 체제로 영업을 하고, 나머지 작은 역에서는 조선운송 1사가 전담해서 영업을 하는 체제가 갖추어졌다.

항만의 운송업 역시 전시의 일원화 정책에서 예외일 순 없었다. 1941년 항만운송업 통제령이 시행되기 전에는 전국 항만의 하역과 운송업이 자유업으로 저마다 간판을 내걸 수 있었다. 그러나 1942년부터 항운업에 대한 당국의 통제 방침이 구체화되면서, 전국 주요 10개 항구(부산, 인천, 목포, 군산, 마산, 포항, 해주, 진남포, 원산, 성진)에는 조선운송이 50% 이상 투자한 항운 회사가 일시에 설립되었다.

그러면서 해방 직전 조선운송은 항만 하역과 연안 해운을 비롯하여 철도 화물과 공로 운송에 이르기까지, 조선 전역의 육운과 해운 모두를 천하 통일한 종합 물류 회사로 급부상했다. 회사 규모 또한 자본금 3,850만 원(약 3조 9,350억 원)에 종업원 수 5만 명에 이르는, 일제 강점기 국내 여느 기업과도 비교할 수 없을 만큼 거대 국책 기업으로 성장해 가고 있었다.

제4부

꿈의 노다지,
황금광 열풍에 휩싸이다

꿈의 노다지,
1억 원의 운산광산

종로에는 '싸구려'소리가 늘어나고, 신당리에는 빈민굴이 늘어가고, 농촌에
는 유랑객이 늘어가고, 소작쟁의가 늘어나고, 노동쟁의가 늘어나고, 세계적
으로는 적기가赤旗歌 소리가 높고, 만주에는 총소리가 들리고….

자본주의 세계도 이제는 최후의 고비를 넘고 있는 모양이다. 1929년 말 환
희의 절정에 있던 미국을 엄습한 취인소(증권거래소) 대공황을 비롯하여 자본
주의 세계 경제가 공황이란 수렁에 빠진지가 벌써 3년을 지났건만 아직도 아
무러한 서광이 보이지 않는다. 서광이 보이기는커녕 날이 가고 달이 갈수록
공황의 위협은 더욱더욱 심해져간다.[1]

1930년대 경성 상계는 대공황the Great Depression의 시대였다. 1929년 10
월 24일 뉴욕 월스트리트에서 주가가 폭락하며 휴지 조각이 되고 만 이래, 대
공황의 깊은 주름은 이후 10여 년 동안이나 걷힐 줄 몰랐다. 또한 뉴욕 월스트

리트에서 시작된 대공황의 깊은 주름은 불과 두 달여 뒤인 1930년 정월쯤엔 일본을 거쳐 마침내 조선 땅에도 상륙하여 밀려 들어왔다. 그리하여 1941년 태평양전쟁 발발 직전까지 식민지 경성 상계에도 깊은 생채기를 남겼다. 급기야 '종로 거리에도 싸구려 소리가 늘어나기' 시작한 것이다.

따라서 이즘에 이르면 경성 상계도 크게 위축될 수밖에 없었다. 세간의 관심사는 마치 무언가에 홀딱 홀리고야 만 것처럼 상계가 아닌 오로지 딴 데만을 바라보고 있었다. 토지도, 은행도, 극장도, 요릿집도, 자동차도, 신문사도, 레코드도, 영화도, 호텔도, 빌딩도 아닌, 너도나도 '노다지no+touch 금광金鑛'으로 온통 휩쓸려 가고 있었던 것이다.

수삼 년 내로 금광열이 부쩍 늘기도 하였거니와 금광 때문에 졸부가 된 사람도 훨씬 많아졌다. 그래서 웬간한 양복쟁이로 금광꾼 아닌 사람이 별로 없고 또 예전에는 금전꾼이라 하면 미친놈으로 알았으나 지금은 금광 아니 하는 사람을 미친놈으로 브르리 만치 되엇다.[2]

모든 광狂시대를 지나서 이제는 황금광시대가 왔다. 금광! 금광! 일본의 본위화本位貨 부족으로 위체爲替(외국환 어음)가 폭락한 바람인지 그런 까닭에 금광 허가를 선듯 선듯 내어주는지 너도나도 금광, 금광 하며 이욕利慾에 귀 밝은 양민들이 대소몽大小夢이다. 강화도는 사십 간만 남겨노코는 모두가 소유자 잇는 금땅이라 하고 조선에는 어느 곳이나 금이 안 나는 곳이 업다 하니 금땅 우헤서 사는 우리는 왜 이다지 구차한지? 금이다, 황금이다, 하며 악쓰고 덤비면 광을 팔 자금이나 잇는지 또 누구에게 넘기려나? 금을 어드면 어듸다 쓰겟다는 생각이나 잇는지. 모두가 '촤푸린'이 보여 준 황금광들이다.[3]

경성 상계史

그랬다. 1930년대에 접어들면서 갑자기 불어닥친 금광 열풍은 조선 전역을 번쩍이는 황금빛으로 물들이게 만들었다. 평생토록 전답이나 일구던 촌무지렁이에서부터 도시의 양복쟁이에 이르기까지, 그야말로 남녀노소를 가리지 않았다. 모두가 한마음 한뜻이 되어 무작정 황금을 찾아 나서는 데 혈안이었다.

그뿐이 아니었다. 한동안 황금빛의 유혹에도 못내 침묵만을 지키던 지식인들마저 이내 함께 뛰어들어 황금을 찾아 나서는 데 가세하고 나섰다.

처음에는 그저 어처구니없는 일시적 유행쯤으로 가볍게 인식하고 있던 지식인들까지 금광이 돌이킬 수 없는 대세가 되자 슬그머니 열풍에 편승했다. 이성을 찾자고 타일러도 시원찮을 신문 기자, 법학자, 경제학자, 공학자 들이 앞장서 가뜩이나 뜨거운 열기에 기름을 부었다.[4]

딴은 그럴 만도 했다. 앞서 이미 맨주먹으로 벼락부자가 된 금광왕 최창학과 함께 정 아무개 운전사의 경우처럼 금광을 찾아냈다는 사람들이 하나둘이 아니었다. 때문에 당시 신문과 잡지에도 금광계金鑛界 난이란 게 따로 구성되었을 만큼 실제로 금광을 찾아내어 떼돈을 벌었다는 사람들이 여기저기 속출한 터였다.

이런 세태를 보여 주기라도 하듯이 『삼천리』 잡지는 귀가 솔깃한 기사 한 토막을 싣고 있다. 무려 지금 돈 12조 원이라는 천문학적 액수인 "1억 원의 운산금광—팔나나, 팔니지 안나" 하는 풍문 추적이 그것이었다.

조선서 제일 금이 잘 나는 금광은 평북 운산금광雲山金鑛인줄 알니라. 그 금광은 일년 치고 몃 백만 원 어치의 금이 나오고 설비도 엇더케 굉장한지 땅속에 레-루롤 깐 것이 수 십리요. 발전소가 잇서 전등을 갱내 수천(1척 30.3cm)의 처에 모다 켜고 그리고 갱내에는 에레배-다를 놋고 밀차(도록꼬) 설비가 잇고 다이나마잇트를 넛는 화약고가 잇고 광산사무소도 철근 콩그리-도로 잘 지엇고 유명한 기사-한 달에 몃 천 원씩 주는 고급기사도 미국서 여러 명을 초빙하여 왓고, 엇잿든 한낫부터 열까지 완전하다 한다….

그런데 이 금광은 미국 사람 경영이다. 채굴 허가는 녜전 구한국정부 때 무지막지한 당시 정부의 고관이 국고에 돈이 업서 쩔쩔매면서도 이런 조흔 금광을 국영으로 할 생각은 아니하고 미국인에게 기만 원의 돈을 밧고 백년 간인가 몃 10년간인가의 채굴권을 덜넝 허가하여 주엇다….

그런데 최근에 광업 열이 잔뜩 팽창하자 (일본)삼정三井 삼능三稜재벌이 주主되야 된 일본광업주식회사에서 조선 천지의 모 거두를 중간에 내세우고 이 운산금광의 매수 운동을 하엿다. 미국인 광주는 매수에는 응할 터인데 그 가격은 놀나지말아.

금 일억만 원야—億萬圓也라 하엿다. 이 엄청난 호가에 몃 달 두고 교섭한 결과 최근에는 3천만 원이면 팔겟노라고까지 한다고 한다. 그래도 아직 매수 측에서는 빗사다고 교섭이 성립이 되지 안코 잇는데 어느 강호의 친구 한 번 발벗고 나서서 미국인 광주와 일본광업회사 측 매주를 잘 달내어 교섭만 성립식혀 노흐면 그중간 구문이 참말 거액이렷다.

서울서 복덕방에서도 집 사주고 방 한간 어더 주는데도 의례히 10분지 2, 3의 구문을 밧거든 그 비례로 처도 가령 2천만 원에 갑이 떠러진다 할지라도 돈 백만 원 생기고…. 들니는 풍설에 그 매매를 성립식히면 3백만 원을 떼어 주마 한다 하니 그도 참말일상 십다.[5]

경성 상계史

금광왕 방응모,
조선일보 사장 되다

맨주먹으로 벼락부자가 된 금광왕 최창학과 정 아무개 운전사 말고도 당대
에 금광을 찾아낸 사람은 부지기수였다. 신문과 잡지에 금광계 난이 따로 만
들어졌을 만큼 실제로 금광을 찾아내어 떼돈을 벌었다는 사람들이 여기저기
서 속출하는 가운데, 금광왕 최창학에 필적할 만한 새로운 금광왕 방응모의
등장은 세상을 다시 한 번 황금빛 유혹으로 물들이게 만들었다.

…방응모씨는 금년이 꼭 50이다. 고향은 평북 정주인데 대대로 문벌 잇는
선배의 집안에서 태어낫다. 선배의 집안인지라 유시부터 가빈으로 소년 고상
이 막대하엿다. 장하야도 별로 경사京師로 급부笈負할 처지도 못되고 상로商
路에 투족하엿다. 그래서 1919년 이 땅에 새로운 물결이 치든 때만 해도 정주
읍에서 잡화 포목상 등을 하고 잇섯고 그 뒤 동아일보의 정주 지국을 마터 경
영하기도 하엿다. 이리하는 동안에 세태는 변하야 뜻도 커지고 더구나 한 달

에 1원(약 11만 원)씩 밧어드리는 신문대금도 잘 드러오지 안음으로 부득이 거액의 부채를 신문사 본사에 질머진채 신문 지국은 팽개치고 말엇다…[6]

그 뒤 방응모는 고향을 떠나 평양으로 이주했다. 평양에서 변호사 사무실에 취직해 보기도 하고, 대서업代書業도 해 보는 등 생계를 위해 동분서주했다. 하지만 이도저도 뜻대로 풀리지 않아 궁지에 내몰리는 신세로 전락하고 말았다.

그러던 어느 날, 아니 방응모 역시 조선 전역에 불어닥친 금광 열풍에서 자유로울 수 없었다. 어차피 친구 집에 얹혀사는 막다른 처지에서 이판사판의 심정으로 망치를 쥐어 들었다. 그리곤 이 산맥 저 산맥으로 광맥을 찾아 정처 없이 길을 떠났던 것이다.

그러다 발길이 머문 곳은 평북 삭주의 교동이었다. 아직 사람의 발길이라곤 닿은 적이 없는 천애의 계곡, 뒷날의 교동광산이었다. 천운이 이끌어 준 그 계곡에서 마침내 방응모는 황금빛 광맥을 찾아내고야 만다.

하지만 수중에 땡전 한 푼이 없었던 그는 속이 시커멓게 타들어 갔다. 천신만고 끝에 눈물겨운 투자금 2,000원(약 2억 2,000원)을 만들어 쥐고서 발굴에 들어간 결과 매장량도 어마어마할뿐더러, 산품의 질 또한 가히 절품이라는 평가를 얻었다.

당시 일본 상공성 광산국에서 발간한 조사 발표에 따르면, 방응모의 교동광산은 조선에서 가장 유수한 금광 중의 하나라고 기록되어 있을 정도였다. 또한 매년 648와瓦의 금을 캐내어 그 가격이 66만 원(약 726억 원)에 달하며, 광산의 인부만 하더라도 하루 평균 1,067명을 고용하고 있다고 했다.

그러나 방응모는 몇 년 지나지 않아 그 교동광산을 매각했다. 1932년 만철 총재를 지낸 야마모토 조타로에게 매각하여 거금 145만 원(약 1,595억 원)을 수

경성 상계史

중에 넣은 뒤, 자신의 무대를 경성으로 옮겨 앉았다.[7]

　이듬해에는 조만식, 이광수 등의 간청을 받아들여 휴간과 복간을 계속하면서 사실상 부도 상태에 놓여 있던 조선일보를 인수하여 다시 한 번 세간에 화제를 뿌렸다. 당시 신문사 경영은 소모 사업消耗事業이라 하여 경성 상계의 부호 어느 누구도 거들떠보지 않았다. 그의 조선일보 인수는 여느 '금광 나리긴(졸부)'들과는 차별이 되는 쾌척이 아닐 수 없었던 것이다.

　더욱이 금광을 찾아내서 팔자를 고쳤다고 하는 노다지 벼락부자들은 도처에 많았어도, 그들 가운데 누구 한 사람 교육 기관이나 청년회와 같은 공익 기관에 후원했다는 얘기는 없었다. 아니 하다못해 어디 탁아소에 쌀가마니를 기부했다는 얘기조차 들어 보지 못한 터였다. 한데 부자의 윤리적 의무를 다하고자 한 방응모의 쾌척은 세간의 이목을 끌기에 충분했다.

　이때 방응모가 조선일보에 쾌척한 거금은 50만 원이었다고 한다. 지금 돈 약 550억 원에 달하는 거액이다.

노다지 꿈 이룬
간호사 출신의 금광 여사장

1930년대에 접어들어 폭풍처럼 불어닥친 금광 열풍은 평생토록 전답이나 일구던 촌무지렁이에서부터 도시의 양복쟁이에 이르기까지 그야말로 남녀노소를 가리지 않았던 것처럼, 벼락부자 노다지의 꿈은 비단 남성들만의 전유물이 아니었던 모양이다. 온갖 고생을 감수한 끝에 마침내 금광을 찾아내어 하루아침에 세상의 부러움을 한 몸에 받게 된 여성도 없지 않았다. 간호사, 전화교환수 등으로 전전하다 강원도 횡성 땅에서 금광을 만나 30만 원(약 330억 원)의 노다지 꿈을 이룬 김정숙이 그 주인공이었다.

연약한 여자의 몸으로 천신만고 끝에 노다지의 꿈을 이룬 것은 정녕 놀라운 일이 아닐 수 없었다. 더욱이 놀라웠던 건 스물세 살 때부터 8년여 동안이나 금전판을 전전하며 무려 4남 4녀 여덟 남매를 키워 내면서 끝내 일구어 냈다는, 조선 여인의 끈질긴 깡다구를 보여 주었다는 점에서 더욱더 가상한 일이었다.

경성 상계史

세상에 놀랍고도 희귀한 일이 하도 만치만 일개 간호부의 몸으로서 또 전화교환수의 몸으로서 인생의 가진 고생을 격든 나머지 조혼 금광을 맛나서 누러케 쏘다지는 노다지의 복을 입어불 줄 수년에 일확 20만 원을 모아쥔 금광여왕 김정숙 녀사는 여러 가지 의미로 당대 녀걸 중 한 사람이 아니랄 수 업다. 나는 이 히한한 녀사의 경역과 포부를 듯고저 씨의 문을 두다리기는 가을도 깁허가는 10월 15일 오후 6시라…

"분주하실 터인데 대단 미안합니다마는 듯자오니 부인께서는 나밋 맛보지 못하는 고생을 젊어서 붙어 겻거 왓다기에 그에 대한 자세한 이야기를 듯고 십허서 찾어왓슴니다."

"아니 참 별 말슴을… 고생이야 무척 해왓슴니다만 뭐 이야기 할 것까지야 잇슴니까."

(중략)

광산鑛山을 차저ㅡ

"그러면 그 후에는…."

"내가 바로 18살 먹든 해임니다. 평북 창성금광에로 남편을 따라가서 그날그날을 무서운 고생으로 지냇슴니다. 그러다가 5달이 지난 뒤 종내 하는 수 업시 살길을 찾어 그곳을 떠날 작정을 하엿슴니다만 어데 로비路費가 잇슴니까! 왼종일 거러오는데 배는 곱흐고 발은 부르트고 갈길은 아득하지요! 그른데 도중에서 마츰 어떤 이를 맛나서 자세한 사정을 말하얏드니 그 분이 돈 3원(약 33만 원)을 줍데다. 참 그 돈 3원! 지금도 잊지 안흠니다. 그이의 성명까지 '김병현'씨인 줄 잊지 안코 잇슴니다."

다시 싀집사리ㅡ

"그래서 오든 도중에 저- 숙천肅川 뒷산골에 잇는 싀누이동서 집에 가 잇는데 산골이라 모두 조잇단을 이고 비탈을 내려오는데 나도 거긔서 밥을 얻어 먹는 몸이라 그냥 이슬 수 없어 같이 일을 할랴니 여간 고생이 안이엿담니다. 참 그때의 일을 생각하면 우수운 일 한 가지가 다시금 생각키웁니다. 바루 저- 우리 아희 아버지 생일인 즉 8월 추석 날인데 보통 때는 강냉이 조밥만 먹든 것이 그 날만은 명절 겸 생일 이래서 흰밥을 햇는데 어린 마음에 보는 이가 많아서 마음 놓고는 못 먹고 물동이 우에 놓인 밥그릇의 이밥을 손에 물칠을 하여 주먹밥을 만들어 남이 보지 안는 틈에 먹누라니 여북햇겟서요! 참 지금 생각하면 우수운 일이엿지요. 참 싀집사리를 이렇게 해왓담니다."

"하하하… 그때 밥맛이 어떼습니까. 지금과 비해서…."

"그때는 밥이 안이라 꿀이엿지요. 지금에 고양진미가 아무려면 그때의 조밥을 따러가겟슴니까."

다시 여자고보女子高普에—

"그다음엔 엇지되여서 다시 여고에 임학하엿슴니까"

"그렇게 무서운 고생으로 싀집사리를 하면서도 늘 공부하고 십흔 마음은 끈치지 안어서 다시 평양으로 나와 여자고등보통학교에 입학햇슴니다."

"멫살에요….'

"19살 나든 해임니다. 그래서 20살 되여 2학년 때에 학교를 그만 두엇슴니다. 녀자란 할 수 없어요. 내가 그렇게 공부하고 십허서 선생에 밥을 지어주어 가면서 공부하려고 한 것도 수포로 도라가고 마랏슴니다. 한 남편의 안해이니 하는 수 잇슴니까. 그때 나는 첫 아이를 가진 몸이니 그만 두엇섯지요!"

전화교환수로—

"그래서 그후 불어는 살님사리를 햇슴니까."

"웬걸요. 싀아젓씨가 장사를 식혀준다고 해서 겸이포兼二浦로 갓지요. 웬 장사가 됩뎃가. 그래서 사라가자니 하는 수 업시 나는 (일본)미쓰비시회사 전화교환수로 드러가서 하루에 일금 36전(약 4만 원)씩을 받엇고 아희아버지는 도로공사판의 십장으로 65전(약 72,000원)씩을 받어서 그날 그날 살아가뎃슴니 다."

"그때는 두 분이 손을 마주잡고 버럿스니 재미잇는 생활이엿겟슴니다."

"글세요. 낮에는 회사에 밤에는 너무 곤해서 그냥 너머저 쓰러질 때가 잇섯 스니 그것도 재미라고나 할넌지요."

정선旌善 화암금산畫岩金山을 차저 –

"강원도는 언제 갓슴니까?"

"네, 바로 미쓰비시에서 그만두든 때 내가 23살 때임니다. 그해 4월에 남편 이 먼저 강원도로 갓고 나는 7월인가 8월에 그이를 따라 갓뎃슴니다."

"그때 가실 때에 고생을 퍽 많이 하엿겠슴니다."

"고생을 하닷뿐임니까. 문제門峙 전제栓峙를 넘어 대화방림大和芳林에 니 르러서 별 편嶺 고개를 넘을 때는 참말 울엇담니다. 도라보니 내가 온 길은 천 리가 넘고 아직도 나의 갈 길은 첩첩산중 어듸가 길인지 앞이 맥히고 듬은듬 은 맛나는 사람은 모두 도적놈 갓흔 생각이 들어서 참말 가슴이 두근거리엿 고 눈물이 글성글성 하엿슴니다. 아이구 강원도 정선 산골 말두 마세요!"

지게지고 산에 올너 –

"그 뒤에는 어떻게 지냇슴니까."

"생전에 못해본 노릇이지만 그곳에 가서 불어는 겨울이 올 때까지 지게지고 산에 올너 나무해다 때엿지요. 그런 드멧산골에서 이런 일즘은 으레히 하는 일이엿습니다. 요새의 신녀성들은 이런 고생을 생각도 못해 볼 것입니다. 그래서 나무를 조금식 해다 파러서는 쌀을 사다 그럭 저럭 사라갓지요. 그때가 바로 긔미년(1919)인가봐요. 쌀 한 말에 2원 50전(약 27만 5,000원) 하든 때입니다.

"광산에 신혈은 언제 낫습니까."

"그럭저럭 금점을 하는데 차츰 차츰 신혈新穴이 나서 돈이 좀 많이 생긴다 하니까 싀아주버니 되는 이가 와서 자긔가 하겟다고 달나기에 주엇드니 다 잡혀먹고 말앗습니다. 그러니 그 뒤에는 또 적수공권이 되고 말앗습니다. 그러다가 또 신혈이 나서 잽힌 것을 다시 찾으니 또 달나는구려! 그때 남편은 서울 올너와 잇든 때이엿지요. 남편이 1개월 15원(약 165만 원)씩 세금을 주고 얻은 논 금산을 소화 원년(1925) 11월에 다내여 노왓답니다. 그 후에 나혼자 수체막에 잇노라니 어둠이 닥처오는 것이 마치 죽엄이나 오는 듯 합데다. 수수깽이로 둘녀쌓은 울타리가 바람이 불면 웃석웃석하는데 하로밤에는 문밖에 도적놈이 왓겟지요. 겨울날 눈은 작고 내리는데 갓득이나 잠을 못자는 혼자 잇는 녀자로서 문을 잠그고 몽둥이를 쥐고 소리를 질넛드니 그 도적은 도망헷는데 나중에 아러보니, 니웃놈이 녀자가 혼자 잇고 웃방에 금이 잇는 줄 알고 들어왓다고 하겟지요. 참 무서웟댓지요. 지금 저 열아홉 난 처녀아이 젓떠러질 때입니다. 그날밤 떨니고 소름이 게치든 일을 생각하면 진저리가 납니다. 그 뒤에도 해만져서 바람만 불어 수수깽이만 버석버석하여도 공포에 떨엇습니다. 그리고 이른 가을에 갓스니 겨울 의복을 못가젓기에 헐벗고 그 추운 겨울을 지냇습니다. 그러나 그렇게라도 먹을 것이나 늘 잇섯스면 그래도 좋지요."

"그럼 하루 셋 때도 못 이을 형편이엇습니까."

"굶을 때가 먹을 때보다 더 많엇지요. 쌀을 살야니 돈이 잇서야지요. 이집 저집 가서 금을 캐서 팔어다 갑흘테니 돈 좀 취해달라고해서 3원, 4원(약 33만~44만 원)을 가지고 두 달 석 달 련명햇지요. 이렇게 지내자니 이런 것들이 배곱흐다고 울제 어미된 이의 마음이 오죽하엿겟습니까!"

산후產後에 쌀 한줌 없어서 —

"정선서 순흥이를 나엇슬 때는 누구 하나 부축해 주는 사람이라고는 없고 첫 밥할 쌀도 없고 미역조차 없엇댓지요. 그뿐인가요. 산후에 바람 쏘히면 안 된다 하지만 문구멍 바를 조희 한 장 살 돈 없는 생활이라 산후에 나와 물긷고 별별 힘든 일을 다 햇답니다. 변변히 먹지도 못해서 얼굴은 푸석푸석 붓고 그 몸에 병이 나면 죽는다는 것이 살아낫지요. 아이구, 이 이상 다 말하지 맙시다. 마음이 상하는구먼요. 내 고생한 것을 전부 말한다면 길다란 소설책이 하나 되겟지요."

"그러면 언제부터 차츰차츰 올나섯습니까?"

"그렇게 싀아주버니에게 두 번재 맷기고 또 천포금산으로 갓지요. 그러나 거기서는 일이 뜻대로 안 되엿고 소화 6년(1931) 12월에는 어린 아이까지 죽고 해서 마음이 살난하기에 그냥 서울로 올나왓지요. 그랫드니 그 후에 신혈이 낫다고 우리 일꾼 두 분 한테서 통지가 왓기에 그 길로 이여 출원한 것이 '노다지'가 쏘다지는 바람에 올나섯지요. 그래서 작년 정월에 천포광산을 20만 원(약 220억 원)에 팔엇습니다."

아직 광구鑛口 60여개소 —

"지금은 광구를 얼마나 가지고 계심니까."

"한 60개나 될년지요. 출원한 것까지."

"아이구, 그 60곳에서 노다지가 쏟아지면 그 돈 처치를 어데다 다 하시렵니까?"

"그까짓것 못해요. 금이 조선만치 잇드래도 마음대로 다 처지할 걸요, 하하하…."

"어떻게 하시렵니까. 락동강 들판을 사드리고 만주 벌판을 충량하시렵니까? 또는 아들, 딸, 물녀주시렵니까?"

"들판은 사서 무엇합니까? 나는 현금 10만 원만 내 손에 들어온다 하드래도, 부모없는 아희 자식없는 로인, 그리고 나같이 산후에 고생하는 가난한 사람들, 내가 공부하고 십흐든 때 못해 본 나이니가 돈없어 공부 못하는 이, 또 사업하겟다고 하는 이들이나, 가치잇는 사업이라면 한 사람도 거절하고는 십지 않어요. 민중을 위한 사업이라면 무엇이든지 하렵니다…."[8]

신흥광산의 광부들, 습격 폭파 사건

   1930년대 황금 열풍은 이같이 하루아침에 팔자를 고친 벼락부자들을 숱하게 탄생시켰다. 대공황의 무력감 속에서도 거의 유일하게 호황(?)을 구가했던, 그리하여 깊은 불황의 늪에서 헤어나지 못하고 있던 경성 상계에도 일정 부분 신선한 활력을 불어넣어 준 것 또한 사실이었다.

   그러나 당시의 황금 열풍은 거의 한쪽 면만을 조명하고 있는 경우가 허다했다. 천신만고 끝에 금광을 찾아내어 한순간에 노다지의 꿈을 이뤘다고 하는 그들의 미담만이 유난을 떨었을 뿐, 스스로 '막장 인생'이라며 체념할 수밖에 없었던 이름 없는 광부들의 고단한 삶에 대해서는 철저히 외면하고 있었다. 지옥만큼이나 깊고 깊은 땅굴 속에서 그저 하루 동안의 호구를 위하여 속절없이 다시 또 무거운 곡괭이를 쳐들어야 하는, 두더지만도 못한 그들의 깊은 시름과 처절한 절규에 귀 기울이는 이는 그리 많지 않았다.

   대표적인 사례가 함경도 신흥탄광新興炭鑛에서 벌어졌던 광부들의 집단 파업 사태에 이은, 습격 폭파 사건이었다. 비록 금광이 아닌 탄광이기는 하더라도 앞서 제기한 그런 실상을 가늠해 보는 데 실제로 조금도 다를 것이 없다는 점에서, 당시 신흥탄광 광부들의 습격 폭파 사건을 현장 취재한 보도 기사를 거의 그대로 인용해 보기로 한다.

　…우리를 태인 열차는 원산을 통과한다. 동도同途한 한국종 변호사와 시국의 잡담을 하다가 아츰 9시 반에 이르러 함흥역에서 조철 함남선을 밧구어 타고 나는 혼자 장풍리로 향하엿다. 이쪽 방면 길은 아즉 처음이라 함흥에서 17리哩 7분分 지점이라는 장풍역이 어느 편에 잇고 또 지세와 통신기관이 엇지 된지도 모른다. 경변 철로 우를 달리는 '까소린'차는 의외에도 빠르다. 서울에서 보는 전차형의 좁은 차내에 벌서 함흥부터 벌서 몽둥이와 권총을 가진 정사복 또는 노동자 타입의 경관이 만재滿載하야 잇서 마치 만록총중萬綠叢中에 홍일점 격으로 나 혼자 가방들고 안젓스니 그들도 몹시 수상한 눈동자로 나를 굴니워 본다.

　(중략)

　정작 현장에 와보니 탄갱을 주위로 부근 100여리(40km)는 완연한 계엄상태이엇다. 그리하야 다시 오노리에서 현장의 참경慘景을 조사하기 위하야 상풍으로 장풍을 나려가는 열차를 기다려 타니 의외에도 미행하든 근로복의 조선청년 형사는 뒤로 빠저버리고 일인日人의 경관 한 분이 손을 친다. 무슨 일 잇스면 와서 조사하라 한즉 아니야요 조곰 엿줄 말슴이 잇슴니다. 잠시 열차 안으로 가십시다 하는 호의의 간청으로 가본 즉 실례갓슴니다만은 저는 직업상 할 수 업스니 가지신 가방만 보여 주시면 조켓소이다 하고 청한다. 꼭 보아야겠소? …가방 잇는 대로 원고지 조각 침의寢衣 등을 보히어 준 즉 '상당히 실례햇소이다'하고 백배천배를 한다. 일인 경관에게 아모 자료도 주지 못한 것이 자못 미안하다. 그러나 서울 지방만을 여행하든 나는 여장 수색을 당헌 것도 이번이 처음이다.

이 날(6월 22일)의 나의 책임은 일부 마치엇슴으로 명일의 상보詳報를 쓰기 위하야 폭파된 현장을 탐방하기로 하엿다. 상풍역에서 10여리 되는 장풍은 기차선이 잇섯스나 이미 종차가 되엇다.

도보 10리를 사진사 한 사람을 구하야 검거될 각오를 가지고 입출하자 장풍역에는 이미 수십 경관이 나의 압길을 저지식한다. 그때 수색 주임에게 명자名刺 한 장으로 나오기를 청한 즉 신흥서新興署 도변渡邊 고등주임이 나와서 의외에도 지성껏 안내하야 지금까지 일절 신문 기자(일본인 신문 기자까지)를 입출식히지 안헛슴에도 불구하고 또 검사의 명령으로 신문 기자는 절대 면회하지 말나는 좌가左賀 갱장에게까지 소개하고 일일히 폭파된 부분을 설명하야 보이어 준다. 심상치 안흔 후대를 감사하엿다.

문제의 발단은 지난 5월3일에 신흥군 가평면 장풍리 남산록 일대의 탄갱을 점령한 조선탄업주식회사 경영의 탄광 종업원 150여 명은 넌래의 불평을 말하는 조건이 12가지였다.

대우를 개선하라(구타, 폭언을 일삼지 말라), 임금을 인상하라(남자는 2할割 이상, 여자와 소년은 3할 이상 인상하라), 근로시간을 단축하여 1일 8시간 실시를 제도화하라, 갱내 위험 지역 채굴을 반대한다, 위생 기관을 충실히 설치해달라, 해고 수당을 지급하라, 사망 위로금은 일일 급료의 일년 치를 지급하라, 부상자는 본인의 요구대로 치료하고 완치될 때까지 부상 수당을 현 임금대로 지불하라, 노동조합 조직 결성에 사측은 간섭하지 마라, 사측의 무조건 해고는 반대한다, 폭력을 일삼는 탄광 경무대원 3명을 축출하라, 배급품은 실비대로 제공하라.

이 12개 조건을 회사에 제출하고 더욱 그 요구하는 바를 관철하기 위하야

150여 남녀 노동자는 단결을 공고히 그리하야 또 종종 '떼몬스트레이슌'을 시
試하야 회사와 항쟁하여 일시 기형세는 바야흐로 험악하고 사회적 여론을 환
기케 한 바까지 잇섯다.

　그러나 당시 함흥에 잇는 노동총연합회 간부의 출근과 조정으로 12개 조건
중 일부는 회사에서 승인하고 일부는 태업단 측의 양보로 무조건 태업과 쟁
의의 일단락을 짓게 되엇든 것이다….

　그러나 6월21일 150여 광부들의 회사에 대한 반감은 최고도에 달하엿다. 전
일의 약속과 무조건 태업에 대한 원만한 해결 방법은 그 이면에 잇서서 유명
무실하엿슬 뿐이요 회사에서는 까닭업시 전번 스트라익의 주요분자라고 인
정되는 광부에 대하야 까닭모를 주목과 감시! 그리하야 조곰이라고 허물만
잇다면 용서업시 또 일부러 허물을 맨드러 괵수馘首! 도태淘汰를 자행하야 그
들에게 오로지 적지 안혼 불안과 공포를 은연히 감추게 한 바 잇섯다. 이에 감
정의 '템프'에 달한 그들의 불평! 또 반감은 결국에 '테로리즘'을 거부할 수 업
섯든 것인듯? 갱측 11조를 절대복종한다는 서약 제출 최고催告와 6월21일에
일으러 전번 스트라익단團의 총 리다― 격으로 활동 하든 이인섭의 해고를 최
후로 형세 자못 불온한 중 이날이 지나고 21일 오전 11시를 전후하야 불평품
은 150여 명(?)은 암흑한 송림 속에서 소주 10여 병을 깨뜨리고 미래를 위하야
목전目前의 희생을 각오하고 고정苦情의 축배를 들어 그네들이 7, 8년간 정회
情懷 깁고 또 그날 그날의 '빵'문제 해결하기 위하야 일하든 그 곳! 그 '엔진'을!
습격 폭파하고 철도 전화선 절단, 문서 소각 등 정연한 계획적 '테로리즘'에 출
발하야 침묵에 잠든 장풍리 일대를 진해震駭케 하고 갱주 이하 사무감독원 등
남녀노소를 일시 피난케 하야 실로 탄광 개척 이래 초유의 대사변을 일으키
게 하엿다. 말하자면 원인은 단순하고 결과는 중대하엿다. 그에 대하야 여러

가지로 유언비어가 만엇다. 검은 연돌煙突! 희생을 앗기지 안코 암흑의 석갱 굴속에서 곡갱이 들고 흑인종 가튼 검은 얼굴을 한 노동자가 피우는 저 꺼문 연기는 과연 엇더케나 흐를 것인가![9]

동쪽으로 넘어가고 만
노다지 꿈의 에필로그

　금광을 찾아내면서 하루아침에 팔자를 고쳐 경성으로 돌아온 벼락부자들
은 열 손가락을 꼽고도 남았다. 최창학, 정 아무개 운전사, 방응모, 김정숙, 이
용익, 김준상, 이종만, 김태원, 김기덕, 홍종화, 김영근, 글 한 줄 쓸 줄 모른
다는 모某 육순 넘은 노인, 박용운, 원윤수, 박기효, 염경훈, 김봉오, 이용신
등….

　그러나 그들과 같이 노다지의 꿈을 품고 금광을 찾아 나섰으나 아직도 찾
지 못해 끝내 돌아오지 못하고 있는 이들은 그보다 훨씬 더 많았다. 아니 조선
전역에서 노다지를 캐고 있는 광구의 수만도 자그마치 5,500여 곳이나 헤아
렸다니, 그보다 몇천 배는 더 많으면 많았지 결코 그 안쪽은 아니었다. 더욱이
그들에겐 초조한 시간이 흐르면 흘러갈수록 점점 더 깊고 깊은 땅굴 속으로
파고 들어갈 수밖에는 없었다.

　실제로 1930년대 막바지에 접어들게 되면 금광에 관한 세간의 관심사도,

신문 잡지의 금광계 난도 시나브로 종적을 감추고 만다. 금광을 찾아내어 떼돈을 벌었다고 하는 미담 기사조차 찾아보기 어려워진 반면에, 이미 명성을 떨친 금광의 부호들이 또 다른 금광에 자금을 얼마나 투자했다느니, 동양척식에서 급히 빌려다 쓴 자금이 얼마나 된다더라 하는 따위의 흥밋거리 정도만이 이따금 언급되고 있을 따름이었다.

무엇보다 그들에겐 바닥이 취약하다는 점이 문제였다. 다행스럽게도 최창학이나 방응모 등과 같이 재기 불능의 나락으로 떨어지기 전에 금광이 눈앞에서 번쩍번쩍하고 나타난다면 몰라도, 그렇지 않고서는 언제까지고 버틸 만한 힘이 없었다. 곡괭이나 망치·정·호미 따위가 전부인 적수공권, 예컨대 그저 맨손으로 떠난 노다지의 꿈을 뒷받침해 줄 만한 자본이 전혀 없었다는 점이 끝내 그들의 발목에 족쇄가 되고 말았다.

때문에 죽음의 문턱까지 추락하다 어렵사리 금광일 것 같다는 '서광'의 징후를 찾아냈다 할지라도 결국에는 일본의 자본가나 기업에 그만 헐값으로 매각하고 말거나, 또한 그렇게 헐값으로 팔려 나간 금광의 주위에서 벗어나지 못한 채 배회하는 이들이 적지 않았다.

식민 경제의 흡혈귀인 동양척식이 이런 점을 놓칠 리 만무했다. 일찍이 1908년에 설립되어 조선에서 이미 방대한 토지를 갈취한 끝에 내심 새로운 먹이 사업을 찾고 있던 동척이 마침내 이 같은 금광의 실상을 예리하게 파고든 것이다.

…그러면 대체 동척에서는 어떤 방면, 어떤 부류, 또 얼마나한 금광자금을 대출하고 잇는가를 조사한 바에 의하건대.

동척에서 광업 관계(금은광에만 한정함)로 대출한 총액이 270만 원(약 2,970억 원)인데, 그 대출 조건은 매우 엄격하다고 한다. 금광이란 잘 되면 일확천금하는 것이지만, 자칫하면 고만 일거에 참패를 당하는 것임으로 여기에만은 소홀하게 대출할 수 없는 것이다. 그래서 먼저 광업주가 자기의 광을 담보로 금융을 신청하면 회사에서는 자사에 소속된 기수技手를 파견하야 해광該鑛의 우수를 타진케 하는데 신청주는 우선 그 감정료로 200여 원(약 2,2400만 원)을 납입하여야 한다. 그런 뒤 그 광에 우수함이 인정되는 때는 그 감정한 소견서에 의하야 자금을 대출하는 바 여기에는 개인도 잇고 법인도 회사도 잇서 그 수가 천여 개에 달하는데, 제일 거액의 융자를 바든 자는(신용 관계로 그 이름을 회사에서 엄비로 붓침으로 알 길이 업다) 100만 원(약 1,100억 원) 정도가 잇다고 하고 또 개인 관계로 근소하게 자금 융자를 바든 사람은 최소 1,000원(약 1억 1,000만 원)도 잇다 한다.

그런데 회사에서 융자를 밧게 되면 그 광주는 항상 회사의 감독을 바더야 하고 또 일정한 분광分鑛을 밧처야 한다고 한다(산액의 1만분지 1이라고 한다). 그 뿐외라, 산액 기타 여러 가지 조건 하에 감시를 밧고 그 융자액을 전부 환상하기 전은 그 말대로 경영행동을 하여야 한다고 한다….

이와 가튼 방법과 조건으로 광업에 융자하는 것이오, 그 상환 기간은 구구불일區區不一하야 일양一樣으로 볼 수 업스나 최장기는 10년, 최단기는 1, 2개월이지만 그 동안에 산금이 우량하야 일시에 상환하여도 무방할 것이라고 한다.[10]

요컨대 막대한 자본력을 앞세워 돈이 좀 된다고 알려진 노다지의 꿈에까지 마침내 동척의 촉수가 뻗쳐 들었음을 알리고 있는 대목이다. 금광을 담보로 잡고 돈을 빌려주어 다행히 금이 쏟아지면 그 고리채를 챙기고, 그렇지 못해 허덕일 적엔 담보로 잡은 금광을 끝내 가로채고야 만다. 어디서 많이 보아 온 갈취 수법이다.

그렇다. 이미 앞서 살펴본 "입이 떡 벌어지는 높은 이자와 야박한 변제 독촉으로 서민들의 고혈을 빠다는 흡혈마, 전식동물錢食動物, 고리대금업자"들이 하는 수법과 조금도 다를 것이 없다. 그야말로 돈 놓고 돈 먹는 판에 다름 아닌 것이다.

동척은 이처럼 일찍이 조선에서 광대한 토지를 갈취했을 때와 마찬가지로 운영 자금에 목말라 하는 영세한 조선의 광주들에게 달콤한 독배를 들게 하여 금광마저 강탈하겠다며 나섰다. 그리하여 1930년대 막바지에 접어들게 되면 이제는 노다지의 꿈마저 잃어버린, 깊고 깊은 지옥 같은 땅굴 속에서 두더지보다도 못한 '막장 인생'들의 서러운 시름과 처절한 절규만이 날로 늘어 가고 있을 따름이었다.

금이야 은이야 하고 동에 가도 광산 이야기, 서에 가도 광산 이야기로 한 동안 광산쟁이가 조선의 상하에 가득 찼더니. 최근에 이르러는 광산도 유한有限이요, 자금도 유한으로, 광鑛만 가지고도 별수가 업게 되어 적은 자본가 지고 뿌로-커 하든 다수한 사람들이 지금 큰 공포시대를 만나고 잇다. 즉 등록 허가는 마텃스나 채굴 자금이 업고 여간 돈 마련한 것 땅 파는데 다 처너헛스나, 광은 팔니지 안어 노치도 못하고 하지도 못하는 것이 금전꾼의 최근 고민이다.

이 까닭에 다수한 광주들은 너나하고 모다 동척에 이르러 광산을 잡히고 동척으로부터 자금을 어더내기에 눈코 못뜨고 잇는 형편이나 동척서도 마구 대고 돈을 주지를 안어 비통스러운 광경을 이루고 잇다.

광산 경기는 이제는 가고 잇다고 봄이 적평適評이 아닐는지.[11]

1,000만 원때 징어리 어업에 몰려든 경성의 부호들

황금광의 열풍이 썰물처럼 일제히 빠져나간 1930년대 막바지 경성 상계의 부호들은 과연 어느 정도의 재산 규모였을까? 1939년 이들이 납부한 소득세를 토대로 부호들의 면면을 살펴보면 다음과 같았다. 이 가운데에는 최창학, 민대식, 민규식, 김홍량, 원윤수 등 경성 상계에서도 내로라하는 부호들이 어김없이 이름을 올렸다.

물론 이들이 소유한 재산을 한 톨 남김없이 정확하게 합산해 낸다는 것은 쉬운 일이 아니다. 더구나 수많은 재산을 소유한 부호일수록 으레 눈에 보이지 않는 숨은 재산이 적지 않은 것도 사실이다. 따라서 조선총독부에 납부한 소득세를 토대로 어림짐작해 볼 수밖에는 없었다.

예컨대 소득세를 산정한 기준에 따라 소유한 재산 가운데 1할 정도가 연 소득이라고 가정하였을 때, 연 소득이 1백만 원이라고 밝힌 자의 소유 재산은 약 1,000만 원 이상이 된다는 계산이 나온다. 마찬가지로 연 소득 3백만 원 이상이라고 밝힌 자는 약 3,000만 원 이상의 재산가로 보면 거의 틀림이 없을 것 같다.

이 같은 계산법에 따르면 당시 전국에 1,000만 원(약 1조 1,000억 원) 이상의 재산을 소유한 부호는 모두 135명이었다.

연 소득 4백만 원 이상 7명(약 4조 4,000억 원 이상 재산 소유)

3백만 원 이상 15명

2백만 원 이상 48명

1백만 원 이상 65명(약 1조 1,000억 원 이상 재산 소유)

70만 원 이상 120명

50만 원 이상 306명(약 5,500억 원 이상 재산 소유)

30만 원 이상 506명

20만 원 이상 713명(약 220억 원 이상 재산 소유)

15만 원 이상 2,300명

10만 원 이상 3,300명(약 110억 원 이상 재산 소유)

5만 원 이상 8,900명

3만 원 이상 14,800명

1만 원 이상 86,000명(약 11억 원 이상 재산 소유)[12]

그러나 이들의 욕망은 거기서 그칠 줄 몰랐다. 한때 조선 전역을 황금빛으로 온통 물들게 했던 금광 열풍이 썰물처럼 일제히 빠져나간 뒤에도, 다시 또 새로운 먹잇감을 찾아 조선과 북만주를 수시로 두리번거렸다.

그런 그들에게 함경북도 지방의 1,000만 원(1조 1,000억 원)대 정어리 어장은 그야말로 두 눈을 번쩍 뜨이게 하는 호재였다. 결코 양보할 수 없는 새로운 각축장이었다.

조선 정어리鯷魚 전체 수확고의 8할은 연해주와 갓가운 함북 일대에서 생산하는 터으로 실로 조선 수산의 명맥을 좌지우지하는 큰 부원富源이다. 그리하여 나진 토지 경기로 수천만 원이 떠러진 이래 지금 최대의 경기는 이 정어리 어업에 몰여지고 잇서서 3, 4년 내로 온어鯷魚 부호가 여러분이 출현되고 잇다.

이 온어를 잡는 배를 중착선中着船이라고 하는데 이것은 허가 어업으로 조선총독부로부터 허가받은 건착巾着 어업자 수가 110여 명이 잇는데 이 중에 약 반수는 조선 사람이다.

일전 신문 보도에 의하면 정어리는 9월 중순부터 잡히기 시작하여 11월 말까지 어획이 잇는데 요지음 잘 잡는 배면 매일 2,000준樽, 못 잡는 배도 7,800준, 평균 1천 2, 3백 준씩 잡어내며. 그리하여 금일까지 잡은 수량만 220만 준 이상이라 한다. 1준 가격이 작년은 3원(약 33,000원) 이상이엇스나 금년은 약 2원으로 친데도 벌서 404, 5십만 원(약 4,100억~5,500억 원)에 달하는데 아직 잡아가는 중임으로 금년의 총 어획고는 미상하나 어쨌든 가을부터 겨울철에 드러서면 함북 일대의 정어리 경기는 놀랍게 희유稀有의 활황을 보인다.[13]

이 같은 정어리 어업은 경성 상계의 부호들에겐 또 다른 광맥이었다. 아니 정어리 어업으로 벌써 20만 원(약 220억 원) 내지 5, 60만 원(약 550억~660억 원)의 거액을 벌어들였다는 부호만 18명이나 헤아렸다. 그리고 그 명단 가운데는 일찍이 노다지의 꿈을 이룬 염경훈의 이름도 눈에 띄었다.

더구나 한때 함북 나진 지방의 토지 대부분이 그의 것이었으며, 대초도大草島와 소초도를 비롯하여 경성 등지의 토지, 무산 일대와 북만주 등지의 목재,

정어리 어업에 몰려든 경성 부호

광산업 경영 등으로 3백만 원(약 3,300억 원)대의 재산가로 널리 알려져 있는 경성 상계의 부호 김기덕의 이름마저 어김없이 발견된다. 다시 말해 돈이 되는 먹잇감이라면 지금 돈 수천억을 소유한 재벌일지라도 한낱 정어리를 잡기 위해 차가운 겨울 바다 속으로 작은 어선을 띄워 보낸다는 사실이다.

하지만 그럴 즈음 김성수, 민영휘, 최창학은 물론 정어리 어업에 나선 경성 상계의 부호들을 모조리 뛰어넘어 새로운 조선 최고를 꿈꾸는 이는 따로 있었다. 그는 1930년대 중반 인구 70만 명(혼마치 일대 일본인 상주 인구 13~15만 명 포함)의 근대 상업 도시 경성 상계에서 아직 누구도 가 보지 않은 '풍요와 소비의 판타지'를 홀로 꿈꾸고 있었다. 온갖百 상품貨을 진열해 놓은 상점店, 예컨대 조지야·미나카이·히라타·미쓰코시 등 혼마치 거리 일본인 소유의 4대 백화점들을 상대로 경성 상계의 자존심인 종로 네거리를 홀로 꿋꿋이 지켜내고 있는 화신백화점和信百貨店의 박흥식이 바로 그였다.

제5부

종로 화신백화점 vs
혼마치 미쓰코시백화점

24살 청년,
지물업 사장으로 입성하다

박흥식은 1903년 평안도 용강에서 태어났다. 그의 집안은 10대째 내려오는 2,000석지기의 지주였다. 용강 땅에선 제일가는 부잣집이었다.

하지만 부잣집 아들 박흥식은 마치 우물 안의 개구리처럼 자랐다. 16살이 되던 해 용강 읍내에 나가 쌀장사를 시작할 때까지, 그는 자신의 고향집을 떠나 본 일이라고는 없었다.

학교 가방끈 또한 고향 땅에 있는 용강보통학교(초등학교) 졸업이 전부였다. 그 무렵 웬만하면 현해탄을 건너갔던 일본 유학은 고사하고, 경성에 있는 고등보통학교 문턱에도 가 보지 못했다.

왜 그랬을까? 그 정도의 집안 환경이라면 청운의 뜻을 품고서 한번쯤 고향 땅을 떠났을 법도 하련만, 그는 왜 학교의 가방끈조차 늘리지 못한 채 고향 땅에만 엎드려 있었던 것일까?

박흥식에겐 11살 위인 형 박창식이 있었다. 박창식은 일찍이 평양으로 유학을 떠나 안창호 선생이 설립한 민족학교 대성학교를 다녔다.

한데 1910년 한일병합 당시 대성학교는 일제에 항거하여 폐교되었다. 학생들의 다수는 만주·중국 등지로 뿔뿔이 흩어져 항일 세력의 주축을 이루었다.

일본 경찰은 이런 대성학교 학생들을 무차별 검거하여 강제 투옥시켰다. 그때 예의 대성학교 학생이던 박창식도 일본 경찰에 체포되었다가 풀려났으나, 석방된 지 불과 한 달여 만에 모진 고문의 후유증으로 그만 숨을 거두고 말았다.

그의 부모는 아들의 죽음을 가슴에 묻었다. 자식 사랑이 유독 남달랐던 집안에서 뜻하지 않은 아들의 죽음은 결코 쉽게 치유될 수 없는 상처였다.

그 때문이었는지 몰라도 오래지 않아 아버지마저 세상을 뜨고 말면서, 박흥식은 속절없이 고향 땅에 주저앉을 수밖엔 없었다. 졸지에 아들과 남편을 잃고 슬픔에 빠져 있는 홀어머니를 남겨 두고 차마 고향을 떠날 수가 없었던 것이다.

고향에 남은 박흥식은 홀어머니 곁에서 3년을 아무 불평 없이 보냈다. 그러다 16살이 되자 좀이 쑤셔 용강 읍내에 나가 쌀장사를 시작했다. 고향집에서 읍내까지 하루 60여 리(24km) 길을 자전거로 왕복하면서 시작한 쌀장사였다.

그렇게 시작한 쌀장사는 곧 그의 운명이 되었다. 어린 나이에 시작한 장사였으나 매번 성공을 거두면서, 기어이 젊음을 내던져 도전해 볼 만한 가치가 있다고 생각한 것이다.

22살 땐 사업을 더욱 확장시켜 나갔다. 인쇄소를 경영하기 시작한 데 이어, 용강읍의 철도역이 새로운 화물 집산지로 발달하게 됨에 따라 몇몇 사람과 자본을 한데 모아 물류, 운송, 금융, 창고업을 주업으로 하는 서선산업주식회사를 설립했다.

이윽고 1926년이 되자 고향을 떠나기로 마음먹는다. 처음 쌀장사를 시작으로 인쇄소와 물류 등의 사업을 잇따라 벌였던 8년여 동안 나름대로 경영 수업을 충분히 쌓았다고 판단한 그는, 좀 더 넓은 무대를 찾아 경성 상계로 진출했다. 이때 그의 나이 갓 24살이었다.

경성으로 올라온 박흥식은 황금정 2정목(을지로2가)에 자리를 잡았다. 그런 다음 양지洋紙 도매상인 선일지물주식회사를 설립한다. 조선에서 제일이라는 야심을 갖고서 선일鮮—이라고 상호를 붙인 이 종이 판매 회사는, 경성 상계에서 조선인 최초의 양지 도매상이었다. 고향에서 인쇄소를 경영하면서 착안한 사업으로 여겨진다.

선일지물을 창업한 박흥식은 곧바로 바깥으로 뛰어나갔다. 경성 시내 조선인 종이 도매상과 인쇄업자, 또 학교를 낀 문방구업자들을 상대로 선일지물을 알리는 데 한동안 주력했다. 안내장을 발송하는 것은 물론, 그가 직접 개인 명함을 들고 지물포들을 일일이 찾아다니면서 조선인이 경영하는 선일지물이라고 민족 감정에 호소했다.

그뿐 아니라 장사하는 방법에 있어서도 남다른 차별성을 두었다. "한 푼이라도 값싸게 구입해서 한 푼이라도 값싸게 판다"[1]는 선일지물만의 철칙을 철저하게 지켜 나갔다.

이 두 가지 경영 전략은 여지없이 적중했다. 얼마 지나지 않아 박흥식의 선일지물이 경성 시내 종이 소매업자의 상당 부분을 점유케 된 것이다.

이쯤 되자 그는 어느새 조선 상권을 수호하는 경성 상계의 혜성으로 떠오르면서, 일본 경찰의 감시가 뒤따랐다. 아니 그보다는 선일지물에 시장을 빼앗긴 일본인 도매상들이 노골적으로 그를 견제하기 시작했다. 박흥식이 거래처 손님들을 모시고 어쩌다 요릿집 명월관이라도 가게 되면 출입을 막아 버리거나, '종이를 더 달라'고 주문해도 일본인 수입상들은 '종이가 없다' '재고가 달린다'는 핑계를 둘러대며 물량까지 규제하고 나섰다.

박흥식과 거래하는 소매상과 인쇄업자들은 아우성을 쳤다. 하지만 당장 종이를 공급해 주어야 할 선일지물의 창고 안은 번번이 바닥을 드러내기 일쑤였다. 일본인 도매상들이 박흥식을 견제하기 위해 일본인 수입상에게 자금 공세를 펼치는 수법으로 종이를 선매하고 말거나, 아니면 그들과 별도의 판매 계약을 맺어 박흥식이 종이를 많이 공급받지 못하도록 숨통을 조인 것이다.

박흥식은 다급한 나머지 전부터 안면이 있는 일본인 도매상들을 찾아가 읍소해 보기도 했다. 순전히 자신만을 믿고서 거래를 시작한 소매상들에게 신용을 지키기 위해서였다.

그러나 일본인 수입상들은 냉담했다. 박흥식을 끝내 돌아보지도 않았다. 저마다 창고 안에 종이를 가득가득 쌓아 두고서도 하나같이 종이가 없다는 소리만을 늘어놓았다.

앞으로 나아갈 수도 그렇다고 뒤로 물러날 수도 없는 진퇴양난이었다. 무언가 극약 처방을 찾아내지 않고서는 도저히 난국을 헤쳐 갈 수 없는 처지였다.

거상은 흥정을 벌일 때
그 진면목이 드러난다

결국 박흥식은 일본인 수입상들의 협조를 구하지 못한 채 난생처음으로 현해탄을 건너 일본으로 건너가야 했다. 종이를 생산하고 있는 일본 왕자제지의 본사를 직접 찾아가 담판을 벌여서라도 종이를 안정적으로 공급받으려는 생각에서였다.

그러나 현해탄을 건너 도쿄에 도착한 뒤 물어물어 왕자제지 본사까지 찾아갔으나 문전박대만 받고서 그냥 돌아서야 했다. 러일전쟁(1904년)을 비롯하여 제1차 세계대전(1914년)을 치르면서 일본 국내에서도 신문, 서적, 인쇄물이 범람해 양지의 수요가 폭발적으로 증가하고 있는 마당에 '선일지물 박흥식'이란 명함이 통할 까닭이 없었다.

박흥식은 씁쓸한 기분이 되어 왕자제지에서 물러나올 수밖에 없었다. 그렇다고 빈손으로 그냥 돌아갈 수도 없는 노릇이었다. 며칠째 왕자제지 인근 여관에 머물면서 어떻게든 왕자제지와의 대화를 다시금 시도해 보려 애를 썼다.

하지만 왕자제지의 문은 좀처럼 열릴 줄 몰랐다. 들려오는 답변마다 돌아가서 수입상들로부터 공급받으라는 얘기일 뿐이었다.

그렇다고 전혀 소득이 없었던 건 아니다. 며칠째 인근 여관에 머물게 되면서 우연히 엿듣게 된 사소한 정보 하나가 그의 귀를 번쩍 뜨이게 했다.

양지는 일본만이 아니라 북유럽에서도 생산되고 있으며, 특히 서전瑞典(스웨덴)이 세계 최대의 양지 생산 국가라는 얘기였다. 그런 사소한 정보를 엿듣게 된 박흥식은 며칠째 문전박대만을 일삼는 왕자제지에 더 이상 연연하지 않기로 했다. (당시로선) 과감히 일본 바깥으로 눈을 돌리기로 한 것이다.

택시를 불러 타고서 도쿄의 도심 한복판에 자리하고 있다는 서전 영사관으로 무턱대고 찾아갔다. 그런 뒤 손짓 발짓 대화로 일본의 왕자제지보다 훨씬 더 저렴한 가격으로 스웨덴에서 양지를 직수입하는 데 성공했다. 세상의 일이라는 게 알고 보면 이처럼 동전을 뒤집는 것만큼 간단한 일이었다.

하지만 아직은 문제가 다 해결된 건 아니었다. 일본인 수입상들의 횡포를 견디다 못해 난생처음 일본의 도쿄까지 건너가 왕자제지 본사에 호소해 보았으나 보기 좋게 퇴짜만 맞은 그가, 우연히 엿들은 사소한 정보를 좇아 생전 듣도 보도 못한 지구 반대편의 스웨덴으로부터 종이를 직수입하는 데까지는 성공했으나 그전에 풀어야 할 과제가 하나 더 남아 있었다.

그렇듯 어렵사리 종이를 확보해 놓자 이번에는 거래처가 말썽을 부렸다. 관공서, 회사, 은행 등은 물론 일본인 지물 상점에서조차 서로 결탁해서 조선인 박흥식의 종이를 아무도 사 가지 않았다. 일본에서 생산되는 종이보다 가격이 더 저렴함에도 불구하고 전혀 관심을 보이지 않는 것이었다.

세상살이가 흔히 운칠기삼運七技三이라고, 이 같은 절체절명의 위기에서 그를 구한 건 천운이었다. 하필 그럴 무렵 조선왕조의 마지막 임금인 순종황제가 일본의 독살로 승하했다. 뒤따라 6·10 만세 사건이 일어나 정국은 그 어느

경성 상계史

때보다 민족 감정으로 한껏 고조되어 있었다. 행운까지 억세게 따라 주었던 것이다.

이런 분위기 속에서 가장 먼저 그를 찾은 이는 동아일보의 김성수였다. 동아일보가 궁지에 처한 박흥식을 돕겠다고 자청하고 나섰다. 그동안 일본 도매상에서 구입하던 막대한 신문 용지를 박흥식의 선일지물로 거래처를 바꾸겠다고 약속한 것이다.

이쯤 되자 조선일보의 방응모도 가만있질 못했다. 조선일보 역시 그가 스웨덴에서 들여온 종이로 신문을 찍겠다고 나섰다.

호박이 넝쿨째 굴러 들어오는 순간이었다. 가만 앉아서 조선 최대의 종이 거래처를 한순간에 확보케 되었다.

이때부터 순풍에 돛 단 배였다. 막대한 종이 수입으로 돈방석에 앉게 되자, 다음으로 그는 경성 상계의 심장부랄 수 있는 종로 네거리로의 진입을 시도하고 나섰다.

이럴 때 박흥식의 눈에 들어온 것이 종로 네거리에 자리한 화신상회였다. 당시 화신상회는 신태화가 경영하던 소문난 귀금속 전문점이었다.

신태화는 일찍이 한성 남촌 무반가에서 독자로 태어났다. 한학을 배우다 가세가 기울자 13살 때 종로 김봉기 은방에 직공으로 들어가 금은 세공 기술을 익혔다. 19살이 되던 1895년 동현(지금의 을지로 입구)에 작업장을 빌리고 조그만 풀무 하나를 사서 금은 세공을 시작한 지 20여 년 만에, 종로 네거리에 화신상회를 열 수 있었다. 더구나 귀금속을 다루는 솜씨가 어찌나 탁월했던지, 장안의 고관대작들은 물론이고 혼마치에 살고 있는 일본인들조차 탄복하여 단골로 드나들 정도였다.

때문에 신태화의 화신상회는 종로 네거리에서도 가장 화려한 선두 주자였다. 또한 그 같은 명성에 힘입어 1922년쯤엔 화신상회 안에 양복점도 새로이 입점시키고, 여러 가지 잡화도 취급할 정도의 대형 잡화점으로서 한창 전성기를 누렸었다.

한데 그처럼 잘나가던 화신상회가 어느 날 갑자기 주춤거리기 시작했다. 1930년 조선에서 최초로 남촌의 혼마치에 초호화 '미쓰코시백화점'이 들어서면서부터였다.

일본 국내 백화점 1호인 '주식회사 미쓰코시고후쿠덴'이 세운 경성 지점의 격이었는데, 초기 미쓰코시는 백화점이라기보단 대형 잡화점 규모였다. 더군다나 백화점 1층에는 다다미(일본식 방에 까는 돗자리로 만든 두꺼운 깔개)를 깔아 놓아서 고객들의 불편이 여간 큰 것이 아니었다. 신발을 벗고 드나들거나, 덧신을 신어야만 출입이 가능했던 것이다.

그래서 조선 사람들은 3층 르네상스식 건축물의 미쓰코시백화점을 아예 '다다미 백화점'이라고 홀대하여 부르면서 외면했다. 자연스레 혼마치의 일본인들만이 주요 고객이 되었다.

한데 어느 날부터인지 북촌의 고관대작이나 돈 많은 부호들이 점차 이 백화점을 찾기 시작하면서 상황이 급변하기 시작했다. 무엇보다 미쓰코시백화점의 상품이 상대적으로 더 좋았던 것이다.

당장 불똥이 종로 네거리에 자리한 화신상회에 떨어졌다. 귀금속점, 양복점, 여러 가지 잡화점으로 한창 사업의 다각화를 꾀해 나가던 화신상회에 어느 날 갑자기 손님들의 발길이 눈에 띄게 줄기 시작했다.

화신상회 역시 귀금속점과 양복점은 물론 여러 가지 잡화까지 한꺼번에 취급했기 때문에 종류로만 본다면 혼마치의 '다다미 백화점'과 비교해도 거의 손색이 없을 정도였다. 그렇다 하더라도 당시 화신상회는 낡은 기와 건물을 한 조선 상점의 티를 벗지 못했다. 거기에다 간판을 붙이고 장사를 하고 있었기 때문에 3층 르네상스식 건축물의 미쓰코시백화점의 겉모양새와 비할 바가 아니었다.

　손님들의 수준 또한 현격한 차이가 났다. 화신상회를 찾는 조선인 손님들이 수적으로는 더 많은 듯 보였으나, 경제력이 일본인들만큼 크지 못했다. 따라서 미쓰코시백화점보다 상품의 질이 떨어질 수밖에 없었고, 상품의 구색에 있어서도 새로운 것이 없어 찾는 손님이 점점 줄 수밖에 없는 구조였다.

　젊은 박흥식은 바로 그런 점을 놓치지 않고 파고들었다. 남촌의 혼마치에 미쓰코시백화점이 생겨나면서 타격을 입기 시작한 화신상회의 신태화 사장을 찾아가, "말씀드리기 송구스럽지만, 제가 보기에 경영하는 방식이 다다미백화점보다 못하신 것 같다"며 슬슬 약을 올렸다. 말하자면 장사를 할 줄 모르는 것 같다며 비아냥 소리를 한 것이다.

　새파랗게 젊은 박흥식으로부터 비아냥 소리까지 듣게 된 초로의 신태화는 버럭 화가 치밀 만도 했다. 나이 차이도 26살이나 연상인 데다, 그래도 경성 상계에서는 터줏대감이라 할 만치 권위까지 인정받던 그였다.

　한데도 신태화는 고갤 끄덕거려 수긍했다. 이미 선일지물을 경영하면서 일본 상인들에게 매운맛을 보여 준 박흥식의 수완을 인정한 때문으로 보인다. 그는 박흥식을 보고 나직이 물었다.

　"그럼 어떻게 해야만 이 화신상회를 다시 부흥시킬 수 있겠는가?"

　참으로 뜻밖의 반응이었다. 아무 저항도 없이 신태화는 꼬리를 내리고서 박흥식만을 빤히 바라다보았다. 박흥식으로선 욕심이 불끈 날 만도 했다.

　하지만 거상의 면모는 흥정을 벌일 때 비로소 드러나는 법이다. 표정의 변화를 상대가 읽을 정도라면 이미 그는 거상이라 보기 어려운 것이다.

　"…"

　그 순간 박흥식의 얼굴에선 아무런 표정도 없었다. 단지 태연스레 입술을 열어 화신상회를 자신에게 팔게 되면 예전과 같이 부흥할 수 있을 것 같다고 대답했다. 딱 그 소리만 내뱉었을 따름이다.

그러자 늙수그레한 신태화는 잠시 멍한 눈길이 되어 여전히 무표정하기만 한 박흥식의 얼굴을 더듬었다. 하지만 그 역시 속 좁은 인물은 아니었다. 일절 딴소리하는 법 없이 대체 무엇을 할 것이냐고 짤막히 물었다.

박흥식은 생각할 것도 없이 곧바로 대답했다. 백화점을 하겠노라고 한 것이다.

"에끼, 이 사람아! 요 아래에 미쓰코시백화점이 영업을 하고 있다는 걸 빤히 알면서 그러는가? 왜놈들이 백화점 장사를 버젓이 벌이고 있는데 또 무슨 일을 당하려고 그러는가?"

신태화는 사색이 되어 손사래를 쳤다. 같은 길을 가는 동료, 동족으로서 염려해 주는 기색이 역력했다.

"제가 백화점을 하겠다는 건 세상에 딱 세 사람만이 알고 있습니다. 저하고, 신 사장님, 그리고 하느님입니다."

박흥식은 입단속만 지켜 줄 것을 부탁했다. 한데도 신태화는 크게 걱정이된다며 한숨을 숨기지 않았다.

"걱정할 것 없습니다. 정히 그렇다면 총독하고 싸워야지요, 뭐."

결국 이날의 담판으로 신태화는 화신상회를 젊은 박흥식에게 넘기고 만다. 화신상회 매각 대금도 단연 화제였다.

박흥식은 가격을 무조건 자신에게 맡겨 달라고 했다. 신태화는 또 한 번 놀랐다. 매매자가 가격을 부르지 않고 매수자가 가격을 정하겠다니 기가 찰 만도 했다.

"신 사장님께서도 생각을 해 보십시오. 제가 화신상회를 매입하겠다고 한이상 제가 그 가치를 파악해야 하지 않겠습니까?"

며칠 뒤 박흥식은 신태화 앞에 두툼한 흰 봉투를 내밀었다. 신태화는 30만 원(약 330억 원) 미만으로는 팔지 않겠다고 단언했다.

박흥식은 웃으면서 봉투를 열어 보시라고 하곤 그대로 돌아갔다. 신태화가 나중에 뜯어 본 흰 봉투 안에는 자신의 예상보다 5만 원(약 55억 원)이 더 많은 35만 원(약 385억 원)이 들어 있었다.

화신상회를 인수한 박흥식은 기와집이던 낡은 건물부터 곧바로 헐어 냈다. 그런 다음 혼마치의 미쓰코시백화점과 같은 높이인 3층 콘크리트 대형 건물을 산뜻하게 지어 올렸다.

화신상회라는 간판은 예전처럼 건물의 입구에 그대로 두었지만, 3층 옥상에 대문짝만한 글씨로 백화점을 알리는 '화신대매출'이라고 새로이 간판을 내걸었다. 혼마치의 미쓰코시백화점을 정식으로 겨냥한 선전포고에 다름 아니었다.

종로 네거리가 온통 떠들썩했다. 박흥식의 나이 이제 갓 29세 때인 1931년 무렵이었다.

그러자 예상했던 대로 이내 훼방을 놓았다. 혼마치의 미쓰코시백화점 측에서 조선총독부를 동원하여 협박을 가한 것이다. 화신상회가 백화점이 아닌 잡화점으로 인가를 받고서도 백화점임을 알리는 '대매출'이라는 대형 간판을 3층 옥상에 내걸었다는 시비였다.

그렇다고 그 정도의 협박에 순순히 간판을 내릴 박흥식도 아니었다. 내려라, 못 내린다, 옥신각신 끝에 도리 없이 그는 우가키 총독을 찾아가 이렇게 말했다.

"총독 각하께서는 세계대전으로 일본이 불경기를 겪고 있는 이때 조금이라도 경제에 도움이 되도록 하자면 조선의 시장을 활성화시켜야 된다고 생각지 않으십니까? 그런데 미쓰코시가 시비를 걸고 있으니, 저이들이 과연 일본인이 맞는지 모르겠습니다[2]."

그것으로 백화점의 시비는 일단락되었다. 결코 남을 해치는 말을 하지 않으면서도 자기 자신을 보호하는 말을 골라 할 줄 아는, 젊은 박흥식만의 상술이 거둔 성과였다.

최남, 조선 최초 백화점을
먼저 세우다

…이곳에서 쓰랴는 소위 백화점이란 것도 역시 대자본 횡포의 산물 중 하나이다. 중소상업의 뒷덜미를 눌누고 손님이란 손님의 발길을 모다 끌냐고 하는 것이 곳 백화점의 주안점이다. 이러한 백화점에 조선의 중심지인 경성엔들 안 생길 리가 업다. 생긴지 일천하지만 벌서 일본 상계의 대표라고 볼 미쓰코시오복점五服店이 본정(혼마치) 입구 남편 광장에, 또 이곳에서 멀지 안흔 남대문통 2정목 요로에 조지야丁子屋란 양대 백화점이 호각의 세로 남촌 손님은 물론 북촌의 손님까지 모라듸린다. (이것은 지금에 새삼스런 일이 아님으로 긴 말을 안하랴고 한다.) 남풍이 시시각각 북으로 북으로 몰녀 들어옴으로 북촌의 상계란 것도 잔영좃차 점점 희미해가는 것은 누구나 알고 잇는 현상이다. 이런 실마리의 운명 앞에 잇는 북촌 상계에다가 또 새 위압이 첨가함으로써 북촌의 상계는 말할 수 업는 급속도의 적료寂廖을 정하고 압길이 암담할 뿐이다.

한심하다. 몰녀드는 위세도 크다란 북촌 상계로서 하등의 대책도 업고 그 날이 그날인 변통무로變通無路의 형상에서 헤매이는 것을 볼 때에 참으로 장탄을 금할 수 업다. 아마도 사이대기死而待己가 아닌가까지 의심한다. 화신상회이니 동아부인상회이니 하는 백화점이 잇스니 이로써 북촌 상계의 체면이라도 다소 보존되는 것으로 생각할가? 아니다. 이런 '얼치기' 백화점은 어떠한 의미로 보아서 돌이혀 우슴을 살 일이다. 그럼으로 화신이나 동아부인상회를 가리켜서 백화점이라고 부를 용기가 안 난다.

백화점이란 것이 좃고 낫분 것은 별 문제로 하고 어떠튼지 대세가 백화점으로 기울닌 만큼 남촌의 백화점을 대항함에는 적어도 미쓰코시나 조지야에 대등한 진용을 안 가지고는 하나마나가 아닐가 한다.[3]

그렇다. 박흥식이 신태화로부터 지금 돈 약 385억 원을 주고 매입한 화신상회는 분명 백화점이 아니었다. 비록 낡은 기와집을 헐어 내고 혼마치의 미쓰코시백화점과 같은 3층 높이의 콘크리트 건물을 새로이 지어 올려 북촌의 종로 상가에선 가장 큰 규모를 자랑하고 있었으나, 엄밀히 말해 화신상회는 백화점이 아닌 대형 잡화점이었다. 그 때문에 한동안은 미쓰코시백화점 측으로부터 협박도 받아야 했다.

그러나 이어지는 문장에서 "절망의 가슴을 부덩켜 안고 무거운 다리를 끌흐면서 동편 북측으로 향한 즉 최신식 대건축(4층)의 공사가 눈에 띄이고 처음 보는 〈동아백화점〉이란 간판이 달녀 잇슴을 보앗다."고 덧붙인다. 그처럼 북촌의 종로 상가에도 마침내 백화점이 들어서게 된 것이다. 그것도 일본인이 아닌 최남이라고 하는 조선인의 손으로 세워지고 있어 경성 상계를 들뜨게 만들었다.

그렇다면 최남은 어떤 인물일까? 아직 누구도 가 보지 않은 '풍요와 소비의 판타지'를 일찍부터 홀로 꿈꾸어 왔던, 신태화로부터 그 같은 백화점을 하겠다며 화신상회를 인수한 박흥식보다 한발 앞서 조선 최초로 백화점을 세운 최남은 또 누구란 말인가?

최남은 1895년 서울에서 그리 멀지 않은 경기도 양주에서 태어났다. 하지만 그의 인생 여정은 시작부터 순탄치 못했다. 두 살 때 아버지를 잃으면서 청상과부가 된 홀어머니는 어린 최남을 안고 서울 장교동의 친정에 얹혀살았다.

그래도 교육열 하나만은 남달랐던지 찢어지는 가난 속에서도 아들을 보성중학교까지 다니게 했다. 그러나 고생하는 홀어머니의 딱한 모습을 보다 못해 최남은 미련 없이 학교를 그만두고 말았다.

그렇다고 학업을 아주 포기한 것은 아니었다. 그가 스무 살 때 무작정 일본으로 건너간 것도 딴은 어떻게든 공부를 계속해 볼 요량에서였다.

하지만 메마른 땅에선 씨앗이 뿌리를 내리지 못한다는 자신의 고백과도 같이 일본에서의 생활은 시련의 연속이었다. 어렵게 들어간 추전秋田광산학교를 중도에서 그만두고 끝내 귀국하지 않으면 안 되었다. 입에 풀칠하기조차 쪼들리기만 한 그에게 학교 공부는 사치에 불과했던 것이다.

일본에서 돌아온 최남은 당장 생업 전선에 나서야 했다. 다행히 아는 이의 소개를 받아 평안도 수안군에 있는 평원광산의 야외사원野外社員으로 채용되었다. 하지만 말이 좋아 야외사원이지 광부나 조금도 다를 것이 없었다.

최남은 어금니에 금이 가도록 이를 악물었다. 광산 생활이 여간 힘든 것이 아니었으나 술과 담배를 멀리한 채 15원(약 165만 원)을 받는 월급 가운데 군말 없이 절반을 뚝 떼어내어 매달 꼬박꼬박 저축해 나갔다.

그렇게 40원(약 440만 원)이 모아지자 미련 없이 그곳을 떠났다. 배짱과 투기가 판을 치는 광산 생활이 자신에게는 결코 맞지 않는다고 생각하여 그만 경성으로 돌아온다.

그러나 경성으로 돌아온 그에게 무슨 뾰족한 수가 기다리고 있을 리 만무했다. 스물네 살의 실직자는 며칠 동안이나 궁리를 하다 말고 답답한 심정에 무작정 거리로 나섰다.

어쩌다 발길 닿은 곳이 황금정(을지로 입구)이었다. 일본인 상인들이 차마 종로 거리까지는 진출하지 못한 채 하나둘 눌러앉기 시작하면서 새로운 상업 지구로 변모해 가고 있는 황금정은, 그래서 언제나 많은 사람들로 북적였다.

최남은 그 거리를 걸어가다 문득 무언가에 눈길을 빼앗겼다. 고물상들이 걸어 온 보잘것없는 '헌 구두'며 '헌 양복' 따위들이었다.

당시만 해도 경성 거리에는 기운 신발이며 기운 옷을 입지 않은 사람이 거의 없을 정도였다. 최남은 무슨 생각을 하였는지 고물상들의 흥정판에 자신도 끼어들었다. 그런 뒤 헌 구두며 헌 양복 몇 가지를 사들고 집으로 돌아왔다. 그것을 누이동생에게 대충 손을 보게 하여 그 이튿날 황금정과 종로 사이에 자리한 태평로통으로 들고 나갔다. 태평로통에서 다시 고물상들에게 팔아넘기는 장사를 시작하는 것인데 제법 짭짤한 이윤이 남았다.

…돈 십원 돈 오원 한 장을 들고 고물상으로 고물상으로 그 어느 놈이 그 어느 병자가 입고 다니는 것인지도 모르는 양복을 만적거리면서도 그래도 그것이나마 '스마트'한 것을 고르는 것이다.

그것만 입고 나서면 그의 꿈은 다시 이러난다. 아름다운 여자- 탕고- 월스. 그렇치만 입은 양복에 배고 밴 '나프타린' 내음새가 코를 찌를 때…[4]

모두가 그러하던 시절이다. 그러던 시절에 고물상 장사로 자신감을 얻은 최남은 황금정과 태평로통을 부지런히 오가며 장사를 계속했다. 그리하여 반 년이 지났을 즘에는 평원광산에서 모은 돈보다 무려 다섯 배나 더 많은 2백여

경성 상계史

원(약 2,200만 원)을 모았다. 한낱 고물상을 상대로 한 장사였으나 결코 무시할 게 아니었다.

행운은 다시금 행운을 불러왔다. 이듬해에는 모든 젊은이가 선망하는 은행원으로 취직할 수 있었다. 외가의 주선으로 조선상업은행(은행장 박영철) 동대문 지점에서 근무하게 된 것이다.

하지만 최남은 은행 근무를 하면서도 밤이면 전과 다름없이 고물 장사를 계속해 나갔다. 낮 동안에는 어엿한 은행원으로 신사복에 넥타이를 매고서 근무를 하다가도, 퇴근 후가 되면 작업복으로 갈아입고서 고물 장사를 계속했다. 수입은 은행원의 월급보다 오히려 더 많았다.

바로 이런 점이 상인으로서 최남다운 면면이라고 볼 수 있었다. 웬만한 젊은이라면 모두가 선망하는 은행원이 되었을 때 우선 생활의 안정부터 찾으려 들었을 것이다. 그리고 거기서 그만 주저앉고 말았을 게 틀림없다.

그러나 최남은 안주하지 않았다. 낮에는 은행원으로, 밤에는 고물 장사로 어느 정도 돈이 모아지자 장사를 더욱 확장시켜 나갔다.

돈이 되는 일이라면 집장사에서부터 은행 창고의 폐품에 이르기까지, 어떤 일이고 가리지 않았다. 그렇게 2, 3년이 훌쩍 지나자, 당시로선 거액이랄 수 있는 수천 원을 어렵잖게 손에 쥘 수 있었다.

최남은 지금의 종로2가 인사동 입구에다 조그마한 상점 하나를 얻어 잡화상을 시작했다. 덕원상점의 시작이었다.

자기 상점을 갖게 된 최남은 마치 가뭄에 물을 만난 물고기와 다르지 않았다. 이때부터 그는 상인으로서 천부적인 재능을 유감없이 발휘했다.

최남은 상품의 진열에도 남다른 재능을 보였다. 때문에 아주 간단히 상품의 진열을 바꾸어 놓는 것만으로도 매일같이 산뜻하고 신선한 분위기로 고객들을 맞이할 수 있었다.

그같이 덕원상점에 손님들이 날로 붐비게 되자 최남은 그제야 비로소 은행을 그만두었다. 그 이후로는 오직 상점 경영에만 전념한 끝에 인사동에서 종로의 큰길가로 새 상점을 얻어 확장 이전하게 된다.

자연스레 취급 품목도 크게 늘어났다. 확장 이전한 그의 상점은 기존의 잡화에서 벗어나 양품, 문방구, 학생 용품 등을 다양하게 구비했다.

더욱이 상운마저 따라 주었다. 인사동에서 종로의 큰길가로 덕원상점을 확장 이전시킨 바로 이듬해, 마치 상점의 이전을 기다리고 있었다는 듯이 손님들이 꾸역꾸역 밀려들었다.

1919년 이른 봄은 일제의 무단통치에 항거하여 3·1 운동이 일어난 해이다. 최남은 그 같은 3·1 운동의 여세를 몰아 덕원상점의 자본금을 두 배로 늘리는 데 성공했다.

그렇다고 그가 3·1 운동과 무슨 관련이 있거나 한 것은 아니었다. 다만 그는 때맞춰 인사동에서 종로의 큰길가로 이제 막 상점을 확장 이전했을 따름이다.

한데 3·1 운동이 일기 시작하면서 자연스레 반일 의식이 나타났고, 반일 의식은 다시금 민족적 결속력을 강하게 불러일으켰다. 혼마치, 명치정, 황금정의 일본인 상점들을 배격하고 전통적인 조선 상가이던 종로 쪽으로 인파가 몰려든 것이다.

하지만 최남은 자신에게 주어진 상운에만 결코 기대지 않았다. 당시로선 그저 획기적이라고밖에는 표현할 길이 없는 '정가 판매'라는 대담한 상술로 다시 한 번 공전의 히트를 쳤다.

하기는 당시만 해도 에누리 없는 장사가 어디에 있느냐고 흔히 일컫던 시절이었다. 때문에 조금은 약삭빠르고, 영악스럽고, 떠벌리기 잘하고, 사람 속여먹는 것이 장사꾼의 전형처럼 여겨질 때였다.

최남은 오랫동안 관습처럼 내려오던 그 같은 악습에 과감하게 도전하고 나섰다. 종로의 큰길가로 확장 이전한 덕원상점은, 때마침 몰려들기 시작한 손님들을 안심케 하는 데 성공한다. 상품의 값은 물론 상점이 정직하다는 문패를 따로 내걸기까지 한 것이다.

최남의 덕원상점이 최초로 내건 이 같은 정가 판매의 상술은 이내 효과로 나타났다. 사람에 따라서, 또는 따로 흥정하는 법이 없이 손님들이 그 값을 믿고 사 갔다.

이같이 연거푸 성공을 거둔 최남은 고물 장사부터 시작한 지 8년여 만에 종로 네거리 인근에만 덕원상점을 비롯하여 동아부인상회 등 5개의 상점을 소유하게 되었다. 20만 원(약 220억 원)의 자본금에다 점원 수만도 40여 명에 달했다.

그럴 무렵 최남의 꿈 역시 박흥식과 마찬가지로 백화점이었다. '나도 백화점을 갖고 싶다'는 집념을 한층 더 굳혀 가고 있었다.

그러던 1931년, 종로2가 동아부인상회 자리에 '삘딩'이 새로이 지어졌다. 앞서 얘기한 한학수의 한청사와 빌딩 쟁탈전을 벌이고 있는 민규식의 영보합명회사에서 짓기 시작한 4층 높이의 현대식 건물이었다.

최남은 그 건물을 민규식에게서 통째로 임대하여 경성 상계에선 맨 처음으로 백화점을 개점했다. 지하 1층, 지상 4층 규모로 혼마치의 일본 백화점들에 비해서도 거의 손색이 없는, 자그마치 2백여 명의 점원들이 손님을 맞이한다는 '동아백화점'이 그것이었다.

라이벌 동아백화점
인수 비결은 '미인계'

'상점의 왕' 백화점을 갖고 싶다는 꿈은 비단 박흥식과 최남만이 아니었다. 크든 작든 간에 종로 거리에 상점을 갖고 있는 경성 상계의 상인들이라면 누구라도 한 번쯤은 그런 생각을 가질 법했다.

하지만 그들은 백화점 형태의 상점 경영은 결국 실패할 수밖에 없을 것이라고 판단하여 좀처럼 엄두를 내지 못했다. 무엇보다 일본 상인들의 막대한 자본력에 도저히 맞설 수 없는 데다, 더구나 일본에서 상품을 직접 들여올 수 없다는 뚜렷한 한계를 지니고 있었다. 일본 상인들이 중간에 얼토당토않은 일수판매─手販賣 제도를 구축해 놓아, 조선 상인들은 일본 상인의 도매점에서만 상품을 구입해다 팔 수밖에는 없었다. 또 그렇게 해선 도무지 가격 경쟁에서 살아남을 수가 없다고 생각한 것이다.

그러나 최남의 생각은 달랐다. 그는 혼마치의 미쓰코시백화점을 수시로 드나들면서 마침내 일본인 점원 와타나베를 덕원상점의 지배인으로 끌어들이

278 경성 상계史

는 데 성공했다.

그런 다음 와타나베를 통하여 일본으로부터 직접 상품을 들여왔다. 일본 상인들이 철옹성처럼 구축해 놓은 일수판매 제도를 간단히 따돌릴 수가 있었던 것이다. 뿐만 아니라 당시로선 보기 드물게 3대 경영 방침을 세워 그것을 원칙으로 삼았다.

첫째, 진열장의 배치를 색다르게 차별화한다.

둘째, 200여 점원 가운데 여점원을 절반으로 한다.

셋째, 점원은 매일 깨끗한 옷을 입고 출근한다.

그렇잖아도 동아백화점 젊은 여점원들의 인기가 벌써부터 대단한 화젯거리였다. 당시만 해도 여성들이 상점에 나와 남자 손님들에게 물건을 파는 풍경이란 볼 수 없었던 시절이다. 한데 동아백화점에만 가면 산뜻하게 차려입은 아가씨들의 얼굴을 누구나 쳐다볼 수 있고, 또 대화도 쉽게 걸 수가 있어 남자 손님들에게 이만저만한 인기를 누렸던 게 아니다.

박흥식이 발끈하고 나섰다. 신태화로부터 지금 돈 약 385억 원을 주고 화신상회를 인수한 뒤, 낡은 기와집을 헐어 내고 3층 높이의 '삘딍'을 지어 올렸건만, 조선총독부는 백화점 허가를 자꾸 뒤로 미루기만 했다. 궁여지책으로 '화신대매출'이란 백화점과 비슷한 간판을 걸었더니, 미쓰코시백화점 측이 득달같이 달려와선 협박을 해댄 것도 아직 분이 채 가시지 않은 터였다.

한데도 백화점을 하겠다는 뜻을 한사코 굽히지 않자 혼마치의 일본 백화점과 우가키 총독이 한통속이 되어 자신을 죽이려고 잔머리를 굴리고 있다고 박흥식은 생각했다. 하필이면 조선인 소유의 동아백화점 신축을 화신상회 바로 옆 건물에 허가해 주어, 같은 조선인끼리 서로 경쟁하도록 고도의 전략을 꾸며낸 흉계라고 본 것이다.

또 그렇게 되는 날엔 박흥식의 평소 성격으로 미뤄 분명 동아백화점보다 우위를 점하려고 출혈 경영도 마다않을 것이고, 그러다 보면 결국에는 혼마치의 일본 백화점들만 어부지리를 얻게 될 것이라고 판단했다.

물론 박홍식의 이 같은 생각이 옳은 것인지, 아니면 경쟁 심리에 빠진 자가 당착인지는 확인할 길이 없다. 중요한 것은 박홍식이 그러한 덫에 걸려들지 않았다는 사실이다.

마치 그러한 덫을 비웃기라도 하는 듯이 그는 전연 다른 방법을 선택하고 나섰다. 상대의 의도대로 휩쓸려 들지 않고 자신의 의도대로 물꼬를 돌려 놓은 것이다.

박홍식의 이야기를 들어 보기로 하자.

"거상은 거짓말을 두 가지만 한다. 본전에 판다는 것과 자본이 달린다는 소리가 그것이다. 본전에 판다고 할 때에는 이미 수입한 본전을 다 챙긴 다음에 나중에 하는 소리이다. 그리고 자본이 달린다고 하는 얘긴 흔히 상인들 사이에서 오가는 소리인데, 이 역시 사실은 이미 수입할 물건의 오더를 다 사들이고 난 뒤 엄살을 부리는 것이다. 내가 스웨덴에서 신문 용지를 수입할 적에도 장안에 자본이 달린다고 소문을 일부로 퍼뜨리곤 했다. 그래야 일본 상인들이 안심을 하고서 나를 경계하지 않기 때문이다. 하여간에 나는 손해 보는 장사는 하지 않는다. 그런데 내가 무엇 때문에 동아백화점을 상대로 출혈 경영을 하겠는가? 그건 이 박홍식을 모르고 하는 소리다.[5]"

박홍식은 곧바로 우가키 총독을 찾아갔다. 그리곤 다짜고짜 이렇게 말했다.

"총독 각하! 제 능력을 저희 조선 상인들뿐 아니라 일인 상인들한테까지 확인시킬 수 있는 기회를 만들어 주셔서 감사합니다. 동아백화점은 제가 1년 안에 반드시 항복을 받아 내겠습니다."

우가키 총독 앞에서 그렇듯 호언장담하고 돌아왔으나 막상 동아백화점의 최남을 분석해 들어가자 생각보다 훨씬 더 강적이었다. 세간의 이목도 여간 신경 쓰이게 하는 대목이 아닐 수 없었다. 조선의 두 거상이 제대로 맞붙었다며 과연 누가 승자가 될지 저마다 저울질을 해대는 마당이었다.

한데 최남의 동아백화점을 연일 독수리눈으로 주시하고 있는데, 눈에 확들어오는 한 가지 대목이 있었다. 개점 첫날부터 미모의 젊은 여점원들을 대대적으로 모집해서 매장에 배치하는 것이었다. 목적은 분명했다. 당시 '숍껄'이라고 불렸던 아가씨들을 매장마다 배치시켜 놓은 일종의 미인계였다.

그건 분명 일찍이 경성 상계에선 유례를 찾아볼 수 없는 파격적인 발상이었다. 난생처음 보는 강력한 상술인 데다, 고객 유치에도 상당한 도움이 될 성싶었다.

박흥식의 참모들은 그만 아연실색했다. 마치 허를 찔리고 만 듯 벌레 씹은 얼굴로 박흥식만을 돌아보았다.

"너무 걱정하지 마세요. 찾아보면 길은 반드시 보일 겁니다."

그는 참모들을 안심시켰다. 아니 최남의 미인계를 바라보면서 속으론 모처럼 활짝 웃었다. 좀처럼 허점이 드러나 보이지 않을 것 같던 최남에게서 비로소 그 틈새가 보이기 시작한 것이라고 내심 쾌재를 불렀다.

"사장님께선 속 편한 말씀만 하십니다. 동아백화점 아가씨들 때문에 우리 손님들마저 다 떨어져 나갈 지경인데요."

참모들의 걱정은 공연한 기우만이 아니었다. 동아백화점 '숍껄'들의 인기가 지금으로 치자면 가수나 탤런트 못지않은 대단한 화젯거리인 데다, 그것도 한두 명이 아닌 동아백화점의 전체 점원 가운데 절반이나 되는 1백여 명씩이나 우글거리는 꽃밭이었으니 정말 환장할 노릇이었다. 더군다나 동아백화점의 미인계 시장에선 벌써 '로-만스'까지 피어난다는 야릇한 뜬소문마저 그치지 않았으니…

…K라는 청년이 잇섯다. 동경 가서 K대에를 맛추고 나왓다. 그러나 여성이 그리운 년령에 달해옛건만 배필을 구할 길이라고 업섯다. 혹 녀학교의 선생이나 아는 이가 잇스면 그 길수를 알 수도 잇겟지만 이성을 만날 긔회라고 업서 번민하엿다. 그러다가 하로는 ○백화점에 갓다. 3층 문방구 파는데 올나가니 그의 눈압헤 나이딩겔가치 청초하게 생긴 엇든 어엽분 녀성이 점원옷을 입고 손님을 맞고 잇섯다.

K는 그 순간 크다란 충동과 흥분을 늣겻다. 그래서 별로 필요도 업는 만연필과 공책을 사고 도라왓다. 쓸쓸한 하숙에 오니 악가 그 얌전한 녀성의 모양이 이처지지 안는다. 용모가 저러케 얌전할 때는 교육도 상당하겟거니 용모가 저러케 아름다울 때는 가정도 상당하려니 이러한 공상을 하로밤을 꼽박새면서 한 뒤 이튼날 또 그 백화점으로 갓다. 가서 또 문방귀를 사고 원거리 외짝연애—方戀愛 만을 하면서 도라왓다. 이러기를 사오일 계속하엿다. 물론 말이라고,

"이건 얼마서요."

"네 얼마입니다."

하는 사고파는 흥정 이약이밧게 못하엿다.

K는 참다못하여 자긔 친구를 다리고 또 다시 갓다. 그 친구되는 학생은 마음을 아는지라 그 여자와 물건 흥정하는 김에 악이惡意가 업시 점잔케 일흠을 무러보앗다. 그러나 그 여자는 얼굴이 확 붉어지며 대답이 업섯다.

다시,

"그러면 어듸 사십니까?"

그제야,

"××동 52번 올시다."

함이엇다. 친구는 곳 그길로 ××동 52번지 부근을 차젓다. 일흠을 대이는 것

은 외간 남자에게 경솔한 일이지만 만일 할 말이 잇거든 내집 부모에게 문의하십시오 하드시 자긔집 번지를 가르쳐주는 태도에 상당히 교양잇고 품격잇는 집안의 따님아라고 감격하엿다.

이리하야 그 집을 조사하여보니 마츰 그것이 그 친구가 잘 아는 의학전문학교 다니는 자긔 친구의 집이라. 그 녀성은 바로 의전학생의 누이동생이엇다. 이리하야 이럭저럭한 절차를 지나서 마츰내 3개월 뒤엔 공회당 너른 홀에서 K와 그 녀성은 결혼하엿다. 결혼하여 지금은 어린아해까지 잇는 행복스러운 가정을 이루고 ○○동에서 산다.

나는 K가 그때 점원감독의 눈을 슬슬 피하면서 그 점원(지금은 자긔 안해)에게 러브레타를 비밀히 주든 이약이를 K로부터 드럿지만, 그리고 그 편지도 내 손에 두 석장 드러와 잇지만, 본인의 명여를 위하여 여기에 공개하기를 피한다.[6]

그렇거나 말거나 박흥식은 자신만만해했다. 동아백화점의 숍껄 미인계가 당장은 상당한 효과를 거두는 것 같아도, 하지만 그처럼 불안정한 상술은 이내 부메랑이 되어 반드시 혹독한 대가를 치르게 될 것이라고 확신하고 있었다.

따라서 그때를 조용히 기다리며 침묵으로 일관했다. 참모들의 한숨 섞인 우려에도 불구하고 그저 무관심인 척 신경을 쓰지 않고 가만 내버려두었다.

그렇다고 아무런 대응 전략조차 세우지 않았던 건 아니다. 최남의 동아백화점을 꺾기 위한 숨은 전략으로 그는 정공법을 택했다. 오래지 않아 식상하고 말 미인계의 서비스보다는 고객에게 실질적인 서비스를 제공하겠다는, 다시 말해 상품의 가격 경쟁에서 라이벌인 동아백화점과 확실한 차별성을 두는 것이었다.

그러기 위해 박흥식은 수년 전 종이 파문 때의 경험을 되살려 일본으로 건너갔다. 최남의 동아백화점은 물론이고, 조선에 상주하는 일본 상인들이 철옹성처럼 구축해 놓고 있는 일수판매 제도를 무력화시키기 위해서였다.

그는 우선 일본 오사카에 지하 1층 지상 3층짜리 빌딩부터 임대했다. 그리곤 각종 상품들을 제조 회사들로부터 직접 공장도 가격으로, 공장도 가격에서 다시금 현금으로 몽땅 할인 구매한 뒤 경성으로 가져와 대대적인 사은 대매출의 할인 판매를 펼쳤다.

그쯤 되자 가격 경쟁에서 어느 누구도 그를 당해 낼 수 없었다. 경성 상계가 발칵 뒤집혔다. 혼마치의 일본 백화점들은 물론 조선총독부도 놀라 자빠졌다.

박흥식은 거기서 보란 듯이 한술 더 떴다. 당시로선 상상조차 할 수 없는, 현금 교환이 가능한 상품권까지 발행하면서 일찌감치 아퀴를 지었다.

참으로 신출귀몰한 상술이었다. 경성 상계에선 맨 처음 시도된 상품권 판매는 공전의 히트였다. 당시 공공연히 성행하던 뒷거래, 예컨대 '와이료(뇌물)'를 주고 싶어 하던 사람들에게 상품을 구매할 수도, 현금으로 바꾸어 가질 수도 있는 상품권이야말로 가장 적합한 안성맞춤이었다.

그와 달리 화신상회 바로 옆 건물의 동아백화점은 비틀거렸다. 개점 초기 화려한 미인계로 장안의 한량들을 모조리 불러 모으면서 기세등등했던 분위기는 온데간데없이 설렁하기 짝이 없었다.

최남이 장안의 한량들을 모조리 불러 모으는 데까지는 기막히게 적중시켰으나, 하지만

화신백화점 상품권

경성 상계史

그들의 속내는 정작 딴 데 있었다. 숍껄의 손 한번 슬쩍 만져 보고 나가 버리는 사내들이란 애당초 상품을 구매할 의사가 없었다. 그저 숍껄의 눈길이나 맞추려고 하는 터에 장사가 될 리 만무했다. 모름지기 장사란 실속이 있어야 하는데도 말이다.

더구나 동아백화점의 최남은 결정적으로 참모를 잘못 기용했다. 젊은 여점원들을 선발하는 임원이 젊은 여점원 여럿을 농락했다가, 그만 신문 기사가 터지고 말면서 여론의 뭇매를 맞게 된 것이다.

결국 엎친 데 덮친다고 두 번의 결정타를 허용한 동아백화점은 완전히 그로기 상태에 빠지고 말았다. 일찍이 박흥식이 예언한 그대로였다.

이미 혈전이 끝났음을 판단한 박흥식은 그제야 비로소 최남을 찾아갔다. 최남도 더 이상은 어쩔 수가 없었던지 순순히 백기를 들었다. 화신상회의 박흥식에게 자신의 동아백화점을 넘겨주기로 결정한다.

이윽고 1932년 7월 중순, 일본 요릿집 남산장에서 박흥식과 최남은 정식으로 계약서에 서명 날인했다. 동아백화점이 개점한 지 불과 6개월여 만이었다.

조선총독부로서도 기가 막힐 노릇이었다. 서로에게 맞불을 놓아 조선 상권의 기세를 한꺼번에 꺾어 놓으려던 계획이 이제 갓 서른 남짓한 젊은이에게 도리어 참패를 당하고 말면서, 경성 인구 80%를 점하는 조선인들의 자긍심만 높여 준 꼴이 되었다. 총독의 체면이 말이 아니었다.

바로 같은 날, 박흥식은 조선총독부로부터 연락을 받았다. 우가키 총독이 화신상회를 직접 방문하겠다는 것이다. 방문의 이유도, 시간도 따로 밝히지 않은 일방적인 통고였다.

한데 비서를 대동하고서 화신상회에 나타난 우가키 총독은 입구만 잠깐 쳐다본 채 매장 안은 돌아보지도 않고 곧바로 사장실로 직행했다. 제아무리 조선인이 경영하는 백화점일지라도 첫 방문인 만큼 백화점의 상품도 둘러보고 직원들도 격려할 줄 알았건만, 우가키 총독은 그러지 않았다. 조선 상인이 경영하는 백화점에 총독이 관심을 보였다는 정치적인 구설수에 오르내리지 않으려는 계산인 듯싶었다.

박흥식은 총독의 방문을 영광으로 여기어 일본차를 접대했다. 우가키 총독은 찻잔에 손을 대지도 않고 고압적인 자세로 입을 열었다.

"박군이 내 앞에서 독을 내뿜듯이 1년 안에 반드시 동아백화점의 항복을 받아 내겠다고 하더니, 꼭 6개월 만에 그 소원을 성취한 것인가?"

이어 우가키 총독은 짧게 덧붙였다. 이날 자신이 방문한 목적이 무엇인가를 보여 주는 대목이었다.

"이제 박군의 다음 차례는 혼마치에 있는 미쓰코시백화점이 되겠지? 그렇지 않은가?"

훗날 박흥식은 이렇게 고백하고 있다. "조국을 빼앗긴 상태에서 나는 경성의 상권이라도 보호하고 힘이 닿는 한 장악까지 해야겠다는 일념밖에 없었다. 이곳이 곧 우리의 조선 땅인데 일본 상인들이 판을 치는 것이 서글프고 분노하여 내가 백화점을 만들어 그들에게 대항하고 싶었다."라고.[7]

소식을 전해 들은 경성 상계는 일제히 환영했다. 화신과 동아가 서로 싸우지 아니하고 하나로 뭉쳐 민족 상권의 통합을 이뤄 냄으로써, 일본 혼마치 상권의 종로 진입을 다시 한 번 견제할 수 있게 되었다며 박흥식과 최남 양쪽 모두에게 박수를 보냈다.

『삼천리』잡지도 두 백화점의 통합에 대해 큰 눈을 뜨고서 바라보라며 주문하고 있다. 화신이 대백화점으로 웅비하기를 간절히 비는 마음에서 애정 어린 채찍과 당부도 잊지 않았다.

… 박씨! 그대는 참으로 용기가 잇는 사람이다. 이러케 말하면 추어서 하는

말가트나 그런 말이 아니라 조선인 상계에서 그대와 가티 별여논 사람이 업지 안흔가. 동아백화점이 처음으로 생길 때에 나는 하등 관계가 업스나 속으로 매우 깁엇다. 그래서 나는 이 동아백화점의 탄생을 이 삼천리 지상을 통하야 경축하고 그의 수명이 길기를 만히도 빌엇다. 그러나 나는 어느 친우인 모 상점 주인에게 이러케 말한 일이 잇다. 동아백화점이 생긴 것만은 좃타만 최남의 힘으로 되는 것이 아닌 즉 그 계속이 의문이며, 돌이혀 조선 사람이 백화점을 경영한다니 말이 되나 하는 말이 내 생각에도 되여 갓스면 하엿다. 이러케 말한지 겨우 1년만에야 내가 염려하든 바 그대로의 결과를 나타냇다고 그 친우가 말한다.

박씨! 물론 그대는 최씨와 가티 중도에 내여버릴 사람으로 나는 밋지 안는다. 그대의 나희가 젊고 또 그대를 후원하는 큰 힘이 잇는 이상에 조곰도 변함이 업시 잘 생장케 할 줄로 밋는다. 아니 조선 사람 경영의 백화점이 단 하나로 되엿다는 점을 생각하야 그대는 일층의 분투 활약을 안하면 안 된다. 압흐로 그대의 책임은 매우 무겁다….

박씨! 나로소 드른 바가 만다. 그 드른 바를 말하고 십지안다. 그런데 전하는 말 중에도 나로서 가장 위구危懼로 갓게 하는 말이 잇스나 냉정히 생각하여 볼 때에는 그대의 수완을 밋고 나는 얼만큼 위안이 된다. 그대가 처음에 화신과 우연한 금전의 ○○과 관계를 매진 그대의 생각과 가티 맘을 써서는 안 된다. 그대가 이 백화점의 경영을 한번 잘못하는 경우는 그 파문이 어듸까지 갓 것인가 함을 생각하야 신중을 거듭할 것이다….[8]

박흥식,
미쓰코시·조지야·히라타·미나카이에 도전하다

흔히 '리틀 도쿄'라고도 불렸던 남촌의 혼마치 거리는 당시 경성에서도 최고 번화가였다. 도로 폭은 생각보다 비좁아 고작 3.8m에서 6m에 불과했으나 잘 닦인 아스팔트 포장도로였다. 도로 양측에는 은방울꽃 모양을 한 가로등이 일정한 간격으로 서 있었는데, 이것이 혼마치의 자랑이었다. 일본인들은 이 거리를 '은방울꽃 거리'라고 불렀다.

그 거리에서 상점이 가장 많이 밀접한 지역은 혼마치 1정목과 2정목이었다. 1936년 당시 상점 수는 487점포(혼마치 1정목에서 4정목까지의 합계)였다. 그 가운데 92%인 449점포가 일본인 소유였으며, 그 지역은 완전히 일본화된 상점가였다.

상점의 수만이 아니었다. 거리를 오가는 인파가 가장 많은 것도 경성 최대의 상가임을 말해 주었다. 이용 고객은 주로 경성부를 비롯하여 인접 지역의 일본인과 중류 이상의 조선인들이었다.

이처럼 남촌의 혼마치가 일본인들의 거리였다고 한다면, 종로 1가에서 3가까지는 조선인들의 거리였다. 종로 1가에서 3가까지 도합 542점포가 있었는데, 그 가운데 93%인 502점포가 조선인 소유였다. 이용 고객은 주로 경성부나 인접한 지역의 조선인이 많았고, 일본인은 거의 찾아보기 어려웠다.

이 같은 상점들은 육의전의 붕괴 이후 1926년에서 1933년까지 약 10년간에 걸쳐 대부분 개업했다. 특히 1931년 이후 5년 동안 64%인 347점포가 집중적으로 개점했다. 이러한 상점의 개점은 때마침 만주국이 건국되면서 조선 경제의 호황과도 무관치 않았던 것으로 보인다.

더욱이 '(상인)장사는 비천하다'는 조선인들의 상업에 대한 의식이 이 시기에 접어들면서 크게 바뀌었다. '우리도 열심히 장사해서 일본인들 못지않게 벌어 보자'로 변하게 된 것도 그 원인 가운데 하나였다. 조선인 고객들이 굳이 혼마치의 상점가나 미쓰코시, 조지야, 히라타, 미나카이 백화점에 가지 않고도 구입하고 싶은 상품을 종로 거리에서 살 수 있도록 상점가가 정비될 수 있었다.

여기에다 1932년 화신백화점이 개점하면서 고객 점유율을 비약적으로 높이는 데 일조했다. 북촌의 종로 거리는 경성 제2의 상점가로서 남촌의 혼마치에 대항할 수 있는 거점 확보가 비로소 가능해졌다.

그뿐 아니라 종로 거리에 상점을 개점한 조선인들은 일본어 교육을 받은 지방 양반의 차남이나 3남이 대부분을 차지했다. 가지야마 도시유키의 『이조잔영李朝殘影』이란 책을 보면, 종로 거리엔 온돌방 방바닥에 붙이는 황색 기름종이油紙를 판매하는 지물포, 마른 명태 등을 쌓아 놓고 판매하는 어물전, 문구류를 판매하는 필방, 조선 특유의 곤돌라 모양을 한 나막신과 고무 신발을 장식한 신발 가게 등이 눈에 띄었다고 기록하고 있다.

또한 종로 거리에는 추운 겨울을 제외하고 비가 내리지 않는 날이면 곧잘

야시장이 빈번하게 열려 아이들에게 놀이 장소가 되어 주기도 했다. 마치 일본의 야시장처럼 청백색의 카바이트 등불 아래 구멍 난 냄비 따위를 땜질해주는 가게가 등장하기도 하고, 솜사탕·팽이·딱지 등도 팔았다. 단지 좀 다른 것이라면 야시장의 사람들이 일본인이 아닌 조선인이라는 정도였다. 일본의 야시장을 조선인들이 종로 거리에 그대로 재현해 놓았던 것이다.

하지만 종로 거리에는 다른 게 있었다. 종로 거리는 비좁기만 한 혼마치의 은방울꽃 거리하고는 비교가 되지 않을 정도로 드넓었다. 아스팔트 콘크리트로 포장되어 있는 도로의 폭이 27m 30cm에서 29m 10cm나 되는 데다, 도로 중앙에는 전차의 복선 궤도가 깔려 있었다. 또 도로 양쪽에는 혼마치의 도로보다 약간 넓은 4m 50cm에서 5m 50cm의 아스팔트 마사감으로 포장되어 있는 도보가 따로 나 있었다.[9]

그렇대도 남촌의 혼마치와 북촌의 종로 거리 상가는 본질적으로 서로 양분되어 도저히 공존할 수 없는 숙명적 경쟁 관계였다. 또 그 같은 경쟁 관계에 불을 붙인 것은 고객을 불러 모으는 수단, 곧 집객력에서 현격한 차이를 보였다. 미쓰코시, 조지야, 히라타, 미나카이 등 대형화된 일본 백화점들이 남촌의 혼마치에 잇따라 개점하기 시작하면서부터였다.

미쓰코시가 일본의 도쿄에서 주식회사 미쓰코시 포목점을 주식회사 미쓰코시로 상호를 바꾼 것은 1914년이다. 도쿄 니혼바시에 위치한 철근 콘크리트 5층 건물인 신관에 일본에선 처음으로 에스컬레이터를 설치하면서 본격적인 백화점 시대의 개막을 알렸다. 바로 2년 뒤인 1916년 미쓰코시는 일찌감치 경성의 미나카이 포목점 바로 정면에다 3층 건물 2백 평을 증설해서 미쓰코시백화점 경성출장소를 개설했다. 조선에서 백화점의 효시가 된 것은 바로 이 미쓰코시 경성점이었다.

조지야는 미쓰코시보다 5년 늦게 진출했다. 1921년에 주식회사 조지야백

남촌 혼마치에 개점한 일본 백화점 '미쓰코시백화점'

화점으로 이름을 바꾸고 경성에 본점을 세웠다.

주식회사 미나카이 포목점이 설립된 것은 1922년 1월이었다. 사장은 가쓰지로였으며, 조선에 근무하지 않고 일본에 머물렀다. 미나카이주식회사로 개편하기는 했지만 알맹이는 포목점 그대로였다.

1926년 3월엔 히라타가 경성에 들어왔다. 미나카이 포목점의 바로 코앞 혼마치 1정목에 나란히 히라타백화점을 개점했다.[10]

이들 4대 백화점이 자리한 곳은 일본인 집단 거주 구역인 혼마치 일대였다. 미쓰코시백화점은 지금의 신세계백화점 본관 건물 그 자리에, 미도파백화점(지금의 롯데백화점)의 전신이었던 조지야백화점은 을지로 입구에, 미나카이와 히라타 백화점은 각기 충무로1가에 자리 잡으면서 사방 2백m 안에 저마다 경성에서의 상권을 놓고 경쟁을 벌이고 있었다.

하지만 앞서 얘기한 것처럼 초기 이들 백화점은 1층에 다다미를 깔아 놓아 고객들의 불편이 여간 큰 게 아니었다. 신발을 벗고 드나들거나, 덧신을 신어야만 출입이 가능했다. 그래서 조선 사람들은 3층 근대 르네상스식 미쓰코시 백화점을 가리켜 아예 다다미 백화점이라고 홀대하여 부르면서 외면했다.

때문에 미쓰코시도 언제까지 1층 다다미를 고집할 수만은 없는 일이었다. 경성 개점 10년에 접어든 1925년 단골 고객들에게 다음과 같은 엽서를 띄웠다. "앞으로 우리 백화점에는 신발을 신은 상태로 들어오셔야 합니다. 괜찮으시겠습니까?"

한데 엽서를 받아든 단골 고객들의 반응이 생각보다 크게 엇갈렸다. 환영과 반대가 서로 반반으로 나뉘어 팽팽했다.[11]

초기 혼마치의 일본 백화점들이 1층에 다다미를 깔아 놓았던 건 아무래도 오래도록 몸에 밴 그들의 관습이었던 것 같다. 당시 15% 수준에 그친 일본 도쿄 시내의 도로포장률 때문일 수도 있겠지만, 그보다는 자신들의 오랜 전통을 무시할 수 없었기 때문으로 보인다.[12]

이들 4대 백화점의 자본금도 엄청났다. 1935년 당시 화신백화점의 자본금이 겨우 1백만 원(약 1,100억 원) 수준인 데 반해, 도쿄에 본점을 둔 선두 주자 미쓰코시가 3,000만 원(약 3조 3,000억 원)으로 무려 서른 배에 달했다.[13] 물론 나머지 조지야, 히라타, 미나카이 백화점 역시 화신백화점보다는 훨씬 더 많으면 많았지 결코 적을 수 없었다.

더욱이 미쓰코시와 조지야의 아성에 뒤늦게 뛰어든 미나카이의 약진이 여간 아니었다. 미쓰코시에 13년이 늦었고, 조지야에 8년, 히라타에도 3년이나 뒤늦은 시기에 조선 제일의 백화점을 이루겠다는 야심찬 목표로 새 출범을 한 것이다.

마침내 1933년 미나카이백화점 본점의 신증축이 완성되었다. 4년 전에 완공시켰던 미나카이포목점 빌딩 인근의 토지를 매수하여 건설한 지하 1층 지

대형 일본 백화점 조지야백화점(위)과 백화점 안 양복점(중앙), 히라타백화점(아래)

상 6층 건물로, 자신감에 넘쳐나는 백색의 근대 르네상스 양식의 건축물이었다. 혼마치 거리에 면하고 있는 구관 건물인 일본식 2층 건물은 3층 건물로, 뒤쪽의 5층 건물은 6층 건물로 개축되었다. 신, 구관을 합하여 대지 808평, 연건평 2,504평의 거대한 백화점이었다. 백화점 내부 중앙에는 조선에서 처음으로 2층까지 에스컬레이터가 설치되어 화제가 되기도 했다.[14]

이들 4대 백화점의 경영 마케팅 전략 또한 미국 등지에서 곧바로 들여온 선진 기법이었다. 하지만 초기 창업주 가쓰지로가 미국에서 들여온 정보 지식을 과연 어떻게 구체화하고, 어떤 단계와 방법으로 변신시켜야 할지 실질적인 경험과 지식 면에선 부족할 수밖에 없었다. 구체적으로 상품의 구성과 진열, 인테리어, 판매 기술과 사원 교육, 디자인 개발, 백화점의 이미지 구축 등 백화점 마케팅에 필요한 지식과 경험이 크게 모자랐던 것이다.

따라서 자신들이 가지고 있지 않은 것을 타사나 외국에서 도입, 그것을 채용하고 모방하는 것에서부터 시작할 수밖에 없었다. 그렇게 점차 응용하고 혁신하는 것으로 자사의 독자성을 키워 나가 더욱 학습하고 창조(Adept and Invent)해 나간다는, 경영 마케팅의 기술과 노하우의 습득 과정을 영문 이니셜로 'AI의 이전'이라고 불렀다.

말할 것도 없이 이 같은 AI의 이전은 미나카이가 백화점 경영에 필요한 마케팅 기술과 노하우를 전수받을 목적으로, 미국의 어떤 선진 백화점에서 전수받았을 것으로 보인다. 또 그런 기술과 노하우가 이후 미나카이백화점의 성장에 커다란 추진력이 되었을 게 틀림없다.

그런 결과 1933년 증축 완공된 미나카이는 여러 면에서 미쓰코시나 조지야하고는 달랐다. 미쓰코시와 조지야, 심지어 화신백화점에 이르기까지 각각 대로에 인접한 길모퉁이에 입지하고 있고, 건물 정면은 마치 가슴을 활짝 편 것처럼 당당하게 일으켜 세웠으며, 그 좌우에 학의 날개처럼 건물이 펼쳐져

경성 상계史

있는 구조였다.

그러나 미나카이백화점의 경우 정면이라고 특정할 수 있는 곳이 따로 없었다. 출입구가 길거리에 몇 개나 열려 있고, 다른 백화점의 정면처럼 일종의 위압감 같은 것을 느낄 수 없었다. 이는 창업주 가쓰지로가 미국 현지에서 보고 느낀, 고객이 접근하기 쉬운 점포가 중요하다는 식견에서 결정된 결과였다.

야간 조명의 차별성 또한 눈에 띄었다. 남촌 혼마치의 밤은 은방울꽃 모양을 한 가로등이 길거리를 밝혔는데, 미나카이백화점은 한층 더 휘황찬란하게 조명을 밝혀 본점 건물 전체가 마치 어두운 밤하늘에 둥실 떠오른 듯이 보였다. 때문에 인근에선 물론이고 경성 시내 어디에서든 6층 건물인 미나카이백화점을 쉽게 알아볼 수 있을 정도였다. '밝고 친근감 있는 점포를 만든다'는 가쓰지로의 생각을 반영한 장식그림illumination이라 할 수 있었다.

백화점의 내부 매장 또한 차별화하는 데 주력했다. 각 층마다 유리 케이스를 이용하여 상품이 정연하게 진열되어 있었다. 또한 상품이 입체적으로 배치되었으며, 매장의 내부는 깔끔했다. 통로는 넓었고, 천장도 높았다. 여성 점원 전원이 일본 전통 복장에 소매 있는 앞치마 갓포기割烹着를 걸치고 있었으며, 남성 점원은 흰 와이셔츠에 양복 차림이었다.[15]

그렇다면 혼마치의 4대 백화점과 숙명적으로 경쟁할 수밖에 없었던 종로 화신백화점의 대응 전략은 어떤 것이었을까? 이 시기 화신백화점은 신문 광고에 '약진하는 화신', '조선의 백화점' 운운하면서 동포애를 곧잘 호소했다. 백화점을 확장할 적에도, 경영 위기에 처할 적에도, 민족 백화점인 화신을 살려 주어야만 한다고 읍소하고는 했다. 그런가 하면 1938년 4월엔 영친왕李垠을 초대하여 대대적인 행사를 벌이는가 하면, 안창호 선생을 병보석으로 석방시키는 데[16] 일조한 것 역시 사실은 모두 그와 무관치 않다는 의혹이 줄을 이었다.

그럼 박흥식은 민족 감성에 호소하는 것 말곤 무대책이었을까? 지금 돈 1,100억 원을 쏟아 부어 개점한 화신백화점의 경영 전략이란 게 고작 민족 감정에만 기댄 것이란 말인가?

그는 자신의 회상록에서 다음과 같은 힌트를 남기고 있다. "화신백화점은 일본의 백화점 비즈니스에서 배워 조선인이 자력으로 쌓아 올린 민족적 승리였다."고 말한다.

실제로 1942년 화신백화점의 임원 및 간부 리스트 중에는 몇 명의 일본인 이름들이 올라 있다. 전무이사 와다 심페(전 조선총독부), 전무이사 마타니 도시히로(전 조선은행) 그리고 사업부장 마에다 다카요시(전 미쓰코시백화점) 등으로, 그들이 일선에서 지휘를 하고 박흥식을 지원했다. 또 감사역에는 당시 경성 상공회의소 회장 격인 가다 나오지 등의 이름이 보인다.[17] 이처럼 다수의 일본인들이 화신백화점에서 근무했고, 혹은 박흥식과 협력해서 혼마치의 4대 백화점에 뒤지지 않는 경쟁력을 만들어 낼 수 있었다는 것이다.

대화재에 휩싸인 화신백화점

경성 상계의 비상한 관심을 모으며 새롭게 태어난 박흥식의 화신백화점은 새 단장을 하고 문을 연 개점 초기부터 문전성시를 이뤘다. 동아백화점과의 무혈 통합으로 일단은 성공적인 출발을 한 셈이었다.

그런 박흥식에게 그만 불운이 찾아들었다. 백화점 북쪽에 움막을 지어 놓고 과일 노점상을 하던 박태섭이라는 이가 촛불을 켜 놓은 채 잠깐 자리를 뜬다는 것이 바람에 촛불이 넘어지면서 화신백화점에 옮겨붙고 말았다. 대형 화재가 일어난 것이다.

1937년 1월 27일 한밤중이었다. 이날은 음력 12월 23일로 설날 명절을 며칠 앞둔 일요일이라 백화점 고객이 어느 때보다 많았다. 백화점에 쌓아 둔 상품 또한 엄청났다. 그게 몽땅 붉은 화마에 휩싸여 잿더미로 사라지고 만 것이다.

생각만 해도 정신이 아득해졌다. 경성에 있는 소방차 30대가 긴급 총출동했다. 미나미 총독까지 헐레벌떡 달려 나와 진화 작업을 직접 지휘하는데도 불길은 좀처럼 잡히지 않았다. 한밤인데도 겨울바람이 세차게 불어 육교로 연결되어 있는 백화점 동관과 서관 건물 2, 3층까지 순식간에 화염에 휩싸여 나중에는 소방차의 물이 부족할 정도였다. 4층은 손도 댈 수 없는 지경이었다.

화신 대화 당시에 시인詩人과장으로 일홈잇는 주요한씨가 대활약한 무용담이 잇다. 불이 올라부터 4층 루상의 방방으로부터 빨간 불길이 홰홰 뿌무어 나왔다. 종로 일대는 화광이 충천하고 사면팔방으로부터는 불구경꾼들이 수천 명이 와 몰려왔다. 유리창이 튀는 소리, 물건을 끄내는 소리, 울고 부르짓는 소리.

이때에 손님들을 다 내보내고 불 속에서 점원들이 하나 둘 뛰어나왔다. 그러나 이제는 인명만은 다 구제되엇스리라고 안심하고 잇슬즈음 어대에서 울고 부르짓는 연약한 여자의 단말마소리가 들니지 안는가.

이 광경을 보든 시인과장 주요한씨는 겁결에 그저 떨고잇는 여러 사람을 물니치고 단신 그 불 속으로 뛰어드러 4층 루까지 뛰어올나 비명나는 곳을 차저가 묘령의 녀점원 한 사람을 구하여 내엿다.[18]

주요한이라면 수재들만 입학할 수 있다는 일본 도쿄 제1고등학교와 상하이 후장대학 영문과를 졸업하고 돌아와, 작품 「불놀이」를 발표하면서 문단에 명성을 떨친 시인이었다. 나중에는 동아일보와 조선일보의 편집국장까지 두루 거친 뒤. 일제 말기엔 화신백화점의 중역으로 근무하기도 한 당대 최고 지식인이었다.

한데 시인과장 주요한의 그런 무용 때문이었는지 천만다행히도 인명 피해는 없었다. 그러나 다음날 아침 신문에는 도저히 회생이 어려울 정도로 막대한 피해를 입었다는 기사가 대문짝만하게 보도되었다.

경성 상계史

박흥식은 쓴웃음을 지었다. 일본 상인들의 고약한 심보가 알게 모르게 작용한 것이 아니냐며 신문을 와락 덮고 말았다. 신문 기자들이 백화점의 내부 구조를 잘 모르니까 곁에 있던 일본 상인들한테 물었을 터이고, 일본 상인들이 그렇게 분위기를 몰아 갔을 거라는 푸념이었다.

이제는 꼼짝없이 박흥식이 망하게 되었다는 소문이 장안에 죄 돌았다. 자신의 잘못이 아니라고는 하지만, 9년여 동안 공들여 쌓은 탑이 그만 하룻저녁에 잿더미로 스러지고 만 것은 돌이킬 수 없는 사실이었다.

그러나 일본 상인들이 바라는 것처럼 그대로 주저앉을 수만은 없는 일이었다. 다음날 곧바로 선박을 전세 내어 지방의 화신연쇄점에 공급할 상품을 일본에서 긴급 수송케 한 다음, 저녁에는 요릿집 명월관에서 미나미 총독과 마주 앉았다. 미나미 총독에게 대뜸 이렇게 말했다.

"총독 각하! 제가 백화점을 보수할 때까지 맞은편에 자리하고 있는 종로경찰서 구관을 빌려주십시오."

미나미 총독은 경악했다. 비록 지금은 경찰관들이 근무하고 있지는 않다 하더라도 주요 서류는 물론 각종 무기까지 그대로 보관하고 있는 국가 소유의 공공건물이었다. 그걸 개인의 백화점으로 사용할 수 있도록 빌려달라니.

박흥식은 주장을 굽히지 않았다. 화신백화점이 전소하고 만 데에는 총독 휘하의 소방서 때문이라는 이유도 들었다.

"경성 인구가 40만 명인데 소방차가 겨우 30대밖에 안 되는 것도 문제입니다. 더구나 그 30대 중에 사다리차가 한 대도 없다는 건 더 큰 문제입니다. 총독 각하께서도 현장에서 지휘를 하셨지만 화신이 몇 층입니까? 불길이 자꾸만 2, 3, 4층으로 치솟는데도 소방 호스는 1층에서만 맴돌고 있었으니 결과가 그렇게 나온 것이라고 생각합니다."

박흥식은 소방서의 책임과 미나미 총독의 무관심으로 결국 화신백화점이

전소되고 만 것이라며, 화신백화점 맞은편에 자리하고 있는 종로경찰서 구관 사용을 줄기차게 요구했다. 말문이 막힌 미나미 총독은 결국 며칠 뒤에 종로 경찰서 구관 사용을 마지못해 승인해 주었다. 언론이 일제히 들고일어났으나 오히려 명분이 있다며 조선총독부가 수습에 나섰다.

　그로부터 두 해가 지난 1937년 11월 11일, 연건평 3,011평에 지하 1층 지상 6층 높이의 화신백화점 건축물이 그 위용을 화려하게 드러냈다. 당시 이 건축물은 혼마치의 미쓰코시, 조지야, 히라타, 미나카이 백화점보다도 규모가 더 큰 경성의 최대 백화점을 자랑했다.

　　지하 1층 - 식료품점, 실연장, 사기일용품점
　　1층 - 양품점, 화장품점, 여행안내점
　　2층 - 신사양품점, 침구점, 주단포목점, 미술품점, 시계점, 귀금속점, 안경
　　　　　점, 견본실
　　3층 - 부인자공복점, 완구점, 수공품점, 조화점
　　4층 - 서점, 운동구점, 문서구점, 신사양복점, 점원휴게소
　　5층 - 대형식당, 조선물산점, 모기매장, 사진기재료점
　　6층 - 그랜드 홀, 스포츠랜드, 전기점, 가구점, 모델룸
　　옥상 - 상설화랑, 사진점, 미용실, 원경용품점, 옥상정원

　더구나 새로이 신축한 화신백화점은 그동안 남촌의 혼마치에서나 구경할 수 있던 근대 르네상스식 건축 양식으로 구석구석까지 화려하게 장식했다. 그것도 모자라, '올라갈 때는 공중에 붕 떠오르는 것 같고, 내려올 때는 공중에서 스르르 떨어지는 것 같아서 누구든지 어지러워했다'는 엘리베이터와 함께 '곤두박질칠 것 같아서 타기를 꺼렸던' 에스컬레이터 시설까지 만들어 놓

화재로 재건축된 화신백화점

아 장안 사람들을 설레게 만들었다.

뿐만 아니라 옥상의 7층에는 드넓은 정원까지 꾸며져 있었다. 거기서 아래를 내려다보면 현기증을 느끼면서도 신기했다.

바깥으로 걸어 나와 화신백화점을 올려다보아도 어지러웠다. 당시에는 '까맣게 높다'고 저마다 입을 모았다.

6층 꼭대기에서 반짝이는 '네온사인'이라는 것도 마냥 신기했다. 높이 1m 길이 10여m쯤 되는, 저녁이면 촘촘히 꽂힌 전구에 자동적으로 불이 켜졌다 꺼졌다 점멸하며 글자가 나타나 돌아가는 것처럼 느껴졌다.

···요사히 종로 네거리를 지나는 사람이면 으레히 6층의 건물로 샛하얀 신장을 차린 화신백화점의 위용을 한 번씩은 가는 발을 멈추고 쳐다보고 간다···

화신 본관의 6층 누상에는 놉히 '화신'의 표를 그린 붉은 깃대가 창천에 놉
히 훨훨 휘날니고 잇고, 신관 정면으로는 울긋불긋한 커다란 꽃다발 두 개가
달여 잇서 이른 아츰부터 말숙하게 차리고 거리로 흘너 단이는 수만흔 사람
들의 시선을 한 군데로 집중 식히고 잇다….[19]

경성 상계史

한국 자본주의 메카,
종로 네거리의 상가 풍경

이 무렵 『삼천리』 잡지는 경성 상계의 자존심인 종로 네거리의 상가 풍경을 산책하면서 비교적 생생하게 그려 내고 있다. 신식 대형 건물의 상점들이 날로 늘어 가면서 그대로 계속 발전해 간다면 머지않아 남촌의 혼마치 상가가 종로 상가의 뒤에 서게 될지도 모른다는 다소 희망 섞인 흥분도 감추지 않는다. 그러나 그런 희망 섞인 흥분도 겉으로 드러난 풍경만을 보고 느낀 것일 뿐, 그 이면의 실정을 들여다보면 깊은 우려를 하지 않을 수 없다고도 솔직히 고백하고 있다.

산책자는 그 이유로 종로 상가에서 실제 조선 상인 소유로 되어 있는 점포가 과연 얼마나 되는지 의문을 품는다. 다시 말해 종로 상가 일대의 점포 소유권이 조선 상인의 손을 떠나 (일본 자본가에) 있는 곳이 많고, 앞으로도 그 수가 날로 늘어 갈 것만 같아 걱정이라고 한숨짓기도 한다.

그러면서 종로 상가의 대표 주자인 화신백화점의 분투를 덮어놓고 빌어 본다. 박흥식에게 동아백화점을 넘기고 만 최남의 재기도 촉구하고 있다.

그런가 하면 같은 시대를 관통하고 있는 황금광의 열풍(1930~1939년)에 대해서도 빼놓지 않는다. 금과 은의 매입상이 종로(3가 일대) 상가에 격증한 것이 이채롭다고 지적하고 있다.

산책자는 끝으로 진정한 실력이 뒷받침된 종로 네거리의 상가를 간절히 바란다. 그런 상가의 봄을 간절히 기다리는 것으로 산책을 마친다.

…이와 가치 종로 상가 일대는 거트로 발전되여 간다고 하지만 실제에 잇서 그 이면을 가지고 생각한다면 그 발전의 그대로만 긍정하고서 기쁜 맘을 갖기가 어렵다. 그런데 오늘에 잇서 종로 상가 일대의 진용이 근년에 얼마만한 변천을 보고 잇는가. 이에 대하야 주요한 상업별로 드러서 살피면 다음과 같다.

첫재로 종로 상가의 외아들 격인 화신백화점을 보자. 미쓰코시, 조지야, 히라타 등의 백화점도 그 경영이 어려운 처지에 잇는데 이것을 대항하는 지위에서 고난분투하는 화신의 용약은 종로 상가로서 자랑거리다. 나는 이 화신에 대하야 말하고 십은 바가 업지 안흐나 이곳에서는 그것을 피하고 또는 다소 불비不備의 점이 잇다고 하더라도 종로 상가의 번영을 위하야 더퍼놓고 그 성장을 빌 수밖에 업다….

화신을 말한 끝으로 생각나는 것은 동아백화점을 한때 경영하엿든 최남 씨에 대한 소식이다. 그는 동아백화점을 화신에 넘기고 다시 동아부인상회와 견포상인 동순덕東順德 지배인으로 하여금 경영케 하는 정도에 끄치고 그 이상의 활약을 한다는 말이 안 들닌다. 간혹 남선북마로 광맥을 차지러 단기는 것을 보앗다는 소식이 전할 뿐이다. 종로 상가를 위하야 유위有爲한 청년실업가인 최씨의 재활약을 바라고 십다….

경성 상계史

다음에 견포 도매상이 만히 늘흔 것이 눈에 띄인다. 이것은 만보산(만주 사변) 사건 이후 화상華商의 철거로 이곳에 조선 상인이 늘게 되엇고 또 그 뒤 물가등귀로 만흔 이익을 본 모양이다. 그러나 이들 중 대부분은 무정견無定見의 경영 방침을 가지고 나아가는 사람인 것은 귀감된 점이다.

그리고 잡화상에 잇서는 덕영상점이 상당한 활약을 하는 모양이다. 그러나 이것은 한때 최남씨가 쓰든 솜씨 그대로 종로 일대에 지점을 만히 두는 것은 그다지 새로운 맛이 잇서 보히지 안는다.

끄트로 새로운 것을 차진다고 하면 나는 두 가지를 들고 십다. 첫재로 전화상이 만히 느른 것, 둘재로는 광산열로 광업상담소 또는 금은 매입상이 격증한 것이 최근 종로 상가의 이채가 아닐는지 생각한다.

지금까지 말한 것은 적확한 수자적 증명을 들지 못한 만큼 다만 추상적 또는 단편적 소감에 끄친 것을 스사로 사謝하는 바이다. 그러나 오늘에 잇서 종로 상가 일대의 실정만은 그 테안에서 헤매이고 잇는 것이 거의 사실일 것으로 밋는 동시에 실력이 상반되는 종로 상가의 봄다운 봄이 오는 발전이 잇기를 빌고 비는 바이다.[20]

이어 『삼천리』 잡지는 남촌 혼마치의 일본 백화점들과 북촌 종로 화신백화점의 연중 고객 수를 집계하여 나름대로 백화점의 서열을 공개하기도 했다. 그 결과 연중 미쓰코시백화점이 12만 6,000명, 화신백화점이 11만 7,000명, 조지야백화점이 9만 5,000명, 그리고 미나카이와 히라타 백화점이 그 뒤를 잇고 있는 것으로 나타났다. 이 시기 경성의 인구수가 40여만 명 남짓인 것을 감안하면 얼마나 많은 사람들이 백화점을 찾았는지 짐작해 볼 수 있다. 그리고 이 같은 백화점의 서열은 그 뒤 1945년 8·15 해방을 맞이할 때까지 큰 변동이 없이 그대로 이어진 것으로 전해지고 있다.

제6부

상업 자본에서 산업 자본으로의
진화

조선 최고 부자
민영휘의 최후

20세기 초 경성의 거리는 아직 누구도 경험하지 못한 혼란과 암울함 그리고 경이의 연속이었다. "저녁에 솟헤 너흘 쌀이 업서" 어쩔 수 없이 고리대금업자에게 돈을 빌려 썼다가 미처 갚지 못해 "쥐 잡는 약을 먹고 죽어나는 이들"이 있는가 하면, 자그마치 지금 돈 10억 원이 넘는 유선형 자가용 승용차가 "아스팔트 우으로 쏘단이면서 시정인들의 말쑥말쑥한 옷자락에 몬지를 피우는" 시대였다.

이런 시기 경성 상계에 새로이 등장하게 된 상인 가운데는 뿌리 깊은 나무 바람에 흔들리지 않는다는 전통적인 지주 경영자들도 다수 포함되어 있었다. 그 대표적인 인물 가운데 한 사람이 민영휘였다.

앞서 살펴본 것처럼 1930년 『삼천리』 잡지 11월호엔 그를 가리켜 "조선에서 제일가는 부자가 누구이냐 하면 어른이나 아해이나 이구동성으로 민혜당 (민영휘를 일컬음)이라고 똑가티 대답"한다고 지목한다.

또한 그의 부력을 말할 때면 세상 사람들이 재산의 출처를 가지고 시비를 말한다는 것도 빼놓지 않는다. 아닌 게 아니라 "민씨의 재산에 대하야 출처를 차저서 말한다"면 얼마든지 시비가 나올 법도 하다.

그러나 "조선에는 조선 사람을 위하야 할 일이 너무도 만허 갈피를 차리기 어렵다. 이런 때인 까닭에 사업가가 무엇보다도 필요한 터이다. ×(똥)무든 돈이라고 내어바리고 깨끗한 돈만 찾고 잇슬 때인 조선사회가 아니라고 생각한다"고 밝힌다.

하지만 민영휘는 그때 이미 팔순의 고령이었다. 이미 뒷전에 물러나 있는 상태였다. 장성한 두 아들 민대식과 민규식이 고령의 아버지를 대신하여 경영을 도맡고 있었다.

나라 안에서 가장 돈 많은 민영휘는 일찍이 영국 검교대학(케임브리지대학) 경제학과를 유학하고 돌아온 장남 민대식에게 조선한일은행의 경영을 맡겼다. 민대식은 이를 다시 호서은행과 인수 합병시켜 자본금 4백만 원(약 4,400억 원) 규모의 동일은행으로 재출범했다. 당시 경성에서 조선인이 경영하는 은행으로는 민대식의 동일은행을 비롯하여 박영철의 조선상업은행과 김연수의 해동은행 등 단 세 곳뿐이었다.

막내아들 민규식에게는 자동차 회사를 맡겼다. 민규식의 자동차 회사는 처음 한동안 순풍에 돛을 단 듯 순항했다. 하지만 혜성처럼 나타난 함경도 북청의 시골뜨기 방의석에게 밀려 그만 택시 회사를 접어야 했다. 이후 경성 상계에서 민규식의 종적은 좀처럼 찾아보기 어려웠다. 자동차 업계에서는 물론이고 그 어디에서도 그의 이름을 찾을 수 없었다.

그러나 민규식이 누구이던가. 나라 안에서 가장 돈 많은 민영휘의 막내아들이 아닌가.

민규식이 다시금 경성 상계에 모습을 드러낸 건 1930년대 중엽이었다. 경성 시내에 때아닌 빌딩 건설 붐이 요란하던 시기였다.

그 무렵 서울의 양대 건설 회사는 단연 '한청사'와 '영보합명회사'였다. "종로 네거리를 가노라면 반듯이 길 양편으로 하늘을 찌를 듯이 높히 솟아 제 키를 하늘에 자랑하듯 하는 두 삘딍을 볼 수 있으니" 한쪽은 영보합명회사의 종로빌딩이고, 다른 한쪽은 한청사의 한청빌딩이었다. 이중 한청사는 장안의 대부호 한학수 소유였고, 영보합명회사는 민규식이 사장이었다.

하지만 민영휘의 두 아들은 기업 경영에 별 신통치 못했던 것 같다. 막내아들 민규식은 개항장을 통해 들여온 택시 회사에 이어 막대한 자본을 앞세워 영보합명회사로 재기를 노렸지만, 끝내 뚜렷한 성과를 올리지 못한 채 이후 경성 상계에서 잊혀져 갔다.

장남인 동일은행장(조선한일은행+호서은행) 민대식 또한 별반 다르지 않았다. 동일은행으로 합병하기 이전인 1930년까지만 해도 두 은행의 수익률은 8.0%(조선한일은행)와 9.6%(호서은행)로 비교적 양호했다. 한데 민대식이 인수 합병한 그 이듬해부터 6.0%로 떨어진 이래, 해마다 곤두박질쳐 1936년엔 5.1%까지 하락했다. 같은 해 경성합동은행 10.9%, 호남은행 14.3%, 조선상업은행 6.4%, 한성은행 6.6%의 전체 평균 7.8%에도 한참 못 미치는 저조한 수익률을 기록하는 데 그쳤다.

그래도 민대식은 달라지지 않았다. 은행장으로서 교제하는 범위가 특수하기 때문인지, 아니면 자신의 취향 탓인지는 확인할 길이란 없다. 다만 확실한 것은 여전히 '명월관'이나 '식도원' 같은 조선 요릿집을 내버려두고, 굳이 남촌의 혼마치 거리에 자리한 일본 요릿집 '화월'이나 '그 별장' 등을 찾는 경우가 잦았다 한다. 또 그런 일본 요릿집에서 으레 고주망태가 되어 대개 밤 11시나 자정이 돼서야 자가용으로 귀가한다는 소문이 당시 기록에도 나타나고 있을 따름이다.

물론 이후에도 수익률이 악화되고 만 은행 경영 말고 또 다른 사업에 투자했다거나 벌였다는 소문은 들리지 않았다. 사치와 향락, 돈 쓰는 일 말고는 눈에 띄는 활약상을 찾을 수 없었다.

더구나 이 시기라면 세계가 대공황에 접어드는 시점이었다. 전통적으로 토지를 많이 소유한 지주 경영 또한 수익이 현저히 줄어들어 토지를 붙잡는 대신에 무언가 제2차 산업을 서둘러 찾아야만 했다.

이 같은 중요한 시기에 민영휘가 향년 83세를 일기로 세상을 떴다. 세간의 관심은 그가 남긴 막대한 유산에 쏠렸다. 이럭저럭 합산해도 4,000만 원(약 4조 4,000억 원)에 달하는 유산 말고도, 중국 상하이 모 외국계 은행에 적립시켜 놓은 것만도 수천만 원에 달한다는 소문이 끊이지 않은 터였다.[1]

하지만 상하이 은행 돈은 민영휘의 명의로 국가에서 공금을 맡겨 놓았던 것으로 밝혀지면서, 그가 남긴 유산이 1,200~1,300만 원(약 1조 3,200억~1조 4,300억 원) 정도인 것으로 알려졌다. 두 아들의 잇따른 사업 실패로 말미암아 과거에 비하면 재산이 반 이상 줄어든 액수였다.

민영휘의 유산은 자신의 아들들에게 골고루 분배되었다. 장남인 민대식에게 4만석지기 토지에 현금 수백만 원이 돌아갔고, 둘째 아들 민천식(이미 사망하여 미망인의 몫)에게는 4만석지기의 토지와 현금 수만 원이, 그리고 막내아들 민규식에게는 3만석지기 토지와 현금 수만 원이 나누어졌다.

그러나 이후 동일은행의 민대식도, 영보합명회사의 민규식도 경성 상계에서 종적을 감추고 만다. 다만 태평양전쟁 말기인 1944년 10월, 화신백화점의 박흥식이 주동이 되어 경성 상계의 유력한 기업인들과 공동으로 조선비행기 공업주식회사를 설립했을 때 민대식의 이름이 이사 명단에 오른 것이 마지막이었다. 이듬해 곧바로 해방이 되면서 일본인들이 한국에 남겨 두고 떠난 공장이며 산업 시설, 기업체 등의 숱한 적산 기업들을 사실상 국내 기업인들에

경성 상계史

게 거저 나누어 주다시피 한 명단에서조차 그들 형제의 이름은 끝내 찾아보기 어려웠다.

또한 이 같은 전환기의 역사 속에서 기업의 몸집을 불리는 데 실패했다는 건 이미 경쟁력을 상실한 채 일찌감치 뒷전으로 밀려나 있다는 것을 반증했다. '부자 3대 가기 어렵다'는 옛말은 당대 최고의 부자였던 천만장자 민영휘와 그의 아들들에게도 예외가 아니었던 셈이다.

근대 방직 산업의 원조,
김덕창의 동양염직

아주 오래전부터 우리는 쌀, 면綿, 소금을 생활의 테두리로 여겨 왔다. 전통적으로 쌀, 면, 소금이라는 삼백三白경제를 중시해 왔다. 다시 말해 삼백경제야말로 반드시 우리가 지켜 내야 하는 생존의 필수 조건이었다.

한데 근대에 접어들면서 이런 삼백경제도 일대 변화가 일어난다. 삼백경제 가운데서 면이 가장 먼저 산업화를 요청받게 된다. 이전까지 농가에서 짬이 날 적마다 면사를 뽑아 피복을 짜서 의복을 만들어 입던 가내 수공업 수준에서 대량으로 생산되는 산업화로 나서게 된 것이다.

사실 면의 산업화는 1883년 제물포 개항 이후 서구의 근대화 문물이 다투어 봇물처럼 쏟아져 들어오기 시작할 때부터 이미 예견된 것이었다. 지금껏 유교적 정신주의 생활 풍조 속에서만 호흡해 오던 이 땅의 뭇 백성들에게 개항장을 통해 들어오기 시작한 서구의 물질문명은 신천지나 다름 아니었다. 또 그 같은 분위기는 결국 우리 또한 근대 산업화로 연결될 수밖에 없었고, 근

경성 상계史

대 산업화 과정에서의 중심은 단연 면포 산업이었다.

이 시기 면포 산업은 주로 방적과 방직에 한정되었다. 면포 산업의 근대화 작업 중 실을 뽑는 방적 부문은 대기업 중심으로, 피복을 짜는 방직 부문은 중소기업 중심으로 전개되어 나갔다.

그리고 이 시기 가장 먼저 이름을 적바림하고 있는 이가 다름 아닌 동양염직의 김덕창이었다. 우리나라 근대 방직 산업의 시조로 불리는 그는, 한성의 종로에서 태어나고 자랐다. 한성의 종로 거리라면 대부분 상업에 종사하는 중인 계층에 속했다.

그러나 육의전의 시전 상인을 제외하면 나머지 대부분은 경제적으로 풍요롭지 못한 삶을 영위했다. 그의 집안 역시 전통적으로 생산직에 종사해 온 탓에 김덕창은 근대적인 학문을 접하지 못한 것으로 추정된다. 그뿐 아니라 그가 언제 어떤 연유로 면포 산업에 발을 들여놓게 되었는지에 대해서도 확인할 길이 없다.

다만 그가 본격적으로 면포 산업에 진출하게 된 것은 19세 때인 1897년 일본으로 건너가면서부터였다. 당시 그는 일본어를 능숙하고 구사할 수 있었고, 또 그 같은 인연으로 일본행을 결심하게 된 것으로 보인다.

현해탄을 건너간 그는 하숙집 주인의 소개로 피복을 짜고 염색을 하는 염직 공장의 생산직으로 취업하게 된다. 이때 일본은 섬유 산업을 중심으로 산업 혁명이 한창 진행되고 있던 시기였다.

김덕창은 어린 나이에 염직 공장의 생산직으로 취업해 혹독한 고생을 이겨내면서, 방직 기술을 연마한 후 돌아왔다. 정확히 그가 언제 귀국하였는지에 대해서는 알 수 없으나, 다만 1902년 종로 장사동에 면포 공장을 설립한 것으로 보아 그 이전에 돌아온 것으로 추정된다.

이때만 하여도 조선인들이 전통적으로 선호하는 섬유는 면직물, 견직물, 마직물(삼베), 저직물(모시), 모직물 등이었다. 그러나 모직물은 모자의 재료 등 특수한 용도에 그쳤고, 견직물의 착용은 사대부들에게만 허용되었을 뿐 일반 백성들에겐 사치를 이유로 착용이 금지되었다. 또한 삼베와 모시 역시 특수한 용도에 국한되고 있어 기본적인 의류 재료는 면포가 대다수를 차지하고 있었다. 따라서 섬유 공업이라야 면직물과 일부 견직물이 전부이다시피 했다.

일본에서 염직 공업에 대한 기술을 연마한 후 귀국한 김덕창은 그런 조건 속에서 첫 도전에 돌입했다. 근대적인 직조 공장 설립을 시도한 것이다.

공장 설립에는 적지 않은 자금이 필요했다. 그는 자금을 끌어모으기 위해 백방으로 수소문한다. 그 과정에서 당시 지주였던 집안 일가(성명 미상)로부터 필요한 자금을 확보할 수 있었다.

자금이 확보되자 22살이 되던 1902년 종로 장사동에 일본에서 수입한 직기 3대로 소규모 면포 공장인 김덕창직포공소를 설립했다. 그러나 당시 일본에서 수입한 직기는 아직 자동화가 아니었던 탓에, 재래식 직기에 비하여 생산량은 높을지라도 여전히 수공업 수준을 탈피하지 못한 수준이었다.

1910년쯤에는 직기가 17대까지 늘어났다. 직공수 또한 40여 명에 달하면서, 당시 경성에 소재한 직포 공장 중 가장 규모가 큰 공장으로 성장했다.

더욱이 1910년대에 들어서면 면포업계에 새로운 변화가 일게 되는데, 그것은 서민 출신의 기업가들이 근대화를 주도하고 나선 점이었다. 또 그 시기에 이르게 되면 종래 같은 업종에 참여하고 있던 일본인들의 퇴조 기미가 뚜렷해지면서 면포업은 서서히 민족 산업으로 자리매김해 갔다.

그뿐 아니라 면포업계의 생산 규모 또한 점차 확대되어 갔다. 이 무렵 경성에서 규모가 가장 큰 공장은 경성직뉴였다. 이 회사는 1911년 광희문 부근의 면포업자들이 합자하여 설립한 자본금 10만 원(약 110억 원) 규모의 당시 국내 최대 면포 회사로, 댕기·분합·주머니끈·염낭끈·대님 등을 생산해 냈다. 경성직뉴는 면직기 67대, 직공수 60명으로 조업을 개시했는데, 하지만 이 회사의 생산 시설은 전근대적인 수공업 수준의 설비로서 회사 조직만 합자 형식으로 겨우 근대적 체제를 갖추었을 따름이다.

아무렇든 짧은 기간 안에 김덕창의 직포 공장이 면포업계의 선두로 부상할 수 있었던 건 무엇보다 제품의 품질이 뛰어났기 때문이다. 김덕창직포공소가 공진회共進會 대회에 나가 금상을 비롯하여 4개 부문에서 수상을 휩쓴 걸 보면, 당시 조선의 대표적인 직포 공장으로서의 명성을 누리고 있었음을 알 수 있다.

그러나 이때까지도 김덕창직포공소는 여느 중소 면포 공장들과 마찬가지로 개인 업체였다. 따라서 근대적 회사 조직으로 발전하는 데는 한계를 드러낼 수밖에 없었다. 더구나 기술과 자본 면에서 일본의 면포 공장들에 비해 크게 뒤질 수밖에 없는 처지였음에도 그처럼 급속히 성장할 수 있었던 데에는 몇 가지 이유를 찾아볼 수 있다.

먼저 생산 환경을 들 수 있었다. 김덕창은 일찍이 일본에서 염직 기술을 전수받은 기술자로서, 그는 직조에 필요한 원료 및 직기 등을 일본에서 가져와 품질 면에서 일본 제품에 비해 결코 뒤지지 않았다는 점이다.

다음으로는 상권의 확보를 들 수 있다. 당시 조선 상인들은 조선에 진출한 일본 상인들과의 경쟁을 피할 수 없었다. 때문에 상권을 지키기 위한 판매 조합을 결성하여 일본 상인들에 대항하는가 하면, 가급적이면 조선 사람들이 만들어 낸 상품을 선호하는 경향 또한 적지 않았다. 이런 분위기와 맞물려 종로에서 잔뼈가 굵은 김덕창이 생산하는 품질 좋은 면포를 주변의 종로 포목상들이 외면할 수 없었을 것으로 보인다.

자신감을 얻은 김덕창은 종로 일대의 포목상, 금융업자들과 손을 잡았다. 자신이 운영해 오던 김덕창직포공소를 발전적으로 해체하여 동양염직으로 재출범시킨 것이다. 동양염직은 주식회사 설립과 함께 자본금 규모를 50만 원(약 550억 원)으로 정한 뒤, 주식 공모에 들어갔다. 1주당 가격은 50원(약 550만 원)으로 총 1만 주를 발행했으며, 주주로 참여한 자는 무려 177명이나 되었다.

이들 주주 가운데 김윤수는 감사역으로 회사 경영에도 직접 참여했는데, 그는 1911년 오성학교 상과를 졸업한 후 포목 상점인 경성상회를 시작으로 경성 상계에 투신했다. 1919년에는 동양물산 상무, 광화문금융조합 감사, 경성포목상조합 이사 등을 맡으면서 근대 기업가로 명성을 얻는다. 이어 1922년에는 미국 하와이에서 개최된 태평양상업대회에 조선 대표로 참가하여 대회 부회장으로 추대되는 등 근대 한국 경제계를 이끈 청년 기업가 중 한 명이었다.

어쨌든 주식회사로 체제를 확대 개편한 동양염직은 회사 설립과 함께 공장 부지 매입으로 47,469원(약 51억 7,700만 원)을, 직기 및 기구 구입비로 14,343원(약 15억 5,000만 원) 등을 지출하며, 새로운 공장 설립과 함께 영업 활동을 개시했다. 설립 첫해에는 아직 어수선하여 아무래도 부진했다. 한 해 동안 외상매출금 2,580원(약 2억 8,400만 원), 받을 어음 11,261원(약 13억 3,700만 원) 등, 총 13,841원(약 15억 2,200만 원)의 판매 실적을 기록했다.

한편 동양염직은 새로운 공장을 준공하면서 본격적인 생산 활동을 개시할 무렵 때마침 물산장려운동이 전국적으로 확산되어 나갔다. 3·1 운동(1919년) 이후 '조선 사람은 조선 상품으로'라는 슬로건을 내세우면서 민족 기업의 육성에 초점을 맞춘 범국민 운동이었다. 3·1 운동이 일제의 무력에 의해 좌절되자 독립의 열망을 민족경제 건설운동으로 승화시켜 나가고자 한 것이다.

그러나 이 같은 분위기를 동양염직은 충분히 살리지 못했다. 1923년에서 1925년에 이르러 갑자기 사세가 기울기 시작한다. 1920년 자본금 50만 원 규모의 주식회사 체제로 출범한 뒤 2년 뒤에는 새 공장을 준공하면서 본격적인

동양염직

대량 생산에 들어갔으나, 무슨 이유에서인지 이듬해인 1923년 자본금이 40만 원(약 440억 원)으로 줄어들었다.

이후 동양염직은 주력 부문인 면포 생산과 병행하여 업종의 다변화를 꾀하고 나선다. 기존의 면포 생산 이외에 추가로 당시 유행하던 모자를 생산하는 한편, 국내 최초로 독일 베를린에 본사를 둔 아날린염료제조회사와 총대리점 계약을 체결하고 염직을 비롯하여 양말 제조용 염료를 직수입하여 판매를 개시하기도 했다.

그뿐 아니라 업종 다변화 전략의 일환으로 양말 제조업에도 적극 진출했다. 당시 양말 공업의 메카인 평양에 동양염직 평양공장을 설치하고, 양말 생산에도 박차를 가하고 나섰다.

이처럼 동양염직은 설립과 함께 자본 축소 등 경영 여건의 어려움 속에 빠져드는 가운데 적극적인 업종 다변화로 회생을 위해 몸부림쳤다. 그럼에도 불구하고 경영 여건은 좀처럼 호전될 줄 몰랐다. 또 어떤 연유에서인지 1925

년에는 또다시 자본 규모가 종래 40만 원에서 5만 원(약 55억 원)으로 크게 줄면서 한낱 영세 기업으로 전락하고 만다.

동양염직이 한낱 영세 기업으로 전락하고 만 이유는, 우선 같은 시기 일본산 면포의 대량 유입을 들 수 있다. 동양염직이 소폭 면포를 생산하고 있는 데반해, 일본은 직기 개량을 통하여 마침내 광폭 면포를 생산하기 시작했다. 동양염직의 소폭 면포가 품질 면에선 일본산에 비해 결코 뒤지지 않았지만, 경쟁력에서 일본의 광폭 면포에 비교가 되지 않았다.

다음으로는 자본 회전율의 둔화를 들 수 있었다. 당시 종로 상인들 사이에선 전통적으로 신용 거래가 관행화되어 상품 거래는 대부분 외상이거나 어음결제 방식을 취하고 있었다. 특히 면포업계에서는 외상 거래가 일반화되어있는 데다, 때마침 섬유업계의 불황까지 겹쳐 판매 대금의 회수가 원활하지못할 경우 자본력이 취약한 기업은 도산할 수밖에 없었다. 동양염직 또한 자본 회전율의 둔화에 따른 자금 압박을 이겨 내지 못했을 것으로 추정된다.

마지막으로 기업 경영의 미숙을 들 수 있다. 동양염직의 대주주 및 경영진대부분은 그동안의 전통적인 방법에 따라 축재한 서민 출신의 기업가들로,근대적 기업 경영에 대한 학습과 단련은 부족할 수밖에 없었다. 더구나 동양염직의 설립 초기부터 섬유업계에 불황까지 겹쳐 경영상 어려움에 처하게 되는데, 이런 상태에서 앞서 언급한 요인들이 복합적으로 작용하며 급기야 큰폭의 자본 축소를 초래하고 만 것으로 여겨진다.

동양염직은 이후 경영진의 대대적인 교체가 뒤따랐다. 그 결과 김덕창을제외한 초기 경영진이 모두 퇴진했다. 한때 또 다른 포목상들이 잠시 참여하기도 하였으나 경영 상태는 호전될 줄 모른 채, 그 후 동양염직은 전적으로 김덕창의 직계 및 혈족에 의하여 경영된 것으로 보인다.[2] 이에 따라 동양염직은가족 회사로 그 명맥만을 겨우 존속하면서 점차 기억 속에서 멀어져 갔다.

그렇대도 동양염직에서 생산된 '동양목東洋木'은 당시 한국인들이 가장 많이 애용하던 상품이었다. 동양목이 인기를 끌었던 것은 다른 무엇보다 품질이 우수했기 때문이다. 일본제 면포가 판을 치고 있는 시장에서 김덕창의 동양목은 그처럼 선도적인 역할을 하였을 뿐 아니라, 당시로서는 보기 드물게 서민 기술자 출신의 경영자로서 국내 굴지의 면포 기업을 수년간 경영했다는 점은 주목하지 않을 수 없다.

한데도 동양염직이 민족 기업으로서 확고히 뿌리를 내리지 못한 채 한낱 개인 기업으로 전락하고 말았다는 건 분명 아쉬운 대목이 아닐 수 없다. 물론 이 같은 현상은 김덕창의 동양염직만이 아닌 같은 시기에 설립된 민족 기업 대부분이 마찬가지였다. 이것은 당시 서구와 사뭇 다른 발전의 단계, 예컨대 개인 기업에서 도약하여 주식회사로 체질을 강화해 나가는 한계를 뛰어넘는 데 아직은 그 장벽이 높기만 하였다는 것을 알 수 있게 하고 있다.

김연수,
'산업의 아버지'가 되다

일제 강점기 김연수와 그의 경성방직(이하 경방)은 경성 상계사에서 매우 중요한 위치와 의미를 갖는다. 우선 그는 당대에 흔치 않게 대학에서 정규 교육을 받은 1세대 엘리트였으며, 전통적인 지주에서 부르주아화한 기업가였다. 또한 개인 회사에서 주식회사로 기업을 키워 나가는 데 장벽이 높기만 하였던 일제 강점기에 처음으로 근대 기업의 한계와 굴레를 뛰어넘어 대기업으로까지 발돋움시킨 선구자이기도 했다.

더욱이 일본의 기업들과 견줄 만한 대규모 산업으로 성장시켜 나간 과정은 곧 한국 자본주의의 성장과 단련의 과정이었다. 뿐만 아니라 그 같은 기업적 학습과 단련은 오늘날의 삼성·현대·LG 등과 같은 세계 속의 대기업을 낳은 첫 출발점이었다는 점에서, 그와 그의 경방은 근대 산업을 대표하는 역사성마저 갖는다.

김연수는 1896년 호남 대지주의 둘째 아들로 태어났다. 16세에 일본으로 유학을 떠나 아자부중→교토 제3고→교토대학 경제학과를 졸업한 뒤 26세에 귀국한다.

이보다 앞서 일본 유학을 마치고 돌아온 그의 맏형 김성수(제2대 부통령)는 이미 민족 교육(보성전문)과 민족 언론(동아일보) 사업으로 분주한 나날을 보내고 있었다. 그러던 어느 날 조선인들이 옷을 만들어 입기 위해 일본에서 들여오는 광목 값으로 한 해 동안 2,700만 원(약 2조 9,700억 원)이 새어 나간다는 얘길 우연히 전해 듣고, 우리 옷은 우리가 만들어 입기 위해서라도 반드시 민족 산업을 일으켜야 한다는 생각으로 경영난에 빠져 있던 경성직뉴를 인수했다.

하지만 앞서 얘기한 것처럼 경성직뉴의 빈약한 생산 시설만으론 밀려드는 일본산 광목과 도저히 경쟁이 되지 못했다. 보다 근대적 대규모 생산 시설을 갖춘 직포 회사를 설립해야 했다. 그렇게 시작된 것이 경성직뉴를 확대시켜 설립한 민족 기업 경성방직이었다.

그러나 1백만 원(약 1,100억 원)이라는 막대한 자본금을 모으는 일은 쉽지 않았다. 일본 미쓰이물산이 부산에 세운 조선방직의 자본금이 5백만 원(약 5,500억 원)이었던 것에 비하면 턱없이 작은 액수였지만, 당시 우리의 경제 형편으로 볼 때엔 가히 천문학적인 거액이었다.

한데도 김성수는 경방의 자본금 1백만 원을 몇몇 유력 부호들에게서 손쉽게 충당할 생각은 전혀 없었다. 경방의 설립 취지에서 밝히고 있듯이 '1인 1주'의 주금 모집에 뜻을 두었다. 1주당 50원(약 550만 원)씩 모두 2만 주를 발행할 계획이었던 경방은, 어느 개인이나 몇몇 소수의 회사가 아닌 민족 기업, 민족의 산업이 되기를 희망했다.

김성수는 전국을 돌아다녔다. 각 지방의 유지들로부터 직접 주금을 모집하고 나섰다.

하지만 당시 고리대금이나 토지 투자 등으로 단기적인 이익을 올리는 데

민족 기업, 민족 산업의 뜻을 내걸고 주식 공모로 세워진 경성방직주식회사

재미를 붙이고 있던 지방의 유지들은, 아직 성공 여부조차 불투명하기만 한 방직 공장 설립에 선뜻 투자하겠다는 이가 많지 않았다. 그나마 민족 교육과 민족 언론에 뜻을 세운 젊은 선각자라는 명망이 있었기에 주식 공모가 가능한 일이었다.

그렇듯 어렵사리 주식 공모가 이루어져 출범하게 된 경방의 주요 발기인 및 임원, 주주들의 분포는 매우 폭넓었다. 지금의 북한 지역에서부터 서울·경기·충청·호남 및 영남을 포함하고 있을뿐더러 직업 또한 다양했다. 전통적인 양반과 대지주에서부터 은행가, 상인 등에 이르기까지 전국 각지의 뜻 있는 자들을 망라했다.

주식 공모에 이어 경방은 황금정 1정목(지금의 을지로1가)에 사옥 부지를 매입하여 사옥 건설에 들어가는 한편, 영등포에 공장 부지 16,000평을 매입했다. 그리고 마침내 1923년 영등포 공장이 준공되어 제품 생산에 들어갔다. 전체 종업원은 모두 조선인들이었으며, 아예 공장의 정문에다 '우리 공장은 조선인만 채용합니다'라고 써서 붙이기까지 했다.

출범 당시 조직 체계는 명망 높은 사회 원로를 경영진에 모신다는 원칙 아래, 철종의 사위로 갑신정변의 주역이었던 박영효를 초대 사장으로 추대한다. 전무에 박용희, 지배인에 이강현, 서무에 김성집, 회계에 이희승(국어학자) 등으로 구성되었다. 대부분 일본에서 정규 대학 교육을 받은 당대 엘리트들이었다.

그렇다 하더라도 기업 경영에 있어서는 모두가 풋내기일 수밖에 없었다. 이때 김성수는 28세, 박용희는 34세, 이강현은 31세에 불과했으며, 사회 활동 경력이 채 10년도 되지 않은 청년들이었다. 더욱이 기업을 경영해 본 경험이라야 고작 2~3년 정도가 전부였다.

이런 문제는 경방의 출범과 함께 곧바로 불거져 나왔다. 경방 출범 첫해였던 1919년 말과 이듬해 정월 단기 이익을 노리고서 여유 자금을 잘못 투자하였다가 그만 위기에 내몰렸다. 경방의 초보 경영진은 당시 면제품 가격의 급등세에 현혹되어 영등포 공장 건립 자금으로 면제품 투기 거래에 나섰다가 총 13만 2,550원(약 145억 8,000만 원)의 손실을 입고 말았다. 회사 설립 이후 불과 반년여 만에 자본금의 절반가량을 날리고 만 것이다.

경방의 초보 경영진은 곧바로 중역 회의를 열어 회사의 해산까지 논의하기에 이르렀다. 경제 불황의 한복판에서 막대한 사업 자금을 날리고 말았으니 이젠 꼼짝없이 회사 문을 닫을 수밖에 없다고 결론지었다. 그러나 김성수는 3·1 운동(1919년) 이후 고조된 민족의식의 소용돌이 속에서 출범하여 민족에게 한가닥 희망을 안겨 주었던 경방의 문을 결코 닫을 수 없었다.

우선 그는 공장 건립과 함께 설비 도입을 중단 없이 추진해 나가는 한편, 시급한 추가적 자금 문제 해결에 발 벗고 나섰다. 집안의 토지를 담보로 식산은행으로부터 자금을 차입한 데 이어, 주주들에게 추가 납입을 호소했다. 하지만 더 이상 가망이 없어 보인다며 모두가 외면하면서 그 혼자 경방의 지분을 떠안지 않으면 안 되었다.

결국 김성수는 이제 막 일본 유학에서 돌아온 동생 김연수를 불러들였다. 위기에 처한 경방의 경영을 동생 김연수에게 맡기고, 자신은 민족 교육과 민족 언론 사업에만 몰두하고자 했다.

일본을 오갈 때마다 도처에 즐비하게 늘어서 있는 공장 굴뚝들을 목격하면서 산업을 일으켜 민족 경제의 자립에 뜻을 두었던 김연수는, 맏형의 권유에 흔쾌히 따랐다. 일본 유학을 마치고 귀국한 이듬해 경방의 전체 주식 2만 주 가운데 절반에 가까운 9,274주를 인수하면서 경영에 뛰어들게 된다.

김연수를 중심으로 새롭게 진용을 갖추게 된 경방은, 다시금 설비를 들여오는 한편 기술자와 직공을 훈련시켜 마침내 제품 생산에 들어갈 수 있었다. 이러한 사전 준비 과정은 당대 한국인 기업인들과는 전혀 다른 면모를 보여주는 것이었다.

첫째, 이들에겐 사업에 대한 확고한 의지가 있었다. 비록 최초 납입 자본금의 절반가량을 까먹는 치명적인 실수를 범하기도 하였으나, 주주와 임원들을 설득하고 자신의 부모를 이해시켜 사업을 계속하는 끈질긴 면모를 보여 주었다.

둘째, 경방의 재무 구조를 탄탄한 기초 위에 올려놓았다. 종래의 한국인 회사들은 흔히 과도한 고액 배당으로 회사의 자금을 빼내 가곤 하였으나, 이들은 사업에 필요한 자본금의 추가 차입을 통해서 필요 자금을 충당했다.

셋째, 당대 최고의 젊은 지식인 그룹이었다. 기업 경영의 경험이 일천하다는 것을 빼고는 경제학·정치학·법학·공학 전공의 다양한 지식 배경을 지녔다. 아울러 실천 의지와 책임 의식이 여느 기업가들보다 뚜렷했다.

넷째, 선진 기술을 완전히 학습받았다. 경방은 조선과 일본에서 공업고등학교 졸업자들을 대거 확보하고, 또 그들을 일본에 파견하여 선진 기술을 연수반도록 했다.

다섯째, 정부에 대한 교섭력이나 사회 여론을 형성할 수 있는 역량을 갖추었다. 이들은 원군 역할을 하는 김성수의 동아일보 등을 통해서 자신들의 요청을 총독부에 전하고, 또한 일반 사회에 호소할 수 있었다. 때문에 제품을 생산하기 시작하면서 생존 테스트에 들어갔을 때 보이지 않는 큰 힘이 되어 주었다.

사실 이 같은 내용은 당대 다른 한국인 기업에서는 찾아보기 어려웠다. 설령 찾는다 하더라도 극히 제한적이거나 부분적일 따름이었다.

그런 결과 경방은 초기의 위기에서 벗어난 뒤 해마다 생산량을 늘려 갈 수 있었다. 출범 첫해인 1923년 38,652필이던 포목 생산량이 1929년에는 19만 9,351필로 5배 이상 늘었다. 그렇대도 1920년대 말까지 경방은 전체 포목 시장에서 극히 작은 비중을 차지하고 있을 뿐이었다.

다시 말해 제품을 판매하기 위해서는 무엇보다 제품을 취급해 줄 판매점을 필요로 했다. 한데 경방보다 한발 앞서 생산을 시작한 미쓰이물산의 조선방직은 일본 도요면화에 판매를 위탁했다. 도요면화는 면화 및 면사포의 국내외 유통망을 갖춘 전문 판매 상사였기 때문에, 조선방직은 판로 개척에서부터 판매 대금 회수에 이르기까지 아무런 어려움이 없었다.

그에 반해 경방은 그런 조건을 갖추지 못한 상태였다. 도요면화와 같은 거대 판매 상사는 물론이고, 각 지역의 유력한 조선 면사포 상인들마저 경방의 제품을 거의 취급하지 않고 있었다. 요컨대 국내 주요 면사포 상점을 독점하고 있는 일본인들은 경방이 한국인 기업이라는 이유로, 또 각 지역의 조선 면사포 상인들조차 경방의 인지도가 일본 방직 회사의 브랜드에 비해 뒤져 판매상 실익이 적다는 이유에서였다.

이런 점을 타개할 대책으로 경방의 젊은 경영진은 세 가지 전략을 수립했다. 경성을 비롯한 중심부 시장을 공략할 수 없는 상황에서 주변부 시장부터 착실히 파고들기로 한 것이다. 두 번째는 경방이 민족 기업이라는 민족 정서에 적극 호소하고 나섰다. 마지막으론 한국인 기호에 알맞은 맞춤식 제품을 생산하는 것이었다.

더욱이 1930년대에 들어 예기치 않은 새로운 기회마저 열렸다. 일본이 경제 공황으로 인한 사회적 불안을 이기지 못해 1931년 만주에서 전쟁을 일으켜 괴뢰 국가인 만주국을 세웠다.

그와 함께 전에 없는 급속한 공업화와 도시화, 또 그로 인한 경제 성장으로 이어졌다. 일본이 중국 대륙으로 세력을 확장시켜 나가는 가운데 조선의 경제 또한 급속한 확장의 기회를 맞은 것이다.

여기에 발맞춰 조선의 면방직 시장에서 수입 대체 여지가 크다고 판단한 경방의 경영진은 곧바로 증설 투자에 들어갔다. 자본 차입을 통해서 설비를 크게 확장시켰다. 그 속도는 일본의 대규모 방적 기업에 뒤지지 않았다.

그러나 김연수의 경방은 깊은 고민에 빠져든다. 설비 증설로 생산량이 크게 늘었으나 시장 환경은 여전히 요지부동이었다. 방직 공업의 눈부신 성장에도 불구하고 시장의 수익성은 저조하기만 했다.

그래서 찾은 답안이 몸집을 보다 늘려 방적 공장까지 겸하자는 거였다. 방직 공장만으로는 수익성 면에서 일본의 대규모 방적 기업과 경쟁이 될 수 없다고 본 것이다.

결국 경방은 방적 공장 건설에 경방의 자본금보다도 많은 174만 원(약 1,914억 원)을 투자했다. 이에 따라 경방은 방적기 25,600추와 방직기 896대를 갖추게 되면서, 1930년대 공업화의 주역이었던 미쓰이물산의 조선방직·도요방적·가네가후지방적과 함께 '조선 4대방大紡' 체제의 일원으로 당당히 어깨를 나란히 할 수 있었다.

경성 상계史

이같이 체질을 강화시킨 경방은 조면·제사·직포·염색 가공에 이르는 모든 공정을 일괄 처리할 수 있는 종합 면방직 기업으로서, 자본·설비·기술·경쟁·조직 면에서 비로소 근대 기업의 한계를 뛰어넘어 고속 성장해 나갔다. 일본의 산업과 조금이라도 경쟁이 된다 싶으면 철저히 봉쇄당해 자본금이 1백만 원대 이상인 민족 기업을 찾아볼 수 없는 가운데, 1942년 경방의 자본금은 무려 1,000만 원(약 1조 1,000억 원)까지 늘어났다.

　경방의 수익성 또한 민족 기업 가운데 단연 으뜸이었다. 이 시기 경방이 매 분기별로 70만 원(약 770억 원)대의 순이익을 올린 반면에, 상업계 대표 기업인 박흥식의 화신백화점이 8~18만 원(약 88억~198억 원), 금광업으로 성공한 이종만의 대동광업이 12~17만 원(약 132억~187억 원), 6대 은행 가운데 민규식의 동일은행(현 우리은행)이 13~17만 원(약 143억~187억 원), 한상룡의 조선생명보험이 4~5만 원(약 44억~55억 원) 수준이었다.

　그러나 '조선 제일의 기업가'인 김연수의 경방은 국내에서 더 이상 성장이 어려웠다. 전시 통제 아래에서 때아닌 공정 가격제로 수익성의 안정을 찾긴 하였다지만, 그것은 기업 활동을 통제받는 데서 얻은 반대급부일 따름이었다.

　어느덧 일본 기업들과 견줄 만한 대규모 기업으로 성장한 경방은 이제 무언가 새로운 경제 영토가 필요했다. 마침내 조선 바깥으로 눈을 돌리게 된 것이다. 국내에서 더 이상 성장이 어려워진 조선의 대표 기업 경방이 조선 밖의 만주에서 새로운 도전을 모색한 것은 너무도 당연한 일이었다.[3]

해외 진출 1호, 조선 제일 기업
'경성방직'

출범 초기의 시련을 이겨 내며 학습과 단련 끝에 마침내 미쓰이물산의 조선방직·도요방적·가네가후지방적과 함께 조선의 4대 방직 회사로 발돋움한 경성방직은, 그러나 국내에서 더 이상 성장하는 데 한계점에 다다랐다. 경방을 더욱 성장시키기 위해서는 새로운 경제 영토를 찾아 나서야 했다. 눈길을 조선 바깥으로 돌려 해외 진출을 모색해야 했던 것이다.

그렇잖아도 경방의 광목 제품인 '불로초'가 만주에서 꾸준히 인기를 얻자, 경방의 경영진은 1934년 만주 펑톈에 출장소를 개설했다. 만주 일대의 판매망 관리와 함께 만주 진출을 위한 교두보를 마련하기 위해서였다. 더욱이 경쟁사인 미쓰이물산의 조선방직이 1934년 만주 잉커우방직을 인수하여 만주로 사업을 확장시켜 나가는 것을 지켜보면서, 경방 또한 만주 진출을 본격적으로 검토하기에 이른다. 다음은 김연수의 회고이다.

일본군이 파죽지세로 난징, 상하이 등지를 점령하자 그곳의 중국인 방직 공장들이 거의 폐문 상태에서 직포난이 날로 격심해져 갔다. 이 무렵부터 만주에서 인기를 끌고 있던 우리의 '불로초'표 광목이 이번에는 화북 일대로 그 세력을 뻗쳐 경방이 크게 신장하게 되었다. 그것은 중국인들이 적대 국가인 일본 제품을 기피하는 데서 발생한 현상이었다. 이처럼 뜻하지 않게 국제무대에서 각광을 받으면서부터 경방은 이제 조선의 경방이 아니라 동양의 경방이 되는 날도 그리 멀지 않을 것 같았다…

결국 김연수를 비롯한 경방의 경영진은 만주 지역에 방적 회사를 설립하기로 용단을 내린다. 조선의 경방이 아니라 동양의 경방이라는 새로운 도전에 나서기로 한 것이다.

그리하여 1939년 남만방적을 설립했다. 총 자본금 1,000만 원(약 1조 1,000억 원)으로 전액 경방이 출자하는 방식이었다.

공장은 이듬해 곧바로 착공했다. 펑톈 근교 27만 평의 드넓은 대지 위에 10만 평은 도로 개설을 위해 공제하고, 나머지 17만 평 대지 위에 7,800여 평의 공장과 1만여 평에 달하는 남녀 기숙사·강당·식당·사택·창고 등의 건물이 연달아 신축되었다. 이 같은 규모는 경방 영등포 공장의 무려 6배에 달한 것이었다. 실로 대규모 사업이었다.

더욱이 전쟁의 영향으로 당장 건설 자재난이 심각했다. 목재의 수급은 만주 현지에서 어느 정도 가능했지만, 철재와 시멘트를 구하기가 하늘의 별따기 만큼이나 어려웠다. 만주 당국이 공장 건설 허가를 내어줄 때 건설 자재 일체를 조선에서 자체 조달하도록 한 것은 그런 현실을 고려했기 때문이다.

다행히 그전에 경기도 시흥에다 방적 공장을 지으려고 15만 평의 부지를 마련하면서 확보해 놓은 철재가 있어 만주 펑톈으로 옮겨갔다. 문제는 시멘

경성방직의 공장 모습

트였다. 영등포에 방적 공장을 짓고 남은 것이 조금 있었지만, 그것으론 태부족이었다. 백방으로 알아보았으나 시멘트를 구할 길은 막막했다.

　김연수는 조선총독부를 찾았다. 몇 해 전 시흥에 방적 공장을 지으려고 하였을 때 한사코 허가를 거부하던 책임자와 담판을 짓기 위해서였다. 그때 그는 "만주에 짓는다면 몰라도…"라며 비아냥대는 말로 단서를 단 적이 있었다. 당황해하는 책임자를 김연수는 끈질기게 물고 늘어졌다.

　　　　　　　　　　　　　　　　　　　　　경성 상계史

"조선에 짓지 못하게 해서 만주에다 공장을 지으려고 모든 준비를 다해 놓았습니다. 시흥에 방적 공장을 짓겠다고 했을 때 만주에 공장을 짓는다면 도와주겠다고 그때 분명히 말하지 않았습니까?"

결국 조선총독부의 힘을 빌려 시멘트 5,000톤을 확보하는 데 성공했다. 1,500톤짜리 선박 3척을 빌려 시멘트를 만주로 실어 나르는 데 성공했다.

이윽고 대규모 방적 공장이 건설되자 경방의 여공들을 만주 현지로 파견하는 한편, 또한 조선에서 직공을 모집하고 나섰다. 그것으로도 인력이 충원되지 않자 만주 현지의 조선인 자녀들까지 채용했다. 종업원 수는 약 1,300여 명 수준이었다.

방적 공장이 완공되자 김연수는 우리 민족이 무엇보다 중요한 가치로 여기는 학교 설립을 빼놓지 않았다. 인력 확보의 방편으로 공장 안에 학교를 부설한 것이다.

초등학부와 중등학부 과정을 각기 설치한 남만방적은 하루 4시간씩 수업을 했다. 2시간의 수업 시간은 하루 근로 시간을 12시간에서 10시간으로 줄여 배려해 주고, 나머지 2시간은 개인 시간을 내도록 했다.

교사는 경방에서 파견된 관리 사원들이 겸했다. 그들은 대학이나 고등공업학교를 졸업한 터라 교사 역할을 하는 데 아무런 어려움이 없었다. 오히려 관리 사원과 직공 간의 관계가 스승과 제자 관계로 맺어지면서 노무 관리에도 도움이 되었다. 훗날 우리나라 고도 성장기에 현장 사원들이 주간에는 공장에서 일하고 야간에는 학교에서 학업을 이수케 한 산업계 병설 학교를 이때 이미 실시한 것이었다.

김연수는 남만방적을 경영하면서 처음으로 해외에 진출한 기업이라는 민족적 자긍심을 지키려 많은 노력을 기울였다. 공장 안에 의료 시설을 갖추어 김두종(훗날 숙명여대 총장)을 그 책임자로 두는가 하면, 사원들의 사택은 당시

만주에 거주하던 일본 관리들의 집보다 훨씬 더 좋게 지었다.

또한 전시 통제로 식량 사정이 악화되어 배급제가 강화되자, 2,000여 직원들의 식량 자급을 위해 만주 빈강성 다봉둔에 농장을 만들었다. 그해 가을 벼 450톤, 수수 18톤을 수확하여 종업원들에게 공급한 것이다.

이 시기 김연수는 누가 보아도 기업가로서 절정에 올라 있었다. 활동 범위가 한반도를 넘어 만주와 중국 대륙에까지 뻗쳐 있었으며, 재력과 경력 그리고 신뢰도에 이르는 모든 면에서 그와 필적할 만한 기업인은 또 없었다.

이 같은 그의 위상을 말해 주는 사례가 당시 금융 기관의 신용도였다. 이시기 김연수는 조선식산은행으로부터 3,000만 원, 만주 흥업은행으로부터 1,200만 원, 도합 4,200만 원(약 4조 6,200억 원)의 융자를 얻어 냈다. 이처럼 천문학적 금액의 은행 융자를 얻어 낸 이는 조선과 일본을 통틀어 오직 그뿐이었다.

그런 그가 대륙에 진출해서 남만방적의 설립에만 머물러 있을 순 없었다. 김연수는 자신이 설립한 삼양사를 통해 광활한 만주에서 대대적인 농장 사업을 개척해 갔다. 나라를 빼앗겨 궁핍한 품팔이 생활로 만주 땅을 정처 없이 유랑하는 우리 동포들에게 안정된 일자리를 만들어 주어 정착시키기 위한 것이었다.

하지만 만주는 땅이 넓고 비옥하였으나 겨울이 길고 여름이 짧아 농사짓기에는 어려움이 많은 지역이었다. 동포들이 정착해 벼농사를 짓기 위해서 물을 끌어들이기에 적합한 땅은 그리 많지 않았다. 다만 요하의 물이 요동 만으로 흘러드는 잉커우 지방에 서울 여의도 면적의 8배에 달하는 약 5,400만 평의 개간할 땅을 찾아냈다. 그 정도의 땅이면 6,000세대 3만 명의 동포를 정착시킬 수 있었다. 이를 위해 정착 자금을 세대별로 최소 1,000원(약 1억 1,000만 원)씩만 지급한다 하여도 당장 6백만 원(약 6,600억 원)의 거금이 필요했다.

경성 상계史

김연수는 결단을 내렸다. 1937년 정초부터 만주 잉커우 지방의 꽁꽁 얼어붙은 동토 위에 빼곡히 숲을 이룬 원시림을 도끼로 찍어 개척해 나가기 시작했다. 광활한 대지 위에 울려 퍼지는 도끼 소리는 대륙 진출을 알리는 김연수의 의지의 신호였다.

그렇게 개척된 것이 잉커우 지방의 천일농장이었다. 이어 하이룬 지역의 반석농장, 마이허커우 지역의 매하농장, 후이난 지역의 교하농장, 지린성 하구대의 구대농장을 차례대로 개척하여 정처 없이 만주 땅을 유랑하던 궁핍한 동포들을 정착시켜 나갔다.

이처럼 남만방적의 진출과 함께 삼양사의 광활한 농장 개척 등으로 김연수의 명성은 만주 일대에 널리 퍼져 나갔다. 아울러 그에게 이런저런 청탁을 하러 찾아오는 동포들 또한 그만큼 많아졌다. 특히 기업을 경영하다 도산의 위기에 처한 이들이 적지 않았다. 물론 그들의 부탁을 일일이 다 들어줄 순 없었다.

그렇대도 삼척기업을 인수해 줄 것을 간절히 부탁하는 친구의 청만은 차마 외면하지 못했다. 삼척기업은 북간도에 여의도 면적의 약 12배 규모인 원시림 9,000만 평을 불하받아 개간하려고 설립한 동포 기업이었다. 한데 방대한 규모의 삼림을 개간하기에는 아무래도 자본과 기술이 턱없이 모자랐던 것이다.

김연수 역시 이 삼림 개간 사업만은 선뜻 용기가 나지 않았다. 농장 개척하곤 또 다른 세계라서 기술적으로 많은 난관이 예상되는 데다, 투자 가치 또한 별반 높아 보이지 않았다.

하지만 방대한 규모의 삼림 개간을 통해 얻을 수 있는 두 가지 효과에 주목했다. 우선 개간 사업에 동원될 동포 근로자와 그 가족의 생계를 보장해 줄 수 있다는 점과 장기적으로는 목재난에 대비할 수 있다는 점을 고려하여 결국 삼척기업을 인수하기로 한다.

그 밖에도 김연수는 하얼빈의 오리엔탈비어를 인수했다. 이 맥주 회사 역시 한국인이 경영하다 어려움에 처하게 된 것이다. 맥주 제조업이 조금 낯설긴 했지만, 식품 산업에 관심이 많았던 터라 동포의 인수 간청을 외면하지 못했다. 오리엔탈비어의 공장은 대지 1,000평에 건평 3백 평 규모였다. 한 달에 4홉들이 맥주 15만 병을 생산해서 하얼빈 일대에 공급했다.

그런가 하면 재정 부족과 비정규 학교의 기피로 어려움에 처한 한국인 교육 기관인 동광학교를 인수했다. 그런 뒤 학교 시설과 교원을 확충하여 정규 학교인 동광중학교로 승격시켜 인근에 위치한 구대농장에 기부했다.

김연수는 이처럼 발해 만의 교통 요지인 잉커우 항구에서 출발하여 철도를 따라 점점 더 내륙 속으로 깊숙이 진출해 들어갔다. 초기에는 주로 남만주 일대에서 사업을 벌였으나, 나중에는 만주국의 중심부인 수도 신경 너머 북쪽 깊숙한 지역으로까지 그 세력을 확장시켜 나갔다.

이 무렵 김연수는 만주에서의 기업 경영에 대해 그 어느 때보다 확신에 차 있었다. 자신은 물론이고 한국인들의 만주 진출에 대해 추호도 의심치 않았다.

…인내력이 풍부한 정신과 그 저항력이 강한 체력과 기후 풍토가 근사한 점 등으로 보아 조선인의 만주국 진출은 장래 더욱 유망하다고 생각되며, 일만日滿 양국 정부에서도 만주국 제諸 민족 화합의 핵심이 될 일본 내지인에 준하여 조선인을 취급하게 된 오늘에 이르러 그 전도는 더욱 양양하다고 할 수 있다.

조선 제일의 기업가 김연수에게 일제 말기 수년 동안은 그야말로 절정기에 달했다. 자신이 표현하고 있는 것처럼 '가장 보람차고 다사다망한 시기'였다. 오늘은 조선의 경성방직에, 내일은 만주의 삼양사 관할 광활한 농장에, 모레는 다시 남만방적에, 그리고 또다시 일본으로 중국으로 동분서주했다. 그런 분주한 나날 속에서 그는 기업가로서 자신의 존재와 가치를 발견하고 있었다.

하지만 김연수의 이 같은 만주 진출에 대해 그의 맏형 김성수는 회의적이었다. 굳이 일본인들을 따라다니며 사업을 할 필요가 있느냐는 것이었다. 한데도 그때 김연수는 사업에 대해 한창 자신이 생겼을 때이며, 사업에 대한 의욕이 번성할 때라 맏형 김성수의 생각을 귀담아듣지 않았다. 더구나 조선에선 조선총독부가 더 이상 신규 사업을 허가해 주지 않는 상황에서 딴은 만주로 진출할 수밖에는 없었다.

그러나 역사적 사건이란 누구도 의도하지 않은 방향으로 진행을 바꾸어 놓는 성질이 있다. 1945년 8·15 해방 또한 그러했다. 당시로선 정말 어느 누구도 예상치 못한, 일제 식민 지배로부터의 해방이 일본의 갑작스런 패망과 함께 어느 날 도둑처럼 뜬금없이 찾아왔던 것이다.

아이러니하게도 그 같은 일본의 패망과 함께 김연수 역시 낭패를 보아야 했다. 일본의 패망은 곧 제국 전역에 걸친 그의 사업 제국 또한 붕괴되는 것을 뜻했다. 일본군이 중국 대륙에서 철수하는 것을 뒤따라 그 역시 거대한 남만방적과 삼양사의 대규모 6개 농장, 오리엔탈 맥주회사와 광활한 삼림 개발의 삼척기업을 그대로 놓아둔 채 그만 빈손으로 돌아서야 했다. 그야말로 하루아침에 자신의 전 재산 대부분을 상실하고 만 것이다.

더구나 조국에 남아 있던 시설들도 온전한 것이란 없었다. 경방의 양평동 공장과 의정부공장, 쌍림동공장, 그리고 시흥의 염색공장 등도 해방 공간의 혼돈 속에서 원료난과 화재 등으로 공장 문을 닫아야 하거나 그 규모가 축소

되고 말았다. 조선 제일의 기업가 김연수에게 이제 남은 거라곤 사실상 경방 영등포공장뿐이었다.[4]

8·15 해방 전, 걸음마를 시작한 10대 기업의 풍경

한국 제일의 기업가 김연수의 경성방직은 우리의 숨은 역량을 유감없이 보여 주었다. 학습과 단련을 통하여 일본의 대기업과 견줄 만한 성장 속에 최초로 해외 진출에까지 나서 승승장구했다. 하지만 일제의 패망과 함께 그의 경방 또한 허무하게 붕괴되고 말았다. 또 그런 경방의 붕괴는 한국 산업 1세대의 종식을 뜻하는 것이기도 했다.

하지만 꽃잎이 지는 자리엔 씨앗이 맺고, 씨앗은 이듬해 봄에 새로운 싹을 틔워 내기 마련이다. 소설가 춘원 이광수는 보다 적극적이다. 일제에 나라마저 빼앗기고 만 절망의 시대에 놀랍게도 우리의 미래를 꿰뚫어 본 듯하다. 1935년 4월 14일자 『조선일보』의 '실업과 정신수양'이란 기고문에서 "…경성방직의 확장·발전은 결코 한낱 사실만이 아니요, 뒤에 오는 대군大軍의 척후斥候임이 확실하다"고, 김연수의 경방을 가리켜 훗날 만개할 한국 자본주의의 척후일 따름이라고 그때 이미 감지하고 예언한 것이다.

그렇다면 김연수의 경방이 한낱 척후에 지나지 않을 뿐, 그 '뒤에 오는 대군' 이란 대체 누구를 일컬은 것이란 말인가? 1945년 8·15 해방 전 그들은 과연 어떤 모습이었고, 또 어디쯤이나 오고 있었던 것일까?

8·15 해방 전 이병철(35세)은 경남 의령의 고향 집에 머물고 있었다. 이른바 '성전 수행'을 외치던 일본인 관료들마저 곧잘 곤경을 호소하는 생활 주변의 절박한 상황들을 지켜보며 그는 일본의 패망을 직감했다. 그러면서 대구 근교에 1만 평 남짓한 과수원을 사서 닥쳐올 식량난에 대비했다. 그런 다음 대구에 벌여 놓은 ㈜삼성상회와 ㈜조선양조의 경영 일체를 관리인에게 맡긴 뒤 그만 낙향했다.

이병철은 해방을 맞이하기 이미 10여 년 전부터 부단히 사업을 벌여 온 터였다. 학교 공부에는 그다지 흥미를 느끼지 못하였으나 비교적 조숙한 편이었던 그는, 일본 와세다대학 전문부 정치경제학과를 중퇴한 뒤 돌아와 26살이던 1936년 마산에서 정미업을 시작으로 재계에 뛰어들었다.

하지만 아버지로부터 물려받은 6백석지기의 토지만으로는 사업 자금이 턱없이 모자랐다. 자금을 좀 더 끌어모으지 않으면 안 되었다. 결국 지인 둘을 만나 세 사람이 1만 원(약 11억 원)씩을 투자하여 협동정미소를 시작했다.

그러나 당초 목표로 삼은 마산에서 규모가 가장 큰 정미소를 만드는 데는 합자금 3만 원(약 33억 원)으로는 부족했다. 그는 은행 융자를 얻기로 하고 조선식산은행 마산지점 일본인 지점장을 찾았다.

담보도 충분하고 사업 계획도 하자가 없었기 때문에 크게 어려울 것이 없을 줄 알았다. 한데 일본인 지점장은 여러 가지 질문을 늘어놓기 시작했다. 곡물 가격이 변동하고 있는 원인이 무엇인지, 일본 곡물 시장의 동향을 어떻게 보는지 하는 따위였다. 마치 시험을 치르는 것 같아 불쾌하기도 했으나, 그는 꾹 참고서 아는 대로 성실히 답변했다.

그러자 일본인 지점장은 다소 과장된 몸짓으로 만족스런 표정을 지었다.

융자를 약속했다. 이병철의 첫 사업은 이같이 지인들을 끌어들여 부족한 자금을 늘리고, 다시 은행 융자를 더해 마침내 실현될 수 있었다.

정미 사업은 생각보다 단순했다. 한계 또한 너무나 뚜렷했다. 당시 곡물 가격은 인천에 자리한 미곡거래소에서 결정되었다. 경성 등 큰 도시에선 인천의 시세를 내다보면서 거래하는 업자 간의 신용 선물 거래가 성행했다. 경험이 일천했던 이병철은 그 같은 외부 환경에 눈을 돌리지 못한 채 그저 도정 기계가 멈추지 않도록 미곡을 확보하는 데에만 전력을 다했다. 그러면서 1년여 동안에 자본의 3분지 2를 까먹는 참담한 결과를 낳고 말았다.

크게 상심한 동업자들이 해산을 종용했다. 이병철은 그런 지인들을 설득시켜 해산의 위기를 무마한 뒤 손해 부분에 대한 원인 분석에 들어갔다.

이듬해엔 전술을 정반대로 바꾸어 나섰다. 그런 전술은 보기 좋게 적중했고, 상당한 이익을 올릴 수 있었다.

하지만 적자를 면하고 적지 않은 이익까지 났음에도, 도정 사업의 한계 또한 확인된 셈이었다. 이병철은 도정 이외에 다른 것에도 눈을 돌려야 했다.

당시 마산에서는 물자 운송 수단이 크게 부족했다. 우마차로는 더디어 시간이 많이 소요되었고, 트럭 운임은 너무도 비싸 엄두를 내지 못할 실정이었다.

이병철과 지인들은 그 점에 주목했다. 자신의 협동정미소 쌀을 안정적으로 운송하는 것은 물론, 다른 물자도 운송하는 독립된 운송 사업을 해 보는 것도 괜찮겠다고 생각했다.

때마침 일본인이 경영하던 마산 일출자동차회사가 매물로 나와 있었다. 그들은 트럭 10대를 보유하고 있던 이 회사를 인수하는 한편 새로이 트럭 10대를 더해, 도합 20대의 트럭을 가진 운송 회사를 경영케 되었다. 당시 트럭 1대 값이 요즘의 비행기 1대 값과 맞먹는 것이어서 실로 모험에 가까운 대규모 투자였다.

하지만 이병철의 생각은 옳았다. 정미소와 운송 회사가 상호 보완 작용을 하며 엄청난 시너지 효과를 낳았다.

그때부터는 기고만장해도 좋을 만큼 사업이 술술 잘 풀려나갔다. 미처 주체하지 못할 정도로 많은 돈을 벌어들였다.

그러면서 세 번째 사업으로 그는 토지를 사들이기 시작했다. 미곡을 거래하기 시작하면서 자연스레 지가의 동향에도 관심을 가진 것이 그 계기였다.

당시 토지 가격은 평당 25전(약 27,500원)이었다. 논 200평 한 마지기의 쌀 생산량은 15원(약 165만 원) 수준이었다. 여기서 관리비 1원(약 11만 원), 지세 1원, 기타 잡비 1원을 뺀 실수입은 12원(약 132만 원) 정도였다. 따라서 지가가 50원(약 550만 원) 나가는 논 한 마지기에서 은행 이자 연 7분 3리의 3원 65전 (약 40만 1,500원)을 공제한다 해도, 투자액의 16%인 8원 35전(약 91만 8,000원) 씩의 연간 순수익을 얻게 되는 셈이었다.

이병철은 마산에서 가까운 김해평야로 나갔다. 경작이 가능한 전답은 한 평도 남김없이 모조리 사들이기로 작정하고, 매물로 나와 있는 토지를 조사했다. 때마침 40만 평의 논을 처분하려는 일본인이 있다는 소식을 듣자, 곧바로 계약을 체결하고 착수금으로 우선 1만 원(약 11억 원)을 지불했다.

이튿날 이병철은 조선식산은행 마산지점을 찾았다. 은행의 감정 결과 평당 38전(약 41,800원)이 나왔다. 따라서 전체 80% 수준인 평당 27전(약 29,700원), 총액으로는 11만 원(약 121억 원)을 융자받을 수 있었다. 토지 매입 대금이 은행 융자만으로도 전액 지불하고 남았다. 그야말로 땅 짚고 헤엄치기였다.

그렇게 한 해가 지나자 이병철은 어느덧 2백만 평의 대지주가 되어 있었다. 가을 추수가 끝나면 소작료까지 한꺼번에 들어오게 되어 자금 사정조차 더욱 원활해졌다.

경성 상계史

한데 뜻하지 않은 사태가 불거졌다. 1937년 중일전쟁의 불똥이 멀리 떨어져 있는 그에게까지 튀었다. 조선총독부의 비상조치로 토지 담보 대출을 일체 중단한다는 통고가 날아든 데 이어, 덩달아 토지 시세까지 폭락하기 시작했다.

결국 시가보다 토지를 싸게 팔 수밖에는 없었다. 뿐만 아니라 정미소와 운송 회사까지 죄다 남의 손에 넘겨주고 나서야 겨우 부채를 청산할 수 있었다. 모든 것이 한순간에 원점으로 돌아가고 말았다.

하지만 실의에 빠져 있기에는 너무나 젊은 나이였다. 그는 새 출발을 다짐하면서 새로운 사업 구상을 위해 장거리 기차 여행에 올랐다. 서울, 평양, 신의주를 지나 창춘, 펑톈 등 만주의 여러 도시를 거쳐 베이징, 칭다오, 상하이에 이르는 기나긴 대륙 여행길을 계속했다.

이윽고 머나먼 대륙 여행에서 돌아온 이병철은, 1938년 자본금 3만 원(약 33억 원) 규모의 상점을 대구에 열었다. 대구와 포항 일대에서 생산되는 청과물과 건어물을 만주에 수출하는, 오늘날 삼성물산의 모태가 되는 ㈜삼성상회였다.

그리고 1년여가 지나 어느 정도 자리가 잡히면서 자금의 여유가 생기자, 무언가 새로운 투자 대상을 찾게 되었다. 그러다 마산에서 실패한 쓰라린 전철을 다시 밟지 않기 위해서라도 판매만을 고집할 것이 아니라, 제조를 겸하는 것이 좋겠다고 생각한다. 때마침 대구에 일본인이 경영하던 청주 양조장 ㈜조선양조가 매물로 나왔다. 대구에서 첫째, 둘째를 다툰다는 규모였기 때문에 매입가만 무려 10만 원(약 110억 원)을 호가했다. 이병철은 두말 않고 인수했다. 그러면서 어느덧 대구에서도 알아주는 굴지의 고액 납세자로 부상해 가고 있었다.

그러나 1941년 태평양전쟁 발발 이후 일본인 관료들마저 곤경을 호소하는

(주)삼성상회

절박한 상황을 지켜보며 이병철은 낙향한다. 일본의 패망을 직감한 그는, 머지않아 도래할 새로운 세상을 맞이하기 위한 칩거에 들어간 것이다.

한편, 찢어지게 가난한 농촌 생활이 싫어 20살 때 무작정 상경한 정주영은, 지금의 고려대학교 신축 공사장에서 막노동을 하며 경성에 정착할 수 있었다. 그 뒤 용산역 근처에 자리한 풍전엿공장(지금의 동양제과)에 잔심부름꾼으로 들어갔으나, 장래가 보이지 않았다. 다시금 경성 거리를 쏘다니다 쌀가게 복흥상회의 배달원으로 취직하게 된 건 행운이었다. 점심과 저녁을 먹여 주고 월급으로 쌀 한 가마니씩을 받을 수 있었기 때문이다.

아버지로부터 부지런함을 물려받은 정주영은 전심전력을 다했고, 2년 뒤에는 쌀가게 주인이 될 수 있었다. 난봉꾼 아들 때문에 골머리를 앓던 쌀가게 주인이 쌀가게를 정주영에게 넘겨주기로 한 것이다.

그러나 가진 거라곤 불알 두 쪽뿐이었던 정주영은 단골을 그대로 물려받

경성 상계史

고, 쌀값은 월말에 계산한다는 정미소의 약속을 얻은 뒤라야 비로소 사글세로 쌀가게를 인수할 수 있었다. 그의 나이 24살이던 1938년이었다.

하지만 좋은 일에는 으레 나쁜 일도 끼어들기 마련이다. 중일전쟁 이후 전시 체제 속에 갑자기 쌀 배급제가 실시되면서, 전국의 쌀가게가 일제히 문을 닫아야 했다. 정주영 또한 예외가 아니었다.

수중에 가진 돈 7, 8백 원(약 8,000만 원)쯤 되는 종잣돈으로 할 만한 사업이 없을까 궁리하던 중에, 평소 알고 지내던 엔진 기술자 이을학을 만났다. 자동차 수리 공장을 인수하면 어떻겠느냐는 제의를 받았다. 정주영은 수중에 있던 돈에다 쌀가게를 할 때 신용을 쌓아 둔 사채업자에게 빚을 얻어 자동차 수리 공장을 인수했다. 오늘날 현대자동차의 모태가 되는 자동차 수리 공장 아도서비스였다.

새로운 일거리를 찾은 정주영은 밤잠도 자지 않으면서 신명나게 일했다. 이을학이 워낙 소문난 기술자라 손님들도 끊이지 않았다.

한데 잔금을 치른 지 겨우 닷새 만에 불이 나 공장이 전소되고 말았다. 고객이 맡겨 둔 고급 승용차까지 몽땅 불타 버렸다. 정주영은 또다시 사채업자를 찾아가 무릎을 꿇어야 했다. 3,500원(약 3억 8,500만 원)이라는 적지 않은 사채를 다시금 빌릴 수 있었다.

이번에는 신설동 근처에 빈터를 얻어 무허가로 아도서비스를 다시 시작했다. 당시 허가를 받는다는 건 거의 불가능했기 때문이다.

산더미 같은 빚 속에서, 그것도 무허가로 자동차 수리 공장을 한다는 것은 하루하루가 마치 지옥과 같았다. 걸핏하면 동대문경찰서에서 순사가 찾아와 당장 걷어치우지 않으면 잡아넣겠다고 으름장을 놓았다.

한데도 포기할 줄 몰랐다. 매일같이 이른 아침이면 동대문경찰서 곤도 보안계장 집을 찾아가 통사정을 했다. 그러길 한 달여. 마침내 보안계장이 두 손을 들었다. 대로변에서 공장이 보이지 않도록 판자로 울타리를 둘러친 다음 숨어서 하라고 눈감아 주었다.

그 무렵 경성에는 자동차 수리 공장이 몇 군데 되지 않았다. 더구나 대부분의 자동차 수리 공장에선 별 고장이 아닌데도 마치 큰 고장이라도 난 것처럼 수리 기간을 부풀리고 길게 잡아서 바가지를 씌우곤 했다.

정주영은 그런 치사한 방법을 쓰지 않기로 했다. 기간을 서둘러 단축해 주되 대신 고가의 수리비를 청구하는 방법을 택했다. 자동차를 타는 사람들은 다소 수리비가 높더라도 빨리 고쳐 주는 걸 원한다는 데 착안한 것이다.

그의 착안은 옳았다. 정주영의 무허가 공장으로 고장 난 자동차들이 꾸역꾸역 몰려들었다. 돈도 꽤 벌어 사채업자에게 빌린 돈을 모두 갚을 수 있었다.

그러나 시국은 여전히 불안하기만 했다. 일본은 급기야 태평양전쟁을 일으키면서 동시에 기업정비령을 내렸다. 정주영의 아도서비스는 일진공작소로 강제 합병되고 말았다.

그 뒤 정주영은 잠시 운송 사업에 뛰어들었다. 황해도 홀동금광에서 광석을 싣고 트럭으로 평양까지 운송하는 하청 일이었다. 이익을 본 것도 손해를 입은 것도 없이 2년여 정도가 지나간 1945년 봄, 관리 책임자에게 그만 하청 계약을 넘겨주고 말았다. 그리고 석 달여 뒤, 정주영은 감격스런 8·15 해방을 맞았다.

한편, 경성에서 중앙고보를 중퇴한 구인회가 큰일을 해 보겠다며 상계에 뛰어든 것은 25살이 되던 1931년이었다. 아버지가 내놓은 2,000원(약 2억2,000만 원)과 큰집의 양자로 들어간 아랫동생 구철회가 마련한 1,800원을 보탠 3,800원(약 4억 1,800만 원)으로, 오늘날 LG의 모태가 되는 포목상 구인회상점을 경남 진주에 열었다.

하지만 연말에 결산해 보니 5백 원(약 5,500만 원)이나 결손이 발생했다. 생각다 못한 그는 자본을 좀 더 마련해서 보다 큰 사업을 해 보겠다며 동양척식 진주지점을 찾았다. 아버지의 땅문서를 담보로 8,000원(약 8억 8,000만 원)을 융자받아 좋은 물건들을 상점에 가득 채웠다. 좋은 물건이 가득 채워져 상점이 유명세를 타기 시작하자 찾는 손님도 늘었다.

한데 이듬해 여름, 대홍수로 남강이 범람하고 말면서 진주 시내가 온통 물바다로 변했다. 구인회상점도 물속에 잠겼다.

재기를 다짐한 구인회는 진주에서 부자로 소문난 원창약방의 원준옥을 찾아가 간청했다. 원준옥은 젊은 구인회를 믿고 1만 원(약 11억 원)의 거금을 선뜻 빌려주었다.

그렇게 재기한 구인회상점은 이후 사업의 범위를 보다 확대시켜 나갔다. 김연수의 경성방직에서 생산되는 광목을 대량으로 취급하는 한편, 1939년부터 다양한 포목을 직접 구입하기 위해 일본까지 부지런히 드나들기 시작했다.

일본을 드나들면서 구인회는 놀라지 않을 수 없었다. 자신이 우물 안의 개구리라는 사실을 뼈저리게 느꼈다.

마침내 1940년 여름, 그는 상호와 조직을 개편하기로 작정한다. 기존의 상점을 주식회사 구인회상점으로 판을 크게 늘렸다.

또 기존의 포목상 말고 다른 분야에도 눈길을 돌렸다. 삼천포에서 친척이 운영하던 수산업에 투자를 하고 나섰다.

그런가 하면 고향 진양에서부터 하동, 고성 등지에 이르는 광활한 토지를 사들여 오래지 않아 만석꾼이 되었다. 진주 시내에서 포목상을 시작한 지 12년여 만이었다.

1944년에는 경남도청에서 화물 자동차를 불하한다는 소식을 듣고 트럭 30대를 다시금 사들였다. 비록 지방의 작은 도시이긴 하지만 포목상과 수산업,

토지 경영에 이어 운송 사업에까지 손을 뻗쳐 나갔다.

그러다 이듬해에 8·15 해방을 맞았다. 39살의 구인회에게 새로운 세상이 열린 것이다.

SK의 창업자 최종건은 일제 식민 시대 수원에서 태어났다. 아버지는 대성 상회를 열었다. 수원의 잠업시장에 볏짚과 왕겨를 납품하는 한편, 인천 미곡 거래소에 쌀을 공급하던 상인이었다. 하지만 일제 치하에서 한국인이 경제적으로 성공하기란 결코 녹록지 않았다.

이런 시대 상황 속에서 최종건은 어려서부터 책상 앞에 앉아 공부하기보다는 바깥으로 나가 운동과 놀이를 더 즐겨했다. 식민 지배 아래에서의 학교 사정이 그렇게 만들었을 것으로 보인다.

하지만 조부의 열망에 따라 경성직업학교 기계과에 입학했다. 돌아보면 이때 그가 경성직업학교에 들어가 기술을 배우지 않았다면 오늘날 SK의 탄생은 불가능했을지 모른다.

경성직업학교 기계과를 졸업한 최종건은, 아버지의 권유에 따라 고향에 자리한 선경직물에 입사하게 된다. 일본인이 경영하던 선경직물은 1939년 경성의 선만주와 일본의 경도직물이 공동 출자하여 설립한 회사였다. 태평양전쟁이 한창이던 1942년 공장을 지어 '시루빠(silver)'를 생산했다. 시루빠는 군복의 안감으로 사용되던 군수 천이었다.

선경직물에 3급 기사 자격증을 가진 기술자로 입사한 그는, 얼마 되지 않아 약관의 18세에 생산부 2조장으로 발탁되었다. 당시로선 다소 파격적인 인사였다.

생산부 2조장으로 1백여 명의 직조 종업원들을 편성해서 운영하게 된 최종건은, 생산 계획과 품질 관리까지 맡아 수행했다. 또한 그는 직공들의 애로 사항을 들어주고, 고장 난 기계를 고쳐 줌으로써 그들로부터 신뢰를 얻었다.

한데 얼마 지나지 않아 갑자기 일본이 패망하면서 감격스런 해방을 맞이했다. 해방 정국의 혼란 속에서 최종건은 선경치안대를 조직하고 나섰다. 선경직물의 일본인 간부들을 무사히 귀환할 수 있도록 도와주는 대신에 수많은 종업원들의 일터인 회사를 안전하게 지키는 데 성공한다.

이 같은 일이 가능했던 건 평소 종업원들과 최종건 사이에 형성되어 있던 신뢰가 컸다. 그 같은 신뢰는 이후 그를 생산 현장의 리더인 젊은 공장장으로 활약할 수 있게 해 주었다. 선경직물의 실질적인 사주로 추대된 것이다.

한편, 조중훈은 어려서부터 비행기, 자동차, 선박 따위의 그림책과 그 모형 만들기를 좋아했다. 조중훈이 휘문고보를 졸업한 뒤 진해에 있는 해원양성소(지금의 해양대학교)에 입학하게 된 것도 딴은 그런 이유에서였다.

해원양성소를 졸업하자 일본 고베에 자리한 후지무라조선소에 취직할 수 있었다. 잠수함·구축함 등의 전함을 만들어 내는 후지무라조선소에 근무하는 동안 그는 엔지니어로서의 꿈이 당장이라도 실현되는 듯 희망에 부풀었다. 더욱이 대형 수송선의 2등 기관사로서 중국 톈진·상하이·홍콩·마카오와 필리핀의 마닐라 등 동남아 일대를 두루 돌아보면서, 자신의 기술로 사업을 할 수 있다는 생각을 떠올렸다.

마침내 1942년 조중훈은 일본에서의 안정된 직장 생활을 청산한 뒤 고국으로 돌아왔다. 그동안 푼푼이 아껴 모은 돈으로 보링 기계 1대를 마련하여, 인천 선창가 한 모퉁이에 자동차 엔진 수리 공장 이연공업사의 간판을 내걸었다. 그의 나이 22살, 지금의 한진이 탄생하는 순간이었다.

자동차 엔진 수리 공장은 그의 생각처럼 순조로웠다. 특히 서울이 아닌 인천의 선창가를 택한 것은 견문이 넓은 그만이 착상할 수 있는 감각이었다.

당시 인천항에는 중국과 홍콩 상인들이 들끓었고, 더구나 태평양전쟁이 시작된 터라 물류 이동이 많아 화물 트럭들이 끊임없이 드나들었다. 엔진 수리를 받아야 하는 트럭도 그만큼 많았다. 그러나 조중훈의 이연공업사는 태평양전쟁이 본격화되면서 기업정비령에 따라 일본의 군수업체인 마루니회사에 강제 합병되고 말았다.

불운까지 겹쳤다. 그에게 징집영장이 날아든 것이다. 일본의 총알받이가 되지 않기 위해 조중훈은 군수 공장인 서울 용산역의 용산공작창에 기술 요원으로 은신했다.

일본은 오래 버티지 못했다. 이연공업사를 강제로 빼앗긴 지 3년여 만에 그는 용산공작창에서 조국의 해방을 지켜보았다.

한편, 박인천은 어려서 일찍 아버지를 여의면서 학교 공부를 하지 못했다. 순전히 독학으로 공부하여 어렵다는 순경 시험에 합격했다.

하지만 박인천의 꿈은 그보다 높은 보통문관 시험이었다. 말단 순경으로 근무를 마치고 나면, 피곤한 몸으로 하숙집으로 돌아와 꼬박 밤을 새워 가며 공부에 전념했다. 그런 결과 5년 뒤 마침내 보통문관(지금의 행정고시) 시험에 합격했다. 하루아침에 말단 순경에서 순천경찰서 순사부장으로 발령을 받았다. 이후에도 승진을 계속하여 판임관까지 올랐다.

한데도 박인천은 고위 경찰직을 그만두고 싶어 했다. 그의 다음 목표는 변호사였다. 더구나 새로이 부임해 온 경찰서장에게 창씨개명을 신고하지 않았다는 이유로 눈 밖에 나, 끝내 나주 군청으로 좌천되고 말았다.

나주 군청에서 그가 맡게 된 보직은 노무계장이었다. 징용자 80명을 당장 뽑아 오라는 지시가 떨어졌다.

박인천은 그 지시에 따를 수 없었다. 아무런 미련도 없이 20년 공직 생활의 종지부를 찍었다.

이때 그에겐 어린 자식이 다섯이었다. 더욱이 오십 줄을 바라보면서 아직 집 한 칸 마련치 못한 상태였다.

경성 상계史

그렇게 8·15 해방을 맞이했고, 박인천은 공무원 복직을 바랐다. 하지만 어려울 것이란 소리만 돌아왔다.

그러던 어느 날 길거리에서 가까운 친구를 우연히 만나게 되었고, 친구는 그에게 양약 장사를 해 보라고 권했다. 수중에 돈이 있을 리 만무했다. 친구는 남의 돈을 잠시 빌리면 되지 않느냐고 요령 없는 그를 일깨워 주었다.

박인천은 친구가 일러 준 대로 양약을 배정받기 위해 전남의약품배급회사를 찾아갔다. 회사는 한숨만 내쉬었다. 이미 배급받아 놓은 양약을 서울에서 가져올 적임자가 없다는 것이었다. 그땐 열차를 배당받는 교섭이 어려울 뿐더러, 도둑이 들끓어 무사히 가져올 방법을 찾지 못해 전전긍긍하고 있었다.

그는 자신이 가져오마고 나섰다. 회사 또한 약품 값만 준비해 오면 위임장을 써 주겠다고 약속했다.

박인천은 그 길로 광주에서 소문난 최 부자를 찾아갔다. 최 부자에게 16만 원(해방 직후 극심한 인플레로 지금 돈으로 환산키 어려움)을 빌려 상경한 뒤, 의약품 보급 기관에서 양약을 배급받았다.

문제는 열차를 배당받는 일이었다. 석탄이나 미군 물자 수송에 우선 배당된 열차를 민간업자가 빌린다는 건 하늘의 별 따기만큼이나 힘들었다.

그래도 미군정청과 서울역을 부지런히 뛰어다닌 결과 가까스로 열차를 배정받을 수 있었다. 열차는 일주일 후에 광주에 도착할 예정이라고 했다. 그 일주일 동안 약품을 도둑맞지 않기 위해서는 잠시라도 열차를 떠날 수 없었다.

도리 없이 열차 안에서 먹고 자며 광주 송정리역에 도착한 건 꼬박 열흘이 지나서였다. 광주 송정리역에 도착한 그는 이제 막 탄광에서 빠져나온 광부의 몰골 그대로였다.

하지만 고생한 보람이 있어 약품은 이내 22만 원에 팔려 나갔다. 6만 원이라는 적지 않은 이익금이 남았다. 박인천은 최 부자를 찾아가 빌린 돈 16만 원과 함께 이익금 6만 원을 고스란히 내놓았다. 최 부자는 사례금으로 5천 원을 그의 손에 쥐여 주었다. 이익금에 비하면 터무니없는 배당이었다.

최 부자는 그러면서 자신과 함께 운송 사업을 해 보지 않겠느냐며 넌지시 박인천을 붙잡았다. 인구 8만 명을 헤아리는 광주에 교통수단이 거의 없는 실정이었다.

박인천은 자신의 이름으로 사업을 해 보고 싶었다. 최 부자가 아닌 강진의 대지주 유재의를 찾아가 10만 원을 빌렸다. 또 여기저기서 조금씩 빌려 모은 7만 원을 합쳐 도합 17만 원을 모았다. 그런 뒤 서울에서 중고 택시 2대를 구입하고 여관방 하나를 얻어, 택시 사업 면허를 내기 위한 준비 작업에 들어갔다. 지금의 금호아시아나가 그 첫걸음을 내딛는 순간이었다.

한화의 창업자 김종희가 맨 처음 화약과 인연을 맺게 된 것은 아주 우연한 기회였다. 일본인 경찰서장의 집에서 하숙을 하게 된 인연으로 1941년 상업학교를 졸업하던 해 곧바로 조선화약공판에 취직을 하면서부터였다.

이 회사는 조선에 위치한 여러 화약 공장에서 생산되는 제품을 전량 구매 인수하여 독점 판매했다. 그뿐 아니라 각 공장에서 필요한 원재료를 일괄 구매해서 공급하는 일까지 전담하는 군수 산업체였다. 이 같은 취급 상품의 중요성을 들어 한국인 직원의 채용을 극력 피했다.

LG 구인회   SK 최종건   한진 조중훈   금호아시아나   한화 김종희
박인천

경성 상계史

때문에 일제가 패망할 때까지 조선화약공판에 근무했던 직원 가운데 한국인은 손에 꼽을 정도였다. 일찍이 일본 와세다대학을 졸업하고 이 회사에 입사한 관리과의 창고계장 김봉수를 비롯하여 민영만, 김덕성, 김종희 등 5명에 불과했다.

그러나 김종희는 화약에 대해 별반 관심도 없었다. 어떻게 해서든 일본으로 유학을 떠나 못다 한 공부를 마치고 싶은 열망뿐이었다. 그런 김종희를 붙잡은 건 일본인 생산부장이었다.

"이 바닥에서 입신하려면 먼저 화약 지식을 쌓아야 한다. 앞으로 생산 실태를 파악하기 위해 여러 공장으로 직접 출장을 나가게 될 텐데. 그런 기회에 보다 많은 것을 보고 듣고 배워라. 장차 네가 화약 회사 사장이 되지 말란 법도 없질 않느냐?"

8·15 해방이 되었을 때 한국인 간부 사원은 총무부 창고계장 김봉수, 생산계장 김종희가 전부였다. 졸지에 주인을 잃은 조선화약공판은 자신의 앞날을 책임질 자치위원회 위원장으로 김종희를 선임했다. 그의 나이 25살이었다.

하지만 갑작스럽게 찾아온 해방 정국은 그야말로 혼돈의 연속이었다. 김종희와 조선화약공판의 운명 또한 한 치 앞을 내다보기 어려웠다.[5]

같은 시기 훗날 대우를 일으켜 세울 김우중은 갓 10살의 어린 초등학생으로 장차 자신이 펼칠 꿈을 키워 가고 있었다. 롯데의 신격호는 해방 이후 귀국하지 못한 채 일본에 잔류하면서, 하카리특수과학연구소에 이어 롯데제과를 설립했다. 한편 최초의 근대 기업가로 입신한 박승직상점의 박승직은 아들 박두병에게 '두산'이란 새로운 사명을 지어 주어 역시 최초로 2세 경영 체제로 돌입하고 있었다.

해방 직후 '정크 무역'은
황금알을 낳는 거위

오랜 식민 지배로부터의 해방은 연속과 단절의 측면이 동시에 작용하고 진행되는 것을 뜻했다. 하지만 해방 초기에는 단절의 측면이 보다 부각되었다. 특히 이 같은 단절은 오랫동안 자본과 기술, 시장에서 일본 경제에 깊숙이 편입되어 있던 식민지 경제 구조의 허무한 붕괴로 나타났다. 대부분의 공장들은 주요 기술자들이 일본으로 귀국하고 말면서 원료 부족, 경영 능력 부재 등으로 대부분 가동이 중단된 상태였다.

그나마 가동되는 공장이라야 한국인이 소유하고 있던 경성방직, 동양방직, 조선견직과 함께 몇몇 보잘것없는 고무 공장이나 성냥 공장 등이 고작이었다. 더욱이 이들 공장 역시 북한에서 공급 받고 있던 송전 중단과 조직적인 노조 파업 등 정치 사회적 혼란이 가중되면서 끝내 가동이 멈추고 말았다.

한데도 8·15 해방은 감격에 겨워 잠시 이성을 잃어도 좋을 만큼 먹고 입을게 넘쳐 났다. 일제가 갑자기 항복을 선언하면서 미처 다 가져가지 못한 일본

경성 상계史

군 보급 창고에서 흘러나온 각종 군용 식량과 피복류, 그리고 일본 산업체의 재고품 따위가 길거리로 무한정 쏟아져 나왔다.

더구나 해방이 되던 1945년에는 일찍이 볼 수 없었던 풍년마저 든 데다, 이제는 일본으로 쌀을 공출하지 않아도 되기 때문에 식량 공급이 넘쳐 나기조차 했다. 엊그제만 해도 만주산 좁쌀조차 없어 콩깻묵으로 주린 배를 채워야 했던 농촌은 모처럼 백설 같은 쌀밥으로 배불리 먹었다. 집집마다 술까지 빚어 마셨다. 일제의 가혹한 수탈 속에 허리띠마저 졸라야 했던 결핍 따윈 어느새 까마득히 잊고 만 채 농촌과 도시 할 것 없이 그야말로 흥청망청 물 쓰듯이 했다.

그러다 해를 넘기기 전부터 도시에선 벌써 쌀 부족 현상이 일어나기 시작했다. 쌀 배급소에서 나눠 주는 배급량이 턱없이 줄어 갔다. 5일 치 분량이라고 나눠 준 게 겨우 하루 먹고 나면 그만일 정도였다.

당시 신문도 식량 부족으로 굶주리는 시민들의 고통을 전한다. "일본 제국주의의 폭학도 능히 조선 민중에게 최소의 호구량을 보장할 수 있었나니 조선 해방의 은인이며 조선 독립의 원군인 미군정 당국이 어찌 이에 무관심할 수 있으랴…." 하고 미군정청을 따갑게 비난하고 나섰다. 미곡의 수집과 배급을 미군정청이 아닌 민간인들에게 맡겨 줄 것을 주장했다.

며칠 뒤에는 쌀을 달라고 시청 앞에 모여든 군중 가운데 부인 한 사람이 총에 맞아 부상당하자, '쌀 대신에 총부리 응수, 어제 시청 앞에 유혈의 참극'이라고 사회면을 장식하기도 했다. 미군정청은 이 두 신문 기사를 포함한 몇 건의 기사를 문제 삼아 『조선인민보』 홍증식 사장과 김오성 편집국장을 군정 포고 위반 혐의로 구속해 버렸다.

그러나 당시 『조선인민보』 등의 신문 보도는 결코 과장된 것이 아니었다. 그즈음 서울역을 이용하는 하루 승객 2만 명 가운데 그 절반가량이 굶주리고 있는 가족을 위해 호남 등 지방으로 쌀을 구하러 오가는 사람들이었다. 굶주린 군중은 목포나 군산에서 한강을 따라 운반해 오는 쌀 상인들을 기다리고 있었으며, 쌀을 살 수 없는 남편이 아내와 아이들을 죽이고 자신도 자살한 사건까지 일어날 지경이었다.

심지어 미군정청 산하의 서울중앙방송국에 종사하고 있는 이들까지 식량 부족을 호소할 정도였다. 당시 『한성일보』 기사를 옮겨 보면, '쌀 기근의 소리는 서울방송국에까지!'라는 제목과 함께 "서울방송국 기술진은 지금 받고 있는 급료로는 도저히 생활을 유지할 수 없어 마음 놓고 방송 업무에 종사할 수 없으니 급료를 인상하여 주거나 쌀을 매일 2홉씩 배급하여 달라고 총파업을 단행했다."라고 쓰고 있다.

미군 감독관은 곧바로 방송 개선안부터 제출하라고 종용했다. 서울방송국의 문제안 기자는 자신의 의견서를 제출하면서 방송국 직원들의 호구지책 문제도 함께 거론했다. "나는 크게 부르짖는다. 내 어머니에게 쌀을 달라! 그렇지 않으면 나에게 죽음을 달라! 쌀만 내 어머니에게 풍족히 준다면 나는 조선 방송 사업을 위해서 내 목숨을 아끼지 않으리라!"

서울방송국의 사정이 이 정도라면 다른 곳은 두말할 필요도 없었다. 당시 『전국노동자신문』 기사를 보면, 광화문체신국과 서대문체신국에선 '쌀을 구하러 가기 때문에 결근자가 매일 혹은 월요일마다 10명 내지 20명'이 나왔고, 서울중앙우편국의 경우 한 달에 40~60명의 결근자가 나왔다.

그러나 해방 직후 이 같은 쌀 부족 현상은 비단 우리만이 아닌 일본 또한 마찬가지였다. 그간 한 해 동안 조선에서 생산되는 쌀 1,300만 석 가운데 무려 1,000만 석 가까운 쌀을 강제 공출해 가면서 식량 문제를 해결해 왔던 일본은, 패망과 함께 쌀 공급선이 단절되면서 당장 식량 기근에 허덕였다.

때문에 일본은 힘센 미국을 움직여 한국에서 쌀을 수출케 하도록 압력을 넣었다. 그러면서 8만 석가량의 쌀이 한국에서 일본으로 공식 수출되었다.

하지만 그것만으로는 턱없이 모자랐고, 투기꾼들이 나서 작은 동력선을 이용하여 쌀을 일본에 밀수출하기 시작했다. 일본인들은 밀수출 쌀을 크게 환영했다. 투기꾼들은 일본에 쌀을 넘겨주고 한국에선 구하기 어렵다는 감귤에서부터 시멘트, 카바이드, 가성 소다, 화장품, 의약품 등을 가져와 몇 배가 넘는 차익을 남겼다. 비록 강제 공출 규모에는 미치지 못하더라도, 해방 이후 밀무역으로 쌀이 다시금 일본으로 일부 빠져나가기 시작하면서 쌀 부족 현상을 더욱 부채질했던 것이다.

더구나 갑자기 인구까지 크게 불어났다. 해방 한 해 전인 1944년 남한의 인구는 약 1,656만 명이었다. 한데 1946년에는 약 1,937만 명으로, 2년 동안에 무려 280만 명이 증가했다.

이 같은 인구 증가는 자연 증가에 의한 성장도 포함되었으나, 그보다는 일제 강점기에 일본과 중국·러시아 등지로 나가 있던 해외 동포들이 속속 귀국한데 따른 것이었다. 여기에다 북한에서 남하한 사회적 이동까지 더해져, 해방 이후 남한 인구는 눈 깜짝할 사이에 2백만 명 이상이 폭증했다.

또 이 같은 인구 폭증은 남한의 물자 부족을 더욱더 부추겼다. 해방과 함께 경제 활동이 대부분 단절된 상태에서 결국 부족한 물자를 공급받을 수 있는 길이란 오로지 무역밖에는 없었다.

이럴 때 불어닥친 열풍이 중국을 상대로 한 정크(junk) 무역이었다. 사실 정크 무역이 언제 어떻게 처음 시작되었는지는 확인할 길이 없다. 다만 해방 전후부터 일부 중국의 정크선이 서해 바다를 건너서 인천을 드나들고 있었고, 그들은 주로 고추·마늘·한약재·옷감 등의 생활필수품을 싣고 들어와 마른 오징어나 건어물·인삼 등을 가지고 돌아갔다.

한데 해방 이듬해부터 갑작스레 활기를 띠기 시작했다. 중국의 정크선들이 점차 톈진, 다롄, 칭다오 등지에서 일본군 보급 창고나 일본 산업체의 창고를 털어 물자를 대량으로 싣고 들어오면서부터였다.

우리 쪽도 피차 마찬가지였다. 가뜩이나 물자 부족에 허덕이고 있는 터에 마다할 이유가 없었다. 정크 무역은 이같이 처음에는 일본으로부터 약탈한 물자를 서로 물물 교환하는 방식이었다가, 점차 상리를 노리는 물자 교환의 단계로까지 확대되어 나갔다.

그렇다 하더라도 상대국의 공식적인 허락 없이 이루어지는 교역 활동은 일종의 밀무역이었다. 분명 단속 대상일 수밖에 없었다.

하지만 미군정청에서도 정크 무역에 대해선 아편 등 일부 특별 관리 품목을 제외하고는 별다른 제약을 가하지 않았다. 당시 미군정청 상무부에 무역 행정 고문으로 거원 준위가 있었고, 인천항만 사령부에는 상무부에서 파견 나간 길버트 상사가 상주하고 있었다. 그러나 수출입에 관련된 사항은 거원 준위의 서명 정도로 충분했으며, 정크선의 입출항·하역·선원들의 상륙에 대해서는 길버트 상사로부터 허가를 받아야 했으나 거의 무사통과였다.

이런 분위기 속에서 해방 이듬해인 1946년에는 정크 무역이 러시를 이루었다. 한 해 동안에 무려 3백여 척의 정크선이 인천항을 드나들었다.

정크 무역이 러시를 이루자 미군정청은 무역업자의 난립을 막기 위해 나섰다. 외국무역규칙 제1호를 공포하여, 무역 면허제를 실시했다.

하지만 무역 면허제는 자본금이나 실적 등에 대한 규제 없이 신청만 하면 누구에게나 교부해 주는 형태였다. 때문에 무역 면허증을 교부받은 무역업자가 무려 528명이나 되었다. 그리고 그 면허증 1호는 건설실업 대표 김익균이었다. 화신무역 회장 박흥식은 무역 면허증 1호가 자신의 화신무역에게 주어지지 않았다고 항의하는 소동까지 벌였다.

딴은 그럴 만도 했다. 정크 무역이 시작되기 훨씬 이전부터 박흥식은 무역

정크 무역

업에 본격적으로 뛰어든 터였다. 앞서 살펴본 것처럼 그는 일본인 도매상들이 단합하여 종이를 공급해 주지 않자, 지구 반대편의 스웨덴에서 직수입해 들여와 돈방석에 앉았다. 불과 30살의 나이에 '상점의 왕'이라는 화신백화점의 경영주가 되면서 일약 경성 상계의 총아로 떠오른 인물이었다. 그런 박흥식이 자본금 275만 원(약 3,000억 원)을 투자하여 대규모 화신무역을 설립한 것은 일찍이 1939년이었다. 몸집만 큰 게 아니었다. 독일인과 일본인을 경영 고문으로 위탁하고, 동남아는 물론 유럽과 아프리카에까지 진출하고 있었다. 또한 대륙 시장을 개척하기 위해 중국 톈진에 출장소를 두고 있을 정도였으니, 자신이 무역 면허증 1호가 되어야 한다고 항의를 할 만도 했다.

아무렇든 해방 직후 밀무역은 결코 놓칠 수 없는 절호의 기회였다. 서울뿐만 아니라 전국에서 돈푼깨나 가졌다는 이들이 다투어 밀무역에 기웃거렸다. 특히나 패망한 일본으로부터 약탈한 물자를 밀거래하는 정크 무역은 그야말로 황금알을 낳는 거위였다. 정크 무역에 뛰어든 자라면 누구나 한몫 잡을 수 있는 찬스였던 것이다.

그러나 해방 직후 인천 앞바다를 뜨겁게 달구었던 정크 무역도 그리 오래가지는 못했다. 정크선들로 잠시도 조용할 날이 없었던 인천 앞바다는 오래지 않아 휑하니 정적만이 감돌았다. 갑자기 썰렁해지고 만 바다 위에는 갈매기들의 울음소리만이 무심하게 되었다. 우리 쪽에서 무슨 사정이 있어서라기보다는 서해 바다를 건너오던 정크선들에게 문제가 생겼다. 중국이 공산화되고 말면서 한때 성행했던 정크 무역도 1947년 봄부터 빠르게 자취를 감추기 시작한 것이다.

어쨌든 정크선이 실어 온 밀무역이나 아니면 공식적인 허락을 받은 거래가 되었든지 간에, 해방 전후 무역은 유일하게 불황을 모르는 호황 업종이었다. 부의 지도를 본격적으로 나라 바깥에서 찾기 시작한 때였다.

그러나 떠지고 보면 무역업은 이미 경성 상계 시절부터 움튼 것이었다. 비록 일본 제국주의의 3국 무역 단절로 뜻을 이루지는 못했지만 무역업은 그때 벌써 꿈틀대고 있었다.

먼저 8·15 해방 직전 유한양행의 유일한은 동남아 진출을 꾀하고자 시도했다. 이화상점의 오계선은 만주에서 전쟁이 발발하기 전까지만 해도 베트남 쌀을 만주 군벌 장쭤린에게 군량미로 수출하는 기염을 토했다. 포항에서 철도화물 운송 취급업을 하다 삼일상회를 설립한 김용주(훗날 전방그룹 회장, 정치인 김무성의 부친)는, 동해에서 정어리 어업을 비롯하여 수산·해운·무역업을 벌여 중국 톈진과 상하이 등지에 수산물을 수출하면서 무역업계에 이름을 올렸다. 청진에선 70여 척에 달하는 대형 선단을 이끌며 역시 정어리 어업으로 재계에 등장한 설경동(대한전선그룹 회장)을 비롯하여, 전택보(조선일보·천우사 사장)와 조영일(대성산업 사장) 등이 곡물류와 수산물을 만주와 중국에 수출하면서 역시 부의 지도를 해외로 넓혀 나갔다. 해방 이후에도 초창기 무역업계는 한동안 이들이 지배했다.

초창기 무역업계는 박흥식의 화신무역 다음으로 염익하의 금익통상과 김규면의 삼양무역 등이 한때 눈에 띄는 약진을 보였다. 하지만 오래가지는 못

경성 상계史

했다.

거래 실적만으로 보았을 땐 해방 직후 국내 무역업계 랭킹 1위는 박홍식도, 설경동도 아닌 삼흥실업이었다. 만주에서 무역업에 종사하다 해방 이후 돌아온 서선하, 오천석, 최태섭(한국유리공업 회장), 박창일 등이 합자해서 설립한 신생 무역 회사였는데, 마카오·홍콩 등지에 수산물·광산물·돼지털 따위를 수출하고 생고무·펄프·면사·화공 약품 등을 수입해 들여왔다.

수출 규모 면에선 계속해서 낯익은 이름들이 자리를 지켜 나갔다. 무역 면허증 제1호를 따내면서 박홍식으로부터 항의 소동까지 받았던 김익균의 건설실업이 해방 이후에도 여전히 상위권을 형성했다.

물론 신진 세력의 도전 또한 거셌다. 중앙산업(조성철), 동아약품무역(강중희), 한국물산공사(강석천), 삼성물산상회(김만복), 조선약업진흥(전용순), 동화산업(장기식), 영풍상사(최기호), 상호무역(주요한), 대동산업(김지태) 등이 새로이 이름을 올렸다.

뒤이어 대구에서 삼성상회와 양조장을 경영하던 이병철이 상경하여 삼성물산공사를 설립하는가 하면, 개풍상사(이정림), 남선물산(김원규), 미진상사(이연재), 범아무역(설도식) 등이 가세하고 나섰다. 이 가운데 동아상사(김인형)는 혜성처럼 나타나 도약을 거듭하면서 잠시 무역업계 선두 주자로 부상하여 재계를 놀라게 했다.[6] 해방 직후 극심한 혼란 속에서도 재계는 정크 무역으로 톡톡히 재미를 보며 저마다 해외 시장 개척에 눈길을 돌리게 되었다.

해방 전후
전국 최대 공업 도시, 부산

인천은 우리 근대사의 자궁이었다. 개항 이래 서구로 통하는 유일한 관문이었으며, 난생처음 보는 이양선과 기차를 비롯한 예기치 않은 서구 문명의 맹아였다. 뿐만 아니라 해방 직후 정크 무역으로 재계를 한바탕 뜨겁게 달군 현장이었다. 그처럼 근대사와 궤적을 같이하며 팽창해 온 항도이기도 했다.

그러나 이 같은 인천에 비해 다소 뒷전으로 밀려나 있는 듯이 보였으나, 근대사를 언급할 때 결코 빼놓을 수 없는 항도가 곧 부산이다. 그리고 부산 하면 다음 두 가지 의문부터 떠올리게 된다. 과연 어떻게 수도 경성에 이어 제2의 도시로 그토록 빨리 성장할 수 있었는지, 과연 어떻게 해방 전후 전국 최대 공업 도시로 성장할 수 있었는지가 그것이다.

부산은 일본에 의해 1876년 강제 개항되기 이전만 하더라도 한낱 보잘것없는 개의 어귀에 불과했다. 이웃하고 있는 동래부는 알아도 부산포를 아는 이는 그리 많지 않았다. 한성·평양·개경·전주·나주·경주·상주·진주·함흥·안주와 같은 큰 고을 축에도 끼지 못하는, 그저 흰 갈매기들만이 한가롭게 날던 이름 없는 포구였을 따름이다.

그러던 부산 포구에 개항과 동시에 일본인들이 몰려들어 북새를 이루기 시작했다. 모르긴 해도 자국에서 가깝다는 지리적 이점이 컸을 것으로 보인다.

어쨌거나 현해탄을 건너온 일본인들이 날로 증가하면서, 개항된 지 30년 만인 1906년에는 전체 인구 7만 명(일본인 약 16,000명)이 넘는 항도로 팽창했다. 가구 수만 보더라도 수도인 경성이 64,582호, 인천이 13,504호, 부산이 2492호로, 이때 이미 경성에 이어 전국 제2의 도시로 성큼 부상해 있음을 알 수 있다.

흥미로운 건 부산이 경성과 인천보다도 기업이나 공장이 훨씬 더 많았다는 점이다. 당시 조선총독부의 통계에 의하면 해가 거듭될수록 그 폭이 커져 가고 있음을 알 수 있다.

연도	회사 및 조합			공장		
	경성	부산	인천	경성	부산	인천
1906년	24	29	15	6	14	10
1909년	37	69	23	15	48	9

이 같은 통계에서도 볼 수 있듯이 개항 이후 일본인들이 현해탄을 건너 부산으로 들어왔던 것은 대개 사업의 기회를 찾아서였다. 비록 불법적이고 투기적인 이윤을 노렸다고 하더라도, 부산이 경성이나 인천에 비해 상대적으로 기업가적 성향이 강한 곳이었음을 알 수 있다. 그만큼 부산이라는 항도가 일본인들에겐 사업을 벌일 수 있는 조건이 유리하고 기회가 많았으며, 그로 인한 일본인들의 이주가 부산에 적극적으로 움직였다고 볼 수 있다.

이처럼 부산이 기업가적 성향이 강한 항도로 팽창한 데에는 단순히 일본과

거리가 가깝다는 지리적 이점만이 있었던 건 아니다. 그 같은 이점 말고도 항만과 철도와 같은 사회 간접 자본 또한 간과할 수 없었다.

부산만은 원래 섬으로 둘러싸여 있어 파고가 낮고 수심이 깊어 천혜의 포구였다. 그러나 해안과 산이 너무 가까워서 항만 부지가 많지 않았다. 때문에 개항 이후 곧바로 개펄을 메워 매립지를 늘려 나가야 했다.

또한 큰 선박이 정박하려면 잔교가 필요했다. 부산에는 개항된 지 얼마 되지 않은 1906년 10월에 이미 폭 10m, 길이 180m의 제1잔교가 건설되었다. 잔교에 철도마저 들어왔기 때문에 선박→제1잔교→경부선→경의선→압록강 철교를 따라 멀리 만주까지 곧바로 연결된 셈이었다.

그러면서 현해탄을 건너오는 선박과 화물이 더욱 폭주했다. 결국 1912년에는 제1잔교에 이어 제2잔교가 건설되었다. 제1잔교는 여객선이, 제2잔교는 화물선이 정박하는 전용 부두로 정착해 나갔다.

이처럼 부산항이 정비되어 가자 항로 또한 늘어났다. 그때까지 부정기 항로였던 부산-시모노세키 사이에 1905년부터 정기선인 관부연락선이 취항하기 시작했다. 좀 더 뒷날이긴 하지만 1937년에는 부산과 외국의 22개 항구에 국제 항로가 연결되었으며, 이 국제 항로를 16개 해운 회사가 취항했다.

한편 철도 부설 또한 종횡으로 뻗어 나갔다. 1905년 경성-부산의 경부선에 이어 삼량진-마산 사이에 기차가 달리기 시작했고, 1923년에는 마산-진주 사이에 철도가 연결되었다. 이보다 한 해 앞서 송정리(광주)-순천 사이에 철도가 개통되면서, 1923년에는 부산에서 호남의 내륙까지 철도로 수송할 수 있게 되었다.

이렇듯 개항 이후 부산에는 사업의 기회를 찾아 일본인들이 물밀 듯이 모여들고 교통망이 형성되면서, 자연스럽게 시장이 발달하고 상거래가 증가했다. 상거래가 증가하면서 상거래의 수요에 따른 기업과 공장들이 잇따라 들어서기 시작한 것이다.

부산에 맨 처음 창업된 제조 기업은 1903년 자본금 17,500원(약 18억 2,500만 원) 규모의 일한정미소였다. 일한정미소는 이듬해 일조정미소로 회사명을 변경하고, 자본금을 5만 원(약 50억 원)으로 확대했다.

그전에 부산전등電燈이 이미 1901년에 창업되었지만, 제조업이 아닌 상업 회사였다. 부산수산 또한 영업 목적이 어류 잡매와 제조로 되어 있었으나, 주 업종은 제조가 아닌 수산업이었다. 1904년 한국대염臺鹽이 창업되었으나 역시 제조업이 아닌 중개 판매를 하다, 1911년에야 제염 제조를 본격화했다. 부산연초는 1907년에 창업되었지만 연초의 중개 판매만 하다, 1909년에야 비로소 연초 제조를 시작했다.

그러나 무슨 까닭인지 1904년부터 1907년까지는 제조 기업의 창업이 전무했다. 그러다 1908년부터 다시금 부산제분, 서산주조 등 제조 기업들이 속속 창업되기 시작했다.

특히 부산전등은 일본인 기업이긴 하였어도 자본금이 10만 원(약 110억 원)에 이르는, 초기 부산에서 최대 규모를 자랑하는 대기업이었다. 20세기 들어 전력은 자본을 움직이는 가장 기본적이고 대표적인 사회 간접 자본이라는 점에서, 부산에 이런 규모의 전력 회사가 들어섰다는 것은 그 의미가 자못 컸다. 그처럼 일찍이 대규모 전력 회사가 부산에 독자적으로 설립되었다는 것은 단순히 인구수나 일본인 거주지 등의 이유 말고도, 회사와 공장 등 경제적인 측면에서의 전력 수요가 있었다는 것을 말해 준다.

어쨌든 부산에 세워진 식민 초기 제조 기업들은 공업보다 대개 대일 수출을 위한 상업 중심이었다. 더욱이 한국인 제조 기업은 단 한 곳도 없었다. 부산전등과 같은 대기업에서부터 영세한 기업에 이르기까지 모두가 다 일본인 기업이었다. 따라서 일본과의 경제적 관련이 그만큼 깊을 수밖에 없었으며,

부산경제의 부침은 곧 그 같은 외부 충격에 의해 좌지우지되었다.

하지만 외부 환경은 부산 경제에 유리하게 전개되어 나갔다. 제1차 세계대전이 벌어지면서 1916년부터 전쟁 특수가 본격화한다. 제조 기업들의 창업도 활발하게 줄을 이었다.

부산에 한국인 최초의 제조 기업이 세워진 것도 바로 이 무렵이었다. 1916년 자본금 5만 원(약 55억 원) 규모의 경남인쇄가 그것이다.

1930년대는 바야흐로 '제조업 주식회사' 시대였다. 제1차 세계대전 이후 깊어진 공황의 늪을 통과해 가면서, 부산의 제조 기업들 역시 저마다 체질 개선을 요청받고 있었다. 그런 결과 1933년부터 자본금 10만 원(약 110억 원) 이상의 제조 기업들 가운데 합명회사나 합자회사가 사라지고 오로지 주식회사만이 존재하게 되었다.

하기는 공황기에 접어들기 이전까지 부산의 제조 기업들은 영세하기 짝이 없는 합명회사나 합자회사가 절대 다수를 차지했다. 그러나 공황기에 생존 경쟁이 치열해지면서 대규모 제조 기업들은 주식회사 체제로 체질을 강화해 나갔다. 공황기에 생존 경쟁이 보다 치열해지면서 체질이 강화될수록 외부 충격에 효율적으로 대응할 수 있었기 때문이다.

결국 1930년대 부산의 제조 기업들은 공황이라는 위기를 통과해 나가면서, 또 그 같은 대응책을 찾아가는 과정 속에 새로운 성장 토대를 구축한 시기였다고 볼 수 있다. 적어도 태평양전쟁 이전까지는 정체가 아닌 내재적인 대응 구조를 만들어 나갔던 것이다.

하지만 공황기를 거치면서 부산의 제조 기업들은 비단 체질 강화에만 머문 게 아니었다. 국내 수요의 한계를 뛰어넘기 위해 신상품 개발에 나서는 한편, 마침내 해외 시장에도 눈을 돌리기 시작했다. 또한 기업 간의 정보, 원료, 유통 등을 비롯한 생산 비용을 절감하기 위한 노력으로 중화학 공업 단지 등과 같은 업종끼리의 집적지를 만들어 나가기 시작했다. 그리하여 이 무렵 부산의 수출입 대상 국가는 무려 97개국으로 급증하였고, 그에 따른 상품 개발이 공황기 부산에서 독자적으로 성장해 나갈 수 있었다.

그러면서 공황기 이후에도 제조 기업들의 창업 붐은 꾸준히 줄을 이었다.

1937년에는 자본금 10만 원(약 110억 원)이 넘는 창업 기업만 해도 청수당정미소, 조선주물공업, 창교상점, 삼우상회, 부산제빙냉장, 조선법랑 등이 이름을 올리며 대열에 합류했다. 이처럼 창업 붐이 다시금 일면서 부산의 공업이 왕성해지자, 당시 신문은 '장족발전의 부산 공업, 공장 550여 개'에 달한다는 기사를 내보낼 정도였다.

그러나 뭐니 해도 이 시기 부산의 제조 기업들 가운데 조선방직과 조선중공업을 뛰어넘는 기업은 또 없었다. 초기 자본금 3백만 원(약 3,300억 원)으로 출범한 조선중공업의 경우 최초로 철강으로 선박을 건조할 수 있었으며, 이후 1950년대까지도 1,000톤급 이상의 대형 철선을 만들 수 있는 국내 유일의 전문 조선소였다.

한편 일본 미쓰이물산의 계열사로 일찍이 부산 범일동 일대에 터를 잡은 조선방직은 공장 부지 8만 평, 공장 건물 54동, 종업원 수 2,000여 명의 당시 국내 최대 규모를 자랑했다. 또한 조선방직은 같은 해에 자본금을 1,000만 원(약 1조 1,000억 원)으로 대폭 상향 증자하면서, '부산 제조 기업 시대'를 이끌었다.

더구나 부산 경제는 1930년대 후반까지 전쟁 특수가 연이어졌다. 1937년 상하이에서 분쟁이 일어나 중일전쟁이 본격화되었다. 동시에 부산의 공업 기지 역할 또한 날로 비중이 커져 갔다. 부산은 곧 전쟁 특수 바람이 거세게 불면서 공장 생산이 급속히 증가한 데 이어, 이듬해 일본은 부산-베이징 직통 열차까지 운행하여 일본-부산-중국으로 이어지는 3국 직통로를 열었다.

공업 도시 부산에 설립된 조선방직

　이어 1939년부터 일본은 미국과의 태평양전쟁을 준비하면서 부산 공업은 더욱더 전시 물자 수요에 따른 급속한 생산 증대를 나타냈다. 같은 해 부산의 공장 생산액은 전년 대비 32.4%가 급등했고, 공장 수 또한 전쟁 이전의 최고 수준인 408개를 넘은 421개로 늘어났다.

　부산은 이렇듯 일본의 전쟁 경제에 점점 더 깊숙이 편입되어 갔고, 아울러 부산의 공업 기지 역할은 그만큼 더 커져 갔다. 부산은 전쟁 특수로 인해 공업 생산이 하늘 높은 줄 모르고 증대되어 갔을뿐더러, 더불어 각종 제조 기업의 창업 또한 활발히 그 뒤를 이었다.

　그러나 빛이 밝으면 그늘 또한 짙은 법이다. 부산의 공업은 전쟁 특수에 기대어 공장들마다 불야성을 이루고 있는 반면에, 다른 한쪽에선 예기치 않은 부작용도 불거져 나왔다. 미국과의 태평양전쟁이 진행되면서 그에 따른 시장 외적인 영향이 커져 간 것이다. 무엇보다 기업 규모에 따른 양극화 현상이 날로 심화되어 갔다.

그뿐 아니라 부산의 제조 기업들은 양극화에 이어 (태평양전쟁으로) 동남아 수출 시장을 상실하면서, 전체적인 시장 왜곡화를 다른 지역의 공업 도시들보다 더욱 극심하게 겪어야 했다. 그런 결과 1930년대 공황기에 구축되었던 자립적인 성장 구조조차 잃게 되었다. 지역적으로 보았을 때 식민지 시기 전체를 통해 일본으로의 의존성이 심화된 데다, 태평양전쟁을 치르면서 공황기에 구축되었던 성장 구조마저 잃은 부산은 결국 몰락의 수순을 밟을 수밖엔 없었다.

불야성을 이루던 공장들은 일본 패망 이후 기계가 일제히 멈춰 섰고, 기술자들이 떠나간 자리는 다시 메울 길이란 없었다. 해방 이후 부산의 제조 기업들은 '제조업의 공동화'로 다른 지역의 공업 도시들보다 더 큰 타격을 입어야만 했던 것이다.

결국 부산은 해방 직후 현해탄을 오가는 귀국선들로 잠시 떠들썩하다 말았다. 오래지 않아 귀국선들의 뱃고동 소리도 멈추면서 부산은 이내 알 수 없는 적막감에 빠져들었다.[7]

그에 반해 인천 쪽은 다시금 시끌벅적해졌다. 개항 초기 근대화의 물결로 러시를 이루다 한동안 주도권을 부산에 내어주고 만 인천은, 해방 직후 황금 알을 낳는 정크 무역으로 '무역의 시대'를 활짝 열어 보임으로써 다시 한 번 전성기를 구가하게 된 것이다.

해방 이후 혼란에 빠진
'조선중공업'을 구하라

　해방 이후 부산은 갑작스런 '제조업의 공동화'로 신음해야 했다. 오랫동안 전쟁 특수로 불야성을 이뤘던 공장들은 일본의 패망과 함께 일제히 기계가 멈추어 섰고, 기술자들이 떠나간 자리는 다시 메울 길이란 없었다. 일본 미쓰이물산의 계열사로 설립된 국내 최대 규모의 조선방직과 함께 부산 지역의 공업을 이끌었던 조선중공업의 사정 또한 다르지 않았다.

　일찍이 거북선을 만들어 왜적의 간담을 서늘케 하였으며, 오늘날 세계 선박 수주량 부동의 1위 자리를 십수 년째 지켜 오고 있지만, 당시 부산의 조선중공업은 1,000톤급 이상의 선박을 철강으로 만들 수 있는 국내 유일한 전문 조선소였다. 중일전쟁이 일어난 직후인 1937년 자본금 3백만 원(약 3,300억 원)으로 설립되어, 태평양전쟁이 발발한 시점인 1941년에는 자본금 7백만 원(약 7,700억 원)에 선박 건조 능력은 연간 2만 톤, 수리 능력 연간 30만 톤의 설비 능력을 갖추었다. 이처럼 조선중공업이 빠른 속도로 시설을 확충할 수 있었던 건 군수 공업의 확충이라는, 일본 군부의 보이지 않은 지원이 있었기에 가능했다.

하지만 조선 시설이 빠른 속도로 확충되었음에도 불구하고 조선중공업은 선박 건조 실적이 그다지 신통치 못했다. 중일전쟁 이후 일본 제국주의의 전체 생산 현장에 원료 및 자재 조달이 극도로 어려워졌기 때문이다. 배를 만드는 조선소에서 철판 한 장 보기가 하늘의 별 따기였다.

이렇듯 좀처럼 일감을 구하지 못해 고전하고 있던 조선중공업이 새로운 기회를 잡게 된 것은 태평양전쟁이었다. 광활한 태평양에서 미국과의 전면전을 벌이면서 전쟁의 승리를 위해선 무엇보다 운송 확충에 사활이 걸렸다. 일본은 대대적인 선박 양산 계획에 나섰다. 이른바 '전시 계획조선'을 수립하면서 조선 공업이 중점 산업으로 지정되어 선박 건조에 모든 역량을 동원하면서부터였다.

조선중공업 역시 돌연 활기를 띠기 시작했다. 일제의 계획조선에 따라 선박 건조를 활발히 할 수 있었다.

그뿐 아니라 계획조선을 수행하기 위한 시설 확장도 일본 해군성의 주도 아래 다시 이뤄졌다. 매립 부지에 조선 및 조선 기계 관련 각종 설비 공장을 비롯하여, 노동자들을 위한 기숙사 건물 등이 건설되었다. 시설 확장에 필요한 자금은 주주 총회를 거쳐 마련되었는데, 기존 자본금 7백만 원에서 1,500만 원(약 1조 6,500억 원)으로 증자가 결정되었다. 이 같은 자본 증자는 그때까지 국내 최대 기업이었던 미쓰이물산의 조선방직을 앞지르는 사상 최대의 규모였다. 해방되기 전 마지막 회기 결산이었던 1945년 3월 기준 조선중공업의 자산 규모는 3,100만 원(약 3조 4,100억 원)에 달했다.

그런 결과 조선중공업은 단순히 선박 건조의 수준을 넘어 선박 엔진을 비롯한 핵심 부품까지 자체 생산하기에 이르렀다. 1943년에는 F형 전시 표준선의 주기관인 6백 마력 디젤 엔진의 보조 기관을 자체 제작했으며, 이듬해엔 2,000톤급 전후 D형 전시 표준선의 주기관인 1,200마력 증기 기관(피스톤엔진)의 제작이 가능하게 되었다.

그 밖에 기술 인력의 확충 면에서도 조선중공업은 상당한 진전을 보였다. 1937년 설립 당시만 해도 현장 직공을 포함한 전체 인원이 채 100명이 되지 않았다. 그나마 일본인 기술자들이 절대다수를 차지하고 있었다.

그러나 전시 계획조선을 수행하면서 현장 직공을 제외한 조선중공업의 기술자 수는 179명까지 늘었다. 이 가운데 상급 기술자는 39명, 하급 기술자가 140명에 달했다.

주목할 점은 조선인 기술자들의 약진이다. 이 시기에 이르면 상급 기술자가 일본인 34명에 조선인 5명, 하급 기술자가 일본인 60명에 조선인 80명 수준이었다. 상급에서부터 하급에 이르기까지 조선인 기술자의 수가 크게 늘었음을 알 수 있다. 다시 말해 조선인들에 의해 기술의 대체가 이루어지고 있었다는 점이다.

일감도 끊이지 않았다. 전시 계획조선에 따라 일본 해군의 함정 본부로부터 선박을 할당받기 시작하면서 건조 또한 눈에 띄는 약진을 보였다. 할당받은 선박 건조가 완료되면 당국에 의해 결정된 선주에게 인도하는 방식이었다.

이처럼 태평양전쟁 기간 동안 조선중공업에 할당된 선박은 모두 12척이었다. 1,100톤급 일반형 1척, 3,840톤급 전시 표준선 1D형 2척, 2,350톤급 2D형 5척, 1,470톤급 F형 4척으로 합계 18,450톤이었다. 이 가운데 1,100톤급 일반형 선박은 1940년 일본우선이 발주한 화물선이었는데, 그동안 자재 부족으로 건조가 지연되다 뒤늦게 착공된 것이었다.

그러나 전시 계획조선이 이루어지고 있던 태평양 전쟁 기간 동안에도 조선중공업은 원료 및 자재 조달에 대한 어려움을 겪어야 했다. 대형 선박일수록

옛 조선중공업(지금의 한진중공업)이 자리한 부산항 영도

선박 건조가 지연되면서, 결국 일본이 패망할 때까지 3,840톤급 1D형 2척 가운데 1척과 2,350톤급 2D형 5척 가운데 1척은 미처 진수하지 못한 채 8·15 해방을 맞이했다.

8·15 해방을 맞이하면서 조선중공업 역시 여느 기업과 같은 처지에 놓이게 되었다. 단절과 혼란 속에 빠져들 수밖에는 없었다. 곧이어 최고 경영자를 비롯하여 일본인 전원이 귀환한 가운데 관리대책위원회가 만들어졌다. 부산 영도경찰서 치안관 박상길에 이어, 조선중공업의 건축 공사장에서 십장(노동자 10명 정도의 관리자) 노릇을 하던 김재련이 미군정청에 의해 정식 관리인으로 임명되었다.

하지만 관리대책위원회가 그 기능을 제대로 수행했다고 보기에는 아무래도 어려워 보인다. 해방 이후 관리대책위원회 위원장이 한 달에 한 번씩 바뀌는 혼란이 거듭되고 있었던 것이다.

그 같은 혼란의 원인을 『대한조선공사 30년사』는 다음 두 가지로 보고 있다. 공장 내 좌익의 준동과 함께 미군정청의 안이한 대응을 꼽았다.

하기는 그 두 가지 원인도 부인하기는 어려웠다. 하지만 그보다는 조선소와 전혀 관련이 없는 바깥 사람들이 연이어 관리위원장에 임명되어 갈등을 증폭시켰던 건 아닌지 의문이 든다.

초대 위원장 박상길은 경찰이었고, 미군정청의 승인을 받았던 2대 위원장 김재련은 한낱 건축 공사장의 십장으로 조선중공업과는 아무 관련이 없는 바깥 사람들이었다. 공장 내 혼란이 수습되지 않자 미군정청은 조선중공업 직원 가운데 정우조를 다시 3대 위원장에 임명하면서 마침내 진정 기미를 보였다는 기록이 그러한 사실을 뒷받침한다.

아무렇든 8·15 해방 직후 조선중공업은 관리대책위원회가 제 기능을 발휘하지 못한 가운데, 적산 기업을 미군정청으로 귀속시키는 과정에서 동양척식의 후신인 신한공사의 관리 체제로 편입되고 만다. 그러다 1950년 국영 기업 대한조선공사로 재출범하기까지 신한공사에서 파견한 최고 경영자가 조선중공업을 이끌었다.

이때까지 조선중공업이 보유한 주요 설비는 선박 건조 시설인 선대船臺 5기, 수리용 선거船渠 2기를 중심으로, 각종 크레인 25대, 조선 및 조선 기계 관련 각종 부속 공장 등이었다. 선박 건조는 최대 3,000톤급 선박 3척을 동시에 건조할 수 있었고, 수리용 선거는 최대 7,000톤급 선박의 수용이 가능했다.

그러나 조선중공업의 생산 능력을 미군정청은 보다 낮게 보았다. 일본이 철수한 가운데 자재난과 인력난 등 생산 조건의 변화를 반영한 것이다.

건조 능력의 경우 연간 최저 6,000톤에서 16,000톤, 수리 능력은 연간 20만 톤에서 30만 톤 정도로 산정했다. 가장 구체적으로 산정한 자료에는 한 달 평균 460톤의 건조와 15,800톤의 수리 실적을 올릴 수 있는 것으로 보았으며, 종전 한 달 전까지만 하여도 매월 480톤의 건조 실적과 17,000톤의 수리 실적을 올리고 있었다.

한데 해방 직후 조선중공업은 보유한 생산 능력을 상당 기간 보여 주지 못했다. 미군정청이 6,000톤의 선박 건조를 전제로 제시한 종전 시점의 시설 및 인력 가운데, 시설의 경우 태평양전쟁 말기 미군 폭격기의 공습으로 입은 경미한 피해를 제외하면 고스란히 남아 있는 상태였다. 반면에 인력은 그 단절이 매우 큰 편이었다.

조선중공업의 경영진도 다르지 않았다. 경영진 모두가 일본인으로, 해방 직후 전원 철수하여 귀환했다. 거대한 종합 기계 공장이나 다름없는 조선소는 전문성이 높기 때문에 최고 경영인조차 흔히 엔지니어인 경우가 많았다. 조선중공업 역시 역대 최고 경영자가 전원 엔지니어였다. 이런 점을 고려해 보았을 때 일본인들의 철수로 인한 경영 공백은 불가피했을 것으로 짐작된다.

더구나 기술자들의 공백이 컸다. 조선중공업의 경우 창립과 함께 기술양성소를 설치한 결과 한국인 기술자의 성장이 두드러졌던 게 사실이다. 그렇다하더라도 일본인들의 철수로 기술 인력이 절반 이하로 줄었을뿐더러, 조선소 전체를 아우르며 이끌어 갈 수 있는 상급 기술자의 경우 한국인은 고작 5명에 불과했기 때문에 기술적 공백이 클 수밖에는 없었다.

현장 직공들의 공백 또한 심각한 수준이었다. 해방 전후 조선중공업의 현장 직공이 어느 정도였는지는 확인할 길이 없다. 다만 우리 정부가 작성한 자료에 의하면 4,000명, 일본 측에서 작성한 자료에 의하면 1,700명에서 2,000명으로 집계되고 있다. 생산 공정에 따라 노동력을 신축적으로 운용하는 조선 공업의 특성에 따른다 하더라도 해방 전후 조선중공업의 현장 직공은 대략 2,000명 이상이었을 것으로 추정된다.

이 중에서 해방 직후까지 남아 있던 현장 직공은 고작 3백 명 남짓이었다.

종전과 함께 일본인 수뇌부가 조선소 경영을 중단하고 종업원들을 대부분 해고한 마당에, 그렇다고 조선소 유지에 뜻을 둔 기술자나 숙련공도 아닌 현장 직공들의 처지로 볼 때 조선소 가동이 멈춘 상황에서 자구책을 찾아 저마다 흩어질 수밖에는 없었을 것으로 짐작된다. 결국 해방 직전까지 2,000명 이상에 달했던 현장 직공들 가운데 겨우 3백 명만이 남은 상태였다.

핵심 인력인 상급 기술자들 또한 그사이 변동이 컸다. 해방 직후 조선중공업에 남은 상급 기술자는 이성우와 김성권 단 2명뿐이었다. 이성우는 오사카 공업전문학교, 김성권은 철도전문학교 출신이었다. 둘은 해방 직후 조선중공업에 관리대책위원회가 조직되었을 때 나란히 부위원장이 되어, 조선중공업이 훗날 국영 기업 대한조선공사로 다시 출범할 때까지 관리인으로 조선소 경영을 지켰다.

어쨌든 경영진과 기술자, 현장 직공들이 뿔뿔이 흩어진 상황에서, 단지 2명의 기술자와 300명 남짓한 현장 직공들만으로는 대규모 종합 기계 공장이랄 수 있는 조선중공업을 종전과 마찬가지로 정상 가동한다는 건 불가능했다. 경영 자금과 자재 조달 또한 결코 손쉬운 상황이 아니었을 것으로 추측된다.

그러나 이 같은 상황 속에서도 조선중공업을 재가동시키려는 눈물겨운 노력은 계속되었다. 해방 직후까지 조선중공업에 남아 있던 소수의 기술자와 현장 직공들이 저마다 자생 의지를 천명하고 나섰다.

한데 정작 조선중공업의 재가동을 가로막은 건 공장 내 치열한 좌우익 간의 갈등과 더불어 미군정청에서 파견한 감독관이었다. 조선중공업은 미군정청의 현상 유지 정책으로 지정된 공장이었다. 때문에 미군정청의 감독관이 파견되어 주요 결정권을 쥐고 있었는데, 미군정청 감독관은 조선중공업의 재가동을 저지하는 역할을 수행했다.

예컨대 해방 이듬해 이성우를 중심으로 공장 재가동을 위해 60만 원(해방 직후 극심한 인플레로 지금 돈으로 환산키 어려움)을 들여, 해방 전에 침몰한 독일 선박 아네트호를 인양하여 수리할 계획을 세웠다. 수리에 필요한 자금은 조선은행으로부터 9백만 원을 융자받기로 되어 있었다. 한데 미군정청 감독관의 반대로 수포로 돌아가 공장 재가동에 브레이크가 걸렸다.[8]

결국 1948년 정부가 수립되면서 조선중공업은 국영 기업 대한조선공사로 재출범했다. 대한조선공사의 자본금은 3억 원이었다.

하지만 조선중공업의 부진은 대한조선공사(이후 한진중공업으로 오늘에 이름)로 재출범한 이후에도 한동안 이어졌다. 값싼 중고 선박이 일본에서 수입되어 들어오면서 선박 건조는 또다시 된서리를 맞고 말았다. 대한조선공사는 1950년대 최대 부실 기업이었다. 1961년 5·16 군사정변 이후 군사 정부가 대한조선공사에 파견한 신동식의 회고는 그 실상이 어느 정도였는지 짐작케 하고 있다.

내가 조선공사에 내려가니 조선소가 풀밭이었다. 잡초가 무성하고, 1950년대 원조 자금으로 산 시설과 기계들은 한 번도 쓰지 않아서 고철처럼 되어 있었다. 내가 제일 처음에 한 일은 직원들을 전부 모아서 실시한 조선소의 풀 깎기와 청소였다. …조선소 가동을 위해 기존 시설 중 전기 용광로를 이용한 주물 작업을 통해 조개탄이나 구공탄을 때는 난로, 미싱(재봉 틀) 머리 등을 생산했다. 어쨌든 이를 통해 조선소가 가동됨으로써 조선소 내에 활기가 되살아나기 시작했다.

제7부

8·15 해방,
명멸하는 상계의 새 판도

1945년 8월 15일, 조선총독부

1945년 8월 10일, 조선총독부는 단파 방송을 통해서 일본이 항복한다는 사실을 이미 알고 있었다. 미군 폭격기의 해상 공격이 치열해진 가운데 나진, 청진, 웅기로 소련군의 공격과 상륙이 속속 시작되고 있는 시점이었다.

일본 경찰의 총수인 니시히로 경무국장은 이들 청진 지역의 소련군이 기차로 남하한다면 경성까지는 20시간밖에 걸리지 않을 것이라고 생각했다. 그들은 곧 정치범을 석방할 것이고, 약탈·폭행의 혼란 상태를 야기시킬 것으로 판단되었다. 이런 사태를 미연에 막자면 종전과 동시에 교도소 문을 먼저 열어야 하며, 치안 유지를 조선인들에게 맡겨야 한다고 믿었다. 이것을 수행할 인물로 니시히로는 송진우, 안재홍, 여운형 가운데 한 사람을 내심 점찍었다.

이윽고 8월 14일 밤 11시 무렵, 동맹통신사 서울지국을 통해서 일본 천황의 항복 연설 원고가 조선총독부에 전해지자 정무총감 엔도 등과 협의한 후, 여운형에게 연락을 보내기로 했다.

이튿날 아침, 여운형은 엔도 정무총감 관사에서 치안 유지 협력을 정식으로 수락했다. 송진우는 조선총독부의 제의를 거절했던 것으로 전해지고 있다.

같은 날 낮 12시, 일황의 항복 방송이 있은 직후 조선총독부 제1회의실에서 간단한 식전이 있었다. 식전이 끝난 후 조선총독부를 비롯한 주요 관청이 가장 먼저 손댄 작업은 중요 문서와 서류의 소각이었다. '이름은 잊었지만 한 조선인이' 그걸 지켜보다 말고 당시 강원도 내무부 부장이던 오카노부에게 항의했다.

도청에서 서류를 소각했는데, 아까운 일이다. 어느 미군 포로가 일본의 비행장에서 착실하게 일을 하기에 일본군 감독 장교가 칭찬했더니, 포로가 이렇게 대답했다고 한다. 일본군을 위해서가 아니라 장래의 미군 비행장을 위해 일하는 것이니, 일본인의 칭찬을 받을 필요가 없다고. 이 미군 포로의 원대한 심성에 비해서 조선 통치 30년의 결정을 단숨에 태워 없앤 일본인들은 얼마나 천박한가? 공개되는 것이 떳떳치 못해서 소각해 버렸다고 해도 무슨 할 말이 또 있겠는가?

그 조선인은 "3, 40년 후에 도래할지도 모를 진정한 동반자시대를 위해서라도 자료로 남겨야 한다는 이상을 왜 갖지 못하느냐"고 질책했다고 한다.

그다음에 조선총독부가 한 일은 '조선은행권' 곧 돈을 무한정 찍어 내어 남발하는 것이었다. 1945년 7월까지 47억 원이던 전체 통화 발행액은 8월 들어 갑자기 80억 원, 9월에는 87억 원으로 불과 두 달 사이에 2배로 늘어났다. 이처럼 통화를 마구 남발하여 관·공사를 비롯하여 국책 회사 직원들의 퇴직금이며, 70여 만 명에 이르는 재선在鮮 일본인들의 귀국 경비 등으로 지불되었다. 덕분에 조선은 막대한 인플레에 빠져들면서 8월에 1,100원 하던 쌀 한 가

경성 상계史

마니 값이 이듬해 8월에는 무려 4,700원으로 4배나 껑충 뛰어올랐다.

그러나 조선에 살고 있던 일본인들은 조선총독부가 예상했던 것보다 훨씬 더 안전했다. 8·15 해방 직후 일주일 동안 일본인 경찰에 대한 폭행 건수는 조선 전역에서 고작 66건에 불과했다. 이런 수치는 조선인 경찰에 대한 폭행 건수 111건에 비하면 60% 수준이었다. 일본인 민간인에 대한 폭행 사건도 같은 기간 80건으로, 조선인에 대한 60건보다 기껏 20건이 많았을 따름이다.

이 같은 수치에서 알 수 있는 것처럼 조선에 살고 있던 일본인들은 해방 직후 대부분 자국으로 무사히 돌아갈 수 있었다. 1876년 고작 54명이었던 재선 일본인들이 1945년에는 71만 2,500명까지 증가한 숫자였다.

여기에다 만주에서 쫓겨 온 숫자까지 합치면 8·15 해방 직후 재선 일본인들은 어림잡아 1백만 명이 훌쩍 넘어섰다. 이 가운데 이듬해 말까지 89만 6,000여 명이 돌아갔다. 1961년까지 나머지 귀국한 숫자는 23,000여 명이었다.

조선 총독이었던 아베는 점령군 사령관 하지 중장의 지시로 1945년 9월 19일 서울을 떠났다. 정무총감 엔도는 아널드 군정장관 지시로 한동안 미군정청의 고문을 지내다 10월 17일에 서울을 떠났다. 재무국장이었던 미즈타는 8·15 해방 전후 무차별 발행한 통화·재정 문제로 검사국의 조사를 받은 뒤 귀국했다. 경무국장 니시히로는 8·15 해방 전후 기밀비의 용도에 관해 미 헌병대에서 조사를 받은 후, 미 헌병대 호송으로 부산항 연락선에 실려 일본으로 추방(?)되었다.

반세기에 걸친 일제의 침략사는 이렇게 시나브로 끝이 나고 말았다. 1876년 남자 52명 여자 2명으로 시작된 재선 일본인들은, 그러나 그 마지막 순간까지도 조선에 대한 미련을 끝내 버리지 못했다.

"(일본)도지사는 배짱이 없고, 뚝심조차 없다. 우리는 절대로 철수는 안 한다. 영사관을 설치하고, 거류민회를 만들고, 일본인 학교 등을 설치하면서, 앞으로도 적극적으로 조선에 머물 방도를 추진해야 옳지 않은가?"

맨몸뚱이로 현해탄을 건너와서 치부한 부산의 일본인들은 노부하라 당시 경남지사가 철수를 독려하자 오히려 그같이 항변했다고 한다.[1]

'동척'의 85개 계열 기업,
폐쇄되다

8·15 해방 당시 일제 식민 경제의 마궁이었던 동양척식이 설립 또는 밀접하게 관계하고 있던 계열 회사는, 조선농지개발영단과 동척광업을 비롯해서 모두 85개에 달했다. 동척은 이들 계열 회사에 대해 적게는 1%에서 많게는 100%의 주식 또는 출자증권을 소유하고 있었으며, 이들 기업에 대한 동척의 자본 불입액은 평균 40%대였다.

동척의 지점은 조선에서만 부산·대구·평양·사리원·나진·원산·경성·대전·익산·목포 등 10개소에 달했다. 또한 평톈 등 만주의 5개 지점과 베이징 등 중국의 5개 지점이 있었고, 필리핀의 마닐라·싱가포르·인도네시아 수마트라에도 각기 지점이 설치되어 있었다.

동척은 그 밖에도 남미 아마존의 척식·이민과 함께 몽고의 목축·석유 개발, 멕시코의 유전 경영, 북만주의 농·목장, 남방의 목재·제당·섬유·농림업 등 지구촌의 곳곳에 마수를 뻗치고 있었다. 특히 조선에서의 토지 경영은

1926년도에 동척의 사유지가 가장 많았는데, 전답·임야·택지·잡종지를 합하여 자그마치 3억 5만 평을 헤아렸다.

그리하여 1908년 설립 당시 자본금 1,000만 원 가운데 250만 원을 불입하면서 시작한 동척이, 종전 무렵인 1945년에는 그 자산 규모가 무려 9억 7,856만 원의 거대 다국적 기업으로 몸집이 불어나 있었다.

그동안 동척에는 초대 우사가와 이후 제11대 이케베까지 모두 10명의 총재가 거쳐 갔다. 미야오는 제4대와 7대를 겸했으며, 마지막 총재 이케베는 1945년 2월에 부총재에서 승진한 인물이었다.

그러나 1945년 여름은 이 같은 동척에도 시시각각 조여드는 위기감 속에 초긴장 상태였다. 마침내 8월 9일 0시에 소련군이 소만 국경을 넘어섰다는 전보가 들이닥쳤다.

이윽고 8월 12일 밤, 만주 신경까지 진입해 내려온 소련군은 신문지에 불을 붙여 들고 시가지를 누비며 무자비한 약탈을 일삼았다. 동척의 신경지점 차장의 관사가 화염에 휩싸이면서 동척이 경영하고 있던 해림목재공사 사원 일가족 4명이 불에 타 죽었다. 동척 신경지점의 사원과 그 가족들은 1946년 9월에 귀국한 자를 제외한 약 절반가량이 서둘러 평양으로 남하했다.

동척의 장가구지점은 면양 2,000마리를 그대로 내버려둔 채 톈진에서 화물선 사세호로 귀국했다. 이 과정에서 축산 기사 가도야마가 중국인들에게 살해당했다.

필리핀의 동척 마닐라지점은 일본군 패잔병들과 함께 정글을 방황하다 거의 전원 사망했다. 싱가포르와 수마트라 지점에서도 다수의 동척 사원들이 목숨을 잃어야 했다.

그럴 무렵 소련군이 진주한 북한에서는 일본 아이들 사이에서 기묘한 놀이가 유행했다. 소련군 역할을 맡은 몇 명의 아이가 목침 크기만한 빵 대신 벽돌을 끼고 길을 걸었다. 나머지 아이들은 소련군 역할을 맡은 아이들을 뒤쫓아 가며 이렇게 말했다.

"후레브 다와이!(빵 좀 주세요!)"

소련군 역할을 맡은 아이들이 멈춰 서서 이렇게 물었다.

"마다무(여자) 있느냐? 돔마니(돈 많이) 있다."

그러자 빵을 달라던 아이들이 이내 새침해져 토라졌다.

"니옛또, 마다무 오부소(아니, 여자는 없다)."

그러면 소련군 역할을 맡은 아이들이 일본 여자아이를 가리키며 말했다.

"마다무 다와이(이 여자를 달라)."

그러면서 다음 순간 도망치고, 뒤쫓고, 구출하려는, 숨 가쁜 술래잡기가 벌어졌다.

실제로 동척 나진지점 성진지소장 야마시다의 아내는 소련군들로부터 집단 성폭행을 당한 뒤 두 아이와 함께 살해당했다. 야마시다는 소련의 어선에서 강제 노동일을 하다 한쪽 눈알을 뽑힌 다음에야 가까스로 귀국할 수 있었다.

이런 북새통 속에 한 무리의 일본인들이 압록강에서 밀선을 탔다. 동척 출자율 93%로 운영되던 신의주 조선무수주정의 사원 가족 5백여 명이었다.

각기 3척의 밀선으로 나누어 탄 이들은 38선 근처 한 어촌에 상륙하여 험준한 산봉우리를 또 몇 개나 넘었는지 모른다. 이윽고 마지막 산기슭에서 이들의 안내를 맡은 조선인이 입을 열었다.

"이제 저 산만 넘으면 남쪽입니다. 나는 여기서 그만 돌아가야 합니다. 압록강을 떠난 지 벌써 사흘째로군요. 당신들을 무사히 안내한 것을 다행으로 생각합니다."

일본인들은 숨소리도 내지 못했다. 조선인 안내인은 마지막으로 인사말을 건넸다.

"우리는 새로운 건설에 기쁨과 보람을 느끼고 있습니다. 당신네들도 낙심하지 말고 새로운 일본을 건설하십시오. 그럼 무사히 가시길 바랍니다."

동척 38년의 마지막 장면 가운데 한 토막이다. 그들 5백여 명의 동척 사원 가족들은 이내 어둠 속으로 사라져 갔다.

1945년 9월 30일, 연합군 총사령관 맥아더 원수에 의해 동척은 다른 22개 업체와 함께 폐쇄 기관으로 지정되었다. 일제 식민 경제의 마궁으로 조선 수탈의 원흉이었던 동척이 마침내 청산, 정리 사무를 끝내고 등기에서 완전히 사라진 날짜는 1957년 12월이었다.[2]

'반민反民 1호',
화신백화점의 박흥식

일제로부터 지긋지긋한 식민 지배의 사슬을 끊고 1945년 8·15 해방을 맞이한 민족의 첫 반응은 환희에 넘친 것이었다. 오랜 세월 일본에 빌붙어 같은 민족을 유린하면서 온갖 부귀영화를 누렸던 친일 분자들을 제외한 한민족 모두가 그 기막힌 소식을 접하면서 절로 우러나오는 감격의 기쁨을 억누르지 못했다.

> 이 몸이 울어 울어 우뢰 같이 크게 울어
>
> 망천후望天吼 사자되어 온누리 놀래고저
>
> 지치다 데깬 넋이 행여 내쳐 잠들리
>
> -안재홍, 「이 몸이 울어」에서

얼마나 그리웠던가 이 창공

꺼안고 싶은

아름다운 강산

무서운 연옥煉獄 속의

36년 동안

고난의 시험을 훌륭히 치렀다.

-이희승, 「영광뿐이다」에서

옥에서

공장에서

산 속에서

지하실에서 나왔다

몇 천 길 차고 들어간 땅속 갱도에서도

땅 위로 난 모든 문짝은 뻐개지고

구멍이란 구멍에서 이들은 나왔다

그리고

나와 보면 막상 반가운 얼굴들

함께 자란 우리의 형제, 우리의 동포가 아니었더냐

-오장환, 「찬가」에서

　그렇다면 고토를 되찾은 경성 상계에서도 그 같은 해방의 기쁨이 마냥 가슴 벅차 오른 것이었을까? 아니 다른 숱한 부호들은 차치하고서라도 한때 '조선의 3대 재벌'이라 일컬었던 김성수, 민영휘, 최창학, 그리고 종로 네거리의 화신백화점 사장으로 경성 상계의 총아였던 박흥식은 또 이 같은 전환기의 역사 속에서 과연 어떠한 운명으로 서로 엇갈린 것일까?

경성 상계史

우선 경성 상계 시절 조선 최고의 부호로 당당히 이름 석 자를 올렸던 '토지 대왕' 민영휘는 그냥 건너뛰기로 한다. 앞서 '조선 최고 부자 민영휘의 최후'에서 이미 살펴본 때문이다.

다음은 또 다른 재벌 김성수이다. 평생토록 고집스럽게 민족 언론(동아일보)과 민족 교육(고려대학교) 사업에만 전념했던 그의 운명은 또 어떻게 되었을까?

김성수는 해방 이후에도 평소 자신의 신념대로 언론과 교육 사업에만 전념할 생각이었다. 하지만 조병옥 박사의 끈질긴 간청과 해방 공간의 혼란 속에서 민족진영의 정당이 필요하다는 인식 아래 한국민주당을 결성하고 당수에 피선된다. 1951년 5월에는 국회에서 제2대 부통령으로 선출되었다.

"나는 적임자가 아니다"며 김성수는 부통령 취임을 한사코 거부했다. 그러나 "누구도 민의를 거역할 권리는 없다"는 설득에 그만 고집을 꺾지 않을 수 없었다. 그러나 재선에 눈이 먼 대통령 이승만의 전횡과 반민주적 처사를 고발하기 위해 끝내 부통령직을 사임하고 만 뒤, 본래의 언론과 교육 사업으로 되돌아갔다.[3]

그러다 한국전쟁이 끝난 직후인 1955년 봄 65세를 일기로 일찍 타계했다. 국민장으로 치러진 장례식에는 전국에서 무려 100만 인파가 몰려들어 그의 죽음을 애도했다.

다음은 금광 열풍을 좇아 무작정 집을 떠난 지 10여 년 만에 드디어 노다지의 꿈을 이룬 금광왕 최창학의 운명은 또 어떻게 되었던 것일까?

"그는 자선사업이고 육영사업이고 영리사업이고 아즉 아무데도 손을 대인 곳이 업다 한다…. 그는 300만 원(약 3,300억 원)이나 되는 거액의 재산을 아즉 아무 기관에도 투자하지를 안코… 은행에서 연 18만 원(약 198억 원)의 이자로 뱃장고를 치면서" 1930년대 경성에서 가장 호화로운 저택이었던, 1,700여평

의 대지 위에 290평짜리 양옥 건물인 죽첨장(지금의 강북삼성병원 본관)을 짓고
서 사치와 향락, 돈 쓰는 일에만 매진하고 있을 따름이었다.

그런 그가 세상을 다시 한 번 놀라게 했던 건 1938년 4월 8일자 『동아일보』
와 『조선일보』의 지면에서였다. 최창학 소유의 금광이 일본광업에 자그마치
6백만 원(약 6,600억 원)에 팔렸다는 기사가 났던 것이다. 또 이 날짜 『매일신
보』는 '살인적! 황금경기, 최창학씨 소유의 대광산, 8백만 원에 매도설' 기사
에서 당초 알려진 대로 매각 대금이 6백만 원이 아니라 8백만 원(약 8,800억 원)
에 달할 것이라고 추측하기도 했다.

이때 최창학은 예의 현금을 애호하는 유별난 고집대로 일본광업으로부터
매각 대금 6백만 원 전액을 현금으로 받아 내어 세인들을 또다시 놀라게 만들
었다. 이로써 그는 조선에서 '토지 대왕' 민영휘에 이어 두 번째로 천만장자(약
1조 1,000억 원)의 반열에 자신의 이름을 올렸다.

물론 이후에도 그가 무슨 사업에 투자를 했다거나, 벌였다는 소문 따위는
들리지 않았다. 오직 사치와 향락, 돈 쓰는 일 말고는 눈에 띄는 활약상을 거
의 찾아보기 어려웠다.

그랬던 최창학이 돌연 같은 해에 신문 경영자로 이름을 올렸다. 조선총독
부 기관지인 『매일신보』가 『경성일보』에서 분리되어 독립 법인으로 출범할
때 25,000원(약 27억 5,000만 원)을 투자하여, 조선인으로선 최대 주주가 되면서
상무취체역(상무이사)에 취임했다.

또한 태평양전쟁이 절정에 달했을 땐 임전보국단의 이사가 되어 전쟁 자금
모금 운동에도 나서는가 하면, 일본 육군에 전투기 8대를 헌납하면서 사회 지
도층 인사로서의 귀감을 보였다. 춘원 이광수는 그런 애국적(?) 활약을 신문
에서 이렇게 칭송했다.

경성 상계史

조선민중의 애국심은 금차 시국의 깃발을 계기로 하여서 근래에 구체적으로 현로現露하기 시작하였다. 송산창학(최창학 이호 이름)씨가 단독으로 육군기 8기를 헌납한 것이라든지, 유기 헌납이라든지, 공채 소화의 급증이라든지 다 그 발로여니와 흥아보국단, 임전대책협력회 같은 단체적 애국운동이 치연熾然히 일어난 것으로 특필하는 일이다.[4]

그러나 마침내 올 것이 오고 말았다. 최창학은 『매일신보』 상무이사와 임전보국단 이사의 직함을 지닌 채 8·15 해방을 맞고야 만 것이다. 그의 애국적 행위는 하루아침에 친일이라는 돌이킬 수 없는 낙인이 되었고, 이제 다시 살아남기 위해서는 또 다른 노선을 당장 찾지 않으면 안 되었다.

때마침 그는 상하이에서 돌아온 백범 김구에게 자신의 저택 죽첨장을 헌납했다(이후 경교장으로 고쳐 부름). 뿐만 아니라 백범 김구가 이끄는 한국독립당에도 엄청난 정치 헌금을 내놓으면서, 말하자면 자신의 운명을 김구라는 거목에 의탁한 것이다.

하지만 5년 후 김구가 암살당하고 숙적이었던 이승만이 초대 대통령으로 취임하게 되면서, 그는 다시 고립무원의 처지에 놓이고 말았다. 이승만이 집권한 이래 최창학은 일체의 특혜성 사업에서 배제되었음은 물론이고 집요한 세무 조사에 시달려야 했다.[5]

시련은 거기서 그치지 않았다. 집요한 세무 조사를 받은 끝에 급기야 탈세 재판이 한창 진행 중이던 1957년 2월, 그는 돌연 오산중·고등학교를 인수하고 재단 이사장에 취임하게 된다. 오산중·고등학교라면 남강南岡 이승훈이 평안도 정주에서 설립하였으나 6·25 전쟁 당시 피난하여 서울에 재건한 사학으로, 그가 인수할 직전까지만 하여도 심각한 재정난을 겪고 있었다.

한데 재단과 학교장 사이에 그만 갈등이 빚어지면서 결국 '중고등학생 동맹 휴학'이라는 초유의 사건으로 비화되고 만다. 최창학은 이 동맹 휴학의 후유증을 미처 다 수습하기도 전인 그해 10월 갑작스레 심장마비로 타계했다.

조선 최고 부자 민영휘에 이어 두 번째로 천만장자의 반열에까지 올랐던 금광왕의 죽음치고는 너무도 허무한 최후였다. 그리고 이 같은 그의 최후는 신문 사회면 한쪽 귀퉁이에 겨우 몇 줄의 부고로 실렸을 따름이다.

오산중·고등학교 이사장 최창학씨가 12일 하오 7시 수동 의과대학부속 병원(지금의 서울대병원)에서 심장마비로 별세하였다. 고인의 유가족으로는 부인과 차남 그리고 여러 명의 손자들이 있으며, 장사일정과 장지는 13일 하오에나 결정될 것이라고 한다. 향년 69세이며 평안북도 구성 출신으로서 우리나라 금광왕으로 명성을 떨쳤었다.6

한편, 종로 네거리의 화신백화점 사장으로 한때 경성 상계의 총아였던 박흥식의 운명 또한 8·15 해방이라는 전환기의 역사에서 결코 자유롭지 못했다. 1948년 9월 22일 국회에서 '반민족 행위 처벌법'이 공포된 데 이어, 12월 23일에는 특별조사위원회(위원장 김상돈)의 인선까지 마친 뒤 이듬해 1월 5일부터 본격적인 활동에 들어갔다.

한데 그 첫 번째 반민족 대상자가 박흥식이었다. 그는 종전을 1년 남짓 남겨 둔 1944년 10월경에 당시 경성 상계의 유력한 기업가들인 민규식, 방의석, 방규환, 장직상, 박춘금, 이기연, 김정호, 김연수 등을 규합하여 경기도 안양에 공칭자본 5,000만 원(약 5조 5,000만 원) 규모의 조선비행기공업주식회사를 설립한 죄목이었다.7

반민법 제정 과정에서부터 어떻게 결말이 날 것인가를 예의주시해 오던 박흥식 역시 자신이 그 처벌 대상에서 제외될 수 없다고 판단했다. 그는 이미 미

종로-남대문로 로터리에 자리한 화신백화점

국으로 피신할 준비를 마친 뒤였다. 그러나 여권까지 발부받아 출발 시기만을 저울질하고 있던 그는, 반민족행위특별조사위원회(이하 특조위)의 간판이 내걸린 지 사흘 만인 1월 8일 오후 4시 30분 종로 네거리에 자리한 화신백화점 별관 4층 사무실로 들이닥친 특조위 조사관들에게 그만 붙잡히고 말았다.

바로 그 몇 시간 전, 특조위 제3조사위(일반사회 방면 조사) 오범영 부장은 조사관 이덕근을 불러 서울시경 형사대 15명을 지휘하여 박흥식을 체포해 오도록 지시했다. 조사관 이덕근은 서울시경에서 차출해 온 형사대를 이끌고, 화신백화점 별관 사무실에 들이닥쳐 비서실 문을 열고 쇄도해 들어갔다. 저지하는 비서들에게 '특조위에서 왔다'는 소리를 남기고 사장실로 곧바로 들어섰다. 박흥식은 흠칫 놀라는 표정으로 일손을 멈추었다.

이미 사태가 심상치 않다는 것을 눈치챈 박흥식은, 잠시 시간을 달라고 간청한 뒤 사장실에서 나가 있어 줄 것을 부탁했다. 조사관 이덕근은 잠시 망설였으나, 이미 형사들을 출구마다 배치해 놓았기 때문에 사장실 바깥으로 나

와 비서실에서 그를 기다렸다. 하지만 한참을 기다려
도 그가 나올 기미가 보이지 않았다.

그 순간 박흥식은 비서들과 구명책을 논의했다. 잠
시 몸을 피한 후 사태가 가라앉기를 기다리기로 하고,
뒷문을 열고 비상구를 통해 화신백화점 옆 골목으로
통하는 비좁은 계단으로 내려갔다.

그러나 벌써 뒷문에도 형사들이 대기하고 있어 그
의 계획은 물거품이 되고 말았다. 특조위에 연행되어

박흥식

간단한 예비 심사를 거친 뒤, 곧바로 마포형무소에 수감되고 말았다.

특조위는 그날 이후 박흥식에 대한 반민법 위반 사항에 대한 조사에 착수,
47일 만인 3월 22일 무려 6,000여 쪽에 달하는 조사 기록을 구비하여 기소했
다. 마포형무소 독방에 갇혀 모든 것을 체념한 듯한 박흥식은 조사 기간 동안
조사관에게 "나는 반민법 제1조 해당자부터 차례로 검거될 줄 알았는데, 내가
가장 먼저 잡힌 것을 보니 내가 너무 이름이 났나 보다"고 씁쓸해했다.

그러나 구속된 지 103일 만인 4월 20일 박흥식은 재판부에 의해 병보석으
로 풀려났다. 더구나 반민특위가 대통령 이승만의 지시를 받은 경찰의 습격
을 받는 등 우여곡절이 적지 않았다. 결국 9월 22일 그동안 반민특위에서 진
행해 오던 업무를 대법원과 대검찰청에서 수행할 수 있도록 하는 내용의 개
정안이 격론 끝에 국회에서 통과됨으로써, 파란 많았던 일제 반민자에 대한
숙청 작업은 아무런 실효도 거두지 못한 채 용두사미로 끝나고 말았다.

박흥식 또한 이듬해 봄까지 재심 청구 등을 통한 형 집행 정지로 슬그머니
풀려나 다시금 경제계로 돌아올 수 있었다. 경제계로 돌아온 그는 반민특위
에 붙잡혀 있던 자신의 짧은 공백을 만회하기라도 하듯이 화신그룹 재건에
동분서주하고 다녔다.

경성 상계史

6·25 전쟁이 끝나 갈 즈음에는 흥한방직을 설립했고, 1955년에는 화신백화점 맞은편에 다시 신신백화점을 열어 쌍둥이 백화점을 경영하기도 했다. 적어도 1950년대 후반까지는 계열사 5~6개를 거느린 국내 부동의 1위 부호이자 기업가였다.

이처럼 해방 이후까지 승승장구해 가던 그가 갑자기 몰락의 길을 걷기 시작된 것은 1966년 인견사 제조업체인 흥한화섬을 설립하면서부터였다. 외자 1,050만 달러, 내자 41억 원을 들여 완공한 흥한화섬은 당시 동양 최대 규모였다.

그러나 뜻하지 않은 외자 조달의 부진에다 전력난까지 겹쳐 공장 완공이 예정보다 2년씩이나 늦어진 데 이어, 정작 공장이 완공되었을 때에는 인견사 제조업이 이미 사양 산업화되고 말았다. 게다가 엄청난 공사비가 투입된 마당에 은행 대출마저 끊기면서 제대로 가동조차 해 보지 못한 채 결국 1969년에 문을 닫아야 했다. 백화점왕 박흥식의 신화가 비로소 무너지는 순간이었다.

1970년대에 들어서도 그는 재기를 확신하며 화신전기, 화신SONY, 화신레나온 등을 잇따라 설립하고 나섰다. 하지만 그에 대한 상운이 다한 것이었을까? 시대의 흐름은 끝내 그를 등지고야 말았다.

예상치 못한 제1차 오일 쇼크로 말미암아 세계 경제가 곤두박질치면서, 더욱이 이미 몸집이 커질 대로 커진 국내 다른 유수 기업들과의 경쟁을 벌이기에는 자금의 동원력에서 턱없이 모자라기만 했다. 급기야 1979년 화신전자의 부도를 신호탄으로 연쇄 부도가 일어나, 창업 반세기여 만에 화신 간판을 그만 내리지 않으면 안 되었다.

그리고 1989년에는 그가 40여 년 가까이 살아온 종로 가회동 일식 양옥을 30억 원에 처분했다는 소식이 들렸다. 이어 삼성동에 있는 40평짜리 주택에서 전세로 산다는 소식을 끝으로, 1994년 5월 10일 서울대병원에서 파란만장했던 세상을 떴다. 향년 92세였다.

"나 우리 민족 욕보인 것 없어요. 우리 민족에게 해를 입힌 것 없어요. 나 친일파로 매도되는 것이 평생토록 한이 되고 있어요. 상인으로서 보잘것없는 민족 자본을 일으켜 조선 상권을 형성하기 위해 일본인들하고 친하게 지냈다고 친일파라면, 일제 점령기의 시대를 지나온 이 나라에서 지금 살아 있는 사람들은 그럼 어떤 사람들이라고 설명할 수 있겠어요? 나도 한이 맺혀 있는 사람올시다."

박흥식은 세상을 뜨기 전에 찾아오는 사람마다 곧잘 자신이 친일파가 아니었음을 항변하곤 했다고 한다. 그러나 그는 끝내 그 한을 풀지 못한 채 타계하고 말았다. 한때 국내 제1위의 부호이자 기업가였던 그가 물질적으로 남긴 것이라고는 아무것도 없었다. 단지 『전경련 40년사』만이 박흥식에 관련하여 그리 길지 않은 기록을 남기고 있을 뿐이다.

> …김성수 김연수 형제의 경성방직이 한국 섬유산업의 뿌리였다면, 박흥식 회장은 백화점의 왕이었다. 박흥식 씨가 화신백화점과 전국 450개의 연쇄점망을 통해 상권을 장악한 것은 미쓰코시, 조지야, 미나카이 백화점과 같은 일본 상권에 대항하기 위해서였다….

국내 최대 기업
'미창'과 '조운', '경방'의 운명은?

한국 경제사에서 1945년은 매우 중요한 시점이다. 일제로부터 해방이 되어 비로소 한국 자본주의가 움트기 시작한, 이 시기를 기점으로 8·15 해방 이전을 선사 시대로 해방 이후를 역사 시대로 구분 짓는다. 한데 바로 그 선사 시대와 역사 시대를 구분 짓는 재빼기, 한국 자본주의의 여명기랄 수 있는 일제 강점기에 홀연히 나타나 일본의 거대 자본과 자웅을 겨뤘던 국내 최대 국영기업인 항구의 조선미창(이하 미창)과 철도의 조선운송(이하 조운), 그리고 경성방직(이하 경방)이 상징하는 의미는 분명 남달랐다.

먼저 항구의 미창을 살펴보기로 하자. 보유 창고가 자그마치 10만여 평에 달했던 미창은, 전국 주요 항구마다 대규모 미곡 창고를 중심으로 미곡의 운송과 보관·출하 부분의 물류를 개척해 나갔다.

반면에 철도의 조운은 자본금이 무려 3조 9,350억 원에 종업원 수 5만 명에 달하는 일제 시대 국내 최대 규모를 자랑했다. 전국에 거미줄처럼 깔린 철도역을 중심으로 철도 화물의 운송과 출하·배달 부분의 물류를 개척해 나갔다. 제각기 항구와 철도라는 고유 영역을 구축한 근대 물류업계를 이끈 쌍두마차였다.

그러나 항구의 미창과 철도의 조운 역시 어느 날 갑자기 도둑처럼 찾아온 해방 공간의 격랑 속에서 표류하지 않으면 안 되었다. 폐허와 혼란 속의 한복판에서 스스로 생존을 모색해 나가야 했다.

하지만 시련은 좀처럼 끝날 줄 몰랐다. 해방 이후 3년여 동안 미군정 시대를 거쳐 우리 정부가 수립되자마자, 북한에도 조선민주주의인민공화국이 들어섰다. 동시에 남북 간의 교역은 물론 왕래마저 공식적으로 중단되었다. 그것은 수십 년 동안 착실히 성장시켜 탄탄한 수익 기반이 되었던 북한 지역의 지점과 모든 자산을 공식적으로 포기하는 것이기도 했다.

철도의 조운과 달리 항구의 미창은 그나마 사정이 좀 나은 편이었다. 생존의 기회가 빨리 찾아온 것이다.

정부 수립 이후 미국 경제협조처ECA를 통한 미곡과 비료를 비롯한 원조 물자의 도입이 빠른 속도로 늘어나면서부터였다. 정부의 식량 정책과 도입 외자의 효율적인 관리 업무를 현장에서 지원하는 미창의 인프라와 경험이 그 역량을 유감없이 발휘케 되었다. 해방 공간의 혼란과 폐허 속에서 마침내 홀로서기에 성공할 수 있게 된 것이다.

이 같은 항구의 미창에 비해 철도의 조운은 우리 정부 수립 이후에도 한동안 사정이 여의치 못했다. 대륙까지 내달리던 화물 열차와 전국의 도로를 누비던 화물 트럭 행렬이 거짓말처럼 한순간에 멈춰 버리고 만 데다, 우리 정부가 수립되자마자 계획대로 미군이 일제히 철수하면서 군부대 작업량마저 줄어들어 타격이 컸다.

뒤늦게야 꺼져 가던 숨결을 가까스로 되살려 낼 수 있었다. 미국 경제협조

경성 상계史

처의 우리 정부 창구로 설치된 임시 외자총국이, 외자의 하역과 수송 및 보관을 항구의 미창에 이어 철도의 조운에 대행키로 결정한 것이다. 취급 물량이 늘어나자 회사의 형편도 눈에 띄게 나아져 갔다. 1945년 230만 원(극심한 인플레로 지금 돈으로 환산키 어려움)에 불과했던 조운의 이익금은 3년 만인 1948년에는 단숨에 2억 5,400만 원을 넘어섰다.

이듬해엔 경영 환경이 더욱 호전되어 갔다. 정부 부처와 각종 기관의 대량 화물 운송 업무가 예상보다 빠른 속도로 늘어나자, 철도의 조운은 화물자 동차 사업까지 재개하기 시작했다. 이 과정에서 손해보험 관련 업무가 늘어나자 철도의 조운은 창립 이후 자금난을 겪고 있던 제일화재해상보험에 1,000만 원을 투자, 새로운 계열 회사로 편입시키며 외연을 넓혀 나갔다.

이같이 하루가 다르게 사세를 확장해 가면서 철도의 조운은 일본인 주주들로부터 회사를 접수한 지 4년째가 되는 1949년 9월에는, 창립 기념 및 10년 근속 종업원 표창식을 가졌다. 조운 밴드부의 관현악 연주가 우렁차게 울려 퍼지는 가운데 이재순 사장은 그간 5만여 임직원이 겪었던 시련을 돌아보며 이렇게 호언했다.

…우리는 이런 비참한 환경 속에서 분투노력해 오늘의 대 조운을 이룩한 것입니다. 앞으로도 우리는 끊임없이 전진을 할 것이며, 우리의 매진에는 휴식이 있을 수 없습니다.

그러나 누구인들 앞날의 운명을 자신 있게 점칠 수 있겠는가. 기업의 운명 또한 다르지 않았다. 비참한 환경을 이겨 내며 대조운으로 다시 회생하여 그토록 '끊임없는 전진'을 다짐했건만 역사의 격랑은 그들을 끝내 외면했다.

그로부터 불과 10여 년 뒤 5·16 군사정변 이후 군사 정부에 의해 항구의 미

국내 최대 기업 조선미창과 조선운송을 합친 대한통운 본사 사옥

창과 철도의 조운이 강제 합병되어 지금의 대한통운(금호→CJ 인수)으로 변신
해야 했다. 대한통운은 다시 1968년 국영 기업 민영화 방침에 따라, 이름도
모르는 최준문의 손에 그만 넘어가고 말 줄은 그땐 아무도 몰랐다.

　같은 시기 최준문은 이제 갓 29살의 보잘것없는 한낱 지방 토목업자에 불
과했다. 조치원초등학교 5학년을 어렵게 수료한 뒤 우체국의 임시직 배달부
와 양조장 심부름꾼 등을 거쳐, 논산읍에 자리한 구멍가게 수준의 충남토건
사에 주임으로 입사했을 때가 19살이었다. 한데 충남토건사의 주인 눈에 들
어 그 집의 데릴사위로 들어갔다.

　이후 최준문은 장인으로부터 충남토건사를 넘겨받게 된다. 그 뒤 논산읍을
떠나 대전시 대흥동에 1백여 평 남짓한 한옥을 구입하여 대명여관으로 개조
한 뒤, 길 쪽으로 난 문간방(행랑채)에 충남토건사라는 작은 목재 간판 하나를
내걸었다.

　　　　　　　　　　　　　　　　　　　　　　　　　　경성 상계史

하지만 2년여 동안 아무 실적도 없이 그저 하릴없이 보냈다. 그러다 1947년 첫 공사를 수주하게 되었다. 장인의 연고로 따낸 논산천 재해 복구 공사였다. 비록 한 달 간의 짧은 공기였으나 발주처인 논산읍 등 공사 관계자들에게 깊은 인상을 심어 주었고, 충남토건사는 잇따라 논산 지역의 공사를 맡으면서 시공 영역을 조금씩 넓혀 나갔다.

이후 우리 정부가 수립되면서 갖가지 국토 개발 계획이 쏟아져 나오자 최준문은 재창업의 기회로 삼았다. 그러기 위해선 먼저 충남토건사를 기업 형태로 재무장할 필요가 있었다. 그동안 여러 공사를 해 오면서 의기투합한 토목 기술자들을 설득하여 이익을 분배하는 형식의 합자 회사를 설립했다.

그렇게 충남토건사는 자본금 50만 원의 동아건설합자회사로 다시 태어났다. 같은 장소인 대명여관 문간방에 동아건설합자회사라는 간판을 내걸고 재출범한 것이다.

이처럼 당시만 해도 한낱 이름 없는 지방의 소규모 건설사에 불과했던 최준문과 국내 최대 국영 기업인 미창이나 조운과는 아무 상관도 없는 것같이 보였다. 훗날 그가 미창과 조운을 합친 국내 최대 기업 대한통운의 새 주인이 되리라곤 그 자신도 미처 눈치채지 못했다. 한데도 역사는 한사코 그쪽으로 물길을 내어 흘러갔고, 그 같은 운명을 깨닫기까지는 아직 좀 더 시간을 필요로 했다.

어쨌든 항구의 미창과 철도의 조운이 그처럼 국내 최대 국영 기업이었다면, 민간 기업으로는 단연 김연수의 경성방직이 국내 최대 규모였다. 그가 이끌고 있는 경방은 누가 뭐라 하여도 민족 자본의 첫 결집체였다. 뿐만 아니라 일본의 거대 자본과 맞서 마침내 일본의 대규모 공장들과 어깨를 나란히 할 수 있는 산업으로 발돋움시켰다. 만주 대륙으로까지 그 세력을 뻗쳐 나간 한국 산업의 선구자였다.

그러나 김연수는 일본의 패망과 함께 만주 대륙에서 일궜던 모든 자산을 허무하게 잃고 말았다. 더구나 고국에서 그를 기다리고 있었던 것은 "착취 계급 물러가라!"는 노동자들의 격렬한 농성이었다. 그에게 유일하게 남은 경방 영등포 공장과 양평동공장은 이미 좌익 노동 단체인 조선노동자전국평의회(이하 전평)의 사주를 받은 주동자들에 의해 점령당한 뒤였다. 김연수는 경방을 이끈 20여 년 동안 회삿돈은 단 한 푼도 가져다 쓴 일이 없었는데, 누가 누구를 착취했단 말이냐고 당당히 목소리를 높였으나 소용없는 일이었다. 결국 해방 직후 김연수는 사장직을 내놓고서 경방에서조차 떠나야 했다.

창업자 김연수에 이어 새로이 경방을 이끌게 된 최두선은 숨 돌릴 겨를이 없었다. 당장 새해 벽두부터 공장을 가동하기 위한 석탄 문제부터 해결해야 했다.

최두선은 동분서주했다. 해방 직후 면방적 회사로는 경방이 유일하게 공장을 가동하고 있다면서, 향후 의류 문제를 해결하기 위해서라도 석탄 배급이 당장 이뤄져야 한다고 미군정청에 호소했다. 미군정청은 마이동풍이었다. 나중에야 석탄 5,000톤을 가까스로 얻어 내어 경방이 화물선을 띄워 삼척에서 운송해 올 수 있었다.

하지만 최두선 사장의 역할은 거기까지였다. 얼마 지나지 않아 동아일보 사장으로 자리를 옮겨 가면서 그 후임으로 김용완이 경방을 이끌었다.

그럴 무렵 경방 양평동공장에 대한노총이 결성되면서 전평 세력과 새로운 긴장 관계가 형성되었다. 1947년 봄에는 경방 영등포 공장에도 대한노총의 세력이 커졌다. 초조해진 전평 세력은 긴장했다. 기회가 있을 적마다 세력 만회를 위해 첨예하게 맞섰다.

그럴 때 세계노련의 간부 예닐곱이 내한했다. 전평은 이들을 재빨리 경방 영등포 공장으로 끌어들일 공작을 폈다. 그들을 공장 안으로 끌어들여 전평

만이 합법적이고 공인된 유일한 노조라는 이미지를 과시하고자 했다. 뒤늦게 이 사실을 안 대한노총이 무리 지어 가로막으면서 전평 무리와 시비가 벌어졌다. 시비는 급기야 폭력 사태로 번져 갔고, 끝내 경찰이 출동하는 등 아수라장이 되었다. 이처럼 두 노조가 서로 양보할 수 없는 막다른 벼랑길을 내달리면서 전평 세력은 날로 약화되어 갔다.

그렇다고 대한노총이 순한 양떼였던 것만은 결코 아니었다. 다만 전평과 같이 좌경화된 사상적인 혼란만을 일삼지 않았지, 대한노총 역시 사사건건 말썽이었다. 1947년 가을에 벌어진 노동쟁의를 보더라도 대한노총이 비록 좌경 단체가 아니었을 뿐, 전평과 마찬가지로 별반 차이가 나지 않는다는 걸 알 수 있다.

이때의 노동쟁의는 사측에서 근로자들의 임금 제도를 청부식請負式으로 개선하면서 불거졌다. 사전에 대한노총 측과 충분히 토의하고 합의한 끝에 채택한 임금제였음에도 아무 소용이 없었다.

청부제 임금제란 임금을 직무급, 성적급, 그리고 가족수당으로 나눈 것이었다. 종전의 임금제 구분을 그대로 답습한 데 지나지 않았다. 다만 가족수당을 인상해서 작업 성적에 따라 지급하되, 개인의 성적 사정을 직장職長에게 일임한다는 산출 방법에서 약간의 차이점을 나타냈을 따름이다.

이런 분위기 속에서 다음 달 임금을 지불하려 하자 즉각 반발이 일어났다. 충분히 토의하고 합의까지 보았던 당사자이기도 한 대한노총이 갑자기 반기를 들고 일어난 것이다. 무지한 노동자들을 기만하고 착취할 의도 속에 제정된 새 임금제라고 규정한 뒤 극구 반대하고 나섰다.

그뿐 아니라 경방 창립 28주년 기념운동회를 아무런 이유도 없이 사측에 중단토록 요구하는가 하면, 운동회가 중단 없이 진행되자 방해하는 등 행패를 부렸다. 보다 못해 저지하려고 나선 회사 간부에게 폭행을 가하기도 했다.

사측에서도 더 이상 방관하고 있을 수만은 없었다. 대한노총 분회장 등 간부 7명의 해고로 맞대응하고 나섰다.

그러자 대한노총이 즉각 실력 행사에 돌입했다. 대한노총 영등포지구위원장 등 40여 명이 트럭을 타고 경방 영등포 공장으로 들이닥쳤다. 공장 간부들을 포위한 뒤, 해고당한 노조 간부들을 무조건 복직시키라고 우격다짐으로 요구했다. 뒤늦게 경찰이 출동하여 이들을 해산시키고, 위원장을 비롯한 4명을 강제 격리시켰다.

그래도 사태는 좀처럼 수그러들지 않았다. 급기야 공장 안에서 공장 바깥으로 들불처럼 번져 나갔다. 이튿날 영등포 일대 10여 개 공장에서 구속된 대한노총 간부들을 즉각 석방할 것과 경방 쟁의의 모든 요구 조건을 관철시키기 위한 동시 파업에 돌입했다.

다행히 구속된 대한노총 간부 4명을 경찰이 석방하면서, 동시 파업에 들어갔던 영등포 일대 10여 개 공장이 다시금 조업에 들어가 겨우 진정될 수 있었다. 이 사건은 그 후 해고당한 대한노총 간부 7명 가운데 법원에서 유죄 판결을 받은 4명을 제외한 나머지 3명의 복직을 사측이 받아들이는 수준에서 시나브로 일단락되었다.

그러나 이럴 무렵 38선 근처에선 매일같이 수상쩍은 분위기가 돋아나고 있었다. 언제부터인지 남북 충돌이 빈번하게 일어났다. 황해도 옹진반도에선 1949년 5월 21일부터 6월 23일까지 한 달여 동안 남북이 1,300여 명 이상의 병력을 투입시키는 충돌이 발생했다. 8월 초순 옹진에선 수일 동안 치열한 전투가 벌이지기조차 했다.

북한은 '1949년 한 해 동안 남조선이 1,836회나 월경했다'고 주장했다. 남한은 '북한군이 38선을 실전 훈련장으로 보고, 1949년 한 해에 874회나 불법으로 사격하거나 침범했다'고 기록했다. 양쪽 모두 다소 과장된 통계일망정

경성 상계史

거의 매일같이 무력 충돌이 있었던 셈이다.

　해방 공간의 혼돈과 폐허 속을 이제 가까스로 헤쳐 나와 정상 궤도를 되찾아 가고 있는 그때, 38선 근처에선 전운의 어두운 그림자가 짙게 드리워져 가고 있었다. 국내 최대 국영 기업 미창이나 조운도, 전평과 대한노총이라는 양대 노조의 틈바구니에 끼어 전전긍긍해하고 있는 최대 민간 기업 경방에도 점차 전쟁의 소용돌이 안으로 다가서고 있었던 것이다.

전쟁과 복구,
다시 찾아온 황금빛 기회

8·15 해방의 감격이 아직 채 가시기도 전에 곧이어 발발한 한국전쟁(1950년)은, 그러나 이 같은 전환기의 혼란은 경제계에 또다시 찾아온 절호의 기회였다. 일찍이 1930년대에 전국을 황금빛 열풍으로 물들이게 만들었던 바로 그 황금광 노다지의 꿈과 크게 다를 것이 없었다. 굳이 다른 점이라고 한다면 노다지의 꿈을 찾아 무작정 누구나 뛰어들 필요가 없다는 정도였다. 일제 말기 혹은 해방 이후 창업을 했거나, 그즈음에 창업한 젊고 새로운 기업들이 그 역할을 대신하고 있었기 때문이다.

일제 시대 전성기를 구가했던 경성 상계의 유력 기업들이 해방 이후 반민특위의 숙청 작업으로 저마다 비틀거리고 있을 때, 젊고 새로운 이들이 혜성처럼 등장하여 재빨리 그 자리를 속속 메워 나갔다. 일본인들이 빠져나가면서 무주공산이 된 경제 영토에 손쉽게 입성할 수 있었다. 일찍이 춘원 이광수가 감지하고 예언했던 바로 그 '대군大軍'이 몰려든 것이다.

경성 상계史

기업명	창업자	불하 기업명	참고
한진	조중훈	조선화재보험	현 동양화재보험
SK	최종건	수원 선경직물	현 SK글로벌
동일방직	서정익	동양방적	
한화	김종희	조선유지	인천공장
두산	박두병	소화기린맥주	최근에 매각
쌍룡	김성곤	안양 동경방직, 조선 직물	
삼호	정재호	부산 조선방직	
해태	민후식 등	서울 영강제과	해태제과
태창	백낙승	고려방직	
백화양조	강정준	조선양조 군산공장	
대한	설경동	군시공업	
동양	이양구	소야전시멘트 삼척공장	현 동양시멘트
한국생사	김지태	욱견직, 삼화호모, 동방제사, 대한생사	
일신방직	김형남	전남방직	
해운공사	김용주	조선우선	
벽산	김인득	천야시멘트 경성공장	
삼성	이병철	미쓰코시백화점 조선생명	현 신세계백화점 현 삼성화재보험
현대	정주영	조선이연금속 인천공장	현 인천제철
LG	구인회	조선제련	현 LG금속
대성	김수근	조선연료, 삼국석탄, 문경탄광	현 대성산업
동국제강	장경호	삼화제철	
효성	조홍제	한국타이어, 대전피혁	
대농	박용학	조지야백화점	미도파백화점
신동아	최성모	조선제분	
대우	김우중	한국기계	1976년에 인수

8

이같이 해방 이후 혜성처럼 등장한 젊고 새로운 기업들에겐 두 번의 행운이 주어졌다. 일본인들이 버리고 간 적산 기업을 거저 줍다시피 불하받아 기업의 몸집을 눈덩이처럼 단숨에 키워 낸 데 이어, 곧이어 발발한 6·25 전쟁은 다시없는 황금빛 절호의 기회였다. 전쟁 이후 잿더미로 변한 폐허를 복구하기 위한 원조 자금이 미국 등 외국으로부터 쏟아져 들어왔고, 그 같은 각축장에서 오로지 젊고 새로운 그들만이 주인공이었다.

특히나 전쟁 직후 파괴된 기간 시설의 복구는 황금의 파이였다. 비료, 시멘트, 유리, 면방적기, 염색 가공, 자전거 부품, 동력 기계, 제지 공장 등의 자본재 산업에 원조 자금이 집중되었다. 제분, 제당, 시멘트 등 삼분산업三粉産業을 비롯하여 미국에서 대량으로 제공된 원면을 가공하는 섬유 면방업과 같은 소비재 산업에도 시설재 원조가 집중적으로 이루어졌다. 거기에다 정부로부터 원조 자금을 배정받은 기업은 낮은 금리의 금융 특혜와 함께 특별 환율 적용까지 얹어 받았다.

그 밖에도 재벌화의 가능성을 제시해 준 사업 분야 중 하나가 군납軍納 사업이다. 6·25 전쟁 이후 군납 사업은 그야말로 군침이 꿀꺽 넘어가는 사업이었다. 식품, 타이어, 피혁, 페인트, 비누 산업, 운수업 등의 기업들이 군납을 바탕으로 몸집을 날로 불려 나갈 수 있었다.[9]

관납 사업 또한 결코 빼놓을 수 없는 군침이 꿀꺽 넘어가는 사업 가운데 하나였다. 무엇보다 관납 사업으로 이 시기에 가장 급성장한 기업은 다름 아닌 몇몇 건설업체들이었다.

…이들 가운데 대동공업, 조흥토건, 극동건설, 현대건설, 삼부토건 등은 업자들 간에 '자유당 5인조'로 불릴 만큼 이들 5대 건설업체가 정부 발주 공사를 거의 독점하다시피 하였다…. 자유당의 정치 자금원 중 비중이 큰 것이 건설

업이었는데, 당시 건설업계의 관행을 보면 다음과 같았다. 예를 들어 특정 건설업체가 덩치가 큰 정부 발주 공사를 수주할 경우 공사 가격의 30%는 미리 공제되어 자유당의 정치 자금으로 납부되고, 20%는 (건설업체들끼리) 이익금으로 분배한 후, 나머지 50%만 가지고 공사를 했다는 말이 건설업자들 간에 회자될 정도로 건설업계의 성패 여부는 '정경 고리의 견고성'에 있었다.[10]

이처럼 8·15 해방 직후 거저 줍다시피 적산 기업들을 불하받은 데 이어, 6·25 전쟁 이후 해외 원조자금으로 이루어진 군납과 관납을 비롯한 수입 대체 산업 중심의 공업화는 그들에게 다시없는 황금광의 노다지가 아닐 수 없었다. 또 그런 절호의 기회를 통해서 지금껏 들어 보지 못한 전혀 낯선 이름의 벼락부자들이, 새로운 기업 집단이 경제계에 돌연 등장케 되었다.

정치권력에 줄서기가
경제계의 명운을 갈랐다

'조방 낙면 사건'이라고 들어 보았는가?

'조방'은 일제 강점기 때 일본 미쓰이물산이 부산에 세운 조선방직의 줄임
말이다. '낙면落綿'은 질이 떨어지는 면을 뜻한다. 한데 여기에 '사건'이 붙었
다. 이른바 문제가 되는 뜻밖의 일이 벌어졌다는 이야기다.

사건의 내용인즉슨 이렇다. 사건의 시점이 1951년 3월 14일에 일어났으니,
아직은 한창 한국전쟁 중이었다. 북한군의 탱크에 밀려 속절없이 부산까지
피난을 내려가야 했으나, 다행히 인천 상륙 작전이 성공하여 '조방 낙면 사건'
이 일어나기 바로 이틀 전에 국군과 UN군이 서울을 재탈환했다는 반가운 소
식이 단비처럼 들려오던 무렵이었다.

한데 이날 피난지 부산에서 예의 조방의 임직원 20여 명이 전격 구속되었
다. 놀랍게도 그 혐의가 적군을 이롭게 하였다는 이적 행위였다. 조방에서 군
수용 광목을 만들었는데, 의도적으로 불량 면인 낙면을 혼합하여 제품의 질

을 떨어뜨렸다는 것이 그 이유였다. 다시 말해 불량 광목으로 군복을 만들면 품질이 떨어져 군사 작전 수행에 차질을 빚게 되고, 그래서 결과적으로 적군을 이롭게 하였다는 말도 안 되는 해괴한 논리였다. 시쳇말로 김밥 먹다 옆구리 터지는 소리였다.

물론 종전과 함께 일본이 남기고 간 적산 기업이었던 조방의 이사이면서, 실질적인 경영주였던 김지태(훗날 MBC·부산일보 사장) 또한 전격 기소되었다. 그가 적산 기업 조방을 불하받기로 사실상 내정된 상태에서 일어난 사건이었다.

이것이 곧 당시 세상을 떠들썩하게 했던 '조방 낙면 사건'이다. 여기까지가 겉으로 드러난 사건의 전말이다.

한데 사건의 전말을 조금 더 깊이 들여다보면 이야기가 금방 달라진다. 이 사건이 일어났을 땐 대통령 이승만이 재선을 위해 신당인 자유당을 창당하면서 많은 정치 자금을 필요로 하던 시기였다. 민주당은 그런 이승만의 재선을 막기 위해 개헌에 반대하고 나섰고, 당시 무소속 국회의원이기도 했던 김지태는 민주당의 자금줄 역할을 하고 있었다. 대통령 이승만의 눈에 김지태가 곱게 보일 리 만무했다. 이쯤 되면 조방 낙면 사건이라는 것이 얼마나 얼토당토않은 억지인가 어렵잖게 눈치챌 수 있게 된다.

재판 결과 역시 그렇게 나왔다. 대구고등법원에서 조방 낙면 사건은 무죄 판결이 났다.

하지만 사건은 이미 널리 퍼져 나가 김지태의 이미지가 한참 땅에 떨어진 뒤였다. 결국 김지태에게 불하되려던 적산 조방의 계획은 취소될 수밖에 없었고, 대신 대통령 이승만의 양아들로 자처하고 다니던 강일매에게 조방이 돌아갔다. 훗날 김지태는 조방을 노린 자들이 '김지태에게 조방이 넘어가면 야당의 정치 자금 노릇을 하게 될 것이다'는 간언으로 말미암아 일어난 사건이라고 회고했다.

공장 부지 8만 평, 공장 건물 54동, 종업원 수 2,000여 명, 자본금 약 1조 2,000억 원의 국내 최대 규모로 부산의 제조 기업 시대를 이끌었던 조방은 그같이 강일매의 손에 넘어갔다. 하지만 강일매는 한마디로 역량 부족이었다. 이후 조방은 경영 부실로 문을 닫아야 했고, 1968년 부산시가 부지를 매입하여 시민회관과 평화시장 등지로 개발하면서 지금은 그 흔적조차 찾아볼 수 없게 되었다.

흔히 돈과 권력은 불가분의 관계라고 일컫는다. 요컨대 기업가는 정치권력에 너무 가까이해서도, 그렇다고 너무 멀리하여 눈 밖에 벗어나 밉보여서도 안 된다는 이야기다. 구분九分은 모자라고 십분十分은 넘친다는 알쏭달쏭한 이웃사촌이랄 수 있다.

이 이야긴 이미 일제 강점기 때부터 경제계에 널리 유통되던 불문율이었다. 일제 강점기 때 일제에 줄을 대지 않고 성공하기란 요원했다는 소리이다. 일제의 눈 밖에 벗어나는 순간 말짱 끝장이었다는 것이다.

그 같은 학습 효과 때문이었을까? 해방이 되자 경제계는 너도나도 정치권력에 줄을 대느라 정신이 없었다. 일본에 짓눌려 오랫동안 오금을 펴지 못하던 기업인들이 해방과 더불어 압박에서 벗어나자마자, 정치권력이라는 알쏭달쏭한 이웃사촌부터 찾아 나섰다. 가진 자는 가진 재산을 지키기 위해서, 가지지 못한 자는 축재의 기회를 새로이 마련해 보고자 저마다 혈안이었다. 조방의 예에서 볼 수 있듯이 강일매는 되지 못할지언정, 적어도 김지태의 꼴은 되지 않아야겠다며 동분서주 백방으로 날뛰었다.

하기는 제아무리 경제 활동이 국가 통제에 얽매이지 않고 경제 단위의 경쟁에 맡겨지는 자유경제라 한다지만, 혼돈의 시기에 축재를 하는 길이란 정치권력만한 투자도 또 없었다. 사회가 혼란한 때일수록 정치권력의 비호만한 지름길도 딴은 없었던 것이다.

더욱이 해방과 더불어 지금까지 불어오던 바람의 방향이 정반대로 바뀌었다. 일제 강점기 때 일본인들과 경쟁하여 성공했던 사람, 재산을 모았던 사람은 무조건 배척받는 사회 분위기였다.

하지만 정치권력은 사분오열되어 있었다. 해방 직후 정치권력의 헤게모니는 임시정부를 이끌어 온 김구, 미주에서 독립운동을 한 이승만, 국내에서 활약해 온 여운형, 한국민주당의 김성수, 그리고 미군정청 등으로 나뉘었다.

따라서 정치권력에 줄서는 것 역시 마치 도박과 같았다. 저마다 손에 쥔 패가 다 달랐다. 금광왕 최창학은 김구, 태창재벌 백낙승은 이승만, 광산업 재벌 이종만은 여운형, 경성방직의 김연수는 맏형 김성수를 따라갈 수밖에 없었다. 화신백화점의 박흥식, 동일은행의 민규식, 자동차왕 방의석 등도 모두가 다 당대 정치권력에 줄을 대었음은 물론이다.

그 밖에도 중소기업가나 경제계의 신입생들은 빈자리가 보이지 않는 거물 정치권력 대신 실리를 선택하고 나섰다. 미군정청의 요인이나, 거기에 줄이 닿을 만한 실력자를 찾았다.

사실 해방 직후 일본의 적산 기업을 불하받기 위해서도 그랬으나, 그 이전에도 정크 무역을 하기 위해선 반드시 미군정청과 줄이 닿아야만 했다. 미군정청 재무국장 골든 중령이나, 군정의 요직을 맡고 있던 정 아무개, 장 아무개, 조 아무개의 끗발이면 누구나 한몫 잡을 수 있는 그런 분위기였다.

때문에 해방 직후 경제계에는 정치 바람이 거세게 불었다. 또 그같이 서로 다른 풍향에 따라 경제계의 희비도 크게 엇갈렸다. 무상한 정치권력에 따라 경제계의 명운 또한 크게 엇갈렸던 것이다.

우선 정치 바람에 성공한 기업가는 백낙승 등을 꼽을 수 있었다. 앞서 종로 육의전의 마지막 후예 대창무역 편에서 살펴본 것처럼, 이승만에게 막대한 정치 자금을 대어 주면서 일약 태창재벌로 몸집을 불리는 남다른 수완을 발휘해 내었다.

그러나 성공한 자가 있으면 으레 실패한 자도 있기 마련. 그 대표적인 이가 금광왕 최창학이었다. 금광을 좇아 무작정 집을 떠난 지 10여 년 만에 드디어 노다지의 꿈을 이뤄 현금 8백만 원(약 8,800억 원)을 손에 거머쥐면서 조선의 3대 재벌이 된 그는, 당시 경성에서 가장 호화로운 죽첨정(지금의 강북삼성병원)을 짓고 '자선사업이고 육영사업이고 영리사업이고 아즉 아무 데도 손을 대인 곳이 업이' 오로지 사치와 향락에만 매진했다.

물론 해방 이후에도 최창학만큼 막대한 거금을 쥔 자는 없었다. 그리고 여전히 영리사업을 따로 벌이지 않은 채 무역업자들을 상대로 고리대금업을 하고 살았다. 해방 직후 한동안 경제계를 뜨겁게 달군 정크 무역에 뛰어들었던 자치고 최창학의 돈줄에 기대지 않은 이가 거의 없었다고 전한다.

그런 그가 해방 이후 살아남기 위해 줄을 대었던 건 임정이었다. 상하이에서 귀국한 김구에게 자신이 살던 저택 죽첨정을 헌납하면서 재빨리 임정에 줄을 섰다.

그러나 최창학의 줄서기는 결과적으로 패착이었다. 그로부터 5년 후 김구는 암살을 당했다. 숙적이었던 이승만이 초대 대통령으로 취임하면서 그는 모든 정책 사업이나 혜택에서 제외되었음은 물론 집요한 세무 조사에 시달려야 했다.

시련은 거기서 끝나지 않았다. 해방 이후 사회 혼란이 거듭되는 가운데 살인적인 인플레가 가중되면서 최창학이 가진 현금의 가치는 낙엽처럼 우수수 곤두박질쳤다. 더욱이 한국전쟁 이후 경제 재건 과정에서 상업 자본을 산업 자본으로 갈아타는 마지막 기회마저 따라가지 못했다. 그리하여 이승만의 자유당 정권에 줄을 대고 미국의 원조 자금으로 몸집을 불려 나간 신흥재벌에

경성 상계史

한참 뒤처질 수밖엔 없었다.

급기야 집요한 세무 조사 끝에 탈세 재판이 한창 진행 중이던 1957년, 그는 마치 현실을 회피하듯이 뜬금없이 오산중·고등학교를 인수하여 재단 이사장에 취임했다. 하지만 재단과 학교장 사이에 갈등이 빚어지면서 '학생 동맹 휴학'이라는 초유의 사건으로 비화되고, 그는 그 사건을 수습하던 도중 그만 심장마비로 타계하고 말았다.

반면에 정치권력의 줄서기에서 불운했던 기업가도 없지는 않았다. 경방의 김연수가 바로 그런 경우였다.

앞서 '김연수, 산업의 아버지가 되다' 편에서 이들 형제에 대해 살펴본 것처럼, 김성수는 언론과 교육 사업에 전념키 위해 초기부터 경방의 경영을 동생 김연수에게 넘기면서 사실상 손을 뗐다. 또 해방 이후에도 자신의 평소 신념대로 언론과 교육 사업에만 전념할 생각이었다. 하지만 조병옥 박사의 끈질긴 간청과 해방 공간의 혼란 속에서 민족진영의 정당이 필요하다는 인식 아래 한국민주당을 결성하고 당수에 피선되었다. 1951년에는 국회에서 제2대 부통령으로 선출된다.

이쯤 되자 김연수 또한 속절없이 한민당 쪽 인사가 돼야 했다. 일제 강점기 동안 경방을 이끌었던 기업가로 친일 문제가 불거지자, 해방 이후에는 아예 기업 일선에서 물러나 칩거에 들어간 상태였다. 한데도 세간의 압방아는 김연수를 당연히 한민당 쪽으로 분류시켰다.

한데 한민당의 김성수가 절대 권력에 반기를 드는 사태가 발생한다. 재선에 눈이 먼 대통령 이승만의 전횡과 반민주적 처사를 고발하기 위해 김성수는 부통령직을 끝내 사임한 뒤, 본래의 언론과 교육 사업으로 돌아가고 만 것이다. 그러다 한국전쟁이 끝난 직후인 1955년 이른 봄 65세를 일기로 타계한다.

이제 남은 건 김연수였다. 그는 이미 자의가 아닌 타의에 의해 자유당 정권과 소원해질 대로 소원해진 관계였다. 또 그 같은 연유로 인해 반세기 가까이 지켜 온 경제계 정상의 자리를 그만 내놓아야 했다.

그뿐 아니라 수많은 사업 기회조차 잃지 않으면 안 되었다. 저마다 적산 기업을 줍다시피 불하받아 몸집을 키워 나가고 있을 적에도 김연수의 이름은 그 어디에서도 찾아보기 어려웠다. 곧이어 터진 한국전쟁 또한 경제계엔 다시없는 절호의 기회였다. 전쟁 직후 파괴된 기간 시설의 복구 사업에 원조자금이 쏟아진 데 이어, 정부로부터 배정받은 기업들은 갖가지 금융 특혜와 함께 특별 환율 적용까지 얹어 받았다. 하지만 김연수의 이름은 번번이 빠졌다.

그 밖에도 재벌화의 가능성을 제시해 준 군납 사업과 관납 사업에서도 그의 이름은 찾을 수 없었다. 같은 시기 '자유당 5인조'로 불리던 대동공업, 조흥토건, 극동건설, 현대건설, 삼부토건 등이 정부 발주 공사를 거의 독점하다시피 하고 있을 적에도 김연수의 이름은 일체 배제되었다.

화신백화점의 박흥식, 광산 재벌의 이종만, 자동차왕 방의석, 동일은행의 민규식 또한 저마다 유력 정치인에 부지런히 줄을 대었으나, 역시 모두 패착으로 귀결되었다. 이들에게 정치권력은 투자도 지름길도 아닌, 곧바로 종말을 재촉하는 블랙홀이 되고야 말았던 것이다.

첫 국산차 '시발',
서울 거리를 내달리다

거듭 말하지만 8·15 해방과 더불어 경제계엔 풍향이 돌연 바뀌게 된다. 일제 강점기 때 일본인들과 경쟁하여 성공했던 사람, 재산을 모았던 사람은 무조건 배척받았다. 새로운 정치권력의 줄서기에 따라 경제계의 명운이 크게 요동쳤다. 또한 그 같은 줄서기를 통해서 지금껏 들어 보지 못한 낯선 이름들이 등장하여 그 자리를 재빨리 속속 메워 나갔다. 그렇게 1950년대를 열기 시작했다.

그렇다 하더라도 역사는 결코 그들만의 것일 수 없었다. 깊은 산 속 바위너설 사이에서 물방울이 모여 시내를 이루고 계곡을 이루어 마침내 역사의 강물이 도저히 흘러내리듯이, 해방 이후 경제계는 비단 정치권력에 줄서기를 했던 몇몇 그들만의 것은 아니었다. 비록 소수의 선택된 사실들만이 살아남긴 하였지만 이후에도 다른 이들에 의해 숱한 도전이 또한 부단히 이어졌다.

자동차 역시 그 숱한 도전 가운데 하나였다. 우리 손으로 자동차를 만들어 비로소 내달릴 수 있게 된 것이다.

이미 설명했듯 이 땅에 자동차가 최초로 등장한 것은 구한말(1903년)이었다. 고종 황제 즉위 40주년을 맞아 미국 공사 앨런이 선물로 들여온 포드였다. 당시에는 국내에 운전기사가 없어 일본인이 이 자동차를 운전했다. 하지만 이듬해 벌어진 러일전쟁 이후 이 최초의 자동차는 감쪽같이 사라지고 말았다.

그러나 자동차 도입이 이보다 이른 1901년이라는 설도 있다. 버튼 홈스라는 미국인이 최초로 자동차를 들여왔다고 한다. 버튼 홈스는 자신의 여행기를 1906년 뉴욕에서 출간했는데, 그 여행기 마지막 편에 조선의 한성이 기록되어 있다. 한성을 여행하는 중에 자신의 자동차와 소달구지가 충돌한 사진을 싣고 있는 것이다.

이어 1911년 영국산 다임러 1대와 미국산 GM 캐딜락 1대가 들여왔다. 고종과 순종이 궁궐 안에서 타고 다니기 위한 황실용 리무진이었다. 지금도 경복궁의 고궁박물관에 가 보면 그때 그 자동차를 직접 만나 볼 수 있다.

일반 백성들이 자동차를 처음으로 볼 수 있었던 건 1908년이었다. 같은 해 프랑스 공사가 들여온 빨간 르노였다. 민간인으로 자동차를 맨 먼저 소유한 이는 천도교 제3대 교주 손병희이다.

최초의 시내버스는 1928년 운행을 시작한 경성의 부영버스였다고 한다. 진하면서도 산뜻한 남색 버스 10대였는데, 버스 노선은 경성역을 기점으로 남대문·조선은행·경성부청·조선총독부·창덕궁·초동·필동·남학동·저동·황금정(을지로)·조선은행·경성역으로 돌아오는 단일 노선이었다. 버스 요금은 7전(약 7,700원)으로 좀 비싼 편이었으나, 늘 많은 승객들로 붐볐다.

택시 사업은 그보다 이른 1913년 이봉래가 일본 동업자와 2대의 승용차를 들여와 시간제 임대 형식으로 영업을 시작하면서부터였다. 주요 고객은 고관이거나 기생이었다.

최초의 택시 회사는 1919년 영업을 시작한 일본인 노무라 겐조의 경성택시였다. 이 택시 역시 미터기가 없이 시간당 요금제로 1시간에 6원(약 66만 원)을 받거나, 경성 시내를 한 바퀴 도는 데 3원(약 33만 원)을 받았다.

그리하여 이때쯤엔 경성 시내를 누비고 다니는 자동차 대수가 50대 안팎을 헤아렸다. 1930년대 중반에 이르면 500대까지 늘어났다.

그러다 1950년대 중엽에 이르면 서울 시내에 5,000여 대가 굴러다니게 된다. 한국전쟁 이후 급격하게 팽창한 도시화와 인구 이동이 가속화되면서 무엇보다 운송 수단에 대한 수요가 시급해진 것이다.

그러면서 전쟁이 휩쓸고 지나간 잿더미 위에 이제 막 전후 복구가 한창 시작되었을 때인 1955년 9월에는 처음으로 국산 자동차가 생산되기에 이른다. 처음으로 출발한다는 뜻으로 이름 붙여진 '시발始發' 자동차였다.

물론 공장이 따로 있었던 건 아니다. 그저 맨땅 위에 천막을 둘러친 채 사람들이 한데 모여 망치로 드럼통을 두들겨 펴고 부품을 껴 맞춰 제작하는 수준이었다. 자동차 한 대를 만드는 데 무려 4개월이 걸렸다고 한다. 요즘 식으로 말하면 지구촌에서도 몇 대 안 되는 순전히 수제 차였던 셈이다.

하기는 전쟁을 치른 폐허 위에 무엇 하나 변변한 것이 있을 리 만무했다. 해방 이후 미국에서 들어온 거라면 무엇이든 가져다가 일상에 필요한 물건으로 대체해 쓰던 시절이었다. 물건을 담았던 골판지나 나무 박스는 판잣집의 벽체나 지붕으로, 통조림 깡통은 밥그릇에서 냄비, 등잔, 단추와 필통 등과 같은 다양한 물건으로 재생되어 쓰였다.

한데 한국전쟁이 발발하자 전쟁 수행에 필요한 무기와 탄약, 식량 등의 물자를 수송하는 2.5톤 GMC 트럭과 석유를 싣고 온 드럼통이 넘치도록 들어왔다. 그리고 그런 2.5톤 GMC 트럭 한 대의 차대로 우리는 버스를 만들어 낼 수 있었다. 3/4톤 무기 수송 차량의 차대는 합승차를, 군용 드럼통은 승용차의 차체를 만드는 데 사용되었다. 첫 국산차 시발 또한 이른바 '깡통 문화'로 대변되는, 전후에 남겨진 그런 물자들을 활용하여 탄생된 것이다.

물론 군용 차량의 엔진과 차축만 가지면 망치로 드럼통을 두들겨 펴고 부품을 껴 맞춰 버스와 같은 차량으로 만들어 내는 건 순수 우리만의 기술(?)이었다. 이미 일제 강점기인 1940년대 후반부터 쌓아 온 숨은 노하우였다.

그렇듯 한두 대씩 맨손으로 차량을 만드는 작업을 '생산'이라 하지 않고 흔히 '꾸민다'고 일컬었다. 자동차를 한두 대씩 꾸며 보는 작업은 그때의 정비업체들이라면 누구나 경험해 본 일이었다. 지금의 글로벌 현대자동차로 성장한 정주영의 현대자동차공업사 역시 자동차 정비업을 하면서 트럭을 몇 대씩이나 꾸미곤 했다.

때문에 자동차 수리보다는 꾸미는 일에 재미를 붙여 전문 업체도 생겨났다. 기존 부품을 재생하여 다른 차종으로 변형한 차량들이 부쩍 늘기 시작한 것이다.

이런 업체 중에는 당시 국제차량공업사, 신진공업사, 하동환자동차가 유명했다. 전쟁을 치른 직후여서 아직은 기계 공업도 변변하지 못한 상태였지만, 이처럼 재생 자동차 제작이 활발하게 이루어질 수 있었던 것은 순전히 미군이 가져온 차량들 때문이었다. 당시 미군 차량들을 수리할 때 버려진 폐품들이 다수 쏟아져 나온 데다, 또한 미군 창고에서 흘러나오는 부품도 결코 적지 않았다. 재생 자동차 제작은 이 같은 부품들을 하나도 버리지 아니하고 알뜰히 활용하면서 가능케 되었다.

그 가운데서도 국제차량공업사의 최무성, 최혜성, 최순성 3형제가 단연 눈길을 끌었다. 3형제는 이미 지난 산업박람회(1954년)에서 재생 지프로 장려상을 받을 만큼 당시로서는 최고의 재생 자동차 기술을 보유하고 있었다.

그렇다 하더라도 당시의 형편으로 자동차를 만들어 낸다는 건 정녕 꿈만

경성 상계史

최초의 국산차 '시발자동차'

같은 얘기였다. 당장 필요한 부품만 해도 1만여 개를 헤아렸다. 그야말로 달 걀로 바위를 치는 무모한 도전 같았다.

한데도 국제차량공업사의 3형제는 용감했다. 미군 부대에서 흘러나온 부 품을 알뜰히 활용하고, 없는 부품은 비슷하게 모방하여 직접 만들어 내면서 해결점을 찾아 나가기로 했다.

당시 미군정청은 운행이 가능한 차량일지라도 심한 고장이나 하자가 발생 했을 땐 그냥 폐기하여 고철로 불하했다. 고철로 불하한다는 건 다시는 재생 하지 못하도록 차대는 절단하고, 엔진 등의 부품은 재생이 불가능하도록 해 체해 버린 뒤에야 내놓았다.

따라서 차량 제작에서 가장 기본이 되는 차대부터 다시금 처음부터 손을 보지 않으면 안 되었다. 미군정청에서 불하받은 것을 가져다 용접해서 붙이 고, 망치로 두들겨 새로이 맞춰 나가야 했다.

그렇대도 엔진만은 결코 단순치 않았다. 부분적으로 깡그리 파손되어 있어 재생이 어려운 데다, 수량 확보도 여의치 않아 가장 어려운 난제였다. 때문에 재생이 가능한 부품은 최대한 살려 쓰되, 일부 부품의 자체 제작을 시도해 조립해 나가야 했다. 다시 말해 엔진의 국산화(?)에 돌입해야 했는데, 문제를 해결하기 위해 당시 업계에서 '함경도 아바이'라 불렸던 기술자를 모셔 왔다.

함경도 아바이라 불렸던 사람은 정규 교육도, 그렇다고 엔진 전문가도 아니었다. 일찍이 원산에서 선박의 수리와 정비를 하면서 오랫동안 기계 부품을 해체하고 수리해 온 경험이 전부였다. 오로지 자신의 경험과 어떤 감만을 가지고서 자동차 엔진의 국산화에 뛰어들어야 했다.

때문에 쉽지만 않았다. 엔진 부품의 형틀을 만들고, 쇳물을 부어 주조하고, 또 가공하는 과정을 수많이 되풀이하면서 적잖은 시행착오를 겪었다. 그런 시련 끝에 마침내 만들어져 나온 엔진은, 미군 지프의 망가진 엔진을 들어내고 그 자리에 얹어 실시한 시험 주행에서 다행히 시동이 걸리고 잘 달려 주었다. 미군 지프의 4기통 엔진을 모델로 한 국산 엔진의 국산 자동차가 내달리는 감격스러운 순간이었다.

국제차량공업사의 3형제는 그렇게 만든 시발 자동차를 광복 10주년 기념 산업박람회(1955년)에 출품했고, 당당히 최고 영예의 대통령상을 받아냈다. 이른바 망치 산업 시대라고 불렸던 열악한 공업 환경에서 순전히 수작업으로 만들어 낸 자동차였다. 우리나라에서 만든 최초의 자동차로 한국 자동차 공업의 탄생을 알리는 첫 시작점이었다.

시발 자동차의 의미는 비단 거기서 그치지 않았다. 그 어떤 기계 공업도 구축되지 않은 척박한 토양 위에서, 우리가 동원할 수 있는 모든 재료와 형태의 가공법을 찾아내어 만든 순수 한국 자동차였다는 점에서 자못 의미가 남달랐다.

예컨대 재료 면에서 철판을 따로 공급해 줄 만한 제철소가 없던 시절에 당시 미군 부대에서 흘러나온 군용 드럼통은 가장 손쉽고 저렴하게 구할 수 있는 철판이었다. 또한 철판이 두꺼워서 자동차 사고에도 안전했을뿐더러, 고치기도 쉬운 최적의 재료였다.

그렇대도 시발 자동차의 3형제는 드럼통을 잘라 망치로 두들겨 펴는 수공 작업에서 보다 효율적인 제조 공정을 당장 개발해 내지 않으면 안 되었다. 모든 직원들이 달라붙어도 시발 자동차 한 대를 만들어 내는 데 꼬박 이틀씩이 소요되자 문제가 불거졌다. 산업박람회 수상 이후 본격적인 양산 체제에 들어가면서 밀려드는 주문을 도저히 따라갈 수 없었다. 제작 분량이 많아지면서 드럼통을 일일이 망치로 두들겨 펴는 것조차 어려워졌던 것이다.

그래서 생각해 낸 것이 철판의 가공 공정을 줄이기 위한 한국식 기발한 아이디어였다. 드럼통을 절반으로 잘라내어 대충 편 다음에 한밤중이 되면 공장 앞 을지로 길거리에다 내다놓았다. 그러면 밤새 육중한 GMC 트럭들이 그 위를 지나다니면서 마치 손으로 반듯이 편 듯 납작하게 만들어 주었다. 그렇듯 반듯하게 펴진 철판을 손으로 정교하게 다듬어서 보다 세련되게 다듬어 나갈 수 있었던 것이다.

시발 자동차는 그 위에 다시금 미적 감각도 발휘했다. 한국전쟁 때 쏟아져 들어오기 시작한 대부분의 미군 지프는 군용이었다. 자동차에 필요한 최소한의 기계 부품만으로 구성되어 있었다. 전쟁 임무를 수행할 수 있는 기능만을 반영한 디자인이었기 때문에 아무래도 승용차로는 어울리지 않았다.

하지만 시발 자동차가 비록 지프에서 태어났지만 결코 답습하지만은 않았다. 다소 어려운 문제였음에도 불구하고 아무래도 승용차로서의 기능과 미감을 고려해서 다시금 디자인되었다. 하드 탑의 지붕을 얹어 객실을 만들고, 도로 주행에 적합하도록 세부 형태를 계획하고 장식적인 미감을 반영했다. 시발의 라디에이터 그릴은 지프의 평평한 모양에서 V형으로 돌출시켰다.

이 같은 모양은 당시로선 세련되게 보여 반응이 좋았다. 지프의 차대와 부품을 이용하여 시발 자동차가 만들어지긴 하였으나 결과적으로 다른 차종을 선보였다. 소비자의 요구와 함께 미감을 반영하려는 노력이 덧붙여지면서 자연스럽게 시발 자동차의 디자인은 지프와 크게 다른 형태로 꾸며질 수 있었다.

이렇게 만들어진 시발 자동차는 차를 생산할 수 있는 그 어떤 토양도 마련되지 않은 척박한 환경 속에서, 오직 주어진 조건만을 최대한 활용한 결과물이었다. 국제차량공업사 3형제의 경험적 지식과 시대의 감수성을 바탕으로 한 의지의 실현이었으며, 당대의 삶과도 밀착된 디자인이었다. 시발 자동차는 그렇듯 한국 최초의 자동차 디자인마저 가질 수 있었던 것이다.

그러면서 시발 자동차의 인기는 가히 폭발적이었다. 자가용과 택시 수요에 대응하면서 을지로 공장에서 생산되어 나오자마자 불티나게 팔려나갔다. 특히 상류 계층의 부인들 사이에선 시발계契가 생겨날 만큼 인기를 독차지했다. 당시 시발 자동차의 한 대 값이 30만 원이었는데, 너도나도 구입하겠다고 예치한 계약금만 1억 원에 달할 지경이었다.

이러한 수요에 힘입어 시발 자동차는 지속적으로 기술력을 개발하면서 생산을 늘려 나갔다. 한 달에 겨우 1대 제작하기도 어려웠던 시발 자동차를 설비와 제작 과정, 인력을 체계화하면서 이듬해부터는 한 달 평균 15대까지 생산해 냈다. 이후에도 폭증하는 주문량에 맞추어 설비와 인력을 대폭 늘려 월 1백 대 생산까지 늘려 가며 승승장구했다.

그러던 중 1957년 들어 시발 자동차는 그만 날벼락을 맞고 만다. 전후 자동차가 많아지면서 휘발유 수요가 증가하자 정부가 나서 자동차 구입에 제한을 가하고 나섰다. 자동차 한 대를 폐차하면 노란 스티커 한 장을 발부하고, 자동차 회사는 노란 스티커를 보유한 사람에게만 스티커 숫자만큼 자동차를 판매

할 수 있게 하는 제도였다.

  게다가 5·16 군사정변 이후 강력한 새 경쟁자가 등장했다. 일본 닛산자동차의 부품을 수입하여 조립하는 새나라자동차(이후 대우자동차→지금의 쉐보레)가 새로운 사업자로 전격 선정되면서 판매량이 거의 멈추다시피 했다. 시발자동차는 가격 경쟁에서 살아남기 위해 30만 원의 차값을 12만 원, 나중에는 5만 원까지 대폭 낮추어 보았지만 역부족이었다. 결국 1963년 시발 자동차의 생산이 중단되면서 그 명맥이 끊기고 말았다.[11]

구경도 못한 참치 잡으러
첫 원양 어업에 나서다

1950년대 우리의 숱한 도전 가운데 하나는 바다에서도 이뤄졌다. 그것도 연근해가 아닌, 아직 단 한 번도 나가 보지 못한 망망대해에서였다.

사실 한국전쟁이 휩쓸고 지나간 잿더미 속에서 바다의 개척 또한 시급한 과제 중의 하나였다. 당시만 해도 우리의 어선 보유량이나 어업 기술은 초라하기 짝이 없었다. 국토의 3면이 바다로 둘러싸여 있으면서도 어업의 경쟁력은 일본에 한참이나 뒤져 있었다.

한데 그런 바다 개척에 맨 처음으로 주목을 한 이는 다름 아닌 화신백화점의 박흥식이었다. 한국전쟁 때 일본으로 피난을 가 잠시 체류하고 있을 적에 다각도로 검토하고 짜낸 그의 신규 사업 계획안이기도 했다.

잠시 내용을 들여다보면, 일본에서 대규모 선단을 들여와 근해 어업을 크게 벌인다는 것이었다. 더구나 전쟁이 휩쓸고 지나간 잿더미 속에서도 어업은 비교적 손쉽게 할 수 있다는 판단 아래, 이미 일본에서 중고선 6백여 척을

경성 상계史

들여오는 수순을 밟던 중이었다.

그러나 박흥식의 이런 꿈은 끝내 물거품이 되고 말았다. "일본이 박 아무개를 통해서 경제 침략을 하고자 하는 숨은 뜻이 있습네다." 하는 대통령 이승만의 말 한마디로 날아가 버렸다.

결국 한국전쟁 이후 첫 바다 개척은 1957년 지남指南호에 의해서였다. 그것도 근해가 아닌 원양 어업이었다. 해방 이후 원조 자금 32만 6,000달러를 주고 미국에서 들여온 선박으로, 냉장실은 물론 방향과 수심, 어군 탐지기 등 각종 첨단 장비를 고루 탑재하고 있는 250톤급 강선이었다. 지남호의 선박명은 '남쪽으로 뱃머리를 돌려 거기서 부를 건져 오라'는 뜻으로 이승만이 그렇게 지었다고 한다.

도입 직후 지남호는 해무청의 관리 아래 주로 연근해 시험 조업에 이용되었다. 그러다 이후 설립된 제동산업으로 넘겨졌다. 제동산업의 심상준 사장은 처음부터 원양 어업을 염두에 두고 인수한 것이다.

심 사장은 곧바로 미 국무성에 줄을 댔다. 파트너는 웜스였다. 해방 이후 미 군정청장관 더치의 특별보좌관을 역임할 때부터 알고 지내는 사이였다.

심 사장의 연락을 받은 웜스는 사모아의 밴 캠프 회사에 한국 어선이 잡은 참치를 사 줄 수 있느냐고 문의했다. 그러나 대답은 신통치 않았다. 한국이 그동안 참치를 어획한 경험과 실적이 없는 데다, 이미 계약을 맺고 있는 일본 어선들의 어획만으로도 안정적인 통조림 생산이 가능하다는 것이었다.

심 사장은 단념하지 않았다. 웜스에게 재차 전문을 띄웠다. "전후 일본 경제는 매우 빠른 속도로 성장하고 있다. 따라서 인건비의 상승 폭도 하루가 다르게 높아간다. 또한 경제 성장에 따른 국민소득의 증대는 젊은이들로 하여금 힘든 작업을 기피하게 만든다. 이렇게 될 때 과연 일본이 앞으로도 밴 캠프 회사가 원하는 대로 어로 활동을 계속할 것으로 보는가?"

윔스는 이 전문을 듣고 밴 캠프 회사를 다시 찾았다. 밴 캠프 회사의 안정적이고 지속적인 가동을 위해선 '제2의 일본'이 필요하다고 설득했다. 결국 한국 어선에 기회를 줘 보자는 대답을 이끌어 냈다. 역사적인 인도양 시험 조업에 나설 수 있게 되는 순간이었다.

마침내 1957년 6월 26일, 부산항 제1부두 해양경찰대 강당에서 해경 악대의 주악이 울려 퍼지는 가운데 성대한 출어식이 열렸다. 이날 출어식에는 상공부 장관 김일환, 해무청장 홍진기, 수산업중앙회장 이한창 등이 참석하여 '이번 출어가 수산한국의 미래를 여는 첫걸음이 될 것'이라며 장도를 축하해 주었다.

그리고 사흘 뒤 지남호는 두 달여 동안의 조업 기간 중에 223M/T의 참치(다랑어)를 어획하여, 15만 달러어치를 수출한다는 부푼 꿈을 안고 뱃고동 소리도 요란하게 부산항을 출항했다. 우리나라 원양 어업사에 첫발을 내딛는 인도양 참치연승(긴 낚싯줄에 여러 개의 낚시를 달아 바닷속에 늘어뜨려 물고기를 잡는 방식) 첫 시험 조업을 위해 거친 파도를 헤쳐 나가기 시작했다.

그러나 아직 단 한 번도 나가 본 적이라곤 없는 대양이었다. 참치가 어떻게 생겼는지조차 알지 못한 상태에서 참치를 잡으러 망망대해로 뛰어든 머나먼 항해였다. 그날 지남호에 승선한 윤정구(훗날 오양수산 사장) 선장과 김재철(동원그룹 회장, 무역협회장) 보조 항해사를 비롯한 27명의 선원들은, 일찍이 신대륙을 찾아 스페인의 항구 파로스를 떠났던 크리스토퍼 콜럼버스의 심정과 조금도 다르지 않았으리라.

부산항을 출항한 지남호는 다음날 일본 시모노세키에 입항했다. 그곳에서 7월 10일까지 급유 및 보급과 수리를 마친 뒤 11일 다시 출항하여, 17일 첫 어업 기지인 대만에 닻을 내렸다.

그리고 이튿날 대만 동쪽 먼 해역에서 어장 탐색을 위한 첫 투승을 실시했

경성 상계史

다. 선원들은 혹시나 하는 기대감에 부풀었다. 참치는 아니더라도 상어라도 잡혔으면 하는 심정으로 낚싯줄을 끌어올렸으나, 실망스럽게도 결과는 말짱 허탕이었다. 우여곡절 끝에 필리핀 근해와 싱가포르 근해로 조업 장소를 옮겨 시험 투승을 계속했지만 결과는 역시 참담했다.

더구나 연료마저 바닥나고 있었다. 이제는 참치를 잡으러 인도양으로 나갈 수도 그렇다고 부산항으로 귀항할 수도 없는, 참으로 난감한 처지에 놓이고 말았다.

다행히 낯선 싱가포르에 한국인이 살고 있었다. 천연고무를 수입하던 한국무역진흥회사였다. 지남호는 거기서 2,500달러를 빌려 급유를 하고 선원들의 식량과 함께 선수품을 보충한 뒤, 8월 11일 최종 목적지인 인도양을 향해 다시 출항했다.

그리고 사흘 뒤인 8월 14일, 마침내 인도양 니코발아일랜드 해역에 도착하여 광복절이기도 한 이튿날 새벽 5시에 역사적인 첫 투승을 시작했다. 선원들은 선장의 지시에 따라 일제히 낚시를 던졌다. 하지만 경험이 있는 자라고는 아무도 없었다. 몇몇은 상어연승 조업이나마 경험을 했지만, 대개는 연승의 원리조차 모른 채 배를 탄 초보자들이기 일쑤였다.

따라서 조업은 서투르고 어설프기만 했다. 선원들은 일일이 참고 자료를 들여다보며 거기에 적혀 있는 그대로 투승을 따라했으나 그야말로 흉내를 내는 수준일 따름이었다.

이윽고 투승 이후 4~5시간이 지나자 조바심 속에 낚시를 건져 올리기 시작했다. 하지만 빈 낚싯줄만 하염없이 끌려 올라왔다. 선원들의 실망감은 이만저만이 아니었다.

그렇듯 저마다 말을 잃어 가고 있을 즈음 어디에선가 와, 하는 함성 소리가 터져 나왔다. 함성 소리에 선원들은 일제히 시선을 빼앗겼고, 누군가는 자신이 잡고 있던 줄을 내팽개친 채 소리 나는 쪽으로 냅다 뛰어갔다.

다음 순간, 낚싯줄을 따라 수면 위로 펄떡거리며 올라오고 있는 거대한 물고기를 발견하곤 또다시 함성을 내질렀다. 누군가는 두 팔을 번쩍 들어올려 만세를 부르기도 했다. 그동안 말로만 들어 왔던 거대한 어체였다. 흑백 사진 속에서 보기만 했던 바로 그 참치였다(실제는 참치가 아닌 새치였다).

선원들은 자신의 키만한 참치를 보고 딱 벌어진 입을 다물지 못했다. 그저 놀랍고 신기해서 한동안 눈길을 떼지 못할 정도였다. 서둘러 손질한 다음 냉동실에 보관해야 하는데도 다음 작업을 어떻게 할지 몰라 모두가 우왕좌왕해야 했다.

선원들의 함성 속에 진행된 이날의 첫 조업은 그렇듯 성공적이었다. 어획량은 0.5톤으로 그리 많진 않았으나, 순수 우리 기술과 우리 선원들에 의해 얻어진 첫 결실이라는 데 의미가 남달랐다.

그럭저럭 첫날 조업이 모두 끝난 직후 지남호 선장은 본국으로 무전 연락을 취했다. 광복절인 이날 한국 원양 어업사의 첫 장을 연 뜻깊은 낭보를 어서 고국에 전하고 싶었다. 소식을 접한 제동산업은 말할 나위도 없었다. 휴일 당직 근무 중이던 해무청에서도 쾌재를 불렀다.

지남호는 그날 이후에도 인도양에서 보름여 동안이나 조업을 계속했다. 어획량은 하루 평균 0.5톤 안팎으로 꾸준히 잡아 올렸으나, 점차 시간이 흘러가면서 마실 물이 문제였다.

선장은 하루라도 더 조업할 요량으로 마실 물을 제한시켰다. 양치질과 식용 이외에는 식수 사용을 금했다. 선원들의 고통은 말이 아니었다. 목이 말라붙고 얼굴마다 흰 소금꽃이 피어올랐다.

드디어 8월 30일, 이제는 밥 지을 물밖에는 남지 않았다. 싱가포르로 귀항을 서둘러야만 했다.

경성 상계史

결국 지남호는 싱가포르에서 급유와 함께 식료품을 보충한 뒤 부산항으로 돌아왔다. 뱃고동을 울리며 대양으로 출항한 지 108일 만인 그해 10월 3일이었다.

지남호가 인도양에서 건져 올린 참치 어획량은 총 50여 톤 남짓이었다. 전체 어획량의 80% 이상이 고가로 수출할 수 있는 황다랑어였으며, 일부 눈다랑어와 새치도 섞여 있었다. 이 참치들은 노스웨스트 항공편으로 전량 미국으로 보내졌다. 참치의 대미 수출길이 처음으로 열린 것이다.

지남호의 이런 성공적인 첫 시험 조업은 먼저 외신으로 국내에 전해졌다. 대통령 이승만도 싱가포르에서 발행되고 있는 영자 신문을 통해 알았다.

이 신문은 한국의 지남호가 처음으로 인도양까지 출어하여 참치를 잡아 올린 뒤, 본국으로 귀항하는 길에 급유를 받기 위해 싱가포르에 잠시 입항했다 떠났다고 전했다. 이 신문은 또 지남호의 성공적인 시험 조업으로 한국도 이제는 본격적인 원양 어업에 진출케 되었다며 지남호의 사진까지 곁들여 실었다.

신문을 본 대통령 이승만은 즉시 비서관 박찬일을 불러 자세한 경위를 알아보라고 지시했다. 지남호가 부산항에 도착한 이틀 뒤였다.

박찬일은 해무청 수산국장 지철근과 시험 조업단장으로 지남호에 승선했던 어로과장 남상규를 경무대(지금의 청와대)로 불러들였다. 대통령 이승만은 이들로부터 출어 경위를 보고받고 제동산업의 심 사장을 만나 보겠다고 했다.

연락을 받은 심 사장은 좌불안석이었다. 전쟁을 치른 지 얼마 되지도 않아 아직은 어려운 형편에서 헤어나지 못하고 있던 터라, 금싸라기 같은 외화를 내던져 무모하게 먼 인도양까지 나갔다가 자칫 선원 사고라도 발생했으면 어떡할 셈이었느냐고 당장 불호령이 떨어질 것만 같다.

심 사장은 궁리 끝에 참치를 직접 선보이면 대통령 이승만의 심경이 달라질 거라고 생각했다. 급히 부산에 연락을 취해 잡아온 참치 가운데 가장 큰 놈을 골라 공수케 했다. 연락을 받은 지남호는 넓은 의미로 볼 때 새치도 참치라고 불렀기 때문에 가장 큰 새치를 골랐다. 심 사장은 대한항공의 전신인 KNA 편으로 공수해 온 참치(새치)를 냉동차에 싣고 경무대로 들어갔다. 한데 자신을 대하는 대통령 이승만의 태도가 예상과 다르다는 것을 느꼈다.

"심 사장, 자네가 정말로 인도양에 나가 참치를 잡아 미국에 수출했나?"

심 사장은 그렇다고 대답한 뒤 자초지종을 설명했다. 설명을 듣고 난 대통령 이승만은 매우 흡족한 표정을 지었다.

"잘했어, 아주 잘했어. 그렇지만 너무 알려지지 않도록 각별히 주의해야 될 거야. 특히 일본이 알면 훼방을 놓으려고 할 거니까."

미국에서 오랫동안 망명 생활을 하며 '바다의 닭고기'라는 참치를 익히 알고 있었던 대통령 이승만은, 우리의 힘으로 대양에 나가 참치를 잡았다는 데 만족해하면서도 한편으론 일본의 방해로 일을 그르칠까 봐 걱정했다. 힐책 대신 격려하는 소리에 배석했던 사람들은 그제야 비로소 안도했다.

"언제쯤이나 우리 손으로 참치를 잡아 보나 했는데 드디어 해냈구면. 그러나 조용조용히 일을 추진하라구."

대통령 이승만의 신신당부에 따라 참치 시험 조업의 결과는 한동안 신문 보도가 통제에 묶여야 했다. 국내에서는 일체 기사화되지 못한 뒷얘기를 남겼다.

한편 이날 경무대 뒤뜰에는 비행기를 타고 부산에서 상경한 참치 한 마리가 선을 보였다. 180cm에 이르는 거대한 어체를 처음으로 보는 순간 참석자들은 입이 벌어졌다.

이 자리에는 대통령 이승만을 비롯하여 재무부 장관 김현철, 부흥부 장관 송인상, 주한 미국 대사 다우링, 해무청 수산국장 지철근, 제동산업 심 사장

첫 시험 원양 조업으로 잡아 올린 참치를 기념한 사진

등이 참석하여 참치를 배경으로 기념 촬영까지 했다.

대통령 이승만은 참치를 보고 또 보면서 손으로 직접 만져 보기조차 했다. 그러면서 대견스러운 듯 심 사장에게 이렇게 부탁한다.

"이 튜나(참치) 나줄 수 없나? 토막 내서 친구들에게 줘야겠어. 우리나라 사람이 잡은 것이라고 하면서 말이야."

이튿날 영부인 프란체스카 여사는 토막 낸 참치를 주한 외교관들에게 골고루 선물했다. 대통령 이승만은 며칠 뒤에 있은 국무회의 석상에서 우리의 힘으로 참치를 잡았다고 털어놨다.[12]

그러나 한국 원양 어업 50년사의 첫 시작점은, 아니 엄밀히 말해 본격적인 상업 조업으로 원양 어업이 이뤄졌던 건 그 이듬해에 이뤄진 남태평양의 사

모아에서였다. 인도양에서 돌아온 지 두 달여 뒤인 1958년 1월 윤정구 선장 등은 다시금 지남호를 이끌고 부산항을 출항하여, 남태평양 사모아 근해에서 1년 3개월여 동안 조업을 했다. 첫 항차에서만 날개다랑어와 눈다랑어, 황다랑어 등 1백 톤가량의 어획고를 건져 올렸다. 자신감을 얻어 제2지남호와 제3지남호가 잇달아 대양으로 조업에 나서면서, 본격적인 원양 어업이 시작되었다. 한국 경제경영사의 선사 시대와 역사 시대의 경계라는 '경성 상계'를 넘어 비로소 1950년대를 그렇게 열어 나가고 있었던 것이다.

경성 상계史

소수의 선택된 사실들만이 살아남은
근대 상계의 도전과 응전

경성 상계는 껍질의 바깥이었다. 아직 누구도 건너가 보지 않은 출렁이는 바다였다. 5백 년을 이어 온 종로 육의전이 허망하게 붕괴되고 만 이래 생계 망게 등이 떠밀려 간 낯선 신세계였다. 그 시끌벅적한 풍경 속에서 비로소 배를 띄운 첫 항해였다. 훗날 이 땅에 만개할 한국 자본주의의 기원을 찾아 기꺼이 돛을 올려 노를 저어 나아갔던 도전과 응전의 연속이었다.

그러나 이 항해는 모두의 기억 속에서 사라졌다. 달빛에 젖고 햇빛에 바래지고 말았다. 격동의 세월 속에 묻혀 들어 끝내 스스로 발굴되지 않은 동굴의 벽화가 되었다. 경성 상계, 그 '잃어버린 반세기 동안의 기록'은 그동안 역사의 선사 시대라는 이름으로 남아야만 했다.

그렇다 하더라도 개항(1880년)은 일찍이 우리가 겪어 보지 못한 물질문명의 쓰나미(tsunami)였다. 개항장을 통하여 쏟아져 들어오기 시작한 개화 상품들은, 지금껏 유교적 정신주의 생활 풍조 속에서만 호흡해 왔던 이 땅의 뭇 백성들에겐 경이였다. 하루가 다르게 밀려드는 근대화의 물결을 속절없이 바라보아야 했던 것이다.

그와 함께 우리의 상계는 지배력을 상실하고 말았다. 그렇다고 새로운 주도 세력이 만들어진 것도 아니다. 뒤늦게야 실력양성론을 부르짖고 나섰으나, 막대한 자본력을 앞세운 일본의 적수가 되진 못했다. 결국 한일병합으로 나라마저 빼앗기면서 우리의 상계는 식민 종주국으로 신음해야 했다. 가슴을 무겁게 짓누르는 후회만이 남겨졌다.

하지만 후회만이 남겨졌다 할지라도 그 후회는 절실했다. 절실한 것이었으므로 아름다웠으며, 아름다웠기에 가슴에 불씨가 되었다. 앞선 일본 문명을 따라잡으려는(catch-up) 근대화의 이념이 도처에서 불씨로 되살아났다. 벌건 불씨로 되살아나 5백 년 종루 육의전이 하룻밤의 꿈처럼 사라져 버린 황량한 종로 거리로 되돌아왔다. 되돌아와 다시금 저마다의 얼굴이 되었다. 그들이 곧 경성 상계였다.

그러나 경성 상계는 한줌의 보잘것없는 출범이었다. 그럼에도 한낱 좌판에서 시작하여 상점으로, 상점에서 중소 업체로, 중소 업체에서 마침내 일본의 거대 자본과 견줄 만한 대기업으로 성장해 갔다. 비록 미완으로 그치고 말았다지만, 그러한 과정이야말로 기업적 훈련과 단련의 과정에 다름 아니었다. 그들은 시장 경제와 근대 공업에 대한 적응력과 학습 능력을 유감없이 보여 주었다.

　또 그와 같은 기업적 훈련과 단련은 1960년대 이후 본격적으로 시작된 우리 경제 개발의 밑돌이 되었다. 오늘날 역사와 경제 점쟁이의 제자들마저 놀라게 한 이 땅의 경제 성장을 낳은 씨앗이었다. 일찍이 춘원 이광수가 감지하고 예언했던 바로 그 '뒤에 오는 대군'들, 곧 오늘날의 삼성전자나 LG전자, 현대자동차 등과 같은 글로벌 기업이 그때 이미 움트기 시작한 것이다.

　『경성 상계史』는 이처럼 지난 일에 대한 일회적 기록만으로 머물 수 없었다. 되풀이해서 새롭게 쓰일 수 있고, 한 시대가 다른 시대 속에서 주목할 만한 것을 발견하는 통로가 될 수 있으며, 나아가 과거를 오늘에 비추어 이해할 수 있고 오늘을 과거에 비추어 이해하기 위한 텍스트였다.

　그런 만큼 『경성 상계史』는 과거를 위한 작업이라기보다는 오늘을 위한 작업이어야 했다. 지난 과거를 이해하게 하는 작업인 동시에 오늘을 위한 과거와의 대화를 찾아 나선 시간 여행이었음을 고백하지 않을 수 없다.

원주 목록

출전을 밝혀 주는 원주 목록

| 제1부 | 개항, 조선 상제 '종로 육의전'의 붕괴

- 1   이존희, 『조선 시대의 한양과 경기』, 혜안, 2001.
- 2   일본 아세아협회 編 발췌, 『향토서울』 제1호, 1957.
- 3   고동환, 『조선후기 서울상업발달사 연구』, 지식산업사, 1998.
- 4   서울특별시사편찬위원회, 『서울六百年史』, 1978.
- 5   서울시 중구 문화원, 『명동변천사』, 2003.
- 6   김양수, 『仁川開化百景』, 화인재, 1998.
- 7   김대길, 『시장을 열지 못하게 하라』, 가람기획, 2000.
- 8   정승모, 『시장으로 보는 우리 문화 이야기』, 웅진출판, 2000.
- 9   李鏞善, 『巨富實錄』, 양우당, 1983.
- 10 박병윤, 『財閥과 政治』, 1982.

| 제2부 | 5백 년 '한성'에서 상업 중심의 근대 도시 '경성'으로

- 1   日本外務省, 『公使館及領事館報告』, 1893.
- 2   金京鈺, 『黎明八十年』, 창조사, 1964.
- 3   박승돈, 『한국고무공업50년 소사』, 1970.
- 4   김태수, 『꽃가치 피어 매혹케 하라』, 황소자리, 2005.
- 5   서형실, 『식민지시대 여성 노동운동에 관한 연구: 1930년 전반기 고무제품 제조업과 제사업을 중심으로』, 이화여대 대학원 석사논문, 1990.
- 6   고승제, 『한국고무공업의 전개와 대륙고무공업회사의 지위』, 1973.

- **7** 이규태, 「고무신 공장」, 조선일보, 1996.
- **8** 金京鈺, 위의 책.
- **9** 「漫畫로 본 京城」, 시대일보, 1925.
- **10** 金京鈺, 위의 책.
- **11** 조희문, 「무성영화의 해설자, 변사연구」, 『영화연구』 제13호, 1997.
- **12** 조희문, 「영미연초회사와 한성전기회사의 영화 상영에 대한 고찰」, 2002.
- **13** 조희문, 『초창기 한국영화사연구: 영화의 전래와 수용(1896~1923)』, 중앙대 대학원 박사논문, 1992.
- **14** 조희문, 위의 논문.
- **15** 안종화, 『한국영화측면비사』, 춘추각, 1962.
- **16** 조희문, 「한말·일제 시기의 대중문화사」, 1999.
- **17** 조희문, 「극장–한국영화의 또 다른 역사」, 2001.
- **18** 金京鈺, 위의 책.
- **19** 임종국, 『한국인의 생활과 풍속 상』, 아세아문화사, 1995.
- **20** 조풍연, 『서울잡학사전』, 정동출판사, 1989.
- **21** 조희문, 위의 책.
- **22** 「모껄 第三期, 漫畫子가 豫想한 1932」, 조선일보, 1932.1.20.
- **23** 「녀름 風情, 몽파리 裸女」, 조선일보, 1929.7.27.
- **24** 「一日一畵, 꼿구경이 사람구경」, 조선일보, 1930.4.12.
- **25** 「十錢人間獸人 이데오로기」, 조선일보, 1934. 7.4.
- **26** 「文士와 전당포, 염상섭」, 三千里, 1931.3.
- **27** 서길수, 『개항 후 대차관계 및 이자에 관한 연구』, 국제대학, 1987.
- **28** 서길수, 『개항 후 이자부 자본의 사적 고찰』, 단국대 대학원 박사논문, 1978.
- **29** 김희중, 『한말 식민지 금융체제의 전개 과정에 관한 연구』, 조선대 대학원 석사 논문, 1981.
- **30** 「歲暮苦, 高利貸金業者」, 조선일보, 1928.12.27.
- **31** 「舊曆歲暮1」, 조선일보, 1930.1.21.
- **32** 「舊曆歲暮2」, 조선일보, 1930.1.22.

- 33 「아스팔트의 딸, 輕氣球를 탄 粉魂群」, 조선일보, 1934.1.1.

- 34 「異端女의 서울, 文人이 본 서울」, 조선일보, 1932.1.14.

- 35 탁지부 건축소, 『건축소 사업개요』, 1909.

- 36 조성용, 「일제강점기 경성부 도시계획」, 1993.

- 37 정재정 외, 「서울 근현대 역사기행」, 혜안, 1998.

| 제3부 | 경성의 젊은 상인들, 종로 거리로 돌아오다

- 1 황성신문, 1913.8.2.

- 2 李鋪善, 『巨富實錄5』, 양우당, 1983.

- 3 금복현, 『옛 안경과 안경집』, 대원사, 1995.

- 4 李鋪善, 『巨富實錄4』, 양우당, 1983.

- 5 「자동차와 鄕人의 경이」, 매일신보, 1917.5.16.

- 6 이규태, 『재미있는 우리의 집 이야기』, 기린원, 1991.

- 7 전영선, 「한국자동차 야사」, 『월간 자동차』, 1986.

- 8 李鋪善, 위의 책.

- 9 박병윤, 『財閥과 政治』, 한국양서, 1982.

- 10 김영근, 「일제하 서울의 근대적 대중교통수단」, 『한국학보』, 2000.

- 11 전영선, 「자동차 비화 80년」, 『월간 자동차』, 1985.

- 12 「方義錫씨의 京城택시」, 三千里 5월호, 1934.

- 13 박병윤, 위의 책.

- 14 「金鑛夜話」, 三千里 8월호, 1934.

- 15 「長安 名士의 自家用自動車」, 三千里 6월호, 1936.

- 16 「朝鮮 近代 三大 財閥 總解剖」, 三千里 11월호, 1930.

- 17 「銀行長의 하루」, 三千里 7월호, 1934.

- 18 三千里, 위의 책.

- 19 三千里, 위의 책.

- 20 「興行戰; 朝鮮劇場이냐, 團成社냐. 料理戰; 明月舘이냐, 食道園이냐」, 三千

里 4월호, 1932.

- 21 三千里, 위의 책.
- 22 「朝鮮銀行 地下藏金庫」, 三千里 5월호, 1934.
- 23 「總督府月給 三百萬圓」, 三千里 4월호, 1936.
- 24 三千里, 위의 책.
- 25 三千里, 위의 책.
- 26 「現代샐러리맨 收入調査」, 三千里 新年號, 1936.
- 27 「社長 月給 五百圓」, 三千里 6월호, 1936.
- 28 三千里, 위의 책.
- 29 「일요만화, 집집마다 기미고히시」, 조선일보, 1929. 9.1.
- 30 「漫畵散步, 詩人업는 땅–제비 따라 江南갓다네」, 조선일보, 1928.10.16.
- 31 「夏夜風景, 천국행·지옥행의 밤列車를 타고서」, 조선일보, 1934.7.2.
- 32 「年四十萬枚팔리는 레코–드界」, 三千里 新年號, 1936.
- 33 「飛行機 宣傳은 尙早」, 三千里 送年號, 1935.
- 34 「春香傳의 初日收入」, 三千里 送年號, 1935.
- 35 「大映畵會社創立所聞」, 三千里 8월호, 1935.
- 36 「六十萬圓의 호텔出現」, 三千里 11월호, 1935
- 37 三千里, 위의 책.
- 38 「二大財閥의 빌딩爭奪戰; 閔奎植 對 韓學洙」, 三千里 7월호, 1935.
- 39 三千里, 위의 책.
- 40 三千里, 위의 책.
- 41 「又一빌딩出現說」, 三千里 8월호, 1935.
- 42 「高層建物林立의 大京城」, 三千里 12월호, 1933.

|제4부| 꿈의 노다지, 황금광 열풍에 휩싸이다

- 1 「박인수, 세계공황 1주년 개관」, 東光 12월호, 1931.
- 2 「金鑛界財界內報」, 三千里 8월호, 1934.

- 3 「時代相-黃金狂時代」, 조선일보, 1932.11.29.
- 4 전봉관, 『황금광시대』, 살림, 2005.
- 5 「一億圓의 雲山金鑛」, 三千里 9월호, 1934.
- 6 「方應模氏 成功記」, 三千里 12월호, 1933.
- 7 三千里, 위의 책.
- 8 「三十萬圓 모은 金鑛女王」, 三千里 11월호, 1935.
- 9 「新興炭鑛事變卽後의 光景」, 三千里 初秋號, 1930.
- 10 「東拓에서는 金鑛에 얼마나 貸出해 주나?」, 三千里 6월호, 1936.
- 11 「東拓에 殺倒하는 鑛主들」, 三千里 3월호, 1935.
- 12 「일천만원 이상 가는 부호 백삼십명」, 三千里 7월호, 1939.
- 13 「一千萬圓 咸北 정어리 景氣」, 三千里 11월호, 1938.

|제5부| 종로 화신백화점 vs 혼마치 미쓰코시백화점

- 1 『和信五十年史』, 1977.
- 2 위의 책.
- 3 「半島 最大의 百貨店」, 三千里 신년호, 1932.
- 4 「晩秋風景-古物商 洋服」, 조선일보, 1933.10.20.
- 5 『和信五十年史』, 1977.
- 6 「百貨店 美人市場」, 三千里 5월호, 1934.
- 7 『和信五十年史』, 1977.
- 8 「東亞, 和信百貨店合同內容」, 三千里 8월호, 1932.
- 9 하야시 히로시게, 김성호 옮김, 『미나카이백화점』, 논형, 2007.
- 10 하야시 히로시게, 위의 책.
- 11 하쓰다 토오루, 이태문 옮김, 『백화점』, 논형, 2005.
- 12 하쓰다 토오루, 위의 책.
- 13 「백화점의 자본전」, 三千里 2월호, 1935.
- 14 하야시 히로시게, 위의 책.

- 15 하야시 히로시게, 위의 책.

- 16 연세대학교국학연구원, 『일제의 식민지배와 일상생활』, 혜안, 2004.

- 17 하야시 히로시게, 위의 책.

- 18 「詩人課長의 武勇傳」, 三千里 3월호, 1935.

- 19 「새로 落成된 5層樓 和信百貨店 求景記」, 三千里 10월호, 1935.

- 20 「京城 鐘路 商街 大觀」, 三千里 2월호, 1936.

|제6부| 상업 자본에서 산업 자본으로의 진화

- 1 이선근, 『한국사—최근세편·현대편』, 진단학회, 1963.

- 2 고승제, 『한국경영사연구』, 한국능률협회, 1975.

- 3 수당 김연수 전기 편찬위원회, 『한국근대기업의 선구자: 수당 김연수 선생 일대기』, 삼양사, 1996.

- 4 『경성방직 50년』, 경성방직주식회사, 1969.

- 5 박상하, 『상인』, 일송미디어.

- 6 『한국무역사』, 한국무역협회, 2006.

- 7 『부산경제사』, 부산상공회의소.

- 8 김태현, 『부산기업사』, 부산발전연구원, 2004.

|제7부| 8·15 해방, 명멸하는 상제의 새로운 판도

- 1 林鍾國, 『밤의 일제 침략사』, 한빛문화사, 2004.

- 2 林鍾國, 위의 책.

- 3 인촌기념회, 『仁村 金性洙傳』, 인촌기념회, 1976.

- 4 이광수, 「半島民衆의 愛國運動」, 매일신보, 1941.9.3.

- 5 전봉관, 『황금광시대』, 살림, 2005.

- 6 조선일보, 1959.10.13.

- 7 송건호 외, 『해방전후사의 인식』, 한길사, 1989.

- **8**   이한구, 『한국재벌사』, 대명출판사, 2004.
- **9**   李鍾宰, 『財閥履歷書』, 한국일보사, 1993.
- **10** 李鍾宰, 위의 책.
- **11** 한국자동차공업협회, 『한국자동차산업 50년사』, 2005.
- **12** 한국원양어업협회, 『한국원양어업 30년사』, 1990.

| 사진 출처 |

- 박상하, 『경성상계』, 생각의 나무, 2008.
- 버튼 홈스(이진석 역), 『1901년 서울을 걷다』, 푸른길, 2012.
- 헤르만 라우텐자흐(김종규·강경원·손명철 역), 『코레아—일제 강점기의 한국지리』, 푸른길, 2014.
- 공공누리, 한국문화정보원 http://www.kogl.or.kr/open/index.do
- 문화콘텐츠닷컴 http://www.culturecontent.com/main.do

잃어버린 반세기의 기록

경성 상계史

초판 1쇄 발행 2015년 10월 20일

지은이   박상하

펴낸이   김선기
펴낸곳   (주)푸른길
출판등록 1996년 4월 12일 제16-1292호
주소   (08377) 서울특별시 구로구 디지털로 33길 48 대륭포스트타워 7차 1008호
전화   02-523-2907, 6942-9570~2
팩스   02-523-2951
이메일   purungilbook@naver.com
홈페이지 www.purungil.co.kr

ISBN   978-89-6291-299-9 03910

© 박상하, 2015

• 이 책은 저작권법에 따라 보호받는 저작물이므로 무단전재와 무단복제를 금하며, 이 책의 내용 전부 또는 일부를 이용하시려면 반드시 저작권자와 (주)푸른길의 서면 동의를 얻어야 합니다.

• 이 도서의 국립중앙도서관 출판예정도서목록(CIP)은 서지정보유통지원시스템 홈페이지(http://seoji.nl.go.kr)와 국가자료공동목록시스템(http://www.nl.go.kr/kolisnet)에서 이용하실 수 있습니다.(CIP제어번호: CIP2015026368)